W9-AFG-316

Les déclarations des droits de l'homme de 1789

Du même auteur

Quatre femmes terroristes contre le tsar, textes réunis et présentés par Christine Fauré et traduits par Hélène Chatelain. Paris, Maspero, 1978.

Terre, terreur, liberté. Paris, Maspero, 1979.

La démocratie sans les femmes, essai sur le libéralisme en France. Paris, P.U.F., 1985.

Bibliothèque historique Payot

Les déclarations des droits de l'homme de 1789

Textes réunis et présentés par Christine Fauré

Remerciements

Je remercie tout particulièrement Monsieur Michel Marion, conservateur de la Bibliothèque de l'École nationale des Chartes, pour avoir bien voulu transcrire le manuscrit de Sieyès. Je remercie également Messieurs Dominique Coq, conservateur à la réserve des imprimés de la Bibliothèque nationale, Francis Peyraube et Raymond J. Seckel, bibliothécaires à la salle des catalogues de la Bibliothèque nationale.

J'exprime toute ma gratitude à Madame Suzanne Fauré, pour l'aide précieuse qu'elle apporta à cet ouvrage.

Le Conseil de l'Europe a accordé une bourse à l'auteur pour la conception de cet ouvrage.

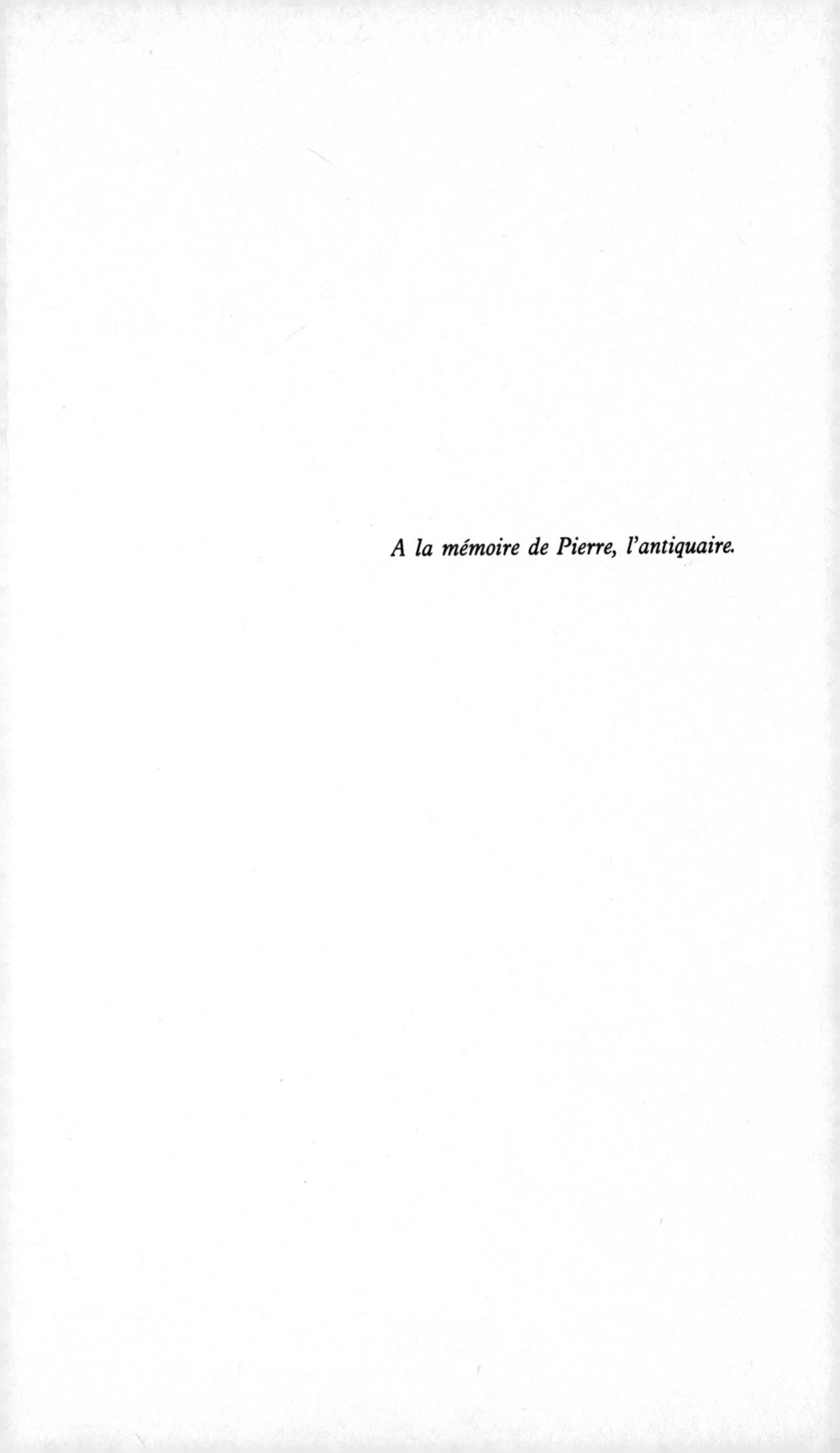

A la mémoire de Pierre, l'antiquaire.

DÉCLARATION DES DROITS DE L'HOMME ET DU CITOYEN

décrétés par l'Assemblée nationale dans les séances des 20, 21, 22, 23, 24, 26 août et 1er octobre 1789, acceptés par le Roi le 5 octobre

Les représentants du peuple français, constitués en Assemblée nationale, considérant que l'ignorance, l'oubli ou le mépris des droits de l'homme sont les seules causes des malheurs publics et de la corruption des gouvernements, ont résolu d'exposer, dans une Déclaration solennelle, les droits naturels, inaliénables et sacrés de l'homme; afin que cette Déclaration, constamment présente à tous les membres du corps social, leur rappelle sans cesse leurs droits et leurs devoirs; afin que les actes du pouvoir législatif et ceux du pouvoir exécutif, pouvant être à chaque instant comparés avec le but de toute institution politique, en soient plus respectés; afin que les réclamations des citoyens, fondées désormais sur des principes simples et incontestables, tournent toujours au maintien de la Constitution et au bonheur de tous.

En conséquence, l'Assemblée nationale reconnaît et déclare, en présence et sous les auspices de l'Être suprême, les droits suivants de l'homme et du citoyen.

Article premier.

Les hommes naissent et demeurent libres et égaux en droits; les distinctions sociales ne peuvent être fondées que sur l'utilité commune.

II.

Le but de toute association politique est la conservation des droits naturels et imprescriptibles de l'homme. Ces droits sont la liberté, la

propriété, la sûreté, et la résistance à l'oppression.

III.

Le principe de toute souveraineté réside essentiellement dans la nation : nul corps, nul individu ne peut exercer d'autorité qui n'en émane expressément.

IV.

La liberté consiste à pouvoir faire tout ce qui ne nuit pas à autrui. Ainsi, l'exercice des droits naturels de chaque homme, n'a de bornes que celles qui assurent aux autres membres de la société la jouissance de ces mêmes droits : ces bornes ne peuvent être déterminées que par la loi.

V.

La loi n'a le droit de défendre que les actions nuisibles à la société. Tout ce qui n'est pas défendu par la loi ne peut être empêché, et nul ne peut être contraint à faire ce qu'elle n'ordonne pas.

VI.

La loi est l'expression de la volonté générale; tous les citoyens ont droit de concourir personnellement, ou par leurs représentants, à sa formation; elle doit être la même pour tous, soit qu'elle protège, soit qu'elle punisse. Tous les citoyens étant égaux à ses yeux, sont également admissibles à toutes dignités, places et emplois publics, selon leur capacité, et sans autre distinction que celle de leurs vertus et de leurs talents.

VII.

Nul homme ne peut être accusé, arrêté ni détenu que dans les cas déterminés par la loi, et selon les formes qu'elle a prescrites. Ceux qui sollicitent, expédient, exécutent ou font exécuter des ordres arbitraires, doivent être punis; mais tout citoyen appelé ou saisi en vertu de la loi, doit obéir à l'instant; il se rend coupable par la résistance.

VIII.

La loi ne doit établir que des peines strictement et évidemment nécessaires; et nul ne peut être puni qu'en vertu d'une loi établie et promulguée antérieurement au délit, et légalement appliquée.

IX.

Tout homme étant présumé innocent jusqu'à ce qu'il ait été déclaré coupable, s'il est jugé indispensable de l'arrêter, toute rigueur qui ne serait pas nécessaire pour s'assurer de sa personne doit être sévèrement réprimée par la loi.

X.

Nul ne doit être inquiété pour ses opinions, même religieuses, pourvu que leur manifestation ne trouble pas l'ordre public établi par la loi.

XI.

La libre communication des pensées et des opinions est un des droits les plus précieux de l'homme; tout citoyen peut donc parler, écrire, imprimer librement : sauf à répondre de l'abus de cette liberté, dans les cas déterminés par la loi.

XII.

La garantie des droits de l'homme et du citoyen nécessite une force publique : cette force est donc instituée pour l'avantage de tous, et non pour l'utilité particulière de ceux à qui elle est confiée.

XIII.

Pour l'entretien de la force publique, et pour les dépenses d'administration, une contribution commune est indispensable; elle doit être également répartie entre tous les citoyens, en raison de leurs facultés.

XIV.

Tous les citoyens ont le droit de constater par eux-mêmes, ou par leurs représentants, la nécessité de la contribution publique, de la consentir librement, d'en suivre l'emploi, et d'en déterminer la quotité, l'assiette, le recouvrement et la durée.

XV.

La société a le droit de demander compte à tout agent public de son administration.

XVI.

Toute société, dans laquelle la garantie des droits n'est pas assurée, ni la séparation des pouvoirs déterminée, n'a point de Constitution.

XVII.

Les propriétés étant un droit inviolable et sacré, nul ne peut en être privé, si ce n'est lorsque la nécessité publique, légalement constatée, l'exige évidemment, et sous la condition d'une juste et préalable indemnité.

Chez Méquignon l'aîné, rue des Cordeliers

Les déclarations des droits de l'homme

Ce qui frappe, lorsqu'on considère la Déclaration des droits de l'homme de 1789, c'est la contradiction entre la réussite historique du texte et les conditions difficiles de sa production, son inachèvement.

Lorsque le 20 août 1789 les députés, pressés par les désordres qui agitaient le pays, s'attelèrent à la rédaction de la Déclaration, premier volet de l'œuvre constitutionnelle, ils avaient décidé de faire vite pour répondre à l'attente de l'opinion mais aussi pour désamorcer la tension grandissante entre les membres de l'Assemblée qui ne parvenaient pas à trouver un accord sur ce chapitre. Cette Assemblée s'était réunie dans la salle des « menus » à Versailles.

Des débuts laborieux

Les techniques habituelles d'organisation du travail, la préparation dans les bureaux [1], s'étaient avérées inopérantes devant l'afflux des matériaux et les approches inconciliables. Ainsi avaient été désignés successivement, le 7 juillet un comité de Constitution formé à partir des trente bureaux, le 14 juillet un comité de Constitution composé de huit membres [2], un comité de cinq personnes [3] nommé le 12 août, comme si la réduction du nombre des participants devait simplifier la tâche et en assurer le succès.

En désespoir de cause, puisque Mirabeau, membre de ce comité des Cinq, n'avait pas su répondre à son rôle d'homme providentiel et qu'il avait lui-même proposé de repousser la rédaction de la Déclaration après celle de la Constitution, on décida de la rédiger, et de la voter, en assemblée générale, article par article, à partir d'un projet qui servirait de canevas.

Le projet élaboré par le sixième bureau [4] bénéficia de la confiance de l'Assemblée et l'emporta le 19 août dans les suffrages sur celui de

1. Sur les bureaux, voir notice sur le sixième bureau, p. 231.
2. Mounier, Talleyrand-Périgord, Sieyès, Clermont-Tonnerre, Lally-Tollendal, Champion de Cicé, Le Chapelier et Bergasse.
3. Demeunier, Mirabeau, La Luzerne, Redon, Tronchet.
4. Cf. notice p. 231.

l'abbé Sieyès [1]. Les raisons de ce choix sont difficiles à établir. Fut-il retenu pour son caractère anodin, ce qui laissait un champ de manœuvre aux adversaires de la Déclaration ? Adrien Duquesnoy, député de Bar-le-Duc, écrivait dans son journal à propos de cette décision : « C'est une chose étonnante, sans doute le plus mauvais de tous les projets est peut-être celui qu'on a adopté [...] [2]. » Gaultier de Biauzat, député de Clermont-Ferrand, commentait l'événement en ces termes : « On demeura persuadé que la rédaction manquait d'énergie. Mais c'était un vice bien moins dangereux que les erreurs qu'on croyait apercevoir dans plusieurs des autres projets [3]. »

Les députés trouvaient dans leur savoir-faire davantage matière à réformer les rapports existant entre les pouvoirs qu'à procéder à un exercice philosophique sur la condition humaine. Sur ce fond de réticence, mêlé parfois de grands enthousiasmes, mais aussi de beaucoup de mauvaise foi, la rédaction finale de la Déclaration fut entreprise. Elle devait durer sept jours, du 20 au 26 août.

Pour réduire l'étendue des contradictions, on décida de serrer le mot de près, de trop près, ironisèrent les adversaires de la Déclaration qui voyaient dans cette formulation des droits un exercice de vaine rhétorique [4].

Le 27 août, le député Bouche, de la Sénéchaussée d'Aix, demanda que l'examen des articles additionnels fût renvoyé après la rédaction de la Constitution. Il proposa même pour qu'il n'y ait pas d'ambiguïté : « L'Assemblée nationale reconnaît que la Déclaration des droits de l'homme et du citoyen n'est pas finie [...] qu'elle va s'occuper sans relâche de la Constitution; si dans le cours de sa discussion il se présente quelque article qui mérite d'être inséré dans la Déclaration, il sera soumis à la délibération, lorsque la Constitution sera terminée [5] », ce qui fut adopté.

Ainsi fut réglée, au terme d'un travail difficile, la question de la Déclaration des droits placée en tête de la Constitution. Cette conclusion par défaut cependant, ne porta pas atteinte au devenir

1. On lira les projets de Sieyès p. 91 et p. 219 on trouvera dans la notice consacrée à Sieyès un texte inédit écrit en l'an III sur les droits de l'homme.

2. *Journal d'Adrien Duquesnoy* sur l'Assemblée constituante – 3 mai 1789, 3 avril 1790 – publié par R. de Crèvecœur, Paris, Picard, 1894, tome 1, p. 300.

3. *Gaultier de Biauzat, député du Tiers État aux États généraux de 1789, sa vie et sa correspondance,* par Francisque Mege, Clermont-Ferrand, Bellet imp., 1890, première partie, p. 247.

4. E. Dumont, *Souvenirs sur Mirabeau et sur les deux premières Assemblées législatives,* Paris, P.U.F., 1951. Cf. notice Malouet, p. 161.

5. *Archives parlementaires de 1787 à 1860,* recueil complet des débats législatifs et politiques des chambres parlementaires, par Madival, Laurent et Clavel, 1re série, tome VIII, 5 mai 1789; 15 septembre 1789, p. 492.

national et supranational de ce mode d'expression qui fit souche sur deux siècles : 1793, 1795, 1848, 1946, 1948, 1950.

Le mythe des droits de l'homme

Le caractère inaugural du texte de 1789, couramment admis, demande à être réexaminé. Que dit-on, en effet, lorsque le texte de 1789 est qualifié d'inaugural : à la fois qu'il marque un début et qu'il est consacré par une cérémonie, donc qu'il est unique et que tout texte qui le suivra sera évalué à l'aune du modèle initial. Georges Vedel écrivait à propos de la Déclaration universelle des droits de l'homme de 1948 : « Le style ne possède pas la brièveté, la majesté, la simplicité de notre grand texte de 1789, on y sent que les articles ont des origines diverses, ont été pensés en plusieurs langues, traduits des unes dans les autres[1]. »

La sacralisation du texte est l'approche la plus fréquente[2] de la Déclaration de 1789. Elle prend la forme d'un désintérêt pour tout ce qui lui donne une dimension concrète, la tirant ainsi vers l'idéal. Car c'est un effet du mythe « droits de l'homme » que de considérer la Déclaration de 1789 comme inengendrée, sortie déjà armée du cerveau du Dieu. L'effacement de toutes les traces de sa contingence et la négation de son environnement d'origine sont des techniques visant à maintenir la distance sacrée.

Ainsi s'explique l'oubli dont les projets de Déclaration de 1789 furent l'objet : ils faisaient partie des conditions de fabrication du grand texte et à ce titre disparurent du récit historique.

Sans doute les *Archives parlementaires*[3] firent-elles figurer quelques projets dans leur reconstitution des débats de l'Assemblée nationale, complétant le récit du *Moniteur.* Mais rien ne fut tenté pour les faire exister par eux-mêmes et *a fortiori* les réunir en un ensemble.

Leur publication aujourd'hui, outre l'objectif de démythification d'un emblème national, comporte un enjeu théorique : l'élucidation d'une forme propre aux démocraties de l'époque moderne et contemporaine.

1. « La Déclaration universelle des droits de l'homme », *Droit Social,* décembre 1949, p. 379-380.
2. R. Tavernier, « L'héritage de 1789 et de 1848 dans la Déclaration universelle des droits de l'homme de 1948 ». Colloque de Grenoble-Vizille, 1er-3 octobre 1986, *Les droits de l'homme et la conquête des libertés,* ronéotypé.
3. *Archives parlementaires, op. cit.,* tome VIII.

Les projets

Les projets de Déclaration, au nombre de vingt-sept [1], ont un contenu qui déborde très largement le texte définitif de 1789. Les Déclarations ultérieures [2], celles de 1793, 1795, 1848 que l'on oppose les unes aux autres avec des bonheurs variables, pour saisir la singularité de chacune, peuvent être ramenées à ce « déjà là » comme autant d'actualisations de virtualités souterraines. L'étude des projets nous permettra de repérer une structure mais également d'embrasser le phénomène de sa répétition, c'est-à-dire d'aborder les problèmes du sens des déplacements constatés. La Déclaration des droits de l'homme, puisqu'elle se répète tout en se donnant comme définitive n'est pas un « corpus historiquement clos [3] » comme le Code civil. De cette répétition à long terme, la Déclaration tient son caractère symbolique. Certains historiens de la Révolution française [4], depuis Mathiez, persistent à contourner cette dimension en réduisant la fonction symbolique à l'apparition de signes, d'images, d'emblèmes, d'objets issus du commerce immédiat avec l'événement, comme la cocarde de laine ou de ruban. Certes la Déclaration des droits fut représentée, mise en images. De nombreux artistes [5] lui donnèrent un support décoratif. Ce que nous entendons, cependant, par symbolique, ne se limite pas à des manifestations directement sorties de l'imaginaire social du moment, mais renvoie à une structure inconsciente qui transcende les époques.

La détermination des éléments constitutifs de cette structure sera donc notre premier souci : du virtuel à l'actuel et non pas d'une

1. La question du nombre des projets de Déclaration fut controversée au début du siècle. E. Walch écrivait dans sa thèse intitulée *Déclaration des droits de l'homme et du citoyen et l'Assemblée constituante, travaux préparatoires*, Paris, 1903, p. 95 : « Nous arrivons à identifier seulement 15 projets et restons ainsi en arrière du chiffre de 21 donné par M. Jellinek. »

Notre compte est toujours susceptible de révision. Le choix des textes repose parfois sur une limite floue entre ce qui relève de la Déclaration et ce qui appartient à la Constitution. Il est toujours possible de trouver de nouveaux auteurs de projets, tout au moins hors de la Constituante. Nous intégrons dans ce compte de vingt-sept, deux textes qui ne sont pas présentés dans cet ouvrage :

Vue générale sur la Constitution française ou Exposé des droits de l'homme dans l'ordre naturel, social et monarchique, par M. Cerutti, 1789 (165 pages).

Les droits de l'homme et du citoyen ou la cause des journaliers, ouvriers et artisans, présentés aux États généraux par S.A.S. Mgr le Duc d'Orléans, par l'abbé de Favre, Paris, 1789, actuellement disponible en fac-similé aux Éditions Edhis.

2. On trouvera les textes des déclarations de 1793 et 1795 p. 373 et 377.

3. A.G. Arnaud, *Essai d'analyse structurale du Code civil français, la règle du jeu dans la paix bourgeoise*, Paris, Bibliothèque de philosophie du droit, 1973, p. 15.

4. *L'état de la France pendant la Révolution (1789-1799)*, sous la direction de Michel Vovelle, Paris, La Découverte, 1988, p. 167.

5. Collection de Vinck, inventaire analytique par F. L. Bruel, Paris, Imprimerie Nationale, MDCCCCXIV, tome II, ch. XXXI.

forme actuelle à l'autre; nous irons des projets de 1789 aux Déclarations décrétées successivement, et non pas d'une Déclaration à l'autre, comme c'est l'usage dans les sciences juridiques.

Cette démarche nécessite une entrée qui donne l'accès, non seulement aux ensembles constitués, mais aussi aux variations de leurs parties. Et puisque d'ordinaire l'on attribue la répétition du phénomène Déclaration à l'universalité de son contenu, l'étude de ce contenu universel apparaît tout indiquée pour servir de fil conducteur.

Comment l'universalité s'énonce-t-elle dans les projets, comment les Déclarations successives, au premier chef celles de 1789, 1793 et 1795, recomposent-elles les unités préexistantes? Les matériaux dont nous disposons sont, dans la majorité des cas, des productions individuelles. Seuls trois projets sont collectifs : celui du comité de Constitution, présenté le 28 juillet 1789 par Mounier, celui du comité des Cinq présenté le 17 août par Mirabeau et celui du sixième bureau. Ce qui explique la grande diversité des démarches. A travers ces textes, on peut distinguer trois cas de figure qui donnent à l'idée d'universalité un contenu différent mais non exclusif.

L'universalité et ses clivages

- Premier cas de figure : la totalité des hommes et des citoyens

Les Déclarations des droits de l'homme portent sur la totalité des membres de la société civile, sans exclusive d'aucune sorte. Chez Sieyès : article premier, « toute société ne peut être que l'ouvrage d'une convention entre tous les associés ». Chez Servan : article premier, « toute société civile est le produit d'une convention entre tous ses membres et jamais celui de la force ». Et même chez Crénière, si prompt à remettre en cause les catégories habituellement acceptées et les précédents historiques qui jouissaient d'un consensus de l'Assemblée [1], nous trouvons l'idée d'une participation sans réserve de tous les associés à la société civile : « [...] le but de toute société bien ordonnée, c'est-à-dire le bonheur de tous et de chacun des membres qui la composent [...] ».

Présente dans tous les textes, l'affirmation que la société civile comprend la totalité des citoyens est d'autant mieux exprimée que l'auteur du projet est convaincu de la naturalité de cet état. Le projet de Bouche, attaché comme aucun autre à la tradition d'une Constitution

1. « L'on nous a parlé souvent de la Déclaration des droits de l'Amérique. Si elle est ainsi rédigée, je la crois absurde; elle ne peut produire aucun effet. » *Archives parlementaires,* tome VIII, *op. cit.,* séance du 18 août, p. 451.

royale, est peu disert sur ce point. Il propose néanmoins le rejet de l'avantage particulier et l'abolition de l'esclavage « dans les terres de la domination française ».

L'affirmation répétitive de cette totalité ne correspondait pas chez les constituants à une amplification de leur mission; elle révélait la conviction d'une continuité non problématique entre état de nature et société civile.

Dans l'état de nature, l'humanité dans son intégralité est concernée, aucune restriction n'est faite à la capacité de chacun pour se perfectionner et assurer sa survie. Dans l'ordre social et civil, conçu selon Sieyès « comme complément de l'ordre naturel », la population concernée par le pacte associatif est la même que dans l'ordre naturel, avec l'avantage cependant que les inégalités naturelles sont corrigées par le droit : « le droit du faible sur le fort est le même que celui du fort sur le faible ». Continuité entre état de nature et société civile [1], mais aussi raccourci temporel car il s'agit du même homme mis dans des situations différentes : « seul dans la nature » et avec ses semblables. Parfois, par exemple dans le cas de la Déclaration des droits de Condorcet, la solitude naturelle n'est même plus évoquée. Avec ce texte nous entrons de plain-pied dans la société civile tant est forte l'intégration temporelle des deux étapes.

Pour ces raisons les auteurs des projets n'ont pas développé de scénarios sur la genèse du contrat social. L'histoire en était-elle supposée connue ou avait-elle perdu son pouvoir d'attraction ? Il n'y a guère que le docteur Gallot parmi les constituants [2] qui en donne rapidement l'esquisse. La naturalité de l'acte civil s'imposait à l'imagination des constituants. Durand de Maillane écrit : « cette société presque aussi naturelle à l'homme que ses premiers droits ».

Les conséquences pratiques de ce découpage théorique consistaient à rejeter tout statut d'exception, le principe d'une société de privilèges où l'intérêt privé l'emportait sur celui de la collectivité.

Il s'agissait pour les constituants de mettre fin à une paralysie de l'appareil d'État qui, d'un bout de la France à l'autre, se trouvait confronté à la variété sans fin des particularismes administratifs et fiscaux. L'abolition des privilèges avait été le premier acte de la réorganisation nationale. L'événement prenait parfois place directe-

1. Cette continuité entre état de nature et société civile est développée dans le manuscrit de Sieyès (Droits de l'homme. A. p. 319). L'auteur reprend dans son analyse la théorie des besoins que Condillac avait exposé dans son ouvrage *Le commerce et le gouvernement considérés relativement l'un à l'autre* (1776). Le ton qu'emploie Sieyès est cependant d'une véhémence inexistante chez le chef de l'école sensualiste.

2. Cerutti et Marat ont tenté le récit du contrat social. N'étant pas constituants, leurs ouvrages n'étaient pas soumis à une obligation d'efficacité comparable à celle des membres de l'Assemblée et pouvaient se permettre des développements érudits.

ment dans les projets. Chez Boislandry domine le souci d'un règlement équitable entre bénéficiaires : article XIV : « les privilèges exclusifs sont contraires à la liberté et aux droits de tous les citoyens, ils sont préjudiciables à l'intérêt général de la société ; les jurandes, les maîtrises sont des privilèges exclusifs et doivent être abolis ».

Chez Pison du Galland : article XIII : « toute distinction, toute exception, tout privilège, tout attribut particulier, quel qu'il soit, sont nuls et abusifs ». Durand de Maillane, réagissant aux propositions du comité de Constitution du 27 juillet, désigne comme contraires aux droits de l'homme et du citoyen le rachat des charges foncières féodales et autres. Marat, enfin, avec cet excès de langage qui lui était familier, traite chaque individu privilégié de « monstre dans l'ordre public », c'est-à-dire d'élément perturbateur de la réciprocité des échanges entre État et particuliers.

Le rejet des privilèges cependant prend, dans la plupart des projets, la forme positive et abstraite d'une « loi uniforme pour tous » (La Fayette), d'un « droit égal à la garantie sociale » (Thouret) qui s'applique à la propriété comme à la liberté.

Cette idée d'universalité, cependant, ne va pas jusqu'à produire une conception politique englobant la totalité des citoyens. Tout en reconnaissant le principe de « l'universalité des associés », Pétion admet la nécessité d'une redistribution secondaire des pouvoirs ; puisque le peuple ou la nation sont désormais maîtres de leur avenir, il n'y a pas de contradiction entre les deux positions. De la même manière, Sieyès s'efforce de faire coexister l'idée d'une société civile formée par tous et celle d'une société politique formée par quelques-uns. L'établissement d'une citoyenneté à deux vitesses est justifiée par la nécessité d'un échange entre le particulier et la chose publique.

« Les femmes, du moins dans l'état actuel, les enfants, les étrangers, ceux encore qui ne contribueraient en rien à soutenir l'établissement public, ne doivent point influer activement sur la chose publique. Bien qu'il ne s'agisse pas du propriétaire foncier mais de « l'actionnaire de l'entreprise sociale », l'influence des physiocrates, que l'on retrouvera dans la discussion du régime électoral, est sensible dans le texte, ne serait-ce que lorsque Sieyès emploie « propriété personnelle » pour désigner la liberté de la personne[1]. En effet, c'est en dépit de l'interchangeabilité des notions de liberté et de propriété que les femmes qui pouvaient être propriétaires, mais ne jouissaient pas de liberté personnelle, à l'exception des veuves, étaient exclues de l'activité politique.

1. G. Weulerss, *La physiocratie à l'aube de la Révolution, 1781-1792,* Paris, École des hautes études en sciences sociales, 1985, p. 363.

L'idée d'une totalité des hommes et des citoyens a donc été conçue en opposition à une réalité sociale et politique qui avait perdu le sens de sa cohésion. Cette idée autorise cependant un ordre discriminatoire pour certains groupes de population. Cette représentation restreinte de la société politique trouva son mode d'expression dans le suffrage censitaire.

• Deuxième cas de figure : l'universalité française

L'idée démesurée que la totalité des citoyens était mobilisée pour régénérer l'État a pu inspirer dans le même temps un retour sur soi, le sentiment d'une exemplarité : la Déclaration des droits devait énoncer « les principes fondamentaux qui doivent servir de base à tous les Gouvernements » (Duport) et qui allaient rendre « le peuple français le premier et le modèle des peuples » (Terme). A ces exceptions près, auxquelles il faut rajouter le projet de Bouche, qui exalte avec lyrisme « la restauration de la liberté française », le sentiment national est peu présent dans les projets. Servan, qui avait cru bon, dans un premier temps, de distinguer une Déclaration générale d'une Déclaration particulière intitulée : « Les droits des citoyens français », ne proposa aux débats de l'Assemblée que sa première Déclaration, marquant ainsi la secondarité du cas français.

On peut s'étonner, en effet, que les projets aient été aussi peu réceptifs aux débats de l'Assemblée, souvent traversés par la question nationale. Les partisans des constitutions anglaise et américaine durent user de détours pour ne pas blesser la susceptibilité des députés sur ce point, et la mise à distance de l'exemple américain inspirait des développements majestueux où l'orgueil national avait sa place.

En fait l'enjeu national ne départageait pas les adeptes des droits de l'homme entre eux, mais séparait les partisans réalistes d'une Constitution nationale de ceux qui voulaient qu'une Déclaration précédât ladite Constitution. Lally-Tollendal, ambigu sur son adhésion au principe d'une Déclaration des droits, désigne le territoire comme élément distinctif des deux positions. « Après avoir transporté l'homme dans les forêts, qu'on le reporte sur-le-champ au milieu de la France [1]. » Ce mouvement de déterritorialisation que pointaient les adversaires de la Déclaration n'était que provisoire. Déjà s'amorçait, à travers l'idée d'une exemplarité française, une reterritorialisation de la notion d'universalité. Cette idée s'affirmera dans le discours qui fait traditionnellement de la Déclaration de 1789 l'ambassadrice de la Nation française.

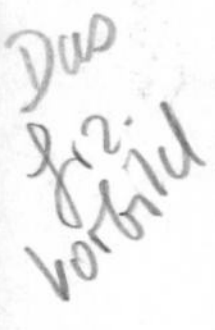

1. *Archives parlementaires, op. cit.*, séance du 19 août, p. 458.

• Troisième cas de figure : l'universalité religieuse

L'affirmation unanime de la laïcisation des rapports sociaux, fondement de la liberté d'expression, laissait à découvert chez les constituants une aspiration religieuse sans emploi qui trouvait dans la défense des droits de l'homme un nouvel objet. Sous quelle forme ? Dans une Assemblée composée pour un quart d'ecclésiastiques, la séance du 23 août 1789 sur la liberté du culte, marquée par le discours de Mirabeau sur la tolérance et celui de Rabaut Saint-Étienne sur la liberté du culte, reste exemplaire de l'état d'esprit qui y régnait : déterminer les limites de l'exercice des cultes pour qu'il n'empiète pas sur la liberté de penser de chacun. La vigilance des protestants [1] à rappeler la discrimination civile dont ils étaient victimes, rendait impossible la proclamation d'un culte catholique dominant.

En fait, la question religieuse était à l'origine de deux tendances qui traversaient le débat des droits de l'homme.

L'énoncé des droits de l'homme doit se doubler de celui des devoirs. Un pessimisme janséniste inspirait à certains catholiques une réflexion inquiète sur les risques d'abus et de désordres que les droits de l'homme pouvaient entraîner sur le plan de la vie civile. Camus, député du Tiers État de la ville de Paris, avocat au Parlement, propose le 4 août 1789, dans le plus grand tumulte, une Déclaration des droits et des devoirs des citoyens. L'amendement est rejeté à la majorité de 570 voix contre 433 [2]. Le rejet de cet amendement semble être à l'origine du « projet de Constitution des droits d'un citoyen français » (projet anonyme) qui affirme, pour que le peuple puisse comprendre, la nécessité de la double formulation des droits et des devoirs.

A cette séance du 4 août, l'abbé Grégoire intervient sur les droits et les devoirs, Sinety présente son projet de Déclaration, systématisé autour de cette bipolarité. Chez ce dernier, les motifs de la démarche sont clairement exprimés : « le penchant naturel de l'homme à l'égoïsme... le manque d'instruction peut entraîner la classe la plus nombreuse à méconnaître le bien public ». Les correspondances imaginées entre les droits et les devoirs peuvent surprendre. Article IV : « Les droits de l'homme sont sa vie, sa liberté, son honneur, son travail. » La propriété était classée du côté des devoirs et l'atteinte à ce devoir déclarée « crime capital » : respect de la propriété et de la garantie sociale, chères aux physiocrates [3] qui avaient formulé

1. Pour les protestants auteurs de projets, voir notice.
2. *Archives parlementaires,* tome VIII, *op. cit.,* p. 341.
3. G. Weulerss, *op. cit.,* p. 367.

de façon succincte la réciprocité logique des droits et des devoirs[1]!

La nécessité d'une force répressive pour défendre la propriété devenait la traduction politique du pessimisme éthique ambiant : par exemple, en cette journée du 4 août, le représentant attitré des physiocrates à la Constituante, Dupont de Nemours, à la suite des violences exercées sur la personne et la propriété des nobles, élève le ton pour exiger de la part du citoyen, par la contrainte s'il le faut, le respect des droits des autres citoyens[2].

Dans de nombreux projets, l'action de la force publique doit être secondée par une morale religieuse, garante de la pureté des intentions de chacun. L'État ne peut se régénérer qu'au prix de cette surveillance : Gouges-Cartou dans son article LXX écrit : « la loi ne pouvant atteindre les délits secrets, c'est à la religion et à la morale à la suppléer ». Il reprenait à la lettre l'article XVI du projet du sixième bureau dont il ne faisait pas partie[3]. C'est dire le caractère communicatif de l'inquiétude que soulevait l'établissement de la vie publique puisque désormais, on opposait des barrières infranchissables à toute incursion dans la vie des individus. Le débat sur l'inviolabilité de la poste du 24 juillet traduit de manière très proche les hésitations des députés concernant le partage de la vie publique et de la vie privée. Au regard inquisiteur porté sur la vie intérieure s'opposait symétriquement une valorisation de la vie personnelle, fondement de la vie publique, valorisation issue du protestantisme. Rabaut Saint-Étienne affirme le primat de la personne dans sa Déclaration sans qu'aucune suspicion vienne effleurer la bienfaisance naturelle de l'individu. Marat emprunte à son calvinisme d'origine l'idée que « les vérités étouffées par la tyrannie » se réfugient au fond des cœurs.

La Déclaration finale annulera ces oppositions. La question religieuse se vide de toute référence sociale et se réduit à une indication de place dans l'ordre du discours, dans le préambule de la Déclaration.

Ces cas de figure ne sont pas des éléments simples, mais déjà le résultat de combinaisons. Ces combinaisons se sont-elles maintenues

1. Autre source possible à la formulation des droits et des devoirs des citoyens, l'ouvrage de Mably intitulé : *Les droits et devoirs du citoyen,* dont l'édition posthume en 1788-1789 connut une très importante diffusion : introduit pendant l'Assemblée des Notables de 1788, on en connaît trois éditions en 1789.

Gabriel Bonnot de Mably, *Des droits de l'homme et des devoirs des citoyens,* édition critique par J.L. Lecercle, Paris, Didier, 1972.

2. *Archives parlementaires, op. cit.,* p. 345.

3. Les emprunts de Gouges-Cartou au projet du sixième bureau sont fréquents. Bien que la composition de ce bureau ne nous soit pas parvenue, on peut dire, d'après les calculs de Ph. Dawson, qu'il n'en faisait pas partie en juillet 1789, période à laquelle le projet de Déclaration fut rédigé. *in* Ph. Dawson, « Le sixième bureau de l'Assemblée nationale et son Projet de Déclaration des droits de l'homme », *Annales historiques de la Révolution française,* nº 232, avril-juin 1978.

dans la Déclaration finale de 1789? Comment s'est effectué le passage du stade de projet à celui de texte définitif?

La Déclaration des droits de 1789

A l'exception d'un petit nombre d'articles [1] empruntés au projet du sixième bureau, portant sur le contrôle de la force publique par les citoyens et l'établissement de la fiscalité, on ne peut guère invoquer de continuité entre les projets et le texte que nous connaissons.

En quoi consistait le travail de rédaction effectué par l'assemblée générale? Des articles déjà écrits [2] furent repris mais dépecés, isolés de leur contexte de départ. Les débats donnent le sentiment d'un véritable acharnement à transplanter tel mot de l'un à telle phrase de l'autre, comme si cette chirurgie des textes avait pour fin de traquer les opacités de l'expression qui trahiraient un excès, un conflit, tout ce qui pouvait diviser l'Assemblée, la fourvoyer dans des tensions qui amoindriraient son prestige.

Le motif des droits et des devoirs fut éliminé, la question religieuse réduite à une simple indication. Quel traitement les députés ont-ils réservé à l'événement brûlant de l'abolition des privilèges auquel le rachat problématique des droits féodaux donnait son véritable coût social?

L'affirmation du caractère sacré de la propriété de l'article II est complétée par l'article XVII sur les dispositions légales de l'expropriation. Aucune mention explicite dans le texte, des conditions de rachat des droits féodaux, selon le parti pris cher aux constituants de mise à distance de l'événement. Cependant il semble que l'événement se soit réintroduit dans le texte par l'intermédiaire de variantes. Ces signes sont minuscules : un singulier qui passe à une forme plurielle pour redevenir singulier, mais ils révèlent l'économie profonde de la Déclaration définitive de 1789, universelle moins par les contenus énoncés que par cette obstination à évacuer les conflits sociaux, à éliminer tout ce qui pouvait faire époque pour accéder au général.

Suivons avec Marc Suel [3] les étapes de l'énigme de l'article XVII

1. Les articles XX et XXI du sixième bureau deviennent dans la Déclaration finale de 1789 les articles XII et XIII; partiellement l'article XXII devient XIV, l'article XXIII devient l'article XV, l'article XXIV devient l'article XVI.

2. En général, les auteurs des projets furent également les auteurs de la Déclaration finale : Mirabeau, Mounier, Target, Duport, Castellane, à l'exception d'Alexandre de Lameth qui fut à l'origine de l'article IV et V, de Talleyrand-Périgord qui rédigea l'article VI et du Duc de la Rochefoucauld, rédacteur de l'article XI.

3. M. Suel, « Déclaration des droits de l'homme et du citoyen : l'énigme de l'article XVII sur le droit de propriété », *Revue du droit public et de la science politique en France et à l'étranger,* 7 octobre 1974, nº 5.

sur le droit de propriété : la première modification fut effectuée au moment de la rédaction du procès-verbal du 26 août 1789 sous la présidence de Clermont-Tonnerre, dans le souci de maintenir les droits féodaux rachetables. Car ce passage au pluriel renvoyait à un usage qui désignait les droits féodaux sous le terme de « propriétés »[1].

La deuxième transformation de l'article XVII, sous couvert d'une faute d'impression, marquera la diminution du rôle politique de la noblesse et du clergé, liée au déclin royal après la fuite de Varennes. Cette modification sera effectuée à la séance du 8 août 1791[2].

Le projet de Déclaration de Target, qui consacre un grand nombre d'articles à la protection de la propriété, donne la mesure de l'enjeu que représentaient pour les hommes de 1789, soucieux encore à cette date de ménager l'avenir institutionnel de la monarchie, les modalités de l'expropriation.

A travers cet exemple, nous avons rendu sensible l'économie restreinte des critères retenus par les députés pour la rédaction finale de la Déclaration de 1789. Cette rédaction finale du 8 août 1791, contrairement à ce que les constituants prétendirent, mit un terme à d'autres variations du texte. L'article XIV de la Déclaration connaît trois états : « chaque citoyen a le droit de constater par lui-même[3] », « les citoyens ont le droit de constater par eux-mêmes[4] », et enfin « tous les citoyens ont le droit de constater par eux-mêmes ». Ces variantes ne sont pas des équivalences. Elles correspondent aux oscillations de la représentation politique, mettant tour à tour l'accent sur l'action de

1. Déclaration du Roi concernant la présente tenue des États généraux du 23 juin 1789, art. XII : « toutes les propriétés sans exception seront constamment respectées et Sa Majesté comprend expressément sous le nom de propriétés, les dîmes, rentes, droits et devoirs féodaux et seigneuriaux et généralement tous les droits et prérogatives utilisés ou honorifiques, attachés aux terres et aux fiefs ». *Procès-verbaux,* 23 juin 1789, p. 9.

2. Lundi 8 août 1791 : « Le rapporteur a annoncé que la Déclaration des droits de l'homme et du citoyen qui précède la Constitution avait paru aux comités n'être susceptible d'aucun changement dans sa rédaction. Un membre a observé que c'était sans doute par erreur, si dans l'article XVII de la Déclaration des droits, on lit ces mots, les propriétés, au lieu de ceux-ci, la propriété, qui paraissent présenter plus clairement l'intention de l'article. Le rapporteur a reconnu que les mots, les propriétés étaient une erreur et que cette erreur devait être corrigée, en commençant l'article par ces mots : la propriété. L'Assemblée a approuvé cette rectification et après quelques propositions qui n'ont eu aucune suite, l'Assemblée nationale a décrété que la Déclaration des droits de l'homme et du citoyen est telle qu'elle est au projet, sauf la rectification adoptée à l'article XVII; le tout ainsi qu'il suit... » *Procès-verbaux de l'Assemblée nationale,* n° 729, lundi 8 août 1791, Paris, Baudouin, tome 25.

3. *Procès-verbal de l'Assemblée nationale,* n° 59, suite... du mercredi 26 août 1789, p. 4, Paris, Baudouin.

4. Lettres patentes du roi, données à Paris, le 3 novembre 1789, p. 5, Archives nationales AD* 1090. Cf. Putfin (C. G.), « La Déclaration des Droits de l'Homme et du citoyen, recensement et variantes des textes (août 1789-septembre 1791) ». *Annales historiques de la Révolution française,* avril-juin 1978.

l'individu ou sur le caractère indifférencié, quasi générique, du comportement des citoyens.

Le stade final, qui se constitue comme instance de décision à travers un processus de refoulement, jouit d'une indiscutable autonomie à l'égard de ses antécédents, notamment des projets qui en avaient préparé la rédaction.

Les projets et l'après 1789

Nous remarquons dans les Déclarations de 1793 et 1795 des thématiques communes aux projets de 1789, que pourtant la Déclaration de 1789 n'avait pas reprises, comme s'il y avait exploitation successive d'un fond commun qui prenait forme, s'incarnant selon les possibilités du moment.

Le travail, la solidarité nationale en faveur des citoyens malheureux sont souvent désignés comme des caractéristiques de la Déclaration de 1793. Propriété et travail sont liés : le travail est un moyen d'accès à la propriété (art. XVI), nulle exclusive à l'égard de quiconque dans le travail (art. XVII), le contrat de travail entre l'employé et l'employeur doit respecter le caractère inaliénable de la personne humaine (art. XVIII).

Ces notions sont déjà présentes dans les projets de 1789 sous des formes analogues : « exercice de la liberté », donnant l'accès à la propriété pour Pison du Galland. L'abbé Sieyès étend l'idée de la propriété de la personne à celle du travail : « car le travail n'est que l'usage utile de ses facultés », écrit-il. L'abbé de Favre[1] en se faisant le porte-parole du monde laborieux – journaliers, ouvriers, artisans – dénonce la précarité du contrat de travail et souligne la nécessité d'une politique sociale pour les vieux travailleurs et les infirmes. Dans son second projet, Sieyès envisage les modalités d'une charité publique (art. XXXV), souci également partagé par Terme, sous la forme d'un secours mutuel entre associés.

Alors que toute la dimension sociale des droits de l'homme sera niée par la Déclaration des droits de 1789, les projets vont à la rencontre des exigences de société dont la Déclaration de 1793 sera la promotrice et que les Déclarations du XXe siècle consacreront.

D'une manière comparable, on peut établir des points de rapprochement entre le contenu des projets de 1789 et la Déclaration du

1. « Sur vingt-cinq millions d'habitants qui peuplent la France, il y a environ 19 millions qui ne vivent que du travail de leurs bras; que c'est à cette partie dominante, sans propriété, qu'appartient en effet la propriété du pauvre », in *Les droits de l'homme et du citoyen ou la cause des journaliers, ouvriers et artisans, op. cit.*, p. 61.

5 fructidor an III (22 août 1795). En énonçant une Déclaration des droits et des devoirs, elle reprend la formulation écartée le 4 août 1789 mais qui correspond dans les projets à une tendance fortement structurée [1]. Par-delà les Déclarations de 1789 et de 1793, elle réaffirme un principe de souveraineté fondé sur « l'universalité des citoyens » (art. XVII) dont nous avons montré la genèse à partir du droit naturel. L'expérience des dangers que pouvait représenter « une réunion partielle des citoyens » renouvelait la nécessité d'établir un consensus totalisant la société.

Les projets de 1789 donnent pour les trois Déclarations du XVIIIe siècle les cadres d'un espace intellectuel commun dont les actualisations successives créeront des oppositions de surface. Ces oppositions seront renforcées, exploitées notamment à l'occasion de la Déclaration française des droits de 1946 : liberté, droits économiques et sociaux procéderaient de logiques historiques incompatibles, ce qui fit écrire à G. Vedel : « La logique des droits de l'homme a conduit les constituants de 1946 à consacrer un interventionnisme dans lequel les constituants de 1789 eussent vu la pire menace [2]. »

Les projets, au contraire, démontrent la profonde contemporanéité des droits libéraux et des droits sociaux trouvés dans le même élan, par les mêmes constituants. Reste que la position d'autorité des députés n'était pas identique lorsqu'ils proposaient, délimitaient leur champ d'intervention à travers l'écriture des projets et lorsqu'ils décrétaient les articles de la Déclaration finale. En outre, il est à remarquer que la plupart des rédacteurs des projets occupèrent dans l'Assemblée des postes de responsabilité comme ceux de président ou secrétaire. Ce constat amène à considérer les Déclarations à partir de cette position d'autorité qui relève du pouvoir et des limites de l'acte de déclarer des droits.

La déclaration séparée de la Constitution

En 1789, l'exemple anglais et américain était dans toutes les têtes [3] mais l'existence de ce précédent ne suffisait pas à induire une

1. Nous retrouvons également ce motif « des droits et des devoirs » dans un projet de Déclaration sur les droits et devoirs des États de 1949 (270e séance plénière, O.N.U., 6 décembre 1949).

2. G. Vedel, « Les problèmes économiques et la Constitution du 27 octobre 1946 », *Droit social*, fascicule XXXI, 1947, p. 30.

3. Les grands textes qui ont encadré la révolution anglaise, l'« Habeas corpus act » de 1679 et le « Bill of rights », de 1689 sont moins fréquemment signalés que les textes marquant l'Indépendance américaine. Citons néanmoins le projet de Cerutti et le discours de Lally-Tollendal du 19 août 1789 : « les Anglais, c'est-à-dire le peuple du Monde entier qui entend le mieux la science du gouvernement » (*Archives parlementaires, op. cit.*, p. 458). Les textes américains avaient fait l'objet d'une publication en langue

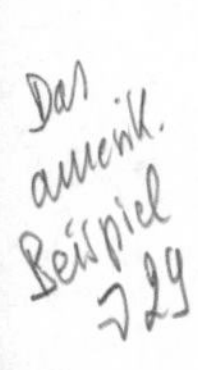

forme précise, répondant aux exigences des députés. Il fallait déterminer les critères selon lesquels le texte de la Déclaration allait être établi. Les constituants effectuèrent ce travail de définition pendant le mois précédant la rédaction finale du texte. Il n'y eut pas débat pour le choix du vocable « Déclaration »; on avait souscrit à un usage déjà consacré par les cahiers de doléances et on reprit naturellement celui qui servait aux rois pour faire connaître leur volonté [1].

Le terme de Déclaration servait également à exprimer des situations liminaires : la Déclaration d'une guerre inaugurait un changement dans la vie des peuples, la Déclaration des droits de l'homme devait amener un changement dans les conditions d'existence d'une majorité de la population. Le premier souci des constituants fut de déterminer la nature du rapport entre Constitution et Déclaration. Ce qui devait résoudre la question de la place de la Déclaration, en tête ou à la fin de la Constitution.

Lors des débats de juillet-août 1789, nous assistons à une séparation de la Déclaration du champ constitutionnel. Cette autonomie sera sanctionnée par l'histoire constitutionnelle puisque la Déclaration des droits de l'homme n'aura pas de valeur juridique pendant deux siècles [2].

Quelles étaient les raisons de cette autonomie? La Déclaration échappait à la catégorie de la vérité ou du mensonge, d'où le peu de prise de ses adversaires dont l'argument essentiel tournait autour de l'irréalisme de la démarche et de son caractère chimérique et mensonger. Elle était un dire, selon le Constituant Crénière [3], qui équivalait à un acte. Cette action était-elle le réaménagement institutionnel des pouvoirs existants?

Comme le rappelle Michel Troper dans un article récent sur

française dans *Les Affaires de l'Angleterre et de l'Amérique* de 1776-1778, Anvers, Paris. Ils avaient été réunis dans une édition spéciale traduite par L. A. de la Rochefoucauld d'Anville. *Constitution des treize États-Unis de l'Amérique*, Philadelphie, Paris, Pierres, 1783. L'importance de la référence anglo-saxonne fut l'enjeu d'une polémique au début de ce siècle : la Déclaration de 1789 était-elle française ? Cf. E. Boutmy, « La Déclaration des droits de l'homme et du citoyen et M. Jellinek », *Annales des sciences politiques*, Paris, 1902.

G. Jellinek était l'auteur d'un ouvrage qui venait d'être traduit de l'allemand : *La Déclaration des droits de l'homme et du citoyen, contribution à l'histoire du Droit constitutionnel moderne*, Paris, Fontemoing, 1902.

1. A. Furetière, *Dictionnaire universel*, 1690.

Sieyès signale cet usage dans son historique des déclarations des droits en les intitulant « fausses déclarations ». Pour lui c'est la révolution américaine qui introduisit une véritable rupture avec les situations antérieures.

2. Sur la valeur constitutionnelle de la Déclaration : cf. F. Luchaire, *Le Conseil constitutionnel*, Paris, Economica, 1980.

3. « Un principe est l'expression d'une vérité; un droit est l'effet d'une convention. Avec l'un, on raisonne, on discute; avec l'autre, on agit. » *Archives parlementaires*, tome VIII, *op. cit.*, séance du 18 août, p. 451.

« Déclaration des droits et Constitution » : « Ce qu'on comprenait à cette époque par séparation des pouvoirs, était un principe entièrement négatif : il ne prescrit aucun mode de distribution des pouvoirs [1]. » La Déclaration des droits trouvait ses propres fins en elle-même. En dépit d'une mise en scène transcendante, « en présence et sous les auspices de l'Être suprême », elle affirmait un caractère d'immanence. Elle n'était pas en tête de la Constitution, mais seulement séparée de la Constitution. Le discours tenu sur la Déclaration, fondement de la Constitution, n'était qu'un trompe-l'œil et c'est l'opération de scission qui deviendra historiquement significative.

Cependant l'autonomie de la Déclaration ne s'accomplit pas magiquement. Il y eut un temps de latence, de flottement qui apparaît dans les titres et le contenu des projets. « Déclaration des droits de l'homme en société », « Déclaration des droits de l'homme et du citoyen », « Vues générales sur la Constitution », « Charte contenant la Constitution française »... Ces hésitations devaient se résoudre dans la dualité du titre final : « Déclaration des droits de l'homme et du citoyen », encore qu'il faille remarquer que la Déclaration des droits soumise à l'approbation du Roi, le 5 octobre 1789 [2], portait le titre de « Déclaration des droits de l'homme en société ».

Ce changement jamais commenté fait partie du champ de variantes du texte sur lesquelles les historiens et les juristes, pour des raisons différentes, ne se sont pas attardés. On peut imaginer que le titre de la Déclaration fut stratégiquement changé, pour ménager la susceptibilité royale déjà fortement éprouvée par l'encerclement des émeutiers [3].

La séparation de la Déclaration et de la Constitution en deux réalités distinctes contribua à former deux pôles que l'on retrouve clairement énoncés à l'occasion de chaque Déclaration : un pôle droit naturel, réceptacle d'apports hétérogènes, pensée stoïcienne, nominalisme médiéval, théorie du tyrannicide qui justifie la résistance à l'oppression, théorie contractuelle du XVIIe siècle qui esquisse les rudiments d'un droit international [4]; un pôle droit positif dont la question des limites alimentera l'histoire constitutionnelle française.

Les constituants s'étaient demandé dans quelle mesure la Déclaration faisait partie de la Constitution; dans un esprit très proche, les théoriciens du droit public français, Carré de Malberg, Duguit, Esmein et Hauriou s'interrogeaient sur la « portée juridique que pouvait avoir

1. In *L'état de la France pendant la Révolution (1789-1799), op. cit.*, p. 184.
2. *Procès-verbaux de l'Assemblée nationale,* Paris, Baudouin, tome III. Cf. vignette de la couverture.
3. Lors des événements des 5 et 6 octobre, le Roi fut ramené à Paris; peu après l'Assemblée nationale quitta Versailles pour la capitale.
4. M. Villey, *Le Droit et les droits de l'homme,* Paris, P.U.F., 1983.

la Déclaration de 1789 dans une Constitution (celle de 1875) qui ne s'y référait pas [1] ».

A cet égard, en France, l'instauration récente d'un contrôle de la constitutionnalité des lois pour la protection juridique des droits fondamentaux, par le Conseil constitutionnel, tendrait à résorber cette dualité [2].

Au niveau supranational, cette bipolarité se maintient avec l'instauration aux Nations Unies d'un double système : recommandation aux États sous forme de Déclaration, conventions régionales à caractère contraignant. La Convention européenne des droits de l'homme de 1950 s'inscrit très explicitement dans la distinction de ces fonctions.

Ces deux pôles, qui se retrouvent en dépit de situations historiques très diverses, apparaissent comme des effets de structure. Ils nous permettent de situer ce qui n'est pas dit, ce qu'il faut restituer pour saisir le phénomène dans son intégralité.

Ce que les déclarations ne disent pas

Deux exemples : qu'est-ce qui manque, qu'est-ce qui n'est pas dit dans les Déclarations du XVIIIe siècle et dans les projets ? Certainement pas la découverte des droits sociaux et celle de la solidarité nationale, qu'on attribue à tort aux siècles suivants, mais la dimension intermédiaire entre l'individu et la société civile que représente la famille ! La famille avait joui d'une place privilégiée chez les philosophes du droit naturel. Rousseau lui refusait cette place de fondement de la société civile puisqu' « il faut toujours remonter à une première convention [3] ». Dans son optique, la famille devenait un milieu nécessaire à l'épanouissement de l'individu, une sorte de garantie morale de ses mœurs et de son bonheur.

Les constituants de 1789 et ceux de 1793, en général peu soucieux de pureté doctrinale, ne mentionnent jamais la famille [4] en tant que cellule de base de la société civile. Dans les projets, la dimension

1. P. Raynaud, « Des droits de l'homme à l'État de droit ». *Droits, Revue française de théorie juridique,* Paris, P.U.F., 1985.

2. F. Goguel, « Objet et portée de la protection des Droits fondamentaux. Conseil constitutionnel français », *Revue internationale de droit comparé,* avril-juin 1981. Sur le « bloc » de la constitutionnalité, cf. J.-L. Quermonne, *Le gouvernement de la France sous la Ve République,* Dalloz, 1988, p. 349.

3. J.-J. Rousseau, *Du contrat social ou Principes du droit politique, Œuvres complètes,* Paris, Gallimard, 1944, tome III, p. 359.

4. Cerutti qui n'était pas constituant, rappelons-le, accorde dans son projet une place positive à la famille : art. XVI, « les sociétés ayant été formées de famille à famille et non d'homme à homme [...] C'est la vanité du nom plutôt que l'esprit de famille qui invente le droit d'aînesse », *op. cit.,* p. 43.

familiale subsiste parfois, sous la forme différée de la revendication de l'égalité des enfants devant l'héritage (chez Duport et chez Cerutti). La dénonciation des emprisonnements arbitraires renvoyait également à la réalité familiale puisque souvent les familles [1], pour se débarrasser d'un de leurs membres, utilisaient ce moyen permis par la monarchie. Cet aspect cependant est totalement passé sous silence, la responsabilité de l'État étant seule mise en cause. Dans la Déclaration de l'an III, un glissement s'opère. La famille n'est pas encore mentionnée comme un droit, mais à l'article IV des devoirs, il est dit : « Nul n'est bon citoyen s'il n'est bon fils, bon père, bon frère, bon ami, bon époux. » La Déclaration de 1848 verra dans la famille une des bases de la République ; la Déclaration de 1946 donnera la famille comme l'unité d'établissement des droits sociaux. La Déclaration universelle de 1948 s'adressera dans son préambule à « tous les membres de la famille humaine ».

Deuxième exemple : qu'est-ce qui manque, qu'est-ce qui n'est pas dit dans la Déclaration universelle des droits de l'homme de 1948 ? La forme intermédiaire entre l'individu et l'État, le groupe minoritaire qui, au nom de sa langue, de sa culture et de sa religion parfois, demande le respect de ses droits spécifiques. Ce manque est justifié dans un *addendum* [2] qui, alléguant le caractère universel de la Déclaration, renvoie le sort des minorités aux États dont ils dépendent. Un manque justifié par une argumentation, aussi embarrassée puisse-t-elle être, n'est jamais un non-dit. Ce qui n'est pas dit dans la Déclaration de 1948, c'est ce qu'il faut entendre par universalité.

La Déclaration des droits de l'homme et du citoyen de 1789 avait opéré une synthèse entre droits naturels et droits nationaux à travers la soumission de tout individu à la souveraineté de la Nation. Dans la perspective de la Constitution de 1791, la citoyenneté était définie de manière exclusive, française par opposition à étrangère. Bien que des modalités de passage d'un statut à un autre aient été prévues, cette dimension exclusive des droits de l'homme signait un relatif abandon du droit naturel. La Déclaration universelle des droits de l'homme de

1. « L'État mettait à la disposition du chef de famille de durs moyens répressifs, notamment la lettre de cachet, pour mettre un terme, dans l'intérêt du groupe, au désordre de ses enfants majeurs. » M. Garaud, manuscrit mis à jour et complété par R. Szramkiewicz. *La Révolution française et la famille,* Paris, P.U.F., 1978. On peut se reporter également à l'ouvrage d'Arlette Farge et de Michel Foucault. *Le désordre des familles, lettres de cachet des archives de la Bastille,* Paris, Gallimard-Julliard, 1982.

2. « Sort des minorités : " l'Assemblée générale considérant qu'il est difficile d'adopter une solution uniforme de cette question complexe et délicate qui revêt des aspects particuliers dans chaque État où elle se pose ; considérant le caractère universel de la Déclaration des droits de l'homme, décide de ne pas traiter par une disposition spécifique dans le corps de cette Déclaration la question des minorités " (Cent quatre-vingt-treizième séance plénière, O.N.U., 10 décembre 1948). »

1948 se proposa de créer un espace de négociation pour réglementer les relations entre États, en fondant un ordre international. Voulait-elle retrouver un des enjeux originels de la philosophie du droit naturel, en affaiblissant « les vieilles souverainetés meurtrières [1] », pour reprendre les termes de René Cassin, son rédacteur français? Toujours est-il que l'aspect commémoratif [2] des alliances formées pendant la guerre fait corps avec sa promulgation, ce qui n'est pas indifférent à sa logique profonde. La composante sociologique du comité de rédaction de 1947-1948 à majorité libérale [3] ne change rien à la caractérisation de son universalité. Elle puise à la source de la « guerre mondiale », dont elle combat la barbarie, une dynamique territoriale, extensive, confortée par la planétarisation de la forme d'État-nation.

En dépit des situations hétérogènes des États participants et surtout au mépris des différences profondes qui séparent les univers symboliques [4] des peuples, cette dimension conquérante et homogénéisatrice n'est jamais avouée.

Nous retrouvons à l'échelle mondiale ce que nous avons déjà discerné à l'échelon national à travers les projets de 1789, sous la rubrique « universalité française » : la composante territoriale de la notion d'universalité.

L'acte de déclarer

Non-dit, manque, inachèvement, comme nous l'avons montré pour la Déclaration de 1789, des échecs semblent affecter régulièrement l'accomplissement des Déclarations. Quelle valeur leur accorder?

Les Déclarations décrivent-elles un état de fait? Et malgré l'abondance équivoque d'un vocabulaire hautement affirmatif comme pouvoir, devoir, constatent-elles un état de fait vrai ou faux? – puisque ces deux catégories sont les caractéristiques de l'affirmation. Y aurait-il quelque pertinence à vouloir vérifier le bien-fondé de l'affirmation suivante : « les hommes naissent et demeurent libres et égaux en droits »? En décrétant cet article, les constituants avaient l'idée d'un *faire* et comme le dit justement Crénière : « Un droit est l'effet d'une

1. Marc Agi, *René Cassin, fantassin des droits de l'homme,* Paris, Plon, 1979, p. 229.
2. R. Cassin, « Quelques souvenirs sur la Déclaration universelle de 1948 », *Revue de droit contemporain,* Bruxelles, n° 1, 1968.
3. M. Bettati : « De Pénélope à Antigone », fonctionnement politique de la Commission de l'O.N.U., *Projet,* janvier 1981, p. 34.
4. Luc de Heusch : « Les droits de l'homme comme objet de réflexion anthropologique. » « La pensée et les hommes », *Revue mensuelle de philosophie et de morale laïque,* Bruxelles, 1982-1983, pp. 138 à 147.

convention par laquelle on agit. » Le sentiment de la liaison intime entre l'énonciation d'un droit et l'exécution d'un acte est présent chez tous les constituants, ceux du XVIIIe comme ceux du XXe siècle. Pour René Cassin, par exemple, la Déclaration universelle des droits de l'homme signifiait agir contre le nazisme et l'esclavage des hommes. La dimension d'action était intrinsèque à la Déclaration, comme Jacques Maritain le suggérait à l'époque, en parlant d' « idéalisme pratique ».

Des philosophes, des sociologues [1], et des linguistes ont abordé à leur manière les difficultés propres à l'énoncé performatif, classification dont relèvent les Déclarations. Dans leurs analyses cependant, une fois de plus le langage ordinaire a pris le pas sur l'écrit solennel et à notre connaissance, aucune des trois disciplines ne s'est approchée de l'étude des Déclarations des droits de l'homme, trop visibles, trop exposées au regard pour ne pas être oubliées [2].

L'acte déclaratif suppose une place d'autorité sans laquelle il perd tout son sens; il suppose également une série de circonstances extérieures qui permettent ou non son fonctionnement. Pourquoi les Déclarations se sont-elles répétées? Aux arguments qui expliquent cette répétition par une perfection formelle, nous répondons, au contraire, que les Déclarations se répètent du fait de leur imperfection. Parce que l'acte n'a pas produit les effets escomptés, il faut refaire une Déclaration, énoncer encore une fois les droits de l'homme. Est-ce lié à un changement du personnel politique, à la formation de nouvelles alliances? Ce serait peut-être accorder une trop grande extériorité aux conditions de production d'un texte, que de s'en remettre à l'idée, commode mais peu éclairante, d'une détermination sociale du discours. Trouve-t-on dans l'énonciation singulière que constitue chaque Déclaration des éléments capables d'engendrer les dysfonctionnements signalés?

La Déclaration des droits de l'homme et du citoyen de 1793 rappelle en ces termes la finalité de sa procédure : « le peuple a résolu d'exposer dans une Déclaration solennelle [...] afin que tous les citoyens [...] afin que le peuple [...] ». Autrement dit elle se propose d'instituer une référence fixe qui permettra aux hommes d'échapper à l'infinie variation des situations. Cette institution revient à une auto-institution.

Du peuple au peuple, dans la Déclaration de 1793, l'englobement de la source et du récepteur correspond à un effacement de l'autre, à un gommage de tout ce qui peut faire conflit, notamment dans la relation de la collectivité à ses membres. « Citoyens », « portion du peuple »,

1. P. Bourdieu : *Ce que parler veut dire*, Paris, Fayard, 1982.
2. *Théorie des actes de langage, éthique et droit*, publié sous la direction de Paul Amselek, Paris, P.U.F., 1986.

à quelle nécessité interne l'alternance de ces emplois renvoie-t-elle?

Ainsi composée, la Déclaration de 1793 ne produisait-elle pas les propres conditions de son échec historique [1]? La Déclaration de l'an III fit sienne cette auto-institution, avec la différence, cependant, que le dédoublement des droits et des devoirs, en renforçant la dualité déjà énoncée de l'homme et du citoyen, précise le champ de son intervention, clarifiant les termes du contrat passé entre l'État et les populations. Les Déclarations des droits de l'homme se classent en deux groupes, celles dans lesquelles les représentants déclarent (1789, 1848, 1948) et celles dans lesquelles le peuple proclame (1793, 1795, 1946). Ces deux groupes, qui renvoient dans l'économie générale des textes à d'importantes différences, répondent-ils à des exigences historiques particulières?

Quel rapport peut-on établir entre les variations structurelles des Déclarations et la diversité des périodes historiques auxquelles elles appartiennent? Cette question a valeur problématique. Nous la posons dans le cadre d'une réflexion générale sur les conditions de « malheur [2] », de ce fameux dire-action, à l'origine, nous semble-t-il, de sa répétition.

Le contenu des projets ne se transmet pas dans son intégralité à la Déclaration de 1789; il se répartit dans les deux autres Déclarations du XVIIIe, comme une nappe d'eau alimente plusieurs sources.

Il nous a fallu situer les projets par rapport aux Déclarations décrétées en débrouillant l'écheveau compliqué des échanges qui se sont produits, en signalant également ceux qui n'ont pas eu lieu, ce qui revient à trouver le sens de la circulation des notions, et par là, le sens de leur formation. Il nous a fallu également aborder à cette occasion le phénomène de répétition des Déclarations, répétition qui donne à ces écrits leur valeur symbolique. Cette valeur symbolique est d'abord un fonctionnement qui s'effectue à partir d'éléments constants, de natures fort diverses. Le repérage de ces éléments qui peuvent prendre la forme d'une question réitérée, d'une fréquence de mots, nécessite un brassage d'informations venant de divers horizons : sciences politiques, histoire, anthropologie. La coexistence de ces champs peut poser problème à ceux qui trouvent leur bonheur dans les logiques des disciplines constituées. Mais la Déclaration est un texte limite dans le sens où il se situe dans un univers mixte, à la lisière d'une Constitution politique et d'un ensemble de valeurs éthiques. A cette ambivalence

1. La Constitution de 1793 ne fut jamais mise en vigueur.

2. Par conditions de malheur, nous reprenons l'idée d'échec du discours que J. L. Austin a développée dans la série de conférences consacrées à l'énoncé performatif. *Quand dire, c'est faire*, traduit de l'anglais par Gilles Lane, Paris, Seuil, 1970.

originelle s'ajoute une naissance par bribes et là encore les projets sont précieux pour nous informer sur les notions de départ. Naissance par bribes qui a pris forme dans la rature encrée du texte. Notre lecture des variantes, au ras des mots, fait confiance au minuscule, à l'infiniment petit, ce qui n'exclut pas la possibilité des plus grands effets : à quelques mots près la Déclaration des droits de l'homme et du citoyen avait un autre titre...

Christine FAURÉ

L'orthographe des textes a été modernisée, leur disposition initiale respectée; l'utilisation des majuscules a été normalisée.

Nous avons adopté un ordre de présentation chronologique, malgré des incertitudes sur la datation de quelques déclarations.

DÉCLARATION DES DROITS *

par M. le Mis DE CONDORCET

AVERTISSEMENT

Une Déclaration des droits doit être entendue par tous les citoyens, parce qu'il est utile et surtout juste que tous soient instruits de leurs droits, qu'ils connaissent les limites naturelles et nécessaires des pouvoirs créés par la société, qu'ils puissent réclamer contre l'abus de ces pouvoirs, qu'ils soient enfin prémunis contre les erreurs où de fausses idées sur la nature et l'étendue de leurs droits pourraient les entraîner.

Il serait facile de réduire les droits des hommes à un petit nombre de maximes; mais est-on sûr que tous les entendraient de la même manière, qu'ils ne se tromperaient pas sur les conséquences de ces maximes?

On a vu des peuples instruits de ces maximes générales, pénétrés de leur importance, ardents pour les défendre, tantôt en laisser violer tranquillement les conséquences les plus évidentes, et tantôt les exagérer.

Les citoyens anglais souffrent patiemment la tyrannie de la presse des matelots qui est une violation ouverte de la liberté naturelle, et se refusent à l'établissement d'une police régulière. Ils ne croient pas légitime de forcer un citoyen à sacrifier une partie de ses possessions à l'utilité publique, même après un dédommagement complet, et ils trouvent très simple qu'il ne leur soit permis de vendre leur laine qu'à un manufacturier anglais. Ils croiraient leur sûreté violée, s'ils étaient jugés autrement que par un juré unanime, et ils souffrent qu'une foule d'actions indifférentes continuent d'être mises au rang des crimes.

Il est donc nécessaire qu'une Déclaration des droits des hommes renferme les conséquences de ces droits, les plus immédiates et les plus évidentes; il faut surtout qu'elle renferme celles auxquelles les lois connues des nations éclairées ont souvent porté atteinte.

* La date de publication de cette Déclaration n'est pas connue. Cf. notice p. 305. *(Toutes les notes signalées par des astérisques sont de Christine FAURÉ.)*

Tel est l'esprit dans lequel j'ai rédigé cette Déclaration des droits, extraite d'un ouvrage plus étendu, où j'avais essayé de tracer une exposition des droits des hommes aussi complète que mes lumières ont pu me le permettre.

DÉCLARATION DES DROITS

Le but essentiel de la société est d'assurer à tous ceux qui la composent la jouissance entière et paisible des droits mutuels qui dérivent de leur nature et de leurs rapports entre eux.

Ainsi aucune autorité établie dans la société et par elle, ne peut légitimement soit par aucun acte, soit même par une loi générale et consentie par la pluralité, ni violer, ni restreindre aucun de ces droits, ou aucune de leurs conséquences évidentes; et l'exposition de ces droits annonce à la fois les devoirs et les limites du pouvoir social qui n'a d'autorité légitime que pour les maintenir.

Les droits des hommes peuvent se réduire :

A la sûreté de la personne;

A la liberté de la personne;

A la sûreté de la propriété;

A la liberté de la propriété;

A l'égalité; car il ne peut exister aucun motif fondé sur la raison pour qu'un homme retire de la société des avantages plus grands qu'un autre homme, à l'exception de ceux qui sont la suite nécessaire de ses qualités individuelles ou de son droit de propriété.

Les conséquences essentielles de ces droits sont contenues dans les maximes suivantes.

Pour la sûreté des personnes

I. Aucun homme ne pourra être puni que pour une action qui renferme une violation évidente et grave du droit d'autrui, qui ait été définie et déclarée criminelle par la loi.

II. Aucun accusé ne pourra être puni que d'une peine déterminée par la loi, après avoir été déclaré coupable par un tribunal légalement établi, soumis à la lettre de la loi, indépendant de tout autre pouvoir. Il ne pourra être condamné que par une pluralité qui fasse légitimement présumer la certitude du crime; et il doit avoir la liberté de récuser, sans alléguer de motifs, un assez grand nombre de juges pour être assuré de l'impartialité de ceux qui restent.

III. La loi ne pourra établir la peine de mort, que pour les délits contre la vie des citoyens ou contre la sûreté publique; et elle n'ajoutera à la perte de la vie aucun supplice qui la rende plus lente ou plus douloureuse.

IV. Tout accusé jouira d'une liberté entière d'user de ses moyens naturels de défense, ce qui entraîne nécessairement la publicité de la procédure, la liberté de se choisir des conseils, de conférer avec eux dans tout le cours de l'instruction, d'avoir communication, pour soi et pour ses conseils, de tous les actes de la procédure, et de pouvoir faire entendre des témoins en sa faveur.

V. La loi ne pourra autoriser, pour parvenir à la connaissance des coupables, ni l'emploi de la torture, ni l'usage du mensonge ou de la ruse.

VI. Aucun pouvoir social ne pourra employer une force armée contre les citoyens, sinon dans les cas déterminés par la loi, sous une forme réglée par elle; et ceux qui disposent de cette force seront toujours responsables de l'usage qu'ils en auront fait.

Pour la liberté de la personne

I. Aucun citoyen ne pourra être arrêté que suivant une règle prescrite par la loi, et pour des cas déterminés par elle, ni retenu en prison qu'en vertu du décret d'un juge rendu d'après une loi qui fixe le genre des accusations, et le degré de preuves nécessaire pour autoriser la détention.

II. Sous aucun prétexte la durée de la détention ne pourra être indéfiniment prolongée par le retard du jugement.

III. Tout homme pourra faire de ses facultés tout usage dont il ne résulte aucune violation du droit d'autrui, sans être assujetti ni à aucune peine, ni même gêné par aucune formalité; d'où résulte le droit de se rendre librement d'un lieu à un autre, et de choisir sa résidence soit dans l'État, soit hors de l'État;

Le droit d'exercer tous les métiers, et de n'être exclu d'aucune profession;

Le droit d'exercer librement toute espèce de culte, de professer toutes les opinions qu'on croit vraies, d'écrire sans que les lettres ou les papiers puissent être soumis à aucune inspection, enfin la liberté de la presse, c'est-à-dire, le droit d'imprimer sans être assujetti à aucun règlement, sauf à être puni, suivant la loi, pour les libelles contre les particuliers et contre la conduite privée des hommes chargés de fonctions publiques, ou pour les invitations à troubler par la force la paix de la société, et l'exécution des lois, seuls délits que l'on puisse commettre par l'impression.

IV. Aucun homme ne pourra être soumis à aucun service personnel ni particulier, ni public, ni civil, ni militaire, sinon volontairement ou d'après un engagement contracté librement et pour un temps limité.

Pour la sûreté de la propriété

I. Aucun homme ne pourra être privé de la propriété dont il jouit qu'en vertu d'un jugement rendu suivant la loi, d'après les formes qu'elle a prescrites, et par un tribunal qu'elle a institué.

II. Aucun homme ne pourra être soumis à payer aucun autre impôt que ceux qui sont nécessaires à la sûreté, à la tranquillité et à la prospérité commune, et qui auront été établis suivant la forme prescrite par la Constitution.

III. Tout impôt dont la perception entraîne soit des atteintes aux droits des hommes ci-dessus énoncés, soit même seulement des frais inutiles, ou enfin qui n'est pas proportionnellement réparti, est injuste, par quelque autorité qu'il ait pu être établi.

IV. Aucun homme ne pourra être privé de sa propriété pour qu'elle soit employée à des objets d'utilité publique, sinon après en avoir reçu un dédommagement complet, fixé contradictoirement d'après des principes déterminés par la loi.

Pour la liberté de la propriété

I. Chacun pourra faire de sa propriété tout usage qui n'est pas contraire au droit d'autrui.

Ce qui renferme la liberté indéfinie pour tout individu de vendre les produits de ses possessions, où, à qui et quand il veut, d'acheter d'autres denrées, de les échanger, de les revendre, sans être assujetti à aucune gêne, ni à aucune formalité, et la liberté de cultiver sur ses terres telles productions qu'il voudra.

II. La propriété ne pourra être soumise, sous aucun prétexte, à aucune servitude arbitraire ou irrachetable.

III. Les transmissions de propriété ou de jouissance, les achats et les ventes, les locations, les échanges ne pourront être soumis à des droits, ni à des formalités inutiles pour la sûreté des propriétaires.

Pour le droit d'égalité naturelle

I. Tout citoyen doit jouir également du droit de Cité; en conséquence chacun doit exercer une influence égale dans la partie de l'établissement d'une puissance publique et de la confection des lois à laquelle tous les citoyens concourent immédiatement; et chacun doit contribuer également à l'élection des représentants chargés d'exercer les autres parties de ces fonctions, et être également éligible pour ces places de représentants.

II. Tous les citoyens seront soumis également aux mêmes lois.

III. Il ne sera exigé pour aucun emploi public d'autres conditions que celles qui paraissent nécessaires pour le bien remplir.

IV. Il ne doit être attribué à aucune fonction aucun privilège, aucune prérogative qui ne soit une suite nécessaire de l'exercice de cette fonction.

V. Tous doivent supporter d'une manière égale, et proportionnellement à leur revenu, la charge des mêmes impôts.

VI. Les atteintes portées aux droits des citoyens par ceux que la société a revêtus d'un pouvoir quelconque, ne demeureront pas impunies; et la loi, après avoir déterminé d'une manière précise celles de ces atteintes qui doivent être mises au nombre des délits, doit établir un tribunal pour en juger, et des peines pour les réprimer.

VII. La loi ne pourra sous aucun prétexte instituer aucune distinction héréditaire.

VIII. Aucune loi ne sera promulguée, aucun impôt ne sera levé, aucune autorité publique ne sera établie que par le vœu de la pluralité des citoyens ou de leurs représentants, élus, assemblés et exerçant ces pouvoirs suivant les formes prescrites par la Constitution qui ne pourra elle-même être faite que par des représentants expressément revêtus de ce pouvoir, et choisis pour l'exercer.

IX. Les lois qui établissent et règlent la Constitution, c'est-à-dire, la forme, les devoirs et les droits des diverses parties de la puissance publique, ne seront point perpétuelles, mais elles pourront être changées, à des époques déterminées, par des conventions qui seront toujours distinctes des assemblées permanentes revêtues du pouvoir législatif; et ces deux pouvoirs ne pourront jamais être réunis.

À Versailles,
De l'Imprimerie de Ph.-D. Pierres, Premier Imprimeur
Ordinaire du Roi, rue Saint-Honoré, N° 23.

PROJET DE DÉCLARATION

proposé aux députés des Communes
aux États généraux de France;
par M. SERVAN, ancien avocat général
au parlement de Grenoble

1789 *

AVERTISSEMENT

Dans la crise menaçante où la division actuelle des trois ordres peut plonger l'État, j'ose publier mes faibles idées. Proposées pour concilier tous les ordres, il ne serait point étonnant qu'elles ne convinssent à aucun. Il est des circonstances malheureuses, où les esprits ne chérissent que les partis extrêmes. Je supplie du moins de ne condamner mes idées, qu'après les avoir saisies dans leur entier. C'est de l'ensemble que chaque partie peut tirer quelque vérité.

Quoi qu'il en soit, n'ayant point eu assez de forces pour me charger du fardeau de la cause publique, dans les États généraux, j'ai cru devoir à mes concitoyens le compte de mes vœux et de mes efforts, dans tous les moments de ma vie. Que ne puis-je leur offrir un tribut digne de ma reconnaissance et de mon respect pour leurs suffrages!

PROJET
DE DÉCLARATION

De la part des députés des Communes

Les députés des Communes, etc. etc., déclarent :

Que toute loi politique ou *constitutive* doit être le produit du vœu le plus manifeste et le plus général d'une nation.

Qu'à la vérité tous les ordres de la nation française, dans leurs

* *(S.l)* D'après les archives parlementaires, le « Projet de Déclaration des droits de l'homme et du citoyen », extrait du projet proposé aux États généraux, a fait l'objet d'une publication séparée, proposée à l'Assemblée nationale le 30 juillet 1789.

différentes assemblées, avaient fait éclater assez unanimement le vœu de raffermir ou de réformer plusieurs parties de la Constitution actuelle de l'État.

Mais qu'elle n'avait point encore manifesté ses intentions sur ces points fondamentaux, d'une manière assez précise.

En un mot, en considérant les lumières qui manquent encore à la nation, et les imperfections inévitables dans la formation de cette première assemblée des États généraux, les députés des communes déclarent, en leurs consciences, qu'ils ne se croient point munis d'un pouvoir suffisant pour proposer et établir *définitivement* aucune loi politique et vraiment constitutive de l'État.

Dans les plus heureuses conjonctures, dans les temps où la nation, à la faveur de la liberté de l'imprimerie, jouirait de toute l'énergie que peut lui donner la connaissance de ses droits, dans ces temps même il serait prudent et conforme à la nature du droit politique d'une grande nation, qui ne peut agir que par ses représentants, de statuer que *toute institution politique et constitutive n'aurait force de loi qu'après le consentement de trois assemblées consécutives des États généraux; et qu'en attendant, elle serait regardée seulement comme une institution provisoire.*

La convocation, l'existence et l'organisation des États généraux faisant désormais la partie la plus essentielle de la Constitution française, les députés des communes déclarent, d'après les principes ci-dessus énoncés, que toute institution sur ces objets doit être purement provisoire, et n'avoir force de loi qu'après avoir été ratifiée dans les assemblées suivantes des États généraux, par les suffrages des représentants de la nation, munis de pouvoirs formels, pour opiner de nouveau sur ces institutions nouvelles.

Dans ces intervalles, l'accroissement des lumières, et les réformes introduites dans la formation des Assemblées nationales, épureront toujours davantage ces projets de Constitution; et la nation n'accordera aux opinions de ces représentants le grand et durable caractère de loi *constitutive*, qu'après y avoir appliqué le sceau du temps et de l'examen, mais surtout celui de son suffrage universel.

Ces principes sont seuls capables d'assurer à la nation le droit inaliénable de n'obéir qu'à des lois qui soient la pure expression de la volonté la plus générale.

Ils peuvent seuls maintenir la nation au-dessus de toutes les espèces de pouvoirs qu'elle-même a conférés, et la sauver des erreurs et du despotisme de tous les particuliers et de tous les corps, même des erreurs et du despotisme de l'assemblée de ses représentants.

Après avoir exposé ces principes, les députés des communes déclarent que l'existence légale de l'Assemblée nationale dépendant de la vérification légale des pouvoirs de tous les membres, leur vœu est que cette vérification soit faite dans une assemblée générale des trois ordres, ou du moins par des commissaires de leur choix.

Ce vœu est évidemment conforme aux principes les plus clairs d'ordre et d'équité.

En effet, toutes les parties qui constituent l'Assemblée nationale, doivent être formées sur des principes communs et des règles uniformes; et l'inspection mutuelle des trois ordres sur les élections des membres de chacun, est la seule garantie capable d'assurer à la nation l'unité des principes et l'uniformité des règles qui ont formé les États Généraux.

En isolant, au contraire, et concentrant la vérification des élections et des pouvoirs dans chaque ordre, les intérêts qui les divisent leur feraient infailliblement adopter des principes différents; et même, en paraissant admettre une commune règle pour juger les élections, chaque ordre pourrait la faire varier par des interprétations au gré des principes qui lui conviennent.

Ainsi l'Assemblée nationale, au lieu d'être le résultat d'un même esprit et d'une même loi, ne serait que celui de l'esprit de chaque ordre, et de la règle qu'il se ferait à lui-même [1].

Jamais, enfin, la nation ne pourrait se reposer avec une pleine confiance dans les résolutions d'une assemblée qui, loin de représenter la nation réunie, ne rappellerait que la nation divisée au moment même de sa première existence.

Après la vérification des pouvoirs, le vœu des députés des communes est que les suffrages de tous les membres des États généraux soient recueillis par tête, et non par ordre.

Pour expliquer précisément leur opinion à cet égard, les députés demandent que, dans tout ce qui concernera les lois politiques et constitutives, le vœu des États généraux soit formé à la pluralité des trois quarts des suffrages des ordres réunis.

Que les résolutions concernant les autres espèces de lois, soient formées à la pluralité des deux tiers des suffrages; et celles qui touchent les objets de simple administration, à la pluralité d'un seul suffrage.

La préférence actuelle, donnée par les députés des communes à l'opinion par tête, est fondée sur l'expérience et la raison.

L'expérience la plus ancienne a prouvé que la méthode d'opiner par ordre a toujours fait échouer, par la discorde, le salut de la nation dans

1. Pour justifier ceci par un exemple présent, il est très vraisemblable que dans le différend sur les députations du Dauphiné, les communes approuveront les élections qui seront rejetées par la noblesse et le clergé.

les États généraux où elle fut introduite; tandis que la méthode d'opiner par tête a produit l'union et de salutaires réformes.

A comparer ces deux méthodes par leur nature même, l'effet le plus général de l'opinion par tête est de ramener les esprits des intérêts particuliers à l'intérêt public; et celui de l'opinion par ordre est, au contraire, d'éloigner toujours plus les esprits de l'intérêt public, pour les resserrer vers les intérêts particuliers.

En général, la méthode d'opiner par tête paraissant plus propre à *faire* qu'à *empêcher*, et celle d'opiner par ordre plus propre à *empêcher* qu'à *faire*, la première semble convenable pour instituer de bonnes lois, et la seconde pour empêcher qu'on n'en institue de mauvaises.

L'opinion par tête est donc singulièrement propre aux gouvernements où toutes les bonnes lois manquent; et l'opinion par ordre peut s'approprier avec succès aux gouvernements où les bonnes lois étant faites, on ne craint plus que l'introduction des mauvaises. Aussi, c'est surtout pour le maintien des bonnes lois politiques, toujours attaquées, toujours trop mal défendues, qu'on a eu recours à la méthode d'opiner par ordre.

En appliquant ces vérités au gouvernement français, il est évident que la loi de l'opinion par ordre ne serait à présent que celle de l'anarchie et de la perpétuité des abus.

Prétendre en effet ne former de décision dans les États généraux que par la réunion de la volonté du monarque, du clergé, de la noblesse et des communes, ce serait presque réduire l'œuvre de la législation à l'impossible; ce serait, sous des paroles déguisées, anéantir tout l'espoir des lois et de la nation.

En adoptant l'opinion par ordre, comment obtenir, par exemple, toutes les réformes si nécessaires dans l'ordre du clergé? Sans cesse arrêtées par son *veto*, elles trouveraient un mur d'airain; et cette méthode de suffrages, funeste à la nation, ajouterait à tous les maux de son ancienne léthargie ceux d'une discorde nouvelle.

Au reste, la résolution de n'accorder le caractère de loi qu'à la pluralité des trois quarts ou des deux tiers des suffrages, doit faire évanouir toutes les craintes du haut clergé et de la noblesse; et dans le résultat de l'opinion par tête ainsi conçue, ils ne s'obstineront plus à voir l'opinion seule des communes.

Ce qui doit (il est nécessaire de le répéter) rassurer encore plus les ordres du clergé et de la noblesse, c'est que l'opinion par tête n'est réclamée par les communes qu'à titre d'institution *provisoire* et convenable au moment actuel, et qu'enfin nulle méthode d'opiner dans les États généraux ne sera déclarée loi constitutive, qu'après le consentement de trois Assemblées nationales consécutives.

D'après la conviction intime de ces vérités, les députés des communes déclarent qu'ils emploieront sans relâche tout ce qu'ils ont de forces et de lumières, pour obtenir du clergé, de la noblesse, et même du monarque, la préférence de l'opinion par tête.

Que, dans le cas où l'obstination de ces deux ordres serait poussée jusqu'à exposer l'État au péril prochain et terrible de la dissolution de l'Assemblée nationale, les députés des communes, afin d'épuiser, dans cette extrémité menaçante, les moyens, même les moins vraisemblables de sauver l'État, se croiront peut-être obligés de consentir à faire un simple essai de l'opinion par ordre.

Que si, contre toute espérance raisonnable, les institutions nécessaires au salut de la nation pouvaient recevoir leur sanction par cette méthode d'opiner, les députés des communes s'applaudiraient les premiers d'un essai commandé par la nécessité, et justifié par le succès; mais qu'en ce cas même la méthode d'opiner par ordre ne serait regardée que comme une institution simplement provisoire, et qu'elle n'obtiendrait la force et le caractère de loi constitutive, qu'après la ratification de trois Assemblées nationales consécutives.

Mais qu'au contraire, si, d'après la nature évidente des choses, l'opinion par ordre ne produisait que l'opposition et la discorde à l'égard des vérités les plus salutaires, alors les députés des communes, justifiés eux-mêmes aux yeux de la nation, de l'Europe et de la postérité tout entière, reviendraient, avec toute la force de l'expérience, à réclamer l'opinion par tête.

Qu'après cette épreuve, les députés du clergé et de la noblesse ne pouvant plus alléguer l'avantage de l'opinion par ordre, convaincus même de son insuffisance et de ses dangers, désormais sans prétexte aux yeux d'une nation sans ressources, voyant de tous côtés s'élever autour d'eux les cris de leurs concitoyens épouvantés, les entendant réclamer l'opinion par tête, comme la dernière planche de leur naufrage, réduits même, dans ce moment d'attention profonde et de terreur générale, à prononcer, à la face de l'univers, entre l'intérêt public et celui de quelques hommes, ces députés n'oseront jamais souiller leur mémoire de la proscription de la patrie, et la conduire rapidement à sa ruine par la dissolution des États généraux.

S'il est permis de prévoir ce désastreux événement, les députés des communes déclarent, qu'après avoir consulté fidèlement la conscience de leurs devoirs, ils n'oublieront point le dernier, le plus sacré de tous, celui d'éclairer complètement la nation, et de réveiller en elle la conscience de tous ses droits.

En se séparant avec douleur et sans succès de l'assemblée qui devait représenter la patrie, les députés des communes offriront du moins à cette patrie expirante le tableau sincère et terrible de tout ce qu'elle peut réclamer avec justice, et de tout ce qu'on voudrait lui ravir par la force.

Enfin, les députés des communes, pour exposer leurs intentions dans un jour qui ne laisse plus rien à désirer, déclarent qu'ils font d'abord reposer le salut de l'État dans une charte authentique, où les droits essentiels de l'homme et du citoyen soient reconnus, établis et consacrés sans retour comme sans équivoque.

Qu'un tel acte doit offrir les vrais principes, non seulement des lois politiques et constitutives, mais de toutes les autres espèces de lois, et donner à la nation le temps d'attendre avec sagesse et sécurité une législation qui sera l'heureux développement des germes contenus dans cet acte fondamental.

Que le vœu des députés des communes est d'exprimer, dans la Déclaration des droits de l'homme et du citoyen, les vérités suivantes.

PROJET DE DÉCLARATION
des droits de l'homme et du citoyen en général

1° Toute société civile est le produit d'une convention entre tous ses membres, et jamais celui de la force.

2° Le contrat social qui constitue la société civile, n'est et ne peut être que l'union de tous, pour l'avantage de chacun.

3° Ce qui convient au bien commun ne peut être déterminé que par la volonté générale, laquelle est la seule véritable loi.

4° Nul membre de la société civile n'est obligé d'obéir à d'autre autorité que celle de la loi.

5° La loi, par rapport à la société civile, n'étant que la volonté générale, la puissance législative appartient originairement à tous.

6° Quand même cette puissance ne peut être convenablement exercée par tous, elle ne peut être irrévocablement aliénée par eux.

7° La puissance législative ne peut être confiée par la nation à des représentants, que sous des conditions exactement relatives à l'objet de l'établissement de toute société civile.

8° L'objet de la société civile peut se réduire à la liberté civile, laquelle est le pouvoir que chaque citoyen a d'exercer toutes ses facultés dans toute l'étendue qui n'est point interdite par les lois.

9° Les facultés du citoyen se réduisent à disposer de ses pensées, de sa personne et de sa propriété.

10° Toute vraie législation n'est qu'un système de lois, qui doivent se rapporter et tendre à la liberté civile comme à leur centre commun.

11° Les lois politiques ou constitutives conduisent à la liberté civile, lorsque la puissance législative est instituée de manière à connaître et vouloir le bien public, et lorsque la puissance exécutive, ne manquant jamais de pouvoir pour faire obéir aux lois, en est toujours privée pour les violer.

Les lois civiles conduisent à la liberté, lorsque après avoir borné l'usage indéfini de la propriété, sous tous les points seulement qui touchent au bien public, elles abandonnent le reste à la raison de chaque homme.

Les lois criminelles se rapportent à la liberté civile, lorsque tout homme innocent peut agir sans craindre un châtiment injuste, et lorsque tout homme coupable peut être jugé sans craindre un châtiment excessif.

Les lois religieuses sont conformes à la liberté civile, lorsque, prescrivant dans leur morale des actions utiles à tous, elles ne gênent la liberté des hommes par le dogme et par le culte, qu'autant que le dogme et le culte sont nécessaires pour affermir les préceptes de la morale.

Enfin, les lois surtout de l'opinion maintiennent la liberté civile, lorsque, dans les actions où les lois positives n'ont rien voulu prescrire, chacun se dirige vers le bien public, par la loi seule de l'opinion qui châtie par la honte, et récompense par l'estime.

12° D'après ces principes, dans toute société civile légitimement gouvernée, tout citoyen doit être libre de communiquer et publier ses pensées sur les objets qui ne sont point interdits par les lois.

Tout citoyen doit être libre de disposer de sa personne et de ses actions, de toutes les manières que les lois n'auront point défendues.

Tout citoyen sera libre de jouir de sa propriété, dans toute l'étendue que les lois lui auront laissée.

13° Les droits de l'homme et du citoyen deviendraient illusoires dans la société civile, si tous les membres ne veillaient en commun à leur maintien : et tous, par conséquent, doivent être libres de former des Assemblées nationales, soit par eux-mêmes, soit par leurs représentants, pour veiller à la conservation de leurs droits.

La liberté de former des Assemblées nationales doit donc être regardée comme le premier garant de la liberté civile.

DÉCLARATION PARTICULIÈRE
des droits des citoyens français

I. De deux en deux années, à l'époque du premier avril, la nation française formera l'assemblée de ses représentants, sans avoir besoin d'aucun autre ordre que celui de la présente charte nationale.

II. Les élections des représentants se feront conformément à la loi *constitutive* qui sera sanctionnée sur cet objet, dans les États généraux, conformément à l'article VII.

III. Jusqu'à la sanction de cette loi *constitutive*, la nation suivra, pour l'élection de ses représentants, les règles approuvées par la dernière assemblée des États généraux.

IV. Six mois après le terme fixé pour former l'Assemblée nationale, si, par des obstacles qu'on ne saurait prévoir, cette Assemblée n'était pas formée, la société civile serait censée en état de disolution; dès ce moment tous les genres de pouvoirs qui la régissent, cesseront, et toutes les magistratures seront sans force et sans exercice légitime.

V. L'Assemblée nationale ne pourra jamais durer moins de trois mois, et plus de six; après lesquels les pouvoirs des représentants seront regardés comme nuls.

VI. Nulle loi ne sera reconnue et observée dans la nation française, qu'elle n'ait été vérifiée et consentie par l'assemblée de ses représentants.

VII. Toutes les lois politiques ou constitutives; et par là l'on entend *les lois dont l'objet est de déterminer la mesure, l'ordre et l'influence réciproque des pouvoirs qui gouvernent les hommes dans la société civile*; les lois de cette espèce ne seront reconnues comme *lois*, qu'après avoir été vérifiées et consenties par trois Assemblées nationales consécutives; et jusqu'à cette ratification, toute institution politique, adoptée par les suffrages d'une ou de deux assemblées, ne sera réputée que *provisoire*, et son exécution momentanée.

VIII. Toutes les autres espèces de lois, civiles, fiscales, religieuses, etc., seront reconnues et observées dans la nation française, après la vérification et le consentement d'une seule assemblée des États généraux.

IX. En conséquence des articles ci-dessus, nul citoyen français ne pourra être recherché pour ses pensées, ni souffrir d'atteinte à sa personne, à sa propriété, que d'après les ordres évidents et précis des lois formellement consenties par la nation représentée dans les États généraux.

X. La charte nationale sera enregistrée dans les greffes de tous les tribunaux de la nation française, et les magistrats seront obligés, à des époques déterminées, de la faire publier à l'audience, après l'avoir fait afficher dans les carrefours du lieu de leur tribunal.

XI. Les ministres de la religion seront pareillement obligés de rappeler, aux mêmes époques, l'acte national au peuple de leurs paroisses.

XII. Il sera surtout ordonné aux maîtres chargés de l'éducation publique dans tout le royaume, de faire de l'acte national le premier objet de leurs leçons.

XIII. Enfin, il sera institué une fête générale dans tout le royaume, pour célébrer le même jour, et consacrer, avec des cérémonies déterminées par une loi, la concession de cet acte, où repose la liberté de la nation.

RÉFLEXIONS

Il serait digne des États généraux de proposer un prix (et ce prix ne serait que de l'honneur) pour un catéchisme de morale civile, où les propositions de la charte nationale seraient spécialement énoncées, expliquées, et mises à la portée des enfants.

C'est par des fêtes et des cérémonies pour les hommes, c'est par des catéchismes pour les enfants, qu'on peut former l'opinion et les mœurs des citoyens; seuls fondements des lois, qui jamais ne peuvent se soutenir par elles-mêmes : et prenons bien garde, qu'en parlant sans cesse de Constitution, de lois fondamentales, et surtout de finances, nous ne commettions la faute d'appuyer tous ces prétendus fondements sur un sable mouvant. Quand les lois ne viennent pas du fond des cœurs des citoyens, elles ne vont jamais jusques à leurs actions.

DES DROITS DE L'HOMME ET DU CITOYEN

par M. TERME, cultivateur, député d'Agen *

DES DROITS DE L'HOMME ET DU CITOYEN

Des droits de l'homme dérivent les droits du citoyen et ses devoirs.

Le rapport parfait, l'accord des droits et des devoirs du citoyen avec la morale chrétienne et le caractère national français, présentent la base la plus étendue et la plus solide, sur laquelle puisse jamais porter l'édifice des lois.

L'avantage de leur union est incalculable, et leur chaîne conduite jusqu'aux dernières ramifications de l'ordre social fixerait à jamais le bonheur de la nation et la gloire du monarque qui l'a provoqué et le désire.

Mais malheureusement hélas! les droits naturels de l'homme sont à peine sortis de l'oubli! Le principe sur lequel reposent ces droits, est resté ignoré et méconnu; et cependant, marqué au coin de la nature, comme elle en évidence, ce principe est simple, unique, invariable, incontestable, universel.

C'est en partant d'un tel principe, que d'inductions en inductions et par des conséquences absolues, je me propose d'établir les droits de l'homme et du citoyen.

Ces conséquences non moins fécondes qu'heureuses, applicables à tout bon gouvernement s'adaptent d'elles-mêmes à celui qui convient à la nation, afin de rendre le peuple français le premier et le modèle des peuples et ses rois, les rois les plus puissants et les plus heureux qui jamais aient régné.

Si la nature qui a placé l'existence de l'homme sous la sauvegarde du *plaisir* et de la *douleur,* a imprimé évidemment en lui le vœu qu'elle a qu'il se conserve et améliore son sort; si elle le contraint à remplir ce vœu qu'elle lui imprime, de manière que l'homme soit récompensé par le plaisir qu'il goûte, s'il y satisfait; et qu'il soit puni par la douleur qu'il ressent, s'il s'en écarte, – c'est donc un droit à jamais inviolable et

* La date de publication de cette Déclaration n'est pas connue.

imprescriptible que le droit que l'homme tient de la nature de défendre son existence d'atteintes, et de pourvoir à ses divers besoins.

Mais si l'homme, à raison de sa faiblesse individuelle, relativement à ses besoins, aux périls où l'exposent la force supérieure et la férocité de certains animaux, les intempéries de l'air, les accidents des saisons, les maladies et les diverses périodes de sa vie; l'homme dénué du secours de son semblable, ne peut que difficilement s'assurer des moyens de conserver, de défendre son existence d'atteintes, et de pourvoir à ses divers besoins; – la *nature* engage donc l'homme si elle ne le *nécessite*, à unir ses forces à celles de son semblable, afin de se procurer mutuellement par leur union, un usage plus libre, plus assuré et plus étendu de leurs facultés respectives.

Si c'est pour se procurer mutuellement par leur union un usage plus libre, plus assuré et plus étendu de leurs facultés respectives, que les hommes s'unissent et se lient en société – l'objet suprême, le but absolu de toute société doit donc être de maintenir et de protéger les intérêts et les droits particuliers de chaque membre, de faire qu'ils jouissent paisiblement et sans trouble des avantages qui leur sont propres et qui peuvent résulter d'une union réciproque.

Si l'objet suprême et le but absolu de toute société doit être de maintenir et de protéger les intérêts et les droits particuliers de chaque membre, de faire qu'ils jouissent paisiblement et sans trouble des avantages qui leur sont propres et qui peuvent résulter d'une union réciproque, – les intérêts et les droits respectifs des membres qui composent une société, doivent donc servir de fondement et de base aux conventions nécessaires pour asseoir une bonne Constitution, c'est-à-dire pour établir dans la société une garantie réciproque entre les hommes qui la forment, de la faculté que chacun d'eux peut avoir d'opérer son bien-être et son bonheur, de manière que dans l'exercice qu'ils en font, ils ne s'entre-nuisent, ni ne s'entrechoquent.

Si les intérêts et les droits respectifs des membres qui composent une société doivent servir de base aux conventions nécessaires pour asseoir une bonne Constitution, – il est de nécessité et il importe donc, non seulement de *consulter* les volontés particulières, mais encore de *connaître*, de *rapprocher*, *d'apprécier*, de *peser* les intérêts divers, afin de déterminer le moyen, et le degré de force publique nécessaire pour protéger et défendre de toute atteinte les intérêts communs et privés.

1°. Ainsi le droit du citoyen est de concourir non seulement pour *déterminer*, *aviser*, *approuver* et consentir les *conventions* ou lois qui doivent fixer les rapports divers qu'ont entre eux les membres d'une société, de leur en garantir également et réciproquement le libre exercice et l'usage, mais encore à les *changer*, à les *modifier* ces conventions, selon qu'il est jugé utile à la société et à ses membres.

2°. Le droit du citoyen est de concourir non seulement aux *conventions* ou lois qui peuvent tendre à multiplier et accroître les avantages de la société, à perfectionner les moyens desquels ils peuvent résulter, à en régler l'administration et l'emploi; mais encore à s'en faire rendre un compte exact et fidèle.

3°. Le droit du citoyen est de concourir non seulement aux *conventions* ou lois qui doivent constituer un degré de force publique suffisante pour assurer complètement, soit au-dedans, soit au-dehors, les droits d'un chacun; à celles qui doivent *confier, déterminer et limiter* l'exercice de la force publique, pour qu'elle ne puisse point en abuser au préjudice des intérêts et des droits du citoyen, mais encore aux *conventions,* suivant lesquelles doivent être *choisis, désignés, établis, révoqués, punis* les dépositaires de cette force publique, toutes les fois qu'ils la détournent de l'objet pour lequel elle a été constituée (l'utilité publique) et qu'ils en abusent en tournant d'une manière contraire et opposée à l'objet et au but de l'association, les moyens qu'elle fournit pour son maintien et sa défense [1].

D'un autre côté, si tel est le succès du gouvernement, que conformément au but qu'il doit avoir il procure à l'homme dans l'état social, un exercice plus libre, plus assuré, plus étendu de ses droits naturels; ayant le plus grand intérêt que la société de laquelle il est membre, soit conservée, qu'elle soit nantie d'une force publique suffisante, qui en maintenant le corps entier de la société, protège également et mette à l'abri d'atteinte l'intégrité des droits de chaque membre, sa personne, ses biens, ses moyens et facultés; – chaque citoyen participant ainsi aux avantages de la société, suivant l'étendue plus ou moins grande des facultés et des moyens de bien-être qui sont en sa possession, et desquels la société lui garantit la propriété et l'usage; chaque citoyen doit donc contribuer aux besoins de la société proportionnellement à ses forces, à ses moyens et facultés.

Enfin par un effet de la liaison intime des droits de l'homme avec ses devoirs, si tout citoyen a le droit, comme le désir de conserver hors d'atteinte, sa vie, sa liberté, ses facultés, ses biens, ses richesses; – tout citoyen doit donc respecter la vie, la liberté, les facultés, les biens, les richesses de ses concitoyens; il y a plus : si la faiblesse individuelle de l'homme le met en général dans la dépendance des services d'autrui; – dans le cas qu'il en ait reçus, c'est un devoir pour lui de les reconnaître, s'il en a l'occasion et le pouvoir; – dans le cas contraire, il lui importe d'aller au-devant de ses besoins à venir, et son intérêt doit l'engager à

1. Et cela parce qu'il n'est point supposable que celui de qui émane une force quelconque, ne doive conserver toujours le droit d'en réprimer l'exercice, dès qu'il porte atteinte à ses intérêts.

prévenir par ses services ceux de ses semblables qui sont en péril ou qui souffrent, parce que jamais l'homme n'en est pleinement à l'abri. – S'il était nécessaire d'en produire des preuves, les circonstances actuelles n'en fourniraient sans doute que trop d'exemples.

RÉSUMÉ

L'homme placé par la nature sous la sauvegarde du plaisir et de la douleur, est sans cesse contraint par la douleur, excité par le plaisir, à vouloir conserver son existence, et satisfaire à ses besoins : cette volonté, principe de toutes ses actions et de toutes ses démarches, ne l'abandonne jamais; il est impossible qu'il s'en dépouille. C'est donc un droit à jamais inviolable et imprescriptible, que le droit que l'homme tient de la nature de défendre son existence d'atteintes, et de pourvoir à ses besoins.

Mais la faiblesse individuelle de l'homme, relativement à ses besoins, et aux périls qui l'environnent, ne lui offrant que des moyens peu faciles de se défendre des uns et de pourvoir aux autres, un égal et même intérêt doit porter chaque individu à réunir ses forces à celles de son semblable, afin de se procurer mutuellement par leur union un usage plus libre, plus assuré et plus étendu de leurs forces, facultés et moyens respectifs.

L'objet suprême, le but absolu de toute société, doit être de maintenir et de protéger les intérêts et les droits particuliers de chaque membre; et ces intérêts et droits respectifs doivent servir de fondement et de base, afin d'établir entre eux un moyen certain d'empêcher que dans l'usage et l'exercice qu'ils en font, ils ne s'entre-nuisent ni ne s'entrechoquent.

Mais afin d'établir un pareil moyen, il est non seulement indispensable de *consulter* les volontés particulières, mais encore de *connaître,* de *rapprocher,* de *peser* les intérêts et les droits d'un chacun; et dans cet objet, il n'est pas moins nécessaire que chaque membre d'une société concoure directement ou indirectement par une volonté libre et expresse, pour *aviser, déterminer, consentir, approuver, changer, modifier,* s'il y a lieu, 1°. les conventions ou lois qui doivent fixer le libre exercice et l'usage des intérêts, des droits et devoirs respectifs.

2°. Celles qui peuvent tendre à multiplier et accroître les avantages de la société, à en régler l'administration, la distribution et l'emploi; à en faire rendre un compte exact et fidèle.

3°. Celles qui doivent constituer un degré de force publique, suffisante pour assurer complètement, soit au-dedans, soit au-dehors, les intérêts et les droits de tous et de chacun des membres de la société; celles qui doivent déterminer et limiter l'exercice et l'usage de cette force; fixer les règles suivant lesquelles doivent être *choisis, désignés, établis, jugés, révoqués et punis* les dépositaires de toute force et de toute administration publique quelconque, si ces dépositaires coupables abusent au détriment et contre le vœu de la société, des moyens qu'elle a destinés, et qu'elle leur confie pour son maintien et sa défense.

Enfin, par une suite de cette liaison intime des droits du citoyen et de ses devoirs, 1°. Si tel est le succès du gouvernement qu'il lui procure et lui assure un exercice plus libre, plus assuré, plus étendu de ses droits et des moyens utiles à son bien-être, chaque citoyen participant aux avantages de la société, suivant l'étendue plus ou moins grande des moyens qui lui sont propres, et desquels la société lui garantit l'exercice et l'usage; chaque citoyen doit donc contribuer aux besoins de la société, proportionnellement à ses forces, à ses moyens et facultés.

2°. Si tout citoyen a le droit comme le désir de conserver hors d'atteinte sa vie, sa liberté, ses facultés, ses biens, ses richesses, tout citoyen doit respecter la vie, la liberté, les facultés, les biens, les richesses de ses concitoyens.

3°. Si sa faiblesse individuelle place tout homme dans la dépendance des services d'autrui, il est du devoir comme de l'intérêt de tous les hommes, de s'entre-secourir, s'ils sont en péril et s'ils souffrent, et de se prévenir par des services réciproques et mutuels dans leurs besoins.

À Versailles,
De l'Imprimerie de Ph.-D. PIERRES, Premier Imprimeur
Ordinaire du Roi, rue Saint-Honoré, N° 23.

ESSAI SUR LES DROITS DES HOMMES, DES CITOYENS ET DES NATIONS; OU ADRESSE AU ROI SUR LES ÉTATS GÉNÉRAUX ET LES PRINCIPES D'UNE BONNE CONSTITUTION *

(J. L. SECONDS)

Ex audaciâ veritas.

M.D.CC.LXXXIX.

AVERTISSEMENT

Ce petit ouvrage avait été fait pour une province avant la convocation des États généraux; quoique les circonstances aient changé depuis, plusieurs personnes ont pensé qu'il pourrait être utile, et même que l'à-propos n'en était pas tout à fait perdu, au moment où l'Assemblée nationale s'occupe de la Constitution. Nous nous sommes contentés, quant à présent, d'y faire quelques additions; nous pourrons un jour en changer la forme et lui donner plus d'étendue.

Sire,

Une voix s'est fait entendre du haut du trône, qui invite tous les Français à éclairer l'autorité, à servir la patrie, à former des vœux pour leur bonheur.

C'est à cette voix, Sire, la plus touchante, la plus douce qui puisse parler au cœur de l'homme, que se rendent aujourd'hui vos fidèles sujets, les habitants de la province de ***, c'est pour remplir vos vœux, qu'ils vont vous parler de leurs droits, et discuter devant vous avec toute la liberté de leurs consciences, les principes de l'ordre social, la forme et la composition des Assemblées nationales.

Oui, Sire, vous l'avez senti, c'est avec les peuples, c'est devant les rois qu'il faut agiter les grandes questions du gouvernement; c'est là qu'il faut enfin les résoudre pour faire cesser cette lutte éternelle de la

* La date de publication de cette Déclaration n'est pas connue. Adressée au Roi avant les États généraux, elle a été remaniée et proposée à l'Assemblée nationale, sans doute aux alentours du 9 juillet, au moment du premier rapport du Comité de Constitution. *(S. I.)*

liberté contre le pouvoir, du pouvoir contre la liberté, qui tantôt écrase l'une, tantôt renverse l'autre et désole les nations; c'est là qu'il faut établir une fois ces principes immuables de justice et de raison universelle qui doivent éteindre un jour les haines, les rivalités de toute espèce qui font le malheur des peuples, et préparer de loin la félicité du genre humain.

Quel exemple, Sire, que celui que Votre Majesté donne aujourd'hui à l'univers! oui, nous ne craignons pas de le dire, c'est le plus grand qu'il ait jamais reçu [1], et si le précepteur de Néron a dit que le plus beau de tous les spectacles, le plus digne des regards du ciel est celui de l'homme juste aux prises avec la mauvaise fortune, c'est qu'esclave d'un tyran, même après avoir été son maître, il ne concevait, tout au plus, que le courage de la vertu dans les fers, et n'imaginait pas même celui de la vertu sur le trône!

Après cette effusion de nos cœurs pour le plus grand des monarques, puisqu'il en est le plus juste, entrons dans ses vues, marchons sur ses traces, servons la cause commune; c'est le vrai, le seul moyen de l'honorer, de le servir lui-même.

Ce moment, Sire, est unique dans l'histoire de tous les temps; si nous le perdons, tout est perdu, si nous le mettons à profit, tout est gagné pour nous; vous êtes au comble de la gloire, et nous au comble du bonheur; que dis-je! vous et nous, oui, Sire, permettez-nous de le dire avec le trouble, les larmes et le sentiment inexprimable que nous éprouvons dans ce moment, vous et nous nous sommes heureux ou malheureux pour toujours!

Un grand peuple veut se régénérer, a dit un écrivain qui nous paraît avoir bien senti notre position; mais il ne sait comment s'y prendre.

Cependant ce peuple est le premier, le plus éclairé de l'univers, et sa régénération non seulement doit décider de son bonheur, mais elle peut encore influer sur celui de l'espèce humaine; essayons de lui montrer ce qu'il doit faire.

Mais où irons-nous prendre les principes, les moyens de cette régénération? Sera-ce dans l'histoire, sera-ce dans les chartres et les archives des nations? non, Sire, c'est dans l'homme, c'est dans sa nature, c'est dans les archives éternelles de la justice et de la raison :

1. « On chercherait en vain dans l'histoire, dit un auteur, quelque prince qui eût resserré volontairement son pouvoir. Quelques-uns sont remarquables par la sagesse de n'avoir point usurpé, mais celui qui restituera de bon gré les usurpations de ses prédécesseurs, est encore à paraître. Tite, Nerva, Trajan, les Antonins et Marc Aurèle n'eurent pas la générosité ou le courage d'établir à Rome une monarchie limitée »; Auguste, il est vrai, voulut, dit-on, rendre libres les Romains, qui furent assez vils pour ne vouloir pas l'être; mais tout le monde sait que ce fut un jeu de sa politique. Non, Sire, il n'y eut jamais que vous qui rendites de bonne foi la liberté à un peuple qui s'en montra digne.

c'est là, c'est dans cette source qu'il faut aller puiser pour gouverner les hommes, et les rendre heureux.

En toutes choses, pour trouver le vrai, et par conséquent le bien, il faut remonter aux principes : or ce sont ces principes qui manquent surtout en matière de gouvernement; ceux de la raison même ne sont pas encore bien connus; et quoique entrevus ou soupçonnés peut-être par quelques philosophes, ils n'ont été nettement aperçus, ni posés par aucun.

Cette vérité, Sire, que nous osons prononcer en votre présence, est ici, comme Votre Majesté le verra, non seulement utile, non seulement nécessaire, et la mieux prouvée par l'expérience, mais elle est encore le plus bel hommage que nous puissions lui rendre. L'encens le plus pur que l'on puisse brûler en l'honneur des rois est la vérité tout entière et sans mélange; on la doit aux peuples, on la doit aux rois pour leur intérêt commun. C'est donc avec une pleine sécurité et un entier abandon que nous allons entrer dans la grande question que nous avons à traiter.

La première idée qui se présente quand on l'examine de près, c'est qu'elle tient immédiatement aux premiers principes de tout gouvernement, et qu'il est impossible de la résoudre sans les discuter.

En effet, Sire, de quoi s'agit-il? de savoir quelle forme, quelle constitution doit avoir l'Assemblée nationale. Or, au premier coup d'œil qu'on jette sur cette question, on voit qu'elle tient aux droits de tous ceux qui doivent entrer aux États généraux, ou y avoir et nommer des représentants, à ceux de toute l'assemblée, à ceux des personnes qui doivent la convoquer ou la présider, en un mot, aux droits respectifs des hommes et des citoyens, des nations et des souverains, et par conséquent à tous les principes de l'ordre civil et politique.

Mais ce qui frappe le plus, quand on réfléchit sur tout ce qui se passe actuellement en France à cette occasion, c'est que dans les choses comme dans les opinions humaines, tout semble rouler dans un cercle vicieux, dont il est impossible de sortir.

S'agit-il, en effet, de former cette assemblée? il n'y a que deux manières de le faire, d'après les anciens errements ou sur les bons principes. Mais les principes ne sont pas convenus, chacun les tire à soi, chacun les pose à sa manière. Les vieux errements sont mauvais et reconnus tels. Cependant on les invoque, ou comme un moindre mal, ou comme le point dont il faut nécessairement partir pour faire mieux, ou enfin, comme le seul moyen légal, le seul qui puisse prévenir l'arbitraire et terminer les contestations. Mais il y a un parti qui s'y oppose, qui les rejette, comme absolument incompatibles avec nos lumières, avec nos mœurs, avec l'état présent des choses : d'ailleurs, pour former une assemblée régulière par ce moyen, il faudrait que celle qu'on formerait la première, fût régulière elle-même; autrement mal composée, elle se recomposerait mal encore.

Enfin, au milieu de toutes ces contradictions, comme entre des forces égales et opposées, si le besoin, si la nécessité, ne venaient rompre l'équilibre en faisant triompher un parti, tout resterait dans un état d'effort, et la chose publique dans une éternelle immobilité. Mais lorsque, par l'impulsion de cette nouvelle cause, elle est remise en mouvement, elle ne fait que reprendre son cours et suivre sa première direction, c'est-à-dire, qu'en partant du mal on continue à mal faire, parce qu'il est impossible de faire autrement. Telle est en effet la nature opposée de l'erreur et de la vérité, que les suites et les progrès de la première sont nécessairement des erreurs et des maux, comme les conséquences et les progrès de la seconde sont des biens et des vérités. Les données de l'une ne peuvent jamais servir de point d'appui à l'autre, le point d'où l'on part décide absolument du terme où l'on arrive; ce sont des sphères séparées, des mondes différents, nul point de communication de l'un à l'autre, il y a un abîme entre eux, il faut nécessairement le franchir, ou rester éternellement dans celui où l'on est une fois entré. Le monde moral est un étrange phénomène! ainsi que dans la nature, tous les principes, tous les éléments y sont en guerre. Le bien et le mal, la raison et les passions, les erreurs et la vérité s'y combattent sans cesse avec des armes qui paraissent égales; tout semble tendre en même temps à se corrompre et à se perfectionner; les mêmes lumières qui découvrent les principes, éclairent l'intérêt et la politique; la raison qui enseigne la justice et la modération, développe les connaissances et fait naître les désirs; elle montre le bien et la difficulté extrême de le faire, découvre le mal sans fournir le remède, et ôte également le courage de le guérir et de le supporter; enfin les progrès en tout genre sont tels que le mieux semble à la fois impossible et nécessaire; tout se choque, tout se heurte, tout implique contradiction, et ce monde, dans son ensemble, paraît un absurde existant.

Comment sortir de ces contrariétés? comment faire cesser ce choc éternel d'intérêts, d'opinions et de forces?

En remontant aux principes, en les marquant à un coin qu'on ne puisse plus méconnaître. Mais quels sont-ils donc enfin ces principes que nous osons dire encore inconnus, et qui doivent tout concilier avec le temps?

Nous ne saurions, Sire, les discuter ici avec étendue; mais nous allons vous présenter quelques vues qui puissent servir à les faire connaître et à déterminer ceux d'après lesquels nous croirions que les États généraux doivent être composés, ainsi que ceux d'après lesquels il nous semble qu'ils devraient former la Constitution de l'État, dont ils sont eux-mêmes la partie la plus importante.

1° Le grand art de gouverner les hommes, est l'art de les rendre heureux.

2° Le bonheur de l'homme dépend de tant de choses, que les principes de cet art tiennent à *tout*; non seulement à la connaissance de ses droits, de ses besoins, de ses rapports avec ses semblables; mais encore à celle de son esprit et de son cœur, et jusques aux premiers principes de nos connaissances.

3° Pour bien voir ce qui doit être, il faut s'élever au-dessus de tout ce qui est, et chercher :

Dans la nature et dans l'homme, tout ce qu'il y a;

Dans les choses et les institutions humaines, presque toujours ce qui n'y est pas;

Et en tout s'en tenir à ce qu'enseigne la raison.

Or, voici ce qu'elle nous paraît dicter.

L'origine de nos idées par les sens, leur acquisition par l'observation et l'expérience, sont *la clef de la science* ou *de la philosophie. L'existence ou la réalité en est le champ et pour ainsi dire l'étoffe, et notre existence propre le premier principe.*

La connaissance que nous avons de notre existence *est le résultat de toutes et de chacune* de nos sensations, et surtout de *la première* que nous avons reçue, ainsi que la connaissance que nous avons de tous les autres êtres, est l'effet *de la première impression* qu'ils font sur nous.

Les exigences se sentent et ne se prouvent pas, ou ne se prouvent que par le témoignage des hommes, ce qui rentre dans la règle.

Le principe *de l'idée claire*, donné par Descartes comme *règle de vérité, est faux*. Nous avons malheureusement en nous une *faculté* ou un *pouvoir de feindre* ou de *réaliser nos conceptions* qui nous *fait voir très clairement comme existant* ce qui n'est que dans notre esprit, et nullement dans la nature; en un mot, de *créer des êtres de raison.*

Les sens, soit extérieurs, soit intérieurs, sont les seuls instruments réels de nos connaissances. *L'évidence des sens d'accord entre eux*, est la seule qui soit toujours *sûre*, autant que nos moyens peuvent l'être. Nous ne connaissons rien *d'avance* ou *a priori*, comme disent les philosophes, nous ne savons rien *que par le fait.*

Toute science est donc fondée sur les faits, *et l'expérience est la pierre de touche de la vérité*; mais il est des faits de deux espèces, *ceux de l'homme et ceux de la nature*. Ces derniers seuls sont des guides sûrs; l'expérience tirée des autres, égare la raison.

Ces principes ont plus de rapport qu'on ne pense au bonheur des hommes, et par conséquent au gouvernement.

Passons maintenant aux principes immédiats de cette science.

La raison est la loi des êtres intelligents, ils doivent se conduire uniquement par elle.

Elle est l'autorité légitime, l'opposé de la volonté seule.

La volonté considérée indépendamment de la raison, *est le pouvoir arbitraire*, le despotisme, quelque part qu'elle se trouve.

Donner sa *volonté pour raison*, serait dans un peuple même un despotisme national.

La raison, et non la volonté, fait donc la loi.

La raison est faible [1], incertaine, peu fixe dans ses principes, ces principes ne sont pas convenus en matière de gouvernement.

Telle qu'elle est, la raison ne perd rien de ses droits, et n'en doit pas moins conserver son empire sur les hommes. Et s'il est un principe sacré en général, c'est d'agir selon ses lumières, c'est la source de toute moralité personnelle ou d'intention.

Dans les choses privées ou réputées telles, on est le maître de suivre sa conscience ou ses lumières propres, et il n'est pas permis de s'en écarter.

Dans les choses publiques au contraire, on doit agir conformément à la loi ou la raison publique. *C'est là ce qui distingue la morale de la politique.*

Sans cette règle, *la diversité des avis produirait l'anarchie*, ou *celui d'un seul le despotisme.*

De ce que la raison est l'autorité, il suit que le droit de faire la loi, est le droit *de juger de ce qui convient à tous, et de leur donner son jugement ou sa raison pour règle.*

De ce qu'elle est incertaine, c'est-à-dire, de ce que ses dogmes ne sont pas convenus, il suit que *dans les choses publiques, la présomption doit en tenir lieu, qu'il faut mettre une raison présumée à la place de la raison réelle, jusqu'à ce que celle-ci soit unanimement reconnue.*

Il suit encore, que celui-là seul a le droit de faire la loi, qui, au défaut de la raison réelle, a pour lui cette présomption, ou cette raison

1. La faiblesse et l'incertitude de la raison sont peut-être la plus claire, la plus irréfragable des vérités qu'elle enseigne, et qui se fait le mieux sentir à tout le monde, celle que ses principes en matière de gouvernement ne sont pas convenus, est démontrée par toutes nos disputes qui ne finissent point; ou plutôt est un fait incontestable; c'est pourtant sur ce fait, sur cette observation aussi simple qu'importante de *l'état actuel de l'esprit humain*, et sur ce principe non moins simple et encore plus lumineux, *que la raison est la loi des êtres intelligents*, qu'est fondée toute la théorie d'un bon gouvernement; c'est de ce fait, et de ce principe qu'il suit que tout pouvoir n'est en dernière analyse *que le droit de juger ou de faire parler la raison*; que ce droit n'appartient qu'à celui qui a ou qui est censé avoir cette raison pour lui; enfin, que c'est la raison au moins présumée, et *non la volonté même générale*, comme on l'a dit jusqu'ici, qui a le droit de commander à tout le monde. Et c'est pour cela que le peuple ou la nation, en faveur de qui est toujours cette présomption, a seul le droit de juger en dernier ressort, de tout ce qui lui convient, et possède seul *la souveraineté ou la plénitude de tous les pouvoirs, ce qui est le premier principe de toute bonne Constitution.*

présumée, et nous verrons que le corps entier d'une nation, ou le plus grand nombre de ses menmbres est le seul qui soit toujours dans ce cas.

On crie de toutes parts *à l'arbitraire,* on taxe d'arbitraire, jusqu'à la raison même, parce qu'on la confond avec la volonté, c'est son incertitude et nos disputes éternelles qui en sont la cause. Il n'y a que le principe évident de *la raison présumée* qui le fasse disparaître.

Maintenant, Sire, un peuple considéré par rapport aux autres peuples, est à leur égard ce qu'un homme est à l'égard des autres hommes, c'est-à-dire, un individu collectif, comme un homme est un individu simple.

Chacun d'eux dans l'état de nature, ou, avant tout traité, toute convention a le droit incontestable de se gouverner *comme il l'entend, sauf le droit d'autrui,* c'est-à-dire, par sa raison particulière, tant qu'il n'y a point encore de raison commune.

Ce même peuple, considéré par rapport à chacun de ses membres, quels qu'ils soient, a le même droit à plus forte raison.

A l'égard des autres peuples, il ne l'a que comme individu égal ou indépendant, vis-à-vis de ses membres, il l'a comme supérieur à tous égards.

En effet, le tout est plus grand que sa partie, vingt millions d'hommes valent mieux qu'un ou qu'un petit nombre, ils sont presque nécessairement plus justes et présumés toujours plus éclairés.

LA JUSTICE EST DANS LEUR INTÉRÊT, dont ils ne peuvent vouloir se séparer, et leurs lumières dans le nombre des yeux, que sur ce point ils ne sauraient fermer.

Ils pourraient, tout au plus, se tromper, mais tout autre le pourrait à plus forte raison.

En un sens même ils ne le peuvent pas, puisque leur opinion étant le résultat des lumières de tous, est nécessairement la meilleure possible dans le moment, et que ne pouvant être perfectionnée par aucun moyen elle doit être prise pour la vérité.

Oui, Sire, l'on peut dire d'un peuple assemblé délibérant sur ses intérêts, qu'il jouit d'une sorte d'infaillibilité.

Une seule difficulté se présente, c'est que les gens éclairés faisant le petit nombre, il vaudrait mieux décider à la minorité, ou même laisser gouverner les sages.

Mais outre le danger, résultant de l'injustice justement présumée du petit nombre, un seul mot répond à cette objection. C'est qu'un peuple assemblé renferme tous ses sages, et que leurs lumières deviennent les lumières de tous; et voilà pourquoi, Sire, c'est un si grand bienfait de votre part, que la convocation des États généraux dans un siècle si éclairé.

La souveraineté ou la toute-puissance réside donc nécessairement dans les nations, et la raison générale, comme la plus sûre, fait la loi.

D'ailleurs, les nations ont une espèce d'existence par soi, elles sont une sorte d'être nécessaire. Les individus passent, les espèces restent, il n'y a à proprement parler, que les nations qui soient, et tout doit être par elles.

Mais une nation n'est qu'un corps sans tête, qu'une multitude et il est dans la nature d'une multitude de ne pouvoir agir par elle-même, ou du moins de ne pouvoir se diriger constamment à un but; à moins qu'elle ne fût toujours guidée par l'évidence, comme par une autre colonne qui présentât toujours son côté lumineux.

Il faut donc que toute nation se donne un chef, et tout État est une pyramide qui se termine nécessairement en pointe dans ce chef unique.

Tout gouvernement est donc monarchique de sa nature, la différence du pouvoir fait toute la différence des monarques.

Nous n'entreprendrons pas d'en déterminer l'étendue : à en juger par l'usage que Votre Majesté en fait, il ne saurait être trop grand; mais votre vertu, Sire, est trop peu commune pour servir de règle; nous dirons seulement qu'il doit être assez fort pour contenir toutes les parties de l'État, sans pouvoir le renverser pour faire tout plier sous la loi, sans pouvoir opprimer la liberté, ni civile, ni politique.

Mais ce pas est si terrible, la faiblesse humaine si grande, les vapeurs du pouvoir si enivrantes, ses tentations si fortes, que les souverains n'ont presque jamais su y résister, que les peuples n'ont pu jusqu'ici se garantir des attentats les plus horribles du despotisme, en sorte que par la destinée la plus étrange, l'espèce humaine semble partout livrée à l'individu.

Les peuples, Sire, ne sauraient donc faire cette démarche avec trop de prudence, trop de précaution; c'est ce qu'avait bien senti cet empereur romain, qui, pour garant de la justice de son gouvernement, remit une épée nue entre les mains d'un de ses sujets, avec ordre de la tourner contre lui au moment où il attenterait à la liberté publique. Mais vous avez plus fait encore, Sire, vous vous êtes dépouillé d'un pouvoir trop injuste et trop dangereux.

La souveraineté ou la TOUTE-PUISSANCE est inaliénable de sa nature ou intransmissible pour toujours, parce qu'un peuple ne peut renoncer à son bonheur, ni au droit qu'il a d'user de sa raison pour s'y conduire.

Mais elle est communicable ou transmissible pour un temps dans toutes ses parties, et même en son entier.

Les nations sont même forcées de s'en dessaisir, on en convient pour le pouvoir exécutif qu'elles ne sauraient exercer; mais le pouvoir législatif lui-même, elles ne peuvent en faire usage sans s'assembler, sans délibérer, sans un chef qui les convoque ou du moins qui les préside, sans députés qui les représentent et stipulent pour elles : car, on a beau dire, un député d'une nation ne peut pas être un instrument purement passif, ni un agent rigoureusement circonscrit dans une procuration spéciale [1].

Les nations sont donc forcées de remettre en d'autres mains presque toutes les parties de leur pouvoir, et ce pouvoir est le glaive le plus tranchant, le plus redoutable; et on peut le tourner contre elles, au moment même qu'elles l'ont remis. Que faire donc pour en prévenir le

1. Il nous paraît que dans l'état actuel, il faut nécessairement que les députés de la nation aient le pouvoir de statuer et stipuler définitivement, au moins sur les objets portés expressément dans leurs cahiers, et même quelquefois sur d'autres de peu d'importance qui n'y seraient pas compris, soit parce que les rois ne peuvent pas traiter directement avec les peuples, soit parce qu'on ne peut pas tout prévoir dans des cahiers, soit enfin, parce qu'on ne peut pas avoir un recours continuel à la nation, sur tous les doutes et les difficultés qui peuvent s'élever, pour en obtenir de nouveaux pouvoirs, et délibérer de nouveaux sur tous ces différents objets. Si les droits de la nation peuvent être exposés par là jusqu'à un certain point, c'est que cela est inévitable, malgré toutes les précautions qu'on peut prendre dans le système des députés ou représentants, et par les formes usitées jusqu'à présent.

Pour que les droits de la nation ne pussent jamais être compromis, il faudrait qu'elle pût les exercer elle-même, et nous ne voyons qu'un moyen pour cela, c'est de renvoyer le cahier des délibérations des états aux communautés, pour être par elles approuvées et confirmées, si elles leur conviennent, ou y faire leurs oppositions et corrections, si elles ne leur conviennent pas, de les changer ou rectifier d'après leurs vœux; et de les renvoyer encore jusqu'à ce qu'elles soient signées du plus grand nombre, ou plutôt de les faire voter et opiner d'abord dans leurs cahiers respectifs, de faire un résultat de tous ces vœux et opinions, avec un tableau ou une liste des communautés votantes pour les différents objets, et de leur faire passer ce résultat pour le signer.

De cette manière, la nation tiendrait elle-même ses états sans déplacer, elle délibérerait par écrit comme si elle était assemblée tout entière, et les états ne seraient plus que le président de la nation dispersée; ils ne feraient que recueillir les suffrages et lui en rendre compte, et ne pourraient jamais prévariquer, puisque tout repasserait sous ses yeux, et qu'elle ne pourrait être trompée.

Par là il n'y a plus de représentation ni de représentants, toutes les questions qui y sont relatives tombent, tous leurs inconvénients disparaissent, et l'assemblée (qui peut alors être très peu nombreuse) n'est plus qu'un corps de travailleurs ou de rédacteurs nommés par la nation.

Cette méthode entraînerait quelques longueurs, surtout dans les commencements; mais qu'est-ce qu'un peu de temps quand il s'agit de faire de bonnes lois, et ne faudrait-il pas l'employer au moins la première fois pour former la Constitution?

Le temps ne nous permet pas d'approfondir et de développer cette idée, mais il nous semble que c'est le seul moyen de faire délibérer véritablement un grand peuple, de constater son opinion et sa volonté d'une manière légale et sûre, et de mettre ses droits à l'abri de toute entreprise de la part de ses agents; en un mot, il nous paraît que c'est l'égide de la liberté.

Au surplus, dans aucun système ni dans aucun cas, les droits de la nation ne peuvent être ni perdus ni longtemps compromis, puisque son autorité étant inéliénable, elle peut toujours revenir sur tout ce qu'on aurait fait contre elle par attentat, comme sur ce qu'elle aurait fait elle-même par erreur.

danger ? ce sujet, Sire, devient de plus en plus délicat, on ose à peine le toucher; mais malheur à qui n'ose dire la vérité, malheur surtout à qui voudrait tromper ou se tromper lui-même! Le danger n'est que dans l'erreur, il est pour tous, il est égal de part et d'autre; en voulant ménager les deux partis, ou en favoriser un, il les perdrait tous deux; il n'y a que la vérité qui les sauve tous, il faut la dire, il faut la dire pour et contre; il faut la dire tout entière.

Il faut poser les principes de l'ordre et de l'obéissance avec le respect le plus religieux.

Ceux de la liberté avec toute la force et l'ascendant de la raison.

La soumission à la loi doit être entière, elle est le premier devoir du citoyen.

Contre la violence et le pouvoir arbitraire, la résistance est permise, l'insurrection doit être autorisée par la loi.

Dans les cas douteux personne ne doit s'établir juge; dans les cas évidents, tout le monde l'est.

La défense personnelle est le plus saint comme le plus irrésistible des mouvements de la nature.

L'obéissance ne doit pas être fondée sur la crainte, mais sur la nécessité de l'ordre et sur l'esprit de devoir.

La liberté ne doit pas être une grâce, une faveur, elle est la justice même, le premier, le plus sacré, le plus inviolable de tous les droits.

Que faire donc pour la maintenir, pour l'empêcher d'être opprimée ?

La loi est la reine des dieux et des hommes, a dit le plus sage peut-être des anciens.

Elle n'est rien, a dit un des plus sages d'entre les modernes, si elle n'est pas un glaive qui menace également, et fait tomber, s'il le faut, toutes les têtes qui s'élèvent au-dessus du plan horizontal sur lequel elle se meut.

La loi doit être comme la mort qui n'épargne personne.

Tant que quelqu'un est au-dessus de la loi, il n'y a point de loi; tant qu'il n'y a point de loi, il n'y a point de raison générale, qu'on soit obligé de suivre, point de force publique qui puisse nous protéger; au contraire, c'est cette force elle-même qui devient notre ennemi le plus redoutable; on est réduit à sa raison, et à ses forces individuelles; l'honneur, la vie, la liberté de tous les citoyens sont exposés à tous les attentats du despotisme, le despotisme à toutes les entreprises de la liberté. Tous les droits primitifs de l'homme restent, et quoique en apparence dans l'état civil, on est réellement dans l'état de nature.

Tant qu'il n'y a point de loi, il n'y a donc point d'État, point de Corps politique, c'est elle qui le constitue.

Que faire donc, encore une fois, pour prévenir les abus du pouvoir, pour empêcher le despotisme de naître au milieu d'un peuple libre?

Une bonne Constitution, de bonnes lois; des lois, qui en fixant exactement les bornes et l'étendue de tous les pouvoirs, décernent d'avance les peines les plus redoutables contre tous les dépositaires qui en abuseront, et pour tous les cas qu'il est possible de prévoir, ou plutôt il faudrait que le glaive de la loi toujours suspendu sur leurs têtes, pût les frapper à l'instant qu'ils attenteraient à la liberté, ou qu'elle-même fût un piège où ils vinssent se prendre au moment où ils oseraient y toucher.

Ces maximes, Sire, nous le sentons, peuvent faire frémir l'orgueil de quelques hommes aussi injustes que puissants, qui pourraient vouloir vous irriter contre elles; mais les maximes contraires font frémir la nature, et sûrement elle sera entendue et écoutée par un prince aussi juste, qu'humain, plutôt que ces ennemis des hommes qui ne l'entendent plus parce qu'ils l'ont étouffée.

Pardonnez, Sire, au zèle le plus pur et le plus ardent pour le bonheur des hommes, des vœux et des discours que la vue de l'humanité partout opprimée, partout malheureuse, arrache à notre sensibilité, et que nous adressons à son protecteur.

Tel est, en effet, le sort de l'humanité, qu'elle semble être en butte à tous les outrages qu'on veut lui faire. Vous seul, Sire, l'honorez véritablement, vous seul la consolez, la relevez de son abattement, vous seul enfin en serez le restaurateur et l'appui, comme vous en êtes déjà la gloire.

N'accusez donc, Sire, que vos vertus, de notre confiance et de notre liberté, et loin de nous être imputées à crime, qu'elles en soient, s'il se peut, le prix, comme elles en sont l'ouvrage!

Oui, Sire, c'est pour remplir votre attente, c'est pour répondre au désir que vous avez témoigné, de vous environner de toutes les lumières de la nation, dans cette grande circonstance, que nous tâchons d'en répandre sur les objets les plus importants. C'est pour nous rendre dignes, autant qu'il est en nous, de la confiance si magnanime, que Votre Majesté a daigné nous montrer, que nous avons cru devoir y répondre par toute la nôtre, et qu'après avoir communiqué librement nos vues politiques sur les droits de la société entière, nous allons avec la même liberté vous faire part de nos idées sur les droits des citoyens, soit entre eux, soit vis-à-vis du gouvernement.

Tous les droits des hommes sont fondés ou sur leurs mérites ou sur leurs besoins.

Les premiers sont si peu reconnus dans nos gouvernements ou tout est grâce, tout est faveur, que jusqu'ici ils n'étaient pas même comptés; grâce à vous, Sire, ils le seront à l'avenir.

Le mérite est fondé sur les talents, les vertus et les services.

Nous n'avons qu'un mot à dire sur ce point.

Places, emplois, rangs, distinctions, prix, récompenses du gouvernement, tout doit être au plus capable, au plus digne.

Quant aux besoins, l'homme en a de plusieurs espèces qui produisent différentes sortes de droits.

Besoins physiques, besoins moraux, besoins de nature, besoins d'habitude; mais dans tous les cas, c'est le besoin qui fait le droit, ou plutôt le besoin et le droit sont une seule et même chose.

Les besoins de la nature sont les premiers, les plus absolus.

Ils sont la source de toute justice proprement dite, et de tout droit rigoureux.

Mais l'habitude étant une seconde nature par la force de ses attachements, les besoins contractés par la jouissance des biens dont les événements et les circonstances nous ont mis en possession sans égard à la justice, mais aussi sans injustice manifeste, établissent une seconde espèce de droit qui dure autant que l'individu qui jouit, et une sorte de justice secondaire à laquelle le gouvernement doit avoir égard dans tous les plans de réforme, pour parvenir à un meilleur ordre de choses.

Mais cette espèce de justice cède toujours à la première, dès le moment qu'elle ne peut se concilier avec elle.

Tous les besoins de l'homme ainsi que ses désirs, augmentent avec ses connaissances. On ne peut désirer un bien qu'on ne connaît pas, mais il est impossible de ne pas désirer celui qu'on a une fois connu. Les besoins varient donc comme la mesure de ces connaissances, et par conséquent aussi les droits auxquels ils servent de fondement; et si cette mesure était constante dans les différents individus, elle justifierait en quelque sorte, l'inégalité de biens qui règne parmi les hommes, si la distribution en était faite exactement sur cette règle; et établirait une égalité réelle dans cette inégalité apparente : chacun alors serait un vase plein qui n'aurait rien à désirer, ni par conséquent à envier à son voisin, quoique plus grand. Mais outre que la mesure des biens n'est pas à beaucoup près la même que celle des connaissances dans l'ordre actuel des choses, cette mesure croît; le vase augmente, parce que l'homme étant curieux ou sentant le besoin de connaître, et les lumières se communiquant, la raison se développe nécessairement. Il faut donc que l'homme puisse augmenter en proportion ses jouissances. D'ailleurs ce développement lui-même qui est une espèce d'augmentation d'être, est un droit sacré de la nature, parce que tout homme est en droit autant qu'il est possible, de jouir de toute son existence.

Les besoins moraux fondent les droits purement personnels; ces droits, quoique mis ordinairement en second rang, sont les plus importants, les plus sacrés.

La liberté, la sûreté, une juste considération, un droit égal à celui des autres de prétendre à tous les avantages et à tous les honneurs de la société, sont les principaux. C'est la qualité d'homme qui les donne; c'est elle seule qui doit les obtenir.

Tout homme est citoyen, par cela seul qu'il habite un pays, qu'il vit sous ses lois.

Il n'y a point d'hommes de rebut dans les sociétés; la nature ne rendit vil aucun de ceux à qui elle donna l'être; toute exception à cet égard est si révoltante, si odieuse, qu'elle est à nos yeux une tache honteuse dans les lois et les mœurs d'une nation, un crime irrémissible contre l'humanité.

Oui, Sire, tant que ce front sublime qui regarde les cieux, qui renferme le germe de la pensée et de l'immortalité, ne sera pas respecté, même sous les enveloppes les plus grossières, sous les voiles les plus obscurs; tant que cette nature humaine si faible, si sensible, si susceptible de tant de douleurs et de tant de maux, ne sera point protégée, défendue par les lois dans tous ses membres; tant qu'elle sera méconnue par elle dans un seul, tant qu'un seul sera exclu des droits de l'homme et du citoyen, il n'y aura, Sire, souffrez que nous le disions, ni raison, ni sagesse, ni humanité dans ces lois.

Il y a longtemps, Sire, qu'il n'y a plus d'esclaves en France, mais il y a encore des hommes qui ne le sont point, des citoyens qui n'en ont pas les droits; et ce crime des lois contre la nature, n'est pas moins grand que celui qu'elles commettaient autrefois contre la liberté.

Liberté! quel mot vient de sortir de notre bouche! Il est donc enfin, permis de le prononcer devant un roi juste qui l'a rendue à ses sujets, et devant des hommes qui en ont senti le prix.

Grâces, Sire, et grâces immortelles vous en soient rendues à jamais par tous les Français et par tous les hommes.

La liberté est l'âme, la vie de l'homme et du citoyen.

Elle est de deux espèces, civile et politique.

La dernière est celle de toute la nation en corps, qui exerce ses droits et n'a rien à craindre du gouvernement : c'est celle que nous devons à Votre Majesté.

La première est celle des particuliers qui jouissent du même avantage où un homme n'a rien à craindre d'un autre homme, et où tous vivent uniquement sous l'empire des lois.

Mais, Sire, la liberté politique n'est rien sans la liberté civile, si le gouvernement ne pouvant rien contre la nation, peut tout contre les citoyens; il faut espérer, Sire, que Votre Majesté rendra son don parfait, que sous son empire tout exercice du pouvoir arbitraire cessera, et que nul n'aura plus rien à craindre que de lui-même et de la loi.

Ce que nous avons dit de la liberté, doit s'entendre à plus forte raison de la sûreté ou de la vie, et y est renfermé; mais parmi les besoins et les droits personnels de l'homme, il en est un, Sire, dont l'ignorance ou l'oubli est la principale cause de l'avilissement du peuple, et du mépris qu'en font les lois et les hommes puissants.

C'est le besoin d'être éclairé, c'est le droit qu'il a de l'être, surtout dans une société où les principaux membres le sont déjà.

L'homme est un être plutôt susceptible, que doué de raison.

Cette raison est perfectible de sa nature, ou plutôt, elle naît, croît et se développe avec lui. Ce n'est que par elle qu'il peut apprendre à connaître le vrai et le bien, à les distinguer d'une foule d'erreurs, et de maux qui menacent et assiègent sans cesse son existence naturelle et politique.

Il a donc le plus grand besoin d'être éclairé; *l'homme a bien plus de besoin de la vérité que du pain; du bonheur, que de la vie; nous* ne craignons donc pas de l'assurer, *la plume est encore plus utile à l'homme que la bêche, la presse que la charrue;* l'une en fécondant la terre pourvoit à sa subsistance qu'il pourrait absolument se procurer d'une autre manière; l'autre en cultivant sa raison assure son bonheur, qu'il n'obtiendrait jamais sans elle.

Le plus grand moyen de rendre les hommes heureux ou de les bien gouverner, est donc la liberté de la presse.

Mais pour remplir ce besoin de l'homme, il ne suffit pas de l'établir, il faut faire travailler directement à éclairer les peuples, il faut que l'autorité dirige elle-même tous les efforts de l'esprit humain à ce but [1].

La raison ferait par ce moyen plus de progrès en dix ans, qu'elle n'en aurait fait auparavant en dix siècles; et l'espèce humaine marcherait à grands pas vers le bonheur.

Mais parlons enfin de ces besoins physiques, regardés avec raison en un sens, comme les premiers, parce qu'ils sont les plus urgents, mais qui occupent trop exclusivement des êtres raisonnables.

Le besoin, avons-nous dit, *fait le droit, il est donc le titre originaire de toute propriété* : ce principe méconnu par nos institutions n'en est pas moins vrai.

1. Pour cela il faudrait que chaque nation établît, sous le titre *de tribunal de la raison,* une société de penseurs qui travaillât sans cesse à la composition d'un livre ou d'un code qu'on intitulerait, *La raison universelle*; que le gouvernement le fît imprimer et distribuer à tous les citoyens sans exception; qu'il établît dans tout le royaume des maîtres pour leur apprendre à lire et à écrire dans ce livre; le leur expliquer et le leur faire apprendre par cœur. Avec ce livre et un fusil qu'on donnerait à tous les individus majeurs de vingt ans, qu'on leur apprendrait à manier régulièrement, et qu'on ne leur confierait que sous les lois les plus sévères de la discipline militaire, on ferait des hommes, des citoyens, des soldats au besoin, et la liberté des peuples serait à jamais assurée.

La possession, la culture, le travail, l'industrie même ne sont pas seuls des titres légitimes, ils ne sont que des titres secondaires; ils complètent le droit, mais ne suffisent pas pour l'établir.

Avant de se mettre en possession ou de cultiver, il faut avoir droit de le faire, et ce droit ne peut être évidemment que le besoin, et ne peut s'étendre plus que lui. Il est borné par le droit ou le besoin d'autrui.

Le droit des hommes à la terre, avant le partage, n'était pas, comme on l'a dit, un droit de tous ou de chacun à tout; ce droit est absurde et contradictoire, c'était un droit à des parts *d'un indivis,* proportionnelles, à la fois, au nombre et aux besoins des copartageants : c'était, si l'on veut, le droit de chasse indéfini du seigneur de fief, sur la terre entière, jusqu'au *cantonnement;* mais ce cantonnement que chacun était en droit de demander, ne pouvait être fait justement que sur le seul titre pour lors existant, *le besoin de chacun.*

Sans ces principes toutes les notions de justice se confondent; un homme peut tout posséder, et tout est juste, ou rien ne l'est.

S'ils ne donnent point de mesure rigoureuse de tous ces besoins, et de tous ces droits, c'est qu'en politique il n'en est point de telle.

Mais avec eux on a au moins un guide; le droit de posséder reçoit des bornes; on conçoit que la propriété est juste jusqu'à un certain point, qu'elle peut être injuste à un autre, et qu'il n'y a de vraiment sacrée que celle qui se règle par ces vues; on conçoit enfin qu'une fortune exorbitante n'est peut-être qu'un crime public, ou du moins qu'une injustice commune, et partout consacrée.

La justice n'est qu'une mesure morale avec laquelle on ne peut jamais atteindre à une précision mathématique, ni faire le bien que par approximation; il ne s'agit que de l'établir sur les bons principes pour la rendre aussi exacte qu'elle peut l'être.

Il y a de deux espèces de propriétés, celle des nations, et celle des particuliers. La première est bien supérieure à la seconde, et peut en réparer peu à peu l'injustice et le désordre par leur autorité.

Les besoins naturels sont à peu près égaux, les droits le sont donc aussi, et le partage des biens aurait dû l'être; mais une inégalité affreuse, aussi injuste qu'impolitique, parce qu'elle est énorme et vicieuse dans son principe, s'est établie parmi les hommes et dans les États.

Les uns, au milieu des titres et des honneurs, nagent dans l'opulence; les autres, dénués de tout, sont condamnés à la misère et au mépris; c'est là, Sire, le grand mal, la grande injustice de ce monde, le véritable objet de toutes les réformes politiques.

Personne, dans un État bien ordonné, ne doit être grand, puissant par lui-même.

Il ne doit y avoir de grands que par les places et les emplois du gouvernement, que les personnes préposées et nécessaires au maintien de l'ordre public.

Les grands par eux-mêmes ont nécessairement un intérêt séparé de celui de la nation et de son chef, ni rois, ni citoyens, ils sont ennemis des uns et des autres.

Il n'y a donc que les gens en place qui doivent former la graduation de la monarchie, la hiérarchie politique; tout le reste doit être à peu près au même niveau.

Mais afin que ce niveau soit celui de la liberté, et non celui d'une servitude commune, il faut prendre les plus grandes précautions.

Si les grands ne sont plus rien, il faut que la nation soit tout, il faut que tous les emplois soient électifs et amovibles à son gré, que personne ne puisse s'y maintenir et s'y perpétuer malgré elle.

Il faut que les nations retiennent toutes les parties de la souveraineté, qu'elles ont un grand intérêt d'exercer; il faut surtout qu'elles jugent elles-mêmes les ministres et les rois : elles seules peuvent être juges, parce qu'elles seules peuvent être *présumées justes* dans leur propre cause : jamais sans cela il n'y aura ni liberté ni véritable Constitution sur la terre.

L'image d'un Corps politique ou d'un bon gouvernement, est ce serpent plié en cercle, dont la tête mord la queue, ou plutôt c'est l'animal de la fable à plusieurs têtes, dont une plus grosse et plus forte dévore quelquefois toutes les autres, et à qui il en renaît autant qu'on lui en coupe.

L'inégalité de fortune en a mis dans tout le reste, et surtout dans l'éducation; une première injustice a produit toutes les autres; l'homme privé de biens a encore été dépouillé de ses droits, tout a été donné à celui qui avait déjà; tout a été ôté à celui qui n'avait pas, et sa misère a comblé son malheur.

Depuis ce moment les hommes ont pour ainsi dire disparu. On ne voit plus que les choses. Le propriétaire est le seul citoyen. Un homme riche en vaut plusieurs. L'intérêt est la source et la mesure de tous les droits : ainsi tous les principes de justice furent renversés, les peuples dépouillés, les droits des plus faibles passèrent, et accrurent aux plus forts. Cet ordre de choses, ou plutôt ce désordre affreux mit le besoin, le travail, les soucis rongeurs, et l'envie d'un côté; l'oisiveté, l'ennui, le dégoût, la soif de l'or avec l'orgueil et tous les biens de l'autre, et produisirent des haines, des rivalités et un état de guerre qui firent et font encore le malheur de tous.

Tel est en même temps le droit et le fait, l'histoire et la théorie de l'homme et des choses humaines.

Mais comment se fait-il, comment peut-il se faire que l'homme qui est né libre, soit partout dans les fers, que la justice et la force étant toujours du côté du grand nombre, ce soit toujours le petit qui commande, qui dépouille et asservit le plus grand, et qu'une poignée d'hommes tienne à la chaîne le genre humain?

Comment se fait-il en un mot, comment peut-il se faire que le plus faible soit toujours le plus fort?

Le voici.

C'est qu'il en est en politique comme en mécanique; c'est que ce ne sont pas les forces existantes, mais agissantes et tendantes à un même but qui font effet; qu'il n'y a que celles-là qui soient réelles; que toutes les autres se détruisent ou deviennent inutiles, par la différence ou la contrariété de leurs directions : c'est que, comme on l'a très bien dit, cent mille hommes *sans chef, ne sont que des zéros sans unité,* qui par eux-mêmes n'ont aucune valeur; c'est enfin que *cette réunion des forces politiques,* dépend de la *réunion des esprits* ou *de l'unité d'avis* qui seule peut produire *l'unité d'action* et de sentiments.

Or cette réunion est infiniment plus facile dans un petit nombre d'hommes que dans un très grand.

C'est ce qui fait qu'une minorité quelconque dans ce genre, quoique plus faible en apparence, est réellement plus forte que la majorité et l'emporte toujours sur elle; et que l'intérêt particulier ralliant constamment le petit nombre contre le grand presque toujours divisé, *tout se fait encore dans le monde politique par la force,* ou si l'on veut, *par la loi du plus adroit qui devient le plus fort.*

C'est ce que sentent très bien malgré toutes les théories et tous les systèmes de traités et de conventions, de pacte ou de contrat social qu'on leur oppose sans cesse, les aristocrates et les despotes de tous les pays, qui se moquent *tout bas* des systèmes et des théories, parce qu'ils voient très clairement que ces traités et ces conventions, ce pacte ou ce contrat social qu'on leur allègue, ou n'existent pas, ou sont l'ouvrage de la force, et n'ont que l'apparence de la réalité; ils s'en tiennent donc au fait et à leur système *de la force par la réunion.* Mais heureusement aujourd'hui nous savons leur *recette,* en même temps que *leur secret,* et il faut espérer que nous n'oublierons ni l'un ni l'autre, *et qu'une fois unis nous ne nous diviserons plus.*

Il nous reste maintenant à faire quelques considérations qui nous découvriront de plus en plus le désordre et l'illusion de cet état des choses, en nous en montrant l'origine, et nous fourniront en même temps des moyens de les réparer, en nous élevant aux principes d'un bonheur universel.

Tout dans le gouvernement est fait pour l'homme, tout doit s'y rapporter. Jetons un coup d'œil rapide sur lui.

Il naît ignorant, il se trompe, et s'égare dès les premiers pas qu'il fait. Il ne s'éclaire et ne s'instruit que peu à peu.

Sa marche naturelle et directe est du bien au mal, de la vérité à l'erreur. Sa marche raisonnable et pour ainsi dire rétrograde, est du mal au bien, de l'erreur à la vérité.

Quelquefois ses erreurs sont sans conséquence, il peut facilement se corriger.

D'autres fois il les réalise, pour ainsi dire par ses institutions, alors il s'enlace lui-même dans des liens qu'il ne peut plus rompre, et son retour à la vérité et au bien devient presque impossible.

Sa raison s'altère, se corrompt par les choses mêmes, et le mal prend sur la terre une consistance presque inébranlable, d'autant plus forte qu'on le prend pour le bien; tout se fait alors sur de faux principes; et nous vivons dans un système presque inverse de celui de la raison.

L'expérience historique est donc fausse; ce n'est pas dans le passé qu'il faut voir l'avenir, c'est sur la nature de l'homme qu'il faut en fonder l'espérance.

Revenons donc à lui. *Il est bon, mais il n'est pas juste*, il aime son semblable, mais il s'aime encore plus lui-même. Il cherche son bien sans vouloir de mal à personne, mais il ne songe qu'à lui, mais il est poussé avec force vers les objets de ses désirs, mais il ne connaît pas la mesure de ses droits, mais il l'étend autant qu'il peut, l'outrepasse et nuit à autrui; et chacun en faisant autant de son côté, tous entrent en guerre les uns contre les autres, et l'homme naturellement bon et sociable paraît insociable et méchant.

De plus, il devient bientôt vain, il se compare et se préfère à autrui, il affecte la supériorité, il blesse, il offense par le seul exercice du pouvoir qu'il s'arroge ou dont il est revêtu, et finit d'ailleurs presque toujours par en abuser.

Ainsi les hommes deviennent ennemis sans l'être, se battent, se détruisent sans se haïr, et semblent ne pouvoir vivre ensemble, ni se passer les uns des autres.

Mais tout cela n'est qu'un mécompte, qu'un malentendu; c'est une troupe d'aveugles qui cherchent à tâtons leur nourriture, qui s'emparent de tout ce qu'ils peuvent, et heurtent avec force tous ceux qu'ils rencontrent dans leurs mouvements, et qu'ils croient la leur disputer.

Il ne faut donc que leur ouvrir les yeux pour qu'ils puissent se concilier et devenir justes les uns envers les autres.

L'intérêt mal entendu, ou le désir aveugle du bonheur, est le mot de cette énigme. L'intérêt bien vu, le bonheur bien placé, en est le nœud.

L'instinct est entier et exclusif. La raison est copartageante et communicative.

Les sentiments font infiniment plus à notre bonheur que les sensations.

Les jouissances physiques sont exclusives de leur nature, et ne peuvent se partager sans diminution ou sans dommage, *l'égoïsme en est l'effet nécessaire.*

[1] *Les plaisirs moraux, au contraire, augmentent par la communication, et se multiplient pour ainsi dire par le nombre des individus qui les partagent*, ils sont de la nature du feu qui non seulement se communique sans perte, mais dont une étincelle produit un incendie. *La bienveillance universelle devrait en être la suite.*

L'intérêt bien entendu des hommes n'est donc pas dans l'exclusif, mais dans la communication; il est bien moins dans ces jouissances physiques, qui sont les moindres de nos biens, que dans l'équité du partage qui fait cesser tous les maux de la guerre, qui éloigne tous les inconvénients de l'envie, qui procure toutes les douceurs de la paix; bien moins dans les richesses, dans l'immensité de la fortune, que dans l'amour et la bienveillance de nos semblables, qui nous feraient goûter dans une égalité douce, dans une riche médiocrité, les plaisirs ineffables de la justice et de la vertu, et rendraient le sort de tous les hommes infiniment meilleur, que l'état présent des choses, s'ils savaient les sentir!

L'homme est remué par deux mobiles universels, l'amour-propre et l'amour de soi.

L'un est l'amour de la vie, l'autre l'amour de son excellence; celui-ci est le plus fort, il lui sacrifie sa vie sans hésiter; quand on sait le régler et le mettre en jeu, on fait des hommes tout ce qu'on veut. Il doit être le plus grand ressort des gouvernements.

Nous ne pousserons pas plus loin ces considérations, nous en tirerons seulement quelques conséquences importantes.

Les passions ont tout fait, la raison doit tout corriger. Tout a été mal fait, il faut tout refaire.

Mais tout refaire n'est pas tout bouleverser, et si nous avons posé les principes à la rigueur, ce n'est pas pour en tirer la conséquence d'un bouleversement universel, mais c'est que pour se diriger à un but et en approcher, il faut au moins le connaître.

Voici maintenant quelques vues et quelques maximes qui pourront y conduire.

1. Qu'on se rappelle ici l'impression que fit dans cette capitale l'arrivée du roi au milieu des représentants de la nation, lorsqu'il y vint faire la paix avec son peuple, que les méchants lui avaient aliéné. Je ne voudrais que ce moment pour dégoûter à jamais des jouissances exclusives, et pour faire sentir tout le prix de la justice et de la vertu! Non, je le soutiens, il n'y a de plaisirs que ceux qu'on goûte par elles, et qu'on partage avec ses semblables.

La loi n'est rien sans la force : c'est Minerve sans armes, et l'on sait qu'elle sortit tout armée du cerveau de Jupiter; il faut donc les mettre dans la même main. *Il faut que force demeure à justice.*

La force dépend de l'opinion qui la dirige et la fait agir; il faut donc dans un bon gouvernement, réunir et rallier sans cesse ces trois choses, la justice, la force et l'opinion; il faut donc nécessairement des militaires éclairés, des soldats citoyens.

Comme le frein est fait pour le cheval, ainsi les lois doivent être faites pour l'homme, sans doute elles doivent s'accommoder aux circonstances et aux *divers accidents des choses*, mais elles doivent surtout s'adapter à sa nature.

Pour s'y conformer et remplir complètement leur but, elles doivent embrasser et mener de front les hommes et les choses, le présent et l'avenir le plus reculé.

Elles doivent tendre directement à perfectionner la raison humaine pour perfectionner les institutions par elle, *et tout rapporter à un ordre de choses conforme à la justice et à la raison qui est nécessaire, qu'il faut avoir le courage de croire possible, et qui doit faire un jour le bonheur des hommes et leur état permanent.*

Voilà, à ce qu'il nous semble, le véritable esprit des lois.

Mais l'homme est jusqu'ici mal connu, et par cela seul, nécessairement mal gouverné.

En matière de gouvernement, il est trois sortes de vérités.

Des vérités locales, des vérités provisoires ou à temps, et des vérités éternelles, définitives et universelles.

Il n'y a que ces dernières qui soient des principes absolus, toutes les autres n'en sont que des modifications ou des altérations forcées.

La grande erreur des politiques est de confondre ces divers genres de vérités : et surtout de regarder les vérités provisoires comme définitives.

La maxime par exemple de donner à un peuple non les meilleures lois en elles-mêmes, mais les meilleures qu'il peut supporter, est une de ces vérités provisoires prises pour des principes absolus et définitifs.

La nécessité modifie sans doute tous les principes : elle est elle-même la première des lois; mais il faut prendre garde de confondre la nécessité passagère ou du moment, avec la nécessité absolue; il n'y a que celle-ci qui soit elle-même un principe absolu.

En modifiant les principes, souvent on les détruit, et on met sans s'en apercevoir le oui et le non dans la même loi.

C'est l'ignorance des peuples et le vice des choses existantes qui forcent de les altérer, et qui constituent cet état faux et précaire dont il semble qu'il est impossible de sortir. Mais cet état n'est que passager, et il faut bien se garder de le croire permanent.

L'état actuel des choses est leur ordre éventuel, mais non leur ordre nécessaire; elles n'ont pas pu se faire autrement, mais elles doivent nécessairement changer par le progrès des temps et des lumières.

Elles ne sont donc pas, à proprement parler, *des abus* ou une dégénération *d'un meilleur ordre primitif*, mais un premier résultat nécessairement erroné, et nécessairement *corrigible*, de la nature de l'homme et des choses.

C'est l'ignorance qui la produit, il faut donc commencer par éclairer.

Les lumières sont le mal tant qu'elles restent imparfaites et concentrées dans le petit nombre, parce qu'alors elles n'éclairent, et ne servent souvent que des passions et des intérêts particuliers; mais lorsqu'elles seront perfectionnées et parvenues à la pluralité, elles seront nécessairement le bien, parce qu'alors elles serviront nécessairement la justice et l'intérêt général.

Voilà, si je ne me trompe, la solution de ce grand problème sur les sciences.

En politique on est souvent réduit à faire le moins mal, faute de pouvoir faire le mieux; mais ce n'est jamais que pour un temps, et on ne doit jamais se décider définitivement que pour le plus grand bien qu'il ne faut jamais perdre de vue.

On a dit *que le mieux est l'ennemi du bien*, mais *le bien* est bien plutôt l'ennemi *du mieux* ou *le bien prétendu*, l'ennemi du *bien véritable.*

Faire moins bien qu'on ne peut, former surtout de nouveaux établissements sur de mauvais principes, c'est perfectionner le mal, disait un grand ministre, c'est lui donner une constitution.

Les principes d'un bon gouvernement ne peuvent être que le résultat des observations les plus vastes et les plus profondes sur la nature et la marche de l'homme et des choses humaines.

Point de bon principe en politique, s'il n'est universel; c'est-à-dire relatif et applicable tôt ou tard au genre humain et à l'univers.

Le système d'un bon gouvernement, n'a jamais été *saisi au vrai, embrassé dans toute son étendue*, on n'en a pas connu *la véritable théorie*, on a mis *des fictions* à la place *de la vérité*; on n'a pas même aperçu toutes les données du problème qu'il présente à résoudre.

Une nation ou plutôt le genre humain entier, est (*non par convention, ou par contrat*, mais *par la nature et la force des* choses dont la raison nous fait une loi) une collection d'êtres moraux, c'est-à-dire intelligents et sensibles, nécessairement *en rapport* et par conséquent *en société* les uns avec les autres; *tous solidaires*, tous liés ensemble par la loi naturelle ou positive, qui les embrasse tous; tous allant *l'un portant l'autre* : entre lesquels tout est égal; tout est commun ou du moins tout est mutuel, tout est réciproque, dont un seul ne peut se mouvoir indépendamment des autres, dont le plus grand nombre a le droit de régler tous les mouvements de chacun, dont chacun dépend de tous, est comptable envers tous, et ne peut s'isoler un seul moment de ses semblables. Voilà ce que c'est que la société; telle est la loi, tel est le droit de la nature; mais que le fait de l'homme en est différent! la manière d'être de l'espèce humaine sur ce globe, est un phénomène en apparence inconcevable!...

L'objet du gouvernement est de faire disparaître, autant qu'il est possible, *cette différence, de rendre à chacun ce qui lui appartient*, et de justifier Dieu de la création de l'homme, en établissant la justice sur la terre. Son but ultérieur est de se rendre lui-même inutile; de mettre les hommes en état d'en avoir le moins de besoin possible, c'est-à-dire de *les rendre justes et raisonnables, pour les rendre heureux.*

Celui donc qui entreprend d'en tracer le plan doit se considérer, non comme un homme d'État, non comme un simple législateur, ou un fondateur d'empire, mais comme le restaurateur de la nature humaine, et le créateur du monde moral.

Folie! chimère! va-t-on s'écrier, mais le premier pas vers le vrai, vers le bien, c'est d'y croire, et le génie le plus puissant, est celui qui voit le plus loin dans les possibles.

Telles sont nos vues sur cette matière; tels sont les principes que nous avons cru devoir poser pour le bonheur des peuples et des rois, ces principes sans lesquels il n'y a ni sûreté, ni liberté, ni repos pour personne, ces principes que nous avons osé vous présenter, avec un ton, qui, du moins dans notre intention, est celui du respect le plus profond que l'on puisse porter à un monarque; mais qu'un respect plus grand encore, celui que Votre Majesté a montré elle-même, celui de la justice, de la vérité, a élevé à une hauteur presque digne d'elle.

Au surplus, si (ce que nous avons moins à craindre dans ce moment que dans tout autre) quelque ennemi du genre humain osait le qualifier de licence, et voulait vous le faire regarder comme un crime... Mais une chose nous rassure et bannit de nous toute crainte. Oui, Sire, vous êtes juste, vous êtes bon, vous le serez autant qu'il faut l'être, autant que nous en avons besoin, vous le serez sans faiblesse, vous le serez comme Dieu même, Votre Majesté nous verra comme lui; la gloire environnera son trône, comme celui de l'Être suprême, et sa justice nous fera adorer sa puissance, comme celle même de l'Éternel.

D'après ces principes et ces considérations, Sire, quel vœu pouvons-nous former pour la composition des États généraux? Hélas, Sire, nous sommes si loin de la justice, que nous n'osons nous élever jusqu'à elle.

Il n'est d'État, de nation qu'en masse, tant qu'il y aura des ordres et des classes, il n'y aura pas de vrais patriotes.

La nature ne connaît que l'ordre des hommes et la politique, que celui des citoyens, plus ou moins distingués par leurs talents, leurs vertus, leurs services; plus ou moins récompensés par une nation juste et généreuse, qui le fut et le sera toujours avec ceux qui le seront avec elle; mais elle ne connaît, ni nobles, ni roturiers, ni Tiers État, ni tous ces noms avilissants qui dégradent ou font disparaître l'homme et le citoyen.

Il n'est donc point de représentation, d'assemblée, ni de délibération nationale par ordres et par corps; c'est une contradiction dans les termes, il ne faudrait point s'y arrêter : c'est cependant la seule dont on s'occupe, la seule sur laquelle il soit, pour ainsi dire, permis de voter, et il ne s'agit plus que d'en déterminer les proportions.

Mais sur ce point-là même, il est d'une justice évidente, que le nombre des représentants doit être proportionnel au nombre des représentés, puisqu'il est évident que les droits qu'ils tiennent de la nature et par conséquent l'intérêt qu'ils ont à la chose publique, sont dans cette proportion.

Il est encore clair que dans ce système, ces représentants doivent être tous pris et nommés rigoureusement dans leurs ordres respectifs, puisqu'on regarde alors leurs intérêts, comme différents ou même opposés.

Et cependant on ne convient point de ces principes, et tandis que selon les calculs les plus modérés, le nombre des membres du Tiers État est à celui des deux ordres réunis au moins, comme quarante est à un, tandis que dans les anciens États généraux et particuliers, le nombre des députés du Tiers État était au moins égal à celui des deux autres ordres, et souvent plus que double, les ministres d'une religion toute fondée sur l'égalité, faite pour prêcher la justice aux hommes et leur en donner l'exemple, et cette noblesse partout ailleurs si loyale, si généreuse, qui dans les combats singuliers croirait se déshonorer, de ne pas se battre à armes égales et tête à tête, veulent être ici deux contre un.

Comment n'être pas révoltés d'une pareille prétention, comment n'en être pas alarmés, si nous n'étions pleinement rassurés par la justice de Votre Majesté et par celle du vertueux ministre, en qui la nation, ainsi que vous Sire, a la plus grande confiance, et qui avait mis ces deux ordres sur la voie de la justice dont ils se sont écartés. Ah, Sire, si une telle prétention pouvait prévaloir, si on pouvait violer les droits de la nation à ce point! ces grands qui se croient les aigles de l'espèce humaine, n'en seraient que les vautours, ou plutôt plus cruels encore que les nôtres, ils ressembleraient à celui de la fable, la nation serait leur Prométhée, et comme lui ils dévoreraient éternellement son cœur, si un autre Hercule ne venait l'en délivrer. Oui, Sire, si la justice ne triomphe pas dans ce moment, si la cause du peuple succombe, tout espoir est perdu pour lui, il faut écrire sur les frontières du royaume ces terribles paroles que le Dante lut sur les portes de l'enfer. *Mortel, qui viens habiter ce séjour, en y entrant dépose l'espérance.*

Mais l'aristocratie frémit, alarmée pour ses privilèges, elle crie à la destruction de la monarchie, et quand V.M. consent à n'être que le chef, le représentant auguste de la nation libre, les grands veulent en être les maîtres et la rendre esclave. Que Votre Majesté, Sire, veuille bien se rappeler qu'il n'y a qu'elle et la nation dans l'État, et leurs prétentions seront bientôt dissipées.

Si votre province de *** n'a pas plus tôt fait éclater sa juste indignation contre ces prétentions odieuses, c'est que jusqu'ici elle n'avait pu croire à l'énormité de cet attentat de quelques privilégiés contre la société entière; unanime dans son sein avec le clergé et la noblesse sur le rétablissement de ses états particuliers, et même sur une composition meilleure, quoiqu'il y eût anciennement un nombre de membres du Tiers État plus que double de celui des deux autres ordres réunis; elle n'imaginait seulement pas qu'on pût penser autrement ailleurs, ou que cette façon de penser pût s'établir quelque part; mais depuis qu'elle a eu la douleur d'apprendre que des personnages *très notables* ont été de cet avis, elle ne croit pas pouvoir s'élever assez tôt contre une opinion si révoltante, ni réclamer avec assez de force contre elle l'autorité et la justice de son souverain.

Les États généraux doivent s'assembler sur la convocation du Roi, et la loi doit fixer les époques périodiques de cette convocation.

Nous ne mettrons pas en question les droits des électeurs et des éligibles, ils se déduisent avec évidence des principes que nous avons proposés sur les droits de l'homme et du citoyen, et d'ailleurs ils ne souffrent pas, à ce qu'il paraît, les mêmes contradictions.

Tout homme a le droit de nommer celui qu'il croit le plus capable de défendre ses intérêts.

Celui-là seul a le droit d'être nommé qui en est le plus digne.

Quant au nombre des représentants, il est difficile de le déterminer. Il doit être assez grand pour qu'ils puissent bien connaître les intérêts de ceux qu'ils représentent, et ne l'être qu'autant qu'il le faut pour former une assemblée bien ordonnée, qui puisse délibérer régulièrement et sans confusion.

Nous ajouterons seulement que les suffrages doivent être comptés par tête; et que leur nomination doit être directe ou faite immédiatement par les communautés, afin qu'ils ne puissent ni méconnaître, ni oublier un seul instant, ceux dont ils tiennent leurs pouvoirs.

Voilà, Sire, quels sont les vœux que vos fidèles sujets, les habitants de la province de *** déposent avec la plus grande confiance au pied de votre trône; ils sont dictés par l'amour le plus pur de la justice et des hommes, par le zèle le plus ardent pour la gloire et le bonheur de Votre Majesté et de la nation : puissiez-vous les exaucer tous, puissent-ils être utiles à l'État et à l'humanité!

P.S. *Les circonstances présentes nous engagent à ajouter ce qui suit sur la responsabilité des rois et la Constitution.*

Le Corps politique est un dôme immense, dont la clef est le chef, qui, en même temps qu'il contient, est contenu par toutes les pierres de l'édifice.

En fait de Constitution, *on a tout ou on n'a rien*, selon qu'elle est bien ou mal faite. Une Constitution, ou un bon système de gouvernement, est un grand raisonnement, ou, si l'on veut, un syllogisme qui est nécessairement bon ou mauvais dans son entier; mais de manière qu'il ne peut être bon que par la perfection du tout, ou par la vérité exacte de toutes ses propositions, au lieu qu'il peut être mauvais par le vice de la moindre de ses parties, *bonum ex integra causa, malum ex minimo defectu.*

En un mot, une Constitution est ou n'est pas, il n'y a point de milieu; encore une fois, c'est une voûte qui dépend tellement de l'ensemble, qu'elle n'existe point sans une clef.

Or, cette clef, la voici, si je ne me trompe.

L'intérêt étant l'unique mobile des actions des rois, comme de celles des autres hommes, il n'y a qu'une peine légale et sûre qui puisse leur faire trouver cet intérêt à être justes.

C'est le seul frein qu'ils puissent avoir, le seul garant du repos et de la liberté des peuples; enfin, le seul moyen de délivrer à jamais la terre des terreurs qu'ils inspirent.

Soustraire les princes à la loi, déclarer leur personne inviolable et sacrée, c'est anéantir à la fois tous les droits des hommes; c'est leur donner celui de les violer impunément; c'est se déclarer coupable si on ose les défendre.

Délivrer les rois de toute crainte dans ce monde, c'est en faire des bêtes féroces, des monstres furieux; c'est livrer les hommes sans défense à leur dent meurtrière.

Mais pendant qu'on défie les rois, qu'on les déclare infaillibles, impeccables, exempts de toute crainte et de tout reproche, rendre les ministres responsables, autoriser l'insurrection, consacrer la défense personnelle, c'est substituer la violence à la justice, les troubles, les séditions, les attentats à ses oracles, les fureurs et les vengeances à la sainteté des lois; c'est imputer à l'esclave les forfaits ou les ordres de son maître; c'est punir l'innocent pour le coupable; c'est s'en prendre au plus faible du crime du plus fort et pour n'oser punir les rois, c'est les livrer au fer des assassins.

En un mot, c'est poser d'une main ce qu'on détruit de l'autre; c'est n'oser ni faire ce qu'on doit, ni dire ce qu'on pense; c'est être lâche, inconséquent, absurde, et couvrir à la fois toutes les horreurs de l'anarchie et du despotisme des vaines apparences d'une Constitution.

Pour le repos et le bonheur du monde, il n'est donc que la loi et les peines de la loi auxquelles tout homme doit se soumettre, depuis le monarque jusqu'au dernier de ses sujets.

C'est là le vrai, le juste, le bien, le lien sacré des sociétés, la sauvegarde des peuples et des rois, le véritable intérêt de tous les hommes, que la peur seule ou l'illusion la plus étrange ont pu jusqu'ici leur faire méconnaître; mais il faut enfin que l'homme s'éclaire, que l'aigle apprenne à fixer le soleil, que l'animal qui raisonne acquière enfin de la raison. Il n'est rien qu'on ne doive tenter pour sauver une nation qui va se perdre; et s'il faut être victime de sa conscience, c'est surtout lorsqu'il s'agit de dire la vérité.

Quant à la sanction royale, c'est une ineptie qui ne mérite pas qu'on s'y arrête : la loi *est la raison et la volonté générale*, et puis c'est l'*opinion* et la *volonté* d'un seul, et ce seul a toute la force en main; et on se croit souverain, législateur et libre, quand on a dit de pareilles sottises, il n'y a plus qu'à rougir et à se rétracter.

Toute la sanction que le prince peut donner aux lois, est dans le serment qu'il doit prêter à la nation, de s'y soumettre et de les faire exécuter.

Motion de M. le Mquis de la Fayette.

11 juillet 89 — Relativement à la declaration des droits de l'homme

1°

La nature a fait les hommes libres et egaux; les distinctions nécessaires à l'ordre social ne sont fondées que sur l'utilité générale.

Tout homme nait avec des droits inaliénables et imprescriptibles; telles sont la liberté de toutes ses opinions, le soin de son honneur et de sa vie, le droit de propriété, la disposition entière de sa personne, de son industrie, de toutes ses facultés, la communication de ses pensées par tous les moyens possibles, la recherche du bien être et la résistance à l'oppression.

L'exercice des droits naturels n'a de bornes que celles qui en assurent la jouissance aux autres membres de la société.

Nul homme ne peut être soumis qu'à des loix consenties par lui ou ses représentans, antérieurement promulguées et légalement appliquées.

Le principe de toute souveraineté réside ~~imprescriptiblement~~ dans la nation: nul corps, nul individu ne peut avoir une authorité qui n'en émane expressément.

Tout gouvernement a pour unique but le bien

commun; cet interet exige que les pouvoirs Législatif, Exécutif et Judiciaire, soient distincts et définis et ~~[illegible]~~ que leur organisation assure la représentation libre des citoyens, la responsabilité des agens, l'impartialité des juges.

Les Loix doivent être claires, précises, uniformes pour tous les Citoyens.

Les Subsides doivent être librement consentis et proportionnellement répartis.

Et Comme l'introduction des abus et le droit des Générations qui se succèdent, nécessitent ~~nécessitant~~ la révision de tout Etablissement humain, il doit être possible à la nation d'avoir ~~[illegible]~~ dans certains cas, ~~[illegible]~~; une convocation extraordinaire de députés dont le seul objet soit d'examiner et corriger, s'il est nécessaire, les vices de la Constitution.

MOTION
de M. le Mquis DE LA FAYETTE
RELATIVEMENT À LA DÉCLARATION DES DROITS DE L'HOMME *

La nature a fait les hommes libres et égaux; les distinctions nécessaires à l'ordre social ne sont fondées que sur l'utilité générale.

Tout homme naît avec des droits inaliénables et imprescriptibles; tels sont la liberté de toutes ses opinions, le soin de son honneur et de sa vie, le droit de propriété, la disposition entière de sa personne, de son industrie, de toutes ses facultés, la communication de toutes ses pensées par tous les moyens possibles, la recherche du bien-être et la résistance à l'oppression.

L'exercice des droits naturels n'a de bornes que celles qui en assurent la jouissance aux autres membres de la société.

Nul homme ne peut être soumis qu'à des lois consenties par lui ou ses représentants, antérieurement promulguées et légalement appliquées.

Le principe de toute souveraineté réside dans la nation. Nul corps, nul individu ne peut avoir une autorité qui n'en émane expressément.

Tout gouvernement a pour but unique le bien commun. Cet intérêt exige que les pouvoirs législatif, exécutif et judiciaire, soient distincts et définis; que leur organisation assure la représentation libre des citoyens, la responsabilité des agents, et l'impartialité des juges.

Les lois doivent être claires, précises et uniformes pour tous les citoyens.

Les subsides doivent être librement consentis et proportionnellement répartis.

Et comme l'introduction des abus et le droit des générations qui se succèdent nécessitent la révision de tout établissement humain, il doit être possible d'avoir, dans certains cas, une convocation extraordinaire de députés, dont le seul objet soit d'examiner et corriger, s'il est nécessaire, les vices de la Constitution.

* Archives parlementaires, 11 juillet 1789.

DÉCLARATION DES DROITS DE L'HOMME,

remise dans les Bureaux de l'Assemblée nationale par M. PÉTION DE VILLENEUVE, député de Chartres *.

1° Tous les hommes naissent et libres, et ils ne se réunissent en société que pour leur avantage commun.

2° Le but de toute association doit être de procurer aux individus qui la composent, la plus grande somme de bonheur, de liberté et de sûreté.

3° Chaque associé a un droit légal de participer, soit par lui-même, soit par ses représentants, à la formation des institutions qui doivent conduire à ce grand objet.

4° Tous les pouvoirs résident dans l'universalité des associés, et cet assemblage qu'on appelle peuple ou nation, est libre de les distribuer, de les confier de la manière qu'il juge convenable.

5° Le peuple a toujours le droit inaliénable et imprescriptible de modifier sa Constitution, de surveiller et de régler les pouvoirs législatif, exécutif et judiciaire.

6° Les lois doivent être uniformes, sans la plus légère distinction entre un citoyen et un autre citoyen; elles doivent être claires et précises, afin d'être connues de tous.

7° Tout homme a droit aux secours de ses associés, et il se fait entre eux un échange continu de services.

8° Tout citoyen doit trouver une existence assurée, soit dans le revenu de ses propriétés, soit dans son travail et son industrie; et si des infirmités ou des malheurs le réduisent à la misère, la société doit pourvoir à sa subsistance.

9° Tous les genres d'industrie, tous les emplois de la société doivent être absolument libres.

10° Il doit être libre aux membres de l'association, mécontents de leur sort, d'en chercher ailleurs un plus doux, sans être exposés à aucune recherche fâcheuse et inquiétante.

* La date de publication de cette Déclaration n'est pas connue.

11° La liberté des citoyens doit être sacrée et ne doit avoir d'autres limites que celles fixées par les lois qu'ils ont consenties.

12° Chacun ne doit compte qu'à Dieu de ses opinions religieuses, et peut embrasser le culte que lui enseigne sa conscience, pourvu qu'il ne trouble point la tranquillité publique.

13° Chacun peut écrire ses pensées et les rendre publiques; on ne doit pas plus gêner le développement des facultés intellectuelles, que le développement des facultés physiques.

14° Nulle personne ne peut consentir à devenir l'esclave d'une autre, par quelque traité que ce soit.

15° Un citoyen ne doit être arrêté et détenu en captivité, que par le jugement d'un tribunal régulier, et dans tout délit qui n'est pas capital, il est juste de lui laisser la faculté d'offrir une caution pour sa délivrance; il est également juste qu'il ne soit pas privé de l'usage des moyens qui peuvent préparer et établir sa justification, et il ne doit jamais être jugé que par ses pairs.

16° Tous les sujets doivent avoir un accès égal auprès des tribunaux, pour obtenir la réparation des injures et des torts qu'ils éprouvent; et la justice doit leur être rendue promptement et sans frais.

17° Chaque citoyen doit jouir de sa propriété dans toute sa plénitude, et il ne peut en être privé lui-même, pour raison d'utilité publique, à moins qu'il n'en soit dédommagé d'une manière équitable.

18° Le gouvernement ne pouvant se garantir des attaques du dehors, et maintenir la paix intérieure, ne pouvant protéger les personnes et les propriétés sans des dépenses publiques, tous les citoyens sont tenus de contribuer à ces dépenses, mais pour cela même ils ont le plus grand intérêt de les examiner, de les fixer, de veiller à leur emploi.

19°. Le peuple a le droit incontestable de s'assembler pour le salut commun, quand bon lui semble; de sanctionner ou de blâmer ce que ses représentants font en son nom.

J. Ch. Desaint, Imprimeur du Châtelet,
rue de la Harpe, au-dessus de Saint-Côme, N° 133.

PRÉLIMINAIRE DE LA CONSTITUTION. RECONNAISSANCE ET EXPOSITION RAISONNÉE DES DROITS DE L'HOMME ET DU CITOYEN

Lu les 20 et 21 juillet 1789, au Comité de Constitution,
Par M. l'Abbé SIEYÈS

OBSERVATIONS

Il est deux manières de présenter de grandes vérités aux hommes. La première, de les leur imposer comme articles de foi, d'en charger la mémoire plutôt que la raison. Beaucoup de personnes soutiennent que la loi doit toujours prendre ce caractère. Quand cela serait, une *Déclaration des droits du citoyen* n'est pas une suite de lois, mais une suite de principes. La seconde manière d'offrir la vérité est de ne la pas priver de son caractère essentiel, la raison et l'évidence. On ne sait véritablement que ce qu'on sait avec sa raison. Je crois que c'est ainsi que les représentants des Français du XVIIIe siècle doivent parler à leurs commettants.

Il est aussi deux méthodes pour être clair. La première consiste à retrancher de son sujet tout ce qui exige de l'attention, tout ce qui sort des choses triviales que tout le monde sait d'avance. Il faut en convenir, rien n'est plus simple et plus clair, pour la foule des lecteurs, qu'un travail exécuté sur ce plan; mais, si l'on veut traiter son sujet, le présenter tel que sa nature l'exige, dire tout ce qui lui appartient, et écarter ce qui ne lui appartient pas : c'est à un autre genre de clarté qu'il faut aspirer. Celle-ci ne dispense pas de l'attention.

Au reste, on trouvera à la fin de ce petit ouvrage, une suite de maximes dans le goût des Déclarations de droits déjà connues, et propres au grand nombre de citoyens moins accoutumés à réfléchir sur les rapports des hommes en société.

RECONNAISSANCE ET EXPOSITION RAISONNÉE

des Droits de l'homme et du citoyen

Les représentants de la nation française, réunis en Assemblée nationale, reconnaissent qu'ils ont par leurs mandats la charge spéciale de régénérer la Constitution de l'État.

En conséquence, ils vont, à ce titre, exercer le pouvoir constituant; et pourtant, comme la représentation actuelle n'est pas rigoureusement conforme à ce qu'exige une telle nature de pouvoir, ils déclarent que la Constitution qu'ils vont donner à la nation, quoique provisoirement obligatoire pour tous, ne sera définitive qu'après qu'un nouveau pouvoir constituant, extraordinairement convoqué pour cet unique objet, lui aura donné un consentement que réclame la rigueur des principes.

Les représentants de la nation française, exerçant dès ce moment les fonctions du pouvoir constituant, considèrent que toute union sociale, et par conséquent toute Constitution politique, ne peut avoir pour objet que de manifester, d'étendre et d'assurer *les droits de l'homme et du citoyen.*

Ils jugent donc qu'ils doivent d'abord s'attacher à reconnaître ces droits; que leur exposition raisonnée doit précéder le plan de Constitution, comme en étant le préliminaire indispensable, et que c'est présenter à toutes les Constitutions politiques l'objet ou le but que toutes, sans distinction, doivent s'efforcer d'atteindre.

En conséquence, les représentants de la nation française reconnaissent et consacrent, par une promulgation positive et solennelle, la Déclaration suivante *des droits de l'homme et du citoyen.*

Ses besoins et ses moyens.

L'homme est, de sa nature, soumis à des *besoins*; mais, de sa nature, il possède les *moyens* d'y pourvoir.

Il éprouve dans tous les instants le désir du bien-être; mais il a reçu une intelligence, une volonté et une force : l'intelligence pour connaître, la volonté pour prendre une détermination, et la force pour l'exécuter.

Ainsi le bien-être est le *but* de l'homme; ses facultés

morales et physiques sont ses *moyens* personnels : avec eux il pourra s'attribuer ou se procurer tous les biens et les moyens extérieurs qui lui sont nécessaires.

Comment il les exerce sur la nature.

Placé au milieu de la *nature*, l'homme recueille ses dons; il les choisit, il les multiplie; il les perfectionne par son travail : en même temps il apprend à éviter, à prévenir ce qui peut lui nuire; il se protège, pour ainsi dire, contre la nature avec les forces qu'il a reçues d'elle; il ose même la combattre : son industrie va toujours se perfectionnant, et l'on voit la puissance de l'homme, indéfinie dans ses progrès, asservir de plus en plus à ses besoins toutes les puissances de la *nature*.

Comment il peut les exercer sur ses semblables.

Placé au milieu de ses *semblables*, il se sent pressé d'une multitude de nouveaux rapports. Les autres individus se présentent nécessairement, ou comme *moyens*, ou comme *obstacles*. Rien donc ne lui importe plus que ses rapports avec ses semblables.

Si les hommes voulaient ne voir en eux que des moyens réciproques de bonheur, ils pourraient occuper en paix la terre, leur commune habitation, et ils marcheraient ensemble avec sécurité à leur but commun.

Ce spectacle change, s'ils se regardent comme obstacles les uns aux autres : bientôt il ne leur reste que le choix entre fuir ou combattre sans cesse. L'espèce humaine ne présente plus qu'une grande erreur de la nature.

Deux sortes de relations entre les hommes.

Les relations des hommes entre eux sont donc de deux sortes : celles qui naissent d'un état de guerre, que la force seule établit, et celles qui naissent librement d'une utilité réciproque.

Relations illégitimes.

Les relations qui n'ont d'origine que la force, sont mauvaises et illégitimes. Deux hommes, étant également hommes, ont, à un égal degré, tous les droits qui découlent de la nature humaine. Ainsi tout homme est propriétaire de sa personne, ou nul ne l'est. Tout homme a le droit de disposer de ses moyens, ou nul n'a ce droit. Les moyens individuels sont attachés par la nature aux besoins individuels. Celui qui est chargé des besoins, doit donc disposer librement des moyens. Ce n'est pas seulement un droit, c'est un devoir.

Égalité de droits.

Inégalité de moyens.

Il existe, il est vrai, de grandes inégalités de moyens parmi les hommes. La nature fait des forts et des faibles; elle départ aux uns une intelligence qu'elle refuse aux autres. Il suit qu'il y aura entre eux inégalité de travail, inégalité de produit, inégalité de consommation ou de jouissance; mais il ne suit pas qu'il puisse y avoir inégalité de droits.

Tous ayant un droit découlant de la même origine, il suit que celui qui entreprendrait sur le droit d'un autre, franchirait les bornes de son propre droit; il suit que le droit de chacun doit être respecté par chaque autre, et que ce droit et ce devoir ne peuvent pas ne pas être réciproques. Donc le droit du faible sur le fort est le même que celui du fort sur le faible. Lorsque le fort parvient à opprimer le faible, il produit effet sans produire obligation. Loin d'imposer un devoir nouveau au faible, il ranime en lui le devoir naturel et impérissable de repousser l'oppression.

C'est donc une vérité éternelle, et qu'on ne peut trop répéter aux hommes, que l'acte par lequel le fort tient le faible sous son joug, ne peut jamais devenir un droit; et qu'au contraire l'acte par lequel le faible se soustrait au joug du fort, est toujours un droit, que c'est un devoir toujours pressant envers lui-même.

Relations légitimes.

Il faut donc s'arrêter aux seules relations qui puissent légitimement lier les hommes entre eux, c'est-à-dire, à celles qui naissent d'un engagement réel.

La volonté, principe de tout engagement.

Il n'y a point d'engagement, s'il n'est fondé sur la volonté libre des contractants. Donc, point d'association légitime, si elle ne s'établit sur un contrat réciproque, volontaire et libre de la part des coassociés.

Puisque tout homme est chargé de vouloir pour son bien, il peut vouloir s'engager envers ses semblables, et il le voudra, s'il juge que c'est son avantage.

Il a été reconnu plus haut que les hommes peuvent beaucoup pour le bonheur les uns des autres. Donc une société fondée sur l'utilité réciproque est véritablement

L'état social, suite du droit naturel.

sur la ligne des moyens naturels qui se présentent à l'homme pour le conduire à son but; donc cette union est un avantage, et non un sacrifice, et l'ordre social est comme une suite, comme un complément de l'ordre naturel. Ainsi, lors même que toutes les facultés sensibles de l'homme ne le porteraient pas d'une manière très réelle et très forte, quoique non encore éclaircie, à vivre en société, la raison toute seule l'y conduirait.

Objet de l'union sociale.

L'objet de l'union sociale est le bonheur des associés. L'homme, avons-nous dit, marche constamment à ce but;

et certes, il n'a pas prétendu en changer, lorsqu'il s'est associé avec ses semblables.

Donc l'état social ne tend pas à dégrader, à avilir les hommes, mais au contraire à les ennoblir, à les perfectionner.

Donc la société n'affaiblit point, ne réduit pas les moyens particuliers que chaque individu apporte à l'association pour son utilité privée; au contraire, elle les agrandit, elle les multiplie par un plus grand développement des facultés morales et physiques; elle les augmente encore par le concours inestimable des travaux et des secours publics : de sorte que, si le citoyen paye ensuite une contribution à la chose publique, ce n'est qu'une sorte de restitution; c'est la plus légère partie du profit et des avantages qu'il en tire.

Donc l'état social n'établit pas une injuste inégalité de droits à côté de l'inégalité naturelle des moyens; au contraire, il protège l'égalité des droits contre l'influence naturelle, mais nuisible, de l'inégalité des moyens. La loi sociale n'est point faite pour affaiblir le faible et fortifier le fort; au contraire, elle s'occupe de mettre le faible à l'abri des entreprises du fort; et couvrant de son autorité tutélaire l'universalité des citoyens, elle garantit à tous la plénitude de leurs droits.

L'état social favorise et augmente la liberté.

Donc l'homme, entrant en société, ne fait pas le sacrifice d'une partie de sa liberté : même hors du lien social, nul n'avait le droit de nuire à un autre. Ce principe est vrai dans toutes les positions où l'on voudra supposer l'espèce humaine : le droit de nuire n'a jamais pu appartenir à la liberté.

Loin de diminuer la liberté individuelle, l'état social en étend et en assure l'usage; il en écarte une foule d'obstacles et de dangers, auxquels elle était trop exposée, sous la seule garantie d'une force privée, et il la confie à la garde toute-puissante de l'association entière.

Ainsi puisque, dans l'état social, l'homme croît en moyens moraux et physiques, et qu'il se soustrait en même temps aux inquiétudes qui en accompagnaient l'usage, il est vrai de dire que la liberté est plus pleine et plus entière dans l'ordre social, qu'elle ne peut l'être dans l'état qu'on appelle *de nature.*

La liberté s'exerce sur des choses *communes,* et sur des choses *propres.*

Espèces de la propriété.

La propriété de sa *personne* est le premier des droits. De ce droit primitif découle la propriété des *actions* et celle du *travail;* car le travail n'est que l'usage utile de ses facultés; il émane évidemment de la propriété de la personne et des actions.

La propriété des objets extérieurs, ou la propriété *réelle*, n'est pareillement qu'une suite et comme une extension de la propriété personnelle. L'air que nous respirons, l'eau que nous buvons, le fruit que nous mangeons se transforment en notre propre substance, par l'effet d'un travail involontaire ou volontaire de notre corps.

Par des opérations analogues, quoique plus dépendantes de la volonté, je m'approprie un objet qui n'appartient à personne, et dont j'ai besoin, par un travail qui le modifie, qui le prépare à mon usage. Mon travail était à moi; il l'est encore : l'objet sur lequel je l'ai fixé, que j'en ai investi, était à moi comme à tout le monde; il était même à moi plus qu'aux autres, puisque j'avais sur lui, de plus que les autres, le droit de premier occupant. Ces conditions me suffisent pour faire de cet objet ma propriété exclusive. L'état social y ajoute encore, par la force d'une convention générale, une sorte de consécration légale; et l'on a besoin de supposer ce dernier acte, pour pouvoir donner au mot *propriété* toute l'étendue du sens que nous sommes accoutumés à y attacher dans nos sociétés policées.

Les propriétés *territoriales* sont la partie la plus importante de la propriété *réelle.* Dans leur état actuel, elles tiennent moins au besoin personnel qu'au besoin social; leur théorie est différente : ce n'est pas ici le lieu de la présenter.

Étendue de la liberté.

Celui-là est libre, qui a l'assurance de n'être point inquiété dans l'exercice de sa propriété personnelle et dans l'usage de sa propriété réelle. Ainsi tout citoyen a le droit de rester, d'aller, de penser, de parler, d'écrire, d'imprimer, de publier, de travailler, de produire, de garder, de transporter, d'échanger et de consommer, etc.

Ses limites.

Les limites de la liberté individuelle ne sont placées qu'au point où elle commencerait à nuire à la liberté d'autrui. C'est à la loi à reconnaître ces limites et à les marquer. Hors de la loi, tout est libre pour tous : car l'union sociale n'a pas seulement pour objet la liberté d'un ou de plusieurs individus, mais la liberté de tous. Une société dans laquelle un homme serait plus ou moins libre qu'un autre, serait, à coup sûr, fort mal ordonnée; elle cesserait d'être libre; il faudrait la reconstituer.

Rapports des engagements avec la liberté.

Il semble au premier aspect que celui qui contracte un engagement, perd une partie de sa liberté. Il est plus exact de dire qu'au moment où il contracte, loin d'être gêné dans sa liberté, il l'exerce ainsi qu'il lui convient; car tout engagement est un échange où chacun aime mieux ce qu'il reçoit que ce qu'il donne.

Tant que dure l'engagement, sans doute il doit en remplir les obligations : la chose engagée n'est plus à lui; et la liberté, avons-nous dit, ne s'étend jamais jusqu'à nuire à autrui. Lorsqu'un changement de rapports a déplacé les limites dans lesquelles la liberté pouvait s'exercer, la liberté n'en est pas moins entière, si la nouvelle position n'est que le résultat du choix que l'on a fait.

Garantie de la liberté.

Vainement déclarerait-on que la liberté est le droit inaliénable de tout citoyen; vainement la loi prononcerait-elle des peines contre les infracteurs, s'il n'existait, pour maintenir le droit et pour faire exécuter la loi, une force capable de garantir l'un et l'autre.

La garantie de la liberté ne sera bonne que quand elle sera suffisante, et elle ne sera suffisante que quand les coups qu'on peut lui porter, seront impuissants contre la force destinée à la défendre. Nul droit n'est complètement assuré, s'il n'est protégé par une force relativement irrésistible.

La liberté individuelle a, dans une grande société, trois sortes d'ennemis à craindre.

Les moins dangereux sont les citoyens malévoles. Pour les réprimer, il suffit d'une autorité ordinaire. Si justice n'est pas toujours bien faite en ce genre, ce n'est pas faute d'une force coercitive relativement suffisante; c'est plutôt parce que la législation est mauvaise et le pouvoir judiciaire mal constitué. Il sera remédié à ce double inconvénient.

La liberté individuelle a beaucoup plus à redouter des entreprises des officiers chargés d'exercer quelqu'une des parties du pouvoir public.

De simples mandataires isolés, des corps entiers, le gouvernement lui-même en totalité, peuvent cesser de respecter les droits du citoyen. Une longue expérience prouve que les nations ne se sont pas assez précautionnées contre cette sorte de danger.

Quel spectacle que celui d'un mandataire qui tourne contre ses concitoyens les armes ou le pouvoir qu'il a reçus pour les défendre, et qui, criminel envers lui-même, envers la patrie, ose changer en instruments d'oppression les moyens qui lui ont été confiés pour la protection commune!

Une bonne Constitution de tous les pouvoirs publics est la seule garantie qui puisse préserver les nations et les citoyens de ce malheur extrême.

La liberté enfin peut être attaquée par un ennemi étranger. De là le besoin d'une armée. Il est évident qu'elle est étrangère à l'ordre intérieur, qu'elle n'est créée que dans l'ordre des relations extérieures. S'il était possible, en effet, qu'un peuple restât isolé sur la terre, ou s'il devenait impossible aux autres peuples de l'attaquer, n'est-il pas certain qu'il n'aurait nullement besoin d'armée? La paix et la tranquillité intérieures exigent, à la vérité, une force coercitive, mais d'une nature absolument différente. Or, si l'ordre intérieur, si l'établissement d'une force coercitive légale peuvent se passer d'armée, il est d'une extrême importance que là où est une armée, l'ordre intérieur en soit tellement indépendant, que jamais il n'y ait aucune espèce de relation entre l'un et l'autre.

Il est donc incontestable que le soldat ne doit jamais être employé contre le citoyen, et que l'ordre intérieur de l'État doit être tellement établi, que, dans aucun cas, dans aucune circonstance possible, on n'ait besoin de recourir au pouvoir militaire, si ce n'est contre l'ennemi étranger.

Autres avantages de l'état social.

Les avantages qu'on peut retirer de l'état social ne se bornent pas à la protection efficace et complète de la liberté individuelle; les citoyens ont droit encore à tous les bienfaits de l'association. Ces bienfaits se multiplieront à mesure que l'ordre social profitera des lumières que le temps, l'expérience et les réflexions répandront dans l'opinion publique. L'art de faire sortir tous les biens possibles de l'état de société, est le premier et le plus important des arts. Une association combinée pour le plus grand bien de tous, sera le chef-d'œuvre de l'intelligence et de la vertu.

Personne n'ignore que les membres de la société retirent les plus grands avantages des propriétés publiques, des travaux publics.

On sait que ceux des citoyens qu'un malheureux sort condamne à l'impuissance de pourvoir à leurs besoins, ont de justes droits aux secours de leurs concitoyens, etc.

On sait que rien n'est plus propre à perfectionner l'espèce humaine, au moral et au physique, qu'un bon système d'éducation et d'instruction publique.

On sait qu'une nation forme avec les autres peuples, des relations d'intérêts qui méritent de sa part une surveillance active, etc.

Mais ce n'est pas dans la Déclaration des droits qu'on doit trouver la liste de tous les biens qu'une bonne Constitution peut procurer aux peuples. Il suffit ici de dire que les citoyens en commun ont droit à tout ce que l'État peut faire en leur faveur.

Moyens publics de la société.

Les *fins* de la société étant ainsi rappelées, il est clair que les *moyens* publics doivent s'y proportionner, qu'ils doivent s'augmenter avec la fortune et la prospérité nationales.

L'établissement public embrasse tous les pouvoirs.

L'ensemble de ces moyens, composé de personnes et de choses, doit s'appeler *l'établissement public*, afin de rappeler davantage son origine et sa destination.

L'établissement public est une sorte de Corps politique, qui ayant, comme le corps de l'homme, des besoins et des moyens, doit être organisé à peu près de la même manière. Il faut le douer de la faculté de *vouloir* et de celle *d'agir*.

Le pouvoir législatif représente la première, et le pouvoir exécutif représente la seconde de ces deux facultés.

Le *gouvernement* se confond souvent avec l'action ou l'exercice de ces deux pouvoirs; mais ce mot est plus particulièrement consacré à désigner le pouvoir exécutif, ou son action. Rien n'est plus commun que d'entendre dire : On doit gouverner suivant la loi; ce qui prouve que le pouvoir de faire la loi est distinct du gouvernement proprement dit.

Le pouvoir actif se subdivise en plusieurs branches. C'est à la *Constitution* à suivre cette analyse.

Ce que c'est que la Constitution.

La Constitution embrasse à la fois la formation et l'organisation intérieures des différents pouvoirs publics, leur correspondance nécessaire, et leur indépendance réciproque.

Enfin, les précautions politiques dont il est sage de les entourer, afin que toujours utiles, ils ne puissent jamais se rendre dangereux.

Tel est le vrai sens du mot *Constitution;* il est relatif à l'ensemble et à la séparation des pouvoirs publics. Ce n'est point la nation que l'on constitue, c'est son établissement politique. La nation est l'ensemble des associés, tous gouvernés, tous soumis à la loi, ouvrage de leur volonté, tous égaux en droits, et libres dans leur communication, et dans leurs engagements respectifs. Les gouvernants, au contraire, forment, sous ce seul rapport, un Corps politique de création sociale. Or tout corps a besoin d'être organisé, limité, etc. et par conséquent d'être constitué.

Ainsi, pour le répéter encore une fois, la Constitution d'un peuple n'est et ne peut être que la Constitution de son gouvernement, et du pouvoir chargé de donner des lois, tant au peuple qu'au gouvernement.

Une Constitution suppose avant tout un pouvoir constituant.

Pouvoir constituant et pouvoirs constitués.

Les pouvoirs compris dans l'établissement public sont tous soumis à des lois, à des règles, à des formes, qu'ils ne sont point les maîtres de changer. Comme ils n'ont pas pu se constituer eux-mêmes, ils ne peuvent pas non plus changer leur Constitution; de même ils ne peuvent rien sur la Constitution les uns des autres. Le pouvoir constituant peut tout en ce genre. Il n'est point soumis d'avance à une Constitution donnée. La nation qui exerce alors le plus grand, le plus important de ses pouvoirs, doit être dans cette fonction, libre de toute contrainte, et de toute forme, autre que celle qu'il lui plaît d'adopter.

Mais il n'est pas nécessaire que les membres de la société exercent individuellement le pouvoir constituant; ils peuvent donner leur confiance à des représentants qui ne s'assembleront que pour cet objet, sans pouvoir exercer eux-mêmes aucun des pouvoirs constitués. Au surplus, c'est au premier chapitre du projet de Constitution qu'il appartient d'éclairer sur les moyens de former et de réformer toutes les parties d'une Constitution.

Différence

Nous n'avons exposé jusqu'à présent que les *droits*

naturels et civils des citoyens. Il nous reste à reconnaître les droits *politiques*.

entre les droits civils et les droits politiques.

La différence entre ces deux sortes de droits consiste en ce que les droits naturels et civils sont ceux *pour* le maintien et le développement desquels la société est formée; et les droits politiques, ceux *par* lesquels la société se forme. Il vaut mieux, pour la clarté du langage, appeler les premiers, droits *passifs*, et les seconds, droits *actifs*.

Citoyens passifs, citoyens actifs.

Tous les habitants d'un pays doivent y jouir des droits de citoyen *passif*: tous ont droit à la protection de leur personne, de leur propriété, de leur liberté, etc. mais tous n'ont pas droit à prendre une part active dans la formation des pouvoirs publics; tous ne sont pas citoyens *actifs*. Les femmes, du moins dans l'état actuel, les enfants, les étrangers, ceux encore qui ne contribueraient en rien à soutenir l'établissement public, ne doivent point influer activement sur la chose publique. Tous peuvent jouir des avantages de la société; mais ceux-là seuls qui contribuent à l'établissement public, sont comme les vrais actionnaires de la grande entreprise sociale. Eux seuls sont les véritables citoyens actifs, les véritables membres de l'association.

L'égalité des droits politiques est un principe fondamental. Elle est sacrée, comme celle des droits civils. De l'inégalité des droits politiques, sortiraient bientôt les privilèges. Le privilège est, ou dispense d'une charge commune, ou octroi exclusif d'un bien commun. Tout privilège est donc injuste, odieux et contradictoire au vrai but de la société. La loi étant un instrument commun, ouvrage d'une volonté commune, ne peut avoir pour objet que l'intérêt commun. *Une* société ne peut avoir qu'*un* intérêt général. Il serait impossible d'établir l'ordre, si l'on prétendait marcher à plusieurs intérêts opposés. L'ordre social suppose nécessairement *unité* de but, et *concert* de moyens.

Unité de l'intérêt social.

Une association politique est l'ouvrage de la volonté unanime des associés.

L'association, ouvrage de l'unanimité.

Son établissement public est le résultat de la volonté de la pluralité des associés. On sent bien que l'unanimité étant une chose très difficile à obtenir dans une collection d'hommes tant soit peu nombreuse, elle devient impossible dans une société de plusieurs millions d'individus.

La création des pouvoirs publics, etc. ouvrage de la pluralité.

L'union sociale a ses fins; il faut donc prendre les moyens possibles d'y arriver; il faut donc se contenter de la pluralité. Mais il est bon d'observer qu'alors même il y a une sorte d'unanimité médiate; car, ceux qui unanimement ont voulu se réunir pour jouir des avantages de la société, ont voulu unanimement tous les moyens nécessaires pour se procurer ces avantages. Le choix seul des moyens est livré à la pluralité; et tous ceux qui ont leur vœu à prononcer, conviennent d'avance de s'en rapporter toujours à cette pluralité. De là deux rapports sous lesquels la pluralité se substitue, avec raison, aux droits de l'unanimité. La volonté générale est donc formée par la volonté de la pluralité.

Tout pouvoir, toute autorité, viennent du peuple.

Toute fonction publique est, non une propriété, mais une commission.

Tous les pouvoirs publics, sans distinction, sont une émanation de la volonté générale; tous viennent du peuple, c'est-à-dire, de la nation. Ces deux termes doivent être synonymes.

Le mandataire public, quel que soit son poste, n'exerce donc pas un pouvoir qui lui appartienne en propre, c'est le pouvoir de tous; il lui a été seulement confié; il ne pouvait pas être aliéné, car la volonté est inaliénable, les peuples sont inaliénables; le droit de penser, de vouloir et d'agir pour soi est inaliénable; on peut seulement en commettre l'exercice à ceux qui ont notre confiance; et cette confiance a pour caractère essentiel d'être libre. C'est donc une grande erreur de croire qu'une fonction publique puisse jamais devenir la propriété d'un homme; c'est une grande erreur de prendre l'exercice d'un pouvoir public pour un *droit,* c'est un *devoir.* Les officiers de la nation n'ont au-dessus des autres citoyens que des devoirs de plus; et qu'on ne s'y trompe pas, nous sommes loin, en prononçant cette vérité, de vouloir déprécier le caractère d'homme public. C'est l'idée d'un grand devoir à remplir, et par conséquent d'une grande utilité pour les autres, qui fait naître et justifie les égards et le respect que nous portons aux hommes en place. Aucun de ces sentiments ne s'élèverait dans des âmes libres, à l'aspect de ceux qui ne se distingueraient que par des droits, c'est-à-dire, qui ne réveilleraient en nous que l'idée de leur intérêt particulier.

L'exercice d'une fonction publique est, non pas un droit, mais un devoir.

Ici peut se terminer l'exposition raisonnée des droits de l'homme et du citoyen, que nous avons voulu offrir à la nation française, et que nous nous proposons à nous-mêmes, pour nous servir de guide dans l'ouvrage de la Constitution auquel nous allons nous livrer. Mais, afin que ces droits éternels soient connus de tous ceux à qui ils appartiennent, et qu'ils puissent être plus aisément retenus, nous en présentons à toutes les classes de citoyens, la partie la plus essentielle en résultats faciles à saisir, dans la forme suivante.

Article Premier

Toute société ne peut être que l'ouvrage libre d'une convention entre tous les associés.

Art. II

L'objet d'une société politique ne peut être que le plus grand bien de tous.

Art. III

Tout homme est seul propriétaire de sa personne; et cette propriété est inaliénable.

Art. IV

Tout homme est libre dans l'exercice de ses facultés personnelles, à la seule condition de ne pas nuire aux droits d'autrui.

Art. V

Ainsi, personne n'est responsable de sa pensée, ni de ses sentiments; tout homme a le droit de parler ou de se taire; nulle manière de publier ses pensées et ses sentiments, ne doit être interdite à personne; et en particulier, chacun est libre d'écrire, d'imprimer ou de faire imprimer ce que bon lui semble, toujours à la seule condition de ne pas donner atteinte aux droits d'autrui. Enfin, tout écrivain peut débiter ou faire débiter ses productions, et il peut les faire circuler librement tant par la poste, que par toute autre voie, sans avoir jamais à craindre aucun abus de confiance. Les lettres en particulier doivent être sacrées pour tous les intermédiaires qui se trouvent entre celui qui écrit, et celui à qui il écrit.

Art. VI

Tout citoyen est pareillement libre d'employer ses bras, son industrie et ses capitaux, ainsi qu'il le juge bon et utile à lui-même. Nul genre de travail ne lui est interdit. Il peut fabriquer et produire ce qui lui plaît, et comme il lui plaît; il peut garder ou transporter à son gré toute espèce de marchandises, et les vendre en gros ou en détail. Dans ces diverses occupations, nul particulier, nulle association n'a le droit de le gêner, à plus forte raison de l'empêcher. La loi seule peut marquer les bornes qu'il faut donner à cette liberté comme à toute autre.

ART. VII

Tout homme est pareillement le maître d'aller ou de rester, d'entrer ou de sortir, et même de sortir du royaume, et d'y rentrer, quand et comme bon lui semble.

ART. VIII

Enfin, tout homme est le maître de disposer de son bien, de sa propriété, et de régler sa dépense, ainsi qu'il le juge à propos.

ART. IX

La liberté, la propriété et la sécurité des citoyens doivent reposer sous une garantie sociale supérieure à toutes les atteintes.

ART. X

Ainsi, la loi doit avoir à ses ordres une force capable de réprimer ceux des simples citoyens qui entreprendraient d'attaquer les droits de quelque autre.

ART. XI

Ainsi, tous ceux qui sont chargés de faire exécuter les lois, tous ceux qui exercent quelque autre partie de l'autorité ou d'un pouvoir public doivent être dans l'impuissance d'attenter à la liberté des citoyens.

ART. XII

Ainsi, l'ordre intérieur doit être tellement établi et servi par une force intérieure et légale, qu'on n'ait jamais besoin de requérir le secours dangereux du pouvoir militaire.

Art. XIII

Le pouvoir militaire n'est créé, n'existe et ne doit agir que dans l'ordre des relations politiques extérieures. Ainsi, le soldat ne doit jamais être employé contre le citoyen. Il ne peut être commandé que contre l'ennemi extérieur.

Art. XIV

Tout citoyen est également soumis à la loi, et nul n'est obligé d'obéir à une autre autorité que celle de la loi.

Art. XV

La loi n'a pour objet que l'intérêt commun; elle ne peut donc accorder aucun privilège à qui que ce soit; et s'il s'est établi des privilèges, ils doivent être abolis à l'instant, quelle qu'en soit l'origine.

Art. XVI

Si les hommes ne sont pas égaux en *moyens,* c'est-à-dire en richesses, en esprit, en force, etc. il ne suit pas qu'ils ne soient pas tous égaux en *droits.* Devant la loi, tout homme en vaut un autre; elle les protège tous sans distinction.

Art. XVII

Nul homme n'est plus libre qu'un autre. Nul n'a plus de droit à sa propriété, qu'un autre n'en peut avoir à la sienne. Tous doivent jouir de la même garantie et de la même sécurité.

Art. XVIII

Puisque la loi oblige également les citoyens, elle doit punir également les coupables.

Art. XIX

Tout citoyen appelé ou saisi au nom de la loi, doit obéir à l'instant. Il se rend coupable par la résistance.

Art. XX

Nul ne doit être appelé en justice, saisi et emprisonné, que dans les cas prévus, et dans les formes déterminées par la loi.

ART. XXI

Tout ordre arbitraire ou illégal est nul. Celui ou ceux qui l'ont demandé, celui ou ceux qui l'ont signé sont coupables. Ceux qui le portent, qui l'exécutent ou le font exécuter, sont coupables. Tous doivent être punis.

ART. XXII

Les citoyens contre qui de pareils ordres ont été surpris, ont le droit de repousser la violence par la violence.

ART. XXIII

Tout citoyen a droit à la justice la plus prompte, tant pour sa personne que pour sa chose.

ART. XXIV

Tout citoyen a droit aux avantages communs qui peuvent naître de l'état de société.

ART. XXV

Tout citoyen qui est dans l'impuissance de pourvoir à ses besoins, a droit aux secours de ses concitoyens.

ART. XXVI

La loi ne peut être que l'expression de la volonté générale. Chez un grand peuple, elle doit être l'ouvrage d'un corps de représentants choisis pour un temps court, médiatement ou immédiatement par tous les citoyens qui ont à la chose publique intérêt avec capacité. Ces deux qualités ont besoin d'être positivement et clairement déterminées par la Constitution.

ART. XXVII

Nul ne doit payer de contribution que celle qui a été librement votée par les représentants de la nation.

ART. XXVIII

Tous les pouvoirs publics viennent du peuple, et n'ont pour objet que l'intérêt du peuple.

ART. XXIX

La constitution des pouvoirs publics doit être telle, que toujours actifs, toujours propres à remplir leur destination, ils ne puissent jamais s'en écarter au détriment de l'intérêt social.

ART. XXX

Une fonction publique ne peut jamais devenir la propriété de celui qui l'exerce; son exercice n'est pas un droit, mais un devoir.

ART. XXXI

Les officiers publics, dans tous les genres de pouvoir, sont responsables de leurs prévarications et de leur conduite. Le Roi seul doit être excepté de cette loi. Sa personne est toujours sacrée et inviolable.

ART. XXXII

Un peuple a toujours le droit de revoir et de réformer sa Constitution. Il est même bon de déterminer des époques fixes, où cette révision aura lieu, qu'elle qu'en soit la nécessité.

À Paris,
Chez BAUDOUIN, Imprimeur de l'Assemblée nationale,
rue du Foin-Saint-Jacques, N° 31. 1789.

PROJET DES PREMIERS ARTICLES DE LA CONSTITUTION

lu dans la séance du 28 juillet 1789 *, par M. MOUNIER, membre du Comité chargé du plan de Constitution

Nous, les représentants de la nation française, convoqués par le Roi, réunis en Assemblée nationale en vertu des pouvoirs qui nous ont été confiés par les citoyens de toutes les classes, chargés par eux spécialement de fixer la Constitution de la France, et d'assurer la prospérité publique; déclarons et établissons, par l'autorité de nos commettants, comme *Constitution de l'Empire français*, les maximes et règles fondamentales et la forme du gouvernement, telles qu'elles seront ci-après exprimées; et lorsqu'elles auront été reconnues et ratifiées par le Roi, on ne pourra changer aucun des articles qu'elles renferment, si ce n'est par les moyens qu'elles auront déterminés.

CHAPITRE PREMIER

Déclaration des droits de l'homme et du citoyen

ARTICLE PREMIER

Tous les hommes ont un penchant invincible vers la recherche du bonheur; c'est pour y parvenir par la réunion de leurs efforts, qu'ils ont formé des sociétés et établi des gouvernements. Tout gouvernement doit donc avoir pour but la félicité publique.

ART. II

Les conséquences qui résultent de cette vérité incontestable, sont, que le gouvernement existe pour l'intérêt de ceux qui sont gouvernés, et non de ceux qui gouvernent; qu'aucune fonction publique ne peut être considérée comme la propriété de ceux qui l'exercent; que le principe de toute souveraineté réside dans la nation, et que nul corps,

* Date douteuse; d'après les archives parlementaires, séance du 27 juillet.

nul individu ne peut avoir une autorité qui n'en émane expressément.

ART. III

La nature a fait les hommes libres et égaux en droits; les distinctions sociales doivent donc être fondées sur l'utilité commune.

ART. IV

Les hommes, pour être heureux, doivent avoir le libre et entier exercice de toutes leurs facultés physiques et morales.

ART. V

Pour s'assurer le libre et entier exercice de ses facultés, chaque homme doit reconnaître, et faciliter dans ses semblables, le libre exercice des leurs.

ART. VI

De cet accord exprès ou tacite résulte entre les hommes la double relation des droits et des devoirs.

ART. VII

Le droit de chacun consiste dans l'exercice de ses facultés, limité uniquement par le droit semblable dont jouissent les autres individus.

ART. VIII

Le devoir de chacun consiste à respecter le droit d'autrui.

ART. IX

Le gouvernement, pour procurer la félicité générale, doit donc protéger les droits et prescrire les devoirs. Il ne doit mettre au libre exercice des facultés humaines, d'autres limites que celles qui sont évidemment nécessaires pour en assurer la jouissance à tous les citoyens, et empêcher les actions nuisibles à la société. Il doit surtout garantir les droits imprescriptibles qui appartiennent à tous les hommes, tels que la liberté personnelle, la propriété, la sûreté, le soin de son honneur et de sa vie, la libre communication de ses pensées, et la résistance à l'oppression.

ART. X

C'est par des lois claires, précises et uniformes pour tous les citoyens, que les droits doivent être protégés, les devoirs tracés, et les actions nuisibles punies.

ART. XI

Les citoyens ne peuvent être soumis à d'autres lois qu'à celles qu'ils ont librement consenties par eux ou par leurs représentants; et c'est dans ce sens que la loi est l'expression de la volonté générale.

ART. XII

Tout ce qui n'est pas défendu par la loi est permis, et nul ne peut être contraint à faire ce qu'elle n'ordonne pas.

ART. XIII

Jamais la loi ne peut être invoquée pour des faits antérieurs à sa publication; et si elle était rendue pour déterminer le jugement de ces faits antérieurs, elle serait oppressive et tyrannique.

ART. XIV

Pour prévenir le despotisme et assurer l'empire de la loi, les pouvoirs législatif, exécutif et judiciaire, doivent être distincts. Leur réunion dans les mêmes mains mettrait ceux qui en seraient les dépositaires au-dessus de toutes les lois, et leur permettrait d'y substituer leurs volontés.

ART. XV

Tous les individus doivent pouvoir recourir aux lois, et y trouver de prompts secours pour tous les torts ou injures qu'ils auraient soufferts dans leurs biens ou dans leurs personnes, ou pour les obstacles qu'ils éprouveraient dans l'exercice de leur liberté.

ART. XVI

Il est permis à tout homme de repousser la force par la force, à moins qu'elle ne soit employée en vertu de la loi.

ART. XVII

Nul ne peut être arrêté ou emprisonné qu'en vertu de la loi, avec les formes qu'elle a prescrites, et dans les cas qu'elle a prévus.

ART. XVIII

Aucun homme ne peut être jugé que dans le ressort qui lui a été assigné par la loi.

ART. XIX

Les peines ne doivent point être arbitraires, mais déterminées par les lois, et elles doivent être absolument semblables pour tous les citoyens, quels que soient leur rang et leur fortune.

ART. XX

Chaque membre de la société ayant droit à la protection de l'État, doit concourir à sa prospérité, et contribuer aux frais nécessaires dans la proportion de ses biens, sans que nul puisse prétendre aucune faveur ou exemption, quel que soit son rang ou son emploi.

ART. XXI

Aucun homme ne peut être inquiété pour ses opinions religieuses, pourvu qu'il se conforme aux lois, et ne trouble pas le culte public.

ART. XXII

Tous les hommes ont le droit de quitter l'État dans lequel ils sont nés, et de se choisir une autre patrie, en renonçant aux droits attachés dans la première à leur qualité de citoyen.

ART. XXIII

La liberté de la presse est le plus ferme appui de la liberté publique. Les lois doivent la maintenir en la conciliant avec les moyens propres à assurer la punition de ceux qui pourraient en abuser pour répandre des discours séditieux, ou des calomnies contre des particuliers.

CHAPITRE II

Principes du gouvernement français

ARTICLE PREMIER

Le gouvernement français est monarchique; il est essentiellement dirigé par la loi; il n'y a point d'autorité supérieure à la loi. Le Roi ne règne que par elle; et quand il ne commande pas au nom de la loi, il ne peut exiger l'obéissance.

ART. II

Le pouvoir législatif doit être exercé par l'Assemblée des représentants de la nation, conjointement avec le monarque dont la sanction est nécessaire pour l'établissement des lois.

ART. III

Le pouvoir exécutif suprême réside exclusivement dans les mains du Roi.

ART. IV

Le pouvoir judiciaire ne doit jamais être exercé par le Roi, et les juges auxquels il est confié ne peuvent être dépossédés de leur office, pendant le temps fixé par la loi, autrement que par les voies légales.

ART. V

Aucune taxe, impôt, charge, droit ou subside ne peut être établi sans le consentement libre et volontaire des représentants de la nation.

ART. VI

Les représentants de la nation doivent surveiller l'emploi des subsides, et en conséquence les administrateurs des deniers publics doivent leur en rendre un compte exact.

ART. VII

Les ministres, les autres agents de l'autorité royale sont responsables de toutes les infractions qu'ils commettent envers les lois, quels que soient les ordres qu'ils aient reçus; et ils doivent en être punis sur les poursuites des représentants de la nation.

ART. VIII

La France étant une terre libre, l'esclavage ne peut y être toléré, et tout esclave est affranchi de plein droit dès le moment où il est entré en France. Les formalités introduites pour éluder cette règle, seront inutiles à l'avenir, et aucun prétexte ne pourra désormais s'opposer à la liberté de l'esclave.

ART. IX

Les citoyens de toutes les classes peuvent être admis à toutes les charges et emplois, et ils auront la faculté d'acquérir toute espèce de propriétés territoriales sans être tenus de payer à l'avenir aucun droit d'incapacité ou de franc-fief.

ART. X

Aucune profession ne sera considérée comme emportant dérogeance.

ART. XI

Les emprisonnements, exils, contraintes, enlèvements, actes de violence en vertu de lettres de cachet, ou ordres arbitraires, seront à jamais proscrits; tous ceux qui auront conseillé, sollicité, exécuté de pareils ordres, seront poursuivis comme criminels, et punis par une détention qui durera trois fois autant que celle qu'ils auront occasionnée, et de plus par des dommages-intérêts.

ART. XII

Le Roi pourra néanmoins, quand il le jugera convenable, donner l'ordre d'emprisonner, en faisant remettre les personnes arrêtées, dans les prisons ordinaires, et au pouvoir des tribunaux compétents, avant l'expiration du délai de vingt-quatre heures, sauf au détenu, si l'emprisonnement est reconnu injuste, à poursuivre les ministres, ou autres agents qui auraient conseillé l'emprisonnement, ou qui auraient pu y contribuer par les ordres qu'ils auraient transmis.

ART. XIII

Pour assurer dans les mains du Roi la conservation et l'indépendance du pouvoir exécutif, il doit jouir de diverses prérogatives qui seront ci-après détaillées.

ART. XIV

Le Roi est le chef de la nation; il est une portion intégrante du Corps législatif. Il a le pouvoir exécutif souverain; il est chargé de maintenir la sûreté du royaume au-dehors et dans l'intérieur; de veiller à sa défense; de faire rendre la justice, en son nom, dans les tribunaux; de faire punir les délits; de procurer le secours des lois à tous ceux qui le réclament; de protéger les droits de tous les citoyens, et les prérogatives de la couronne, suivant les lois et la présente Constitution.

ART. XV

La personne du Roi est inviolable et sacrée. Elle ne peut être actionnée directement devant aucun tribunal.

ART. XVI

Les offenses commises envers le Roi, la Reine et l'héritier présomptif de la couronne, doivent être plus sévèrement punies par les lois, que celles qui concernent ses sujets.

ART. XVII

Le Roi est le dépositaire de la force publique; il est le chef suprême de toutes les forces de terre et de mer. Il a le droit exclusif de lever des troupes, de régler leur marche et leur discipline, d'ordonner les fortifications nécessaires pour la sûreté des frontières, de faire construire des arsenaux, des ports et havres, de recevoir et d'envoyer des ambassadeurs, de contracter des alliances, de faire la paix et la guerre.

ART. XVIII

Le Roi peut passer, pour l'avantage de ses sujets, des traités de commerce; mais ils doivent être ratifiés par le Corps législatif, toutes les fois que son exécution nécessite de nouveaux droits, de nouveaux règlements, ou de nouvelles obligations pour les sujets français.

ART. XIX

Le Roi a le droit exclusif de battre monnaie, mais il ne peut faire aucun changement à sa valeur sans le consentement du Corps législatif.

ART. XX

A lui seul appartient le droit de donner des lettres de grâce dans les cas où les lois permettent d'en accorder.

ART. XXI

Il a l'administration de tous les biens de la couronne; mais il ne peut aliéner aucune partie de ses domaines, ni céder à une puissance étrangère aucune portion du territoire soumis à son autorité, ni acquérir une domination nouvelle, sans le consentement du Corps législatif.

ART. XXII

Le Roi peut arrêter, quand il le juge nécessaire, l'exportation des armes et des munitions de guerre.

ART. XXIII

Le Roi peut ordonner des proclamations, pourvu qu'elles soient conformes aux lois, qu'elles en ordonnent l'exécution, et qu'elles ne renferment aucune disposition nouvelle; mais il ne peut, sans le consentement du Corps législatif, prononcer la surséance d'aucune disposition des lois.

ART. XXIV

Le Roi est le maître absolu du choix de ses ministres et des membres de son conseil.

ART. XXV

Le Roi est le dépositaire du Trésor public; il ordonne et règle les dépenses conformément aux conditions prescrites par les lois qui établissent les subsides.

Art. XXVI

Le Roi a le droit de convoquer le Corps législatif dans l'intervalle des sessions ou des termes fixés par les ajournements.

Art. XXVII

Il a droit de régler dans son Conseil, avec le concours des assemblées provinciales, ce qui concerne l'administration du royaume, en se conformant aux lois générales qui seront rendues sur cette matière.

Art. XXVIII

Le Roi est la source des honneurs : il a la distribution des grâces, des récompenses, la nomination des dignités et emplois ecclésiastiques, civils et militaires.

Art. XXIX

L'indivisibilité et l'hérédité du trône sont les plus sûrs appuis de la paix et de la félicité publique, et sont inhérentes à la véritable monarchie. La couronne est héréditaire de branche en branche, par ordre et primogéniture, et dans la ligne masculine seulement. Les femmes et leurs descendants en sont exclus.

Art. XXX

Suivant la loi, le Roi ne meurt jamais, c'est-à-dire, que par la seule force de la loi, toute l'autorité royale est transmise, incontinent après la mort du monarque, à celui qui a le droit de lui succéder.

Art. XXXI

A l'avenir les rois de France ne pourront être considérés comme majeurs qu'à l'âge de vingt et un ans accomplis.

Art. XXXII

Pendant la minorité des rois, ou en cas de démence constatée, l'autorité royale sera exercée par un régent.

Art. XXXIII

La régence sera déférée d'après les mêmes règles qui fixent la succession à la couronne, c'est-à-dire, qu'elle appartiendra de plein droit à l'héritier présomptif du trône, pourvu qu'il soit majeur ; et dans le cas où il serait mineur, elle passera à celui qui, immédiatement après, aurait le plus de droit à la succession. Il exercera la régence jusqu'au terme où elle devra expirer, quand même le plus proche héritier serait devenu majeur dans l'intervalle.

ART. XXXIV

Le régent ne pourra jamais avoir la garde du Roi; elle sera donnée à ceux qui auront été indiqués par le testament de son prédécesseur. A défaut de cette indication, la garde d'un Roi mineur appartiendra à la Reine mère; celle d'un Roi en démence appartiendrait à son épouse, et à leur défaut, les représentants de la nation choisiraient la personne à qui cette garde serait confiée. Le régent serait choisi de la même manière, dans le cas où il n'existerait aucun proche parent du Roi ayant droit de lui succéder.

ART. XXXV

Les régents qui seront nommés dans le cas de démence, ne pourront faire aucune nomination ou concession, ni donner aucun consentement qui ne puissent être révoqués par le Roi revenu en état de santé, ou par son successeur.

A PARIS, chez BAUDOUIN, Imprimeur de l'Assemblée nationale,
rue du Foin-Saint-Jacques, N° 31. 1789.

DÉCLARATION DES DROITS DE L'HOMME ET DU CITOYEN

par M. MOUNIER *

Nous, les représentants de la nation française, convoqués par le Roi, réunis en Assemblée nationale, en vertu des pouvoirs qui nous ont été confiés par les citoyens de toutes les classes, chargés par eux spécialement de fixer la Constitution de la France, et d'assurer la félicité publique, déclarons et établissons, par l'autorité de nos commettants, comme Constitution de l'Empire français, les maximes et règles fondamentales, et la forme de gouvernement telles qu'elles seront ci-après exprimées.

ARTICLE PREMIER

La nature a fait les hommes libres et égaux en droits. Les distinctions sociales doivent donc être fondées sur l'utilité commune.

ART. II

Tout gouvernement doit avoir pour but la félicité générale. Il existe pour l'intérêt de ceux qui sont gouvernés, et non de ceux qui gouvernent.

ART. III

Le principe de toute souveraineté réside dans la nation : nul corps, nul individu ne peut avoir d'autorité qui n'en émane expressément.

ART. IV

Le gouvernement doit protéger les droits et prescrire les devoirs. Il ne doit mettre au libre exercice des facultés humaines d'autres limites que celles qui sont évidemment nécessaires pour le bonheur public. Il doit surtout garantir les droits imprescriptibles qui appartiennent à tous les hommes, tels que la liberté, la propriété, la sûreté, le soin de son honneur et de sa vie, la libre communication de ses pensées, la résistance à l'oppression.

* Archives parlementaires. 27 juillet 1789.

ART. V

C'est par des lois claires, précises et uniformes que les droits doivent être protégés, les devoirs tracés et les actions nuisibles punies.

ART. VI

Les lois ne peuvent être établies sans le consentement des citoyens ou de leurs représentants librement élus, et c'est dans ce sens que la loi doit être l'expression de la volonté générale.

ART. VII

La liberté consiste à pouvoir faire tout ce qui ne nuit pas à autrui, ce qui n'est pas défendu par la loi ne peut être empêché, et nul ne peut être contraint à faire ce qu'elle n'ordonne pas.

ART. VIII

Jamais la loi ne peut être invoquée pour des faits antérieurs à sa publication; et si elle était rendue pour déterminer le jugement de ces faits antérieurs, elle serait oppressive et tyrannique.

ART. IX

Pour prévenir le despotisme et assurer l'empire de la loi, les pouvoirs législatif, exécutif et judiciaire doivent être distincts, et ne peuvent être réunis.

ART. X

Tous les individus doivent pouvoir recourir aux lois, et y trouver de prompts secours, pour tous les torts et injures qu'ils auraient soufferts dans leurs biens, dans leur personne ou dans leur honneur, ou pour les obstacles qu'ils éprouveraient dans l'exercice de leur liberté.

ART. XI

Nul ne peut être arrêté ou emprisonné qu'en vertu de la loi, avec les formes qu'elle a prescrites, et dans les cas qu'elle a prévus.

ART. XII

Les peines ne doivent point être arbitraires : mais déterminées par les lois, elles doivent être absolument semblables pour tous les citoyens, quels que soient leur rang et leur personne.

ART. XIII

Chaque membre de la société ayant droit à la protection de l'État, doit concourir à sa prospérité, et contribuer aux frais nécessaires dans la proportion de ses facultés et de ses biens, sans que nul puisse prétendre aucune faveur ou exemption, quel que soit son rang ou son emploi.

ART. XIV

Aucun homme ne peut être inquiété pour ses opinions religieuses, pourvu qu'il se conforme aux lois et ne trouble pas le culte public.

ART. XV

La liberté de la presse est le plus ferme appui de la liberté publique. Les lois doivent la maintenir et assurer la punition de ceux qui pourraient en abuser pour nuire aux droits d'autrui.

ART. XVI

La force militaire destinée à la défense de l'État, ne peut être employée au maintien de la tranquillité publique, que sous les ordres de l'autorité civile.

A Versailles, chez BAUDOUIN, Imprimeur de l'Assemblée nationale,
avenue de St.-Cloud, N° 69.

PROJET DE DÉCLARATION DES DROITS DE L'HOMME EN SOCIÉTÉ

par M. TARGET *

ARTICLE PREMIER

Les gouvernements ne sont institués que pour le bonheur des hommes; bonheur qui, appliqué à tous, n'exprime que le plein et libre exercice des droits naturels.

ART. II. L'assurance des droits de l'homme étant la fin, et le gouvernement n'étant que le moyen, il suit que le pouvoir de gouverner n'est point établi pour ceux qui gouvernent, et ne peut être pour eux une *propriété;* mot applicable seulement aux droits qui sont propres à chaque homme, et dont il use pour lui-même.

ART. III. La vie de l'homme, son corps, sa liberté, son honneur, et les choses dont il doit disposer exclusivement, composent toutes ses propriétés et tous ses droits.

ART. IV. Tout homme doit trouver la garantie de ces mêmes droits dans le gouvernement, quelle que soit sa forme.

ART. V. Le Corps politique doit, à chaque homme, l'assurance contre les attentats qui menacent sa vie, et contre les violences qui menacent sa personne.

ART. VI. Le Corps politique doit, à chaque homme, des moyens de subsistance, soit par la propriété, soit par le travail, soit par les secours de ses semblables.

ART. VII. Tout homme est libre de penser, parler, écrire, publier ses pensées, aller, venir, rester, sortir, même quitter le territoire de l'État, user de sa fortune et de son industrie, comme il le juge à propos, sous l'unique condition de ne nuire à personne.

ART. VIII. Il y a des actions permises, qui ne sont pas honnêtes dans l'ordre moral; mais dans l'ordre civil et politique, tout ce qui n'est pas défendu est permis.

ART. IX. Rien ne peut être défendu par un homme, mais seulement par la loi.

* Archives parlementaires, 27 juillet 1789.

ART. X. La loi n'est que le résultat exprimé de la volonté générale des membres du Corps politique, ou de leurs représentants.

ART. XI. Tout ce qui n'est pas permis par la loi aux dépositaires des fonctions du gouvernement, leur est défendu.

ART. XII. L'exercice de la liberté naturelle de chaque homme, n'a d'autres limites que la vie, la sûreté, la liberté, l'honneur et la propriété des autres.

ART. XIII. La loi elle-même, et par conséquent le gouvernement, simple exécuteur de la loi, ne peuvent point apposer d'autres bornes à la liberté des hommes.

ART. XIV. Tous les hommes ont droit à l'honneur, c'est-à-dire, à l'estime de leurs semblables, s'ils n'ont pas mérité de la perdre; et les lois doivent les garantir des effets de la calomnie et des outrages.

ART. XV. La propriété est le droit, qui appartient à chaque homme, d'user et de disposer exclusivement de certaines choses; l'inviolabilité de ce droit est garantie par le Corps politique.

ART. XVI. Aucun homme ne doit à personne le sacrifice de sa propriété; il ne la doit pas même au Corps politique, qui ne peut s'en emparer que dans le cas d'une nécessité publique, absolue, et seulement après l'avoir remplacée dans la main du propriétaire, par une valeur au moins égale.

ART. XVII. Aucun homme ne peut être contraint de livrer une partie de sa propriété pour soutenir les charges publiques, qu'en vertu d'un décret libre et volontaire des membres de la société ou de leurs représentants.

ART. XVIII. Le droit de propriété ne peut exister que sur les choses. Tout pouvoir qu'un homme exerce sur d'autres hommes, au préjudice de leurs droits naturels, est une usurpation de la force, et ne peut être une propriété : ce n'est pas un droit, mais un délit.

ART. XIX. Les propriétés dont l'exercice est nuisible au Corps politique, ne peuvent être enlevées que par un remboursement au moins égal à leur valeur.

ART. XX. La force exécutive et tous les offices publics, n'étant établis que pour le bien de tous, sont une propriété du Corps politique, mais non de ceux qui les exercent, et qui ne sont que les mandataires de la nation.

ART. XXI. Les attentats à la vie, à la sûreté, à la liberté, à l'honneur, à la propriété des hommes, sont des crimes; et tous les dépositaires de l'autorité qui s'en rendent coupables, doivent être punis. La personne du Roi, seule dans la monarchie, est inviolable et sacrée. Le Roi n'ayant et ne pouvant avoir d'autre intérêt que celui de la nation, ne peut pas vouloir le mal; mais il peut être souvent et cruellement trompé.

ART. XXII. Les hommes étant égaux par nature, la différence des places et celle des moyens ou des forces ne peuvent jamais introduire aucune différence dans leurs droits. Tout privilège est donc un désordre; les droits, les mêmes pour tous, ne peuvent être enlevés à aucun homme, si ce n'est en punition de ses crimes ou de ses attentats sur les droits d'autrui; et la peine des mêmes crimes doit être la même, contre tous les membres de la société, sans aucune distinction.

ART. XXIII. Tous les hommes ont un droit égal, de remplir les fonctions et les offices établis dans le Corps politique, selon leurs talents et leur capacité.

ART. XXIV. Aucun art ni aucune profession, établis dans l'État, ne peuvent être réputés vils et dérogeants.

ART. XXV. Les droits des hommes, tenant à leur nature, sont inaliénables et imprescriptibles. Aucun homme, ni aucun peuple n'ont jamais voulu, ni pu vouloir abandonner ces droits pour eux-mêmes, et moins encore pour la postérité, soit à un homme, soit à un corps. Tout Corps politique, dans lequel ces droits sont en péril, quelle que soit sa forme, et quelque temps qu'il ait duré, est un brigandage, et non pas un gouvernement.

ART. XXVI. Il n'y a de gouvernement légitime, de quelque nature qu'il puisse être, que celui où non seulement les droits des hommes sont respectés de fait, mais encore où aucun homme, aucun dépositaire du pouvoir exécutif, ne peuvent les violer impunément.

ART. XXVII. Il peut y avoir de bons administrateurs dans un mauvais gouvernement; mais le caractère distinctif d'un bon gouvernement, c'est d'empêcher que les mauvais administrateurs eux-mêmes ne puissent violer les droits des hommes.

ART. XXVIII. En toute société politique, ainsi que dans chaque homme, il y a une volonté et une action. L'action est dirigée par la volonté. Ainsi, la volonté générale, qui est la puissance législative, doit régir l'action du gouvernement, ou la force exécutrice.

ART. XXIX. La distribution et l'organisation, tant de la puissance législative que de la force exécutrice, régulièrement ordonnée dans ses divers départements, sont ce que l'on appelle la Constitution de l'État.

ART. XXX. La Constitution est bonne, si les pouvoirs sont tellement organisés, qu'ils ne puissent ni se confondre ni usurper l'un sur l'autre, et si la force exécutrice est tout à la fois assez grande, pour que rien ne puisse arrêter son action légitime, et assez subordonnée à la puissance législative, pour que les agents du chef suprême ne puissent pas violer impunément les lois.

ART. XXXI. La Constitution est différente de la législation. La première détermine également l'exercice de la puissance législative, et celui de la force exécutrice. La seconde n'est que la principale branche de la Constitution. La Constitution ne peut être fixée, changée, ou modifiée, que par le pouvoir constituant, c'est-à-dire par la nation elle-même, ou par le corps des représentants qu'elle en a chargés par un mandat spécial. La législation est exercée par le pouvoir constitué, c'est-à-dire par les députés que la nation nomme dans les temps, et selon les formes que la Constitution a fixés.

A Paris, chez BAUDOUIN, Imprimeur à l'Assemblée nationale,
rue du Foin-Saint-Jacques, N° 31, 1789.

EXTRAIT *
DE QUELQUES OBSERVATIONS SUR LA CONSTITUTION D'UN PEUPLE

lu dans la séance du 31 juillet 1789, et dont l'Assemblée nationale a demandé l'impression

par M. Crénière, député de Vendôme

Les Français demandent, les Français veulent une Constitution libre [1]; mais avant de faire une Constitution, il est nécessaire de déterminer le sens qu'il faut donner à ce mot, qui, comme tant d'autres, est devenu presque insignifiant, à force d'acceptions dont la plupart sont absolument différentes, et quelques-unes même contradictoires.

Il me semble que la Constitution d'un peuple n'est pas une loi ni un code de lois, dites improprement constitutionnelles; car l'établissement d'une loi ou d'un code de lois suppose nécessairement quelque chose d'antérieur : il faut qu'un peuple existe avant d'agir, qu'il soit constitué avant de s'organiser [2], que des hommes soient devenus citoyens par un pacte, avant de devenir sujets par l'établissement de la loi : il faut enfin qu'une convention permanente, immuable, éternelle, assure à tous les membres du Corps politique l'exercice de leurs droits essentiels, avant qu'ils puissent en les exerçant, déterminer, par des institutions, leurs rapports consentis.

Il me semble encore, que la Constitution d'un peuple ne peut pas avoir pour objet de fixer la manière de faire les lois et de les faire exécuter, parce qu'un peuple peut et doit changer tel ou tel mode de législation, tel ou tel mode d'exécution quand il le veut; parce que, d'après ce principe du premier et peut-être du seul publiciste qui nous ait éclairés sur nos droits, que la Constitution donne l'existence au Corps politique, et que la législation lui donne le mouvement et la vie, on ne peut changer la Constitution sans dissoudre la société, tandis que l'on doit toujours choisir entre les moyens d'agir, ceux qui paraissent les

* *(S. l. n. d.)*

1. L'auteur a observé qu'il avait expressément juré à ses commettants de *réclamer une Constitution libre.*

2. Que dirait-on du décret constitutif de l'Assemblée nationale, s'il contenait tous les articles ou seulement les principaux articles du règlement qu'elle vient d'adopter?

plus propres à atteindre le but de toute société bien ordonnée, c'est-à-dire, le bonheur de tous et chacun des membres qui la composent; parce qu'enfin l'objet de la Constitution doit être d'assurer les droits individuels dont la réunion seule forme les droits de tous, tandis que les institutions ne doivent tendre qu'à subordonner les intérêts particuliers à l'intérêt général [1].

Il me semble enfin que la Constitution d'un peuple ne peut pas être un contrat entre ce peuple et son chef; je me contenterai d'en donner une raison : c'est qu'un contrat a pour objet de faire reconnaître par un des contractants, les droits de l'autre, et réciproquement, afin qu'en cas de contestation, le magistrat puisse prononcer entre eux; mais entre un peuple et son chef, il ne peut y avoir de juge, et par conséquent de contrat, puisqu'une des parties au moins pourrait l'annuler à chaque instant.

Si la Constitution d'un peuple n'est pas une loi ni un code de lois, qu'il ne s'impose que successivement, qu'il peut faire ou ne pas faire, qu'il peut modifier, changer, abroger à sa volonté; si ce n'est pas tel ou tel mode de législation; si ce n'est pas l'institution d'un gouvernement dont il n'a besoin que pour faire exécuter les lois qu'il a faites, si enfin ce n'est pas un contrat qui serait essentiellement nul [2]; qu'est-ce donc que la Constitution d'un peuple? Il faut que je m'explique avant de répondre.

L'homme dans l'état de nature n'est ni libre ni esclave; il est indépendant, il exerce ses facultés comme il lui plaît, sans autre règle que sa volonté, sans autre loi que la mesure de ses forces; en un mot, il n'a ni droits à exercer, ni devoirs à remplir. La nature ne donne rien d'inutile; et si l'homme isolé avait des droits, contre qui et comment les exercerait-il? Hors de l'état de société, il n'y a ni personnes obligées, ni force publique, ni gouvernement, ni tribunaux; mais il faut conclure de ce que je viens d'établir, que l'homme dans l'état de société n'a pu s'imposer des devoirs sans acquérir des droits équivalents; qu'il n'a pu faire le sacrifice de son indépendance naturelle, sans obtenir en échange la liberté politique; et qu'en consentant à ne plus faire tout ce qu'il veut, il doit pouvoir ce que tous ses associés veulent. Il faut en conclure encore, que les droits qu'il acquiert par le simple acte de son association, sont naturels, parce que son premier soin étant celui de sa conservation, son premier désir celui du bien-être, sa première faculté celle de vouloir, il est contre la nature, et par conséquent impossible

1. Je n'imagine pas qu'on puisse prétendre que l'intérêt commun se forme aussi par la réunion des intérêts particuliers; il ne serait pas difficile de prouver qu'il n'existe que par opposition à ces intérêts particuliers, et qu'on ne peut y concourir que par des sacrifices, à moins qu'on ne voulût faire le mot *intérêt* synonyme du mot *droit*.

2. Tout le monde sait qu'un contrat est nul quand il n'est pas obligatoire, et à plus forte raison quand il ne peut pas l'être.

qu'il ait abandonné ce soin, renoncé à ce désir, et qu'il ait voulu n'avoir plus de volontés. Il faut en conclure enfin que ces droits sont imprescriptibles; car on ne peut y renoncer volontairement sans dissoudre la société et rentrer dans l'état de nature, et l'on ne peut en être dépouillé, parce que si l'exercice en est interrompu par la force, jamais la force n'a fait acquérir des droits contraires à ceux qu'elle voudrait anéantir.

Ainsi l'homme isolé n'a point de droits; telle est la loi de la nature.

L'homme en société a des droits naturels et imprescriptibles; tel est l'axiome de la raison : des citoyens qui les exercent forment un peuple libre; des sujets qui ne les exercent pas, ne sont qu'une troupe d'hommes enchaînés ou trompés.

C'est l'établissement de ces droits naturels et imprescriptibles, antérieur aux lois qui n'établissent que des droits positifs ou relatifs [1], que j'appelle la Constitution d'un peuple, et je ne crois pas que l'acte de cette Constitution doive en énoncer d'autres.

On peut voir par cette définition simple et vraie, que ce n'est pas une nouveauté que les Français demandent; que tous les peuples ont la même Constitution, tacite ou exprimée, parce qu'ils ont tous les mêmes droits; qu'ils les tiennent de la nature, et qu'aucune puissance, aucune volonté n'a pu les en dépouiller; que dans le cas même où ils ne les auraient jamais exercés, ils peuvent le faire aussitôt qu'ils le veulent; que si ces droits ne sont pas énoncés sur une charte, ils sont gravés dans le cœur de citoyens s'ils sont libres, ils sont empreints sur leurs fers s'ils sont esclaves; qu'enfin, l'acte de la Constitution du peuple français, exprimé d'après ces principes incontestables, serait nécessairement le code naturel de toutes les sociétés de l'univers.

On m'objectera, sans doute, que des exemples récents ont appris à étendre davantage le sens du mot *Constitution*. Je ne me contenterai pas de répondre qu'on a eu tort d'appliquer ce mot à ce qui constitue comme à ce qui organise un peuple; mais je dirai que le principal vice des constitutions modernes, est d'avoir établi, par le même acte, des droits de différente nature; d'avoir confondu ce qui donne l'existence au Corps politique avec ce qui le conserve, en un mot, la Constitution du peuple dans le sens précis avec ses institutions [2]. Des citoyens

1. J'entends par droits positifs ceux qui assurent la liberté civile et la propriété; j'entends par droits relatifs ceux qui donnent les moyens d'exercer les premiers, de les maintenir et de les défendre.

2. Je ne suis pas le premier qui ait senti cette différence : l'auteur du *Contrat social* a su distinguer l'acte primitif que j'appelle, ainsi que lui, la Constitution du peuple, de ses institutions qu'il appelle la Constitution du gouvernement du peuple. J'aime mieux le citer que de le dénaturer.

accoutumés à regarder la Constitution de l'État dont ils sont membres, comme le palladium de leur liberté, et craignant qu'on ne cherche à l'anéantir sous prétexte de la réformer, ne souffrent pas qu'on y porte la moindre atteinte, et consacrent ainsi une multitude d'abus qui seraient facilement extirpés si une Constitution mixte n'avait pas établi, tout à la fois, des droits immuables et des institutions qui doivent changer selon les temps, parce que les mœurs changent selon les circonstances, parce que les besoins et les rapports politiques changent, enfin, selon les effets mêmes de ces institutions, qui, après avoir été salutaires, peuvent devenir funestes. Il ne faut pas réfléchir longtemps pour se pénétrer de cette vérité ; il ne faut que considérer avec un peu d'attention les effets d'une Constitution mixte chez un peuple voisin, pour en faire l'application.

J'ajouterai enfin qu'une Constitution est vicieuse, lorsque au lieu de se borner à établir les droits d'un peuple, elle tend à gérer ce peuple dans l'exercice de ses droits ; ce qui arrivera toujours lorsqu'on lui présentera comme constitutionnel ce qui n'est que d'institution, et comme nécessaire ce qui n'est que relatif.

Il me reste maintenant à chercher quels sont les droits naturels et imprescriptibles dont l'énonciation doit seule, à ce qu'il me semble, faire l'acte de la Constitution d'un peuple : je n'aurai pas besoin d'employer de grands efforts ; ils sont si connus, si évidents, que leur extrême simplicité est sans doute la seule raison qui ait pu décider à en imaginer d'autres.

Je trouve que ces droits sont précisément ceux qu'il faut exercer pour établir ceux dont on nous a fait la longue énumération dans les différents projets qui ont été distribués jusqu'à présent ; je trouve que toute association étant volontaire, la volonté seule des associés peut déterminer leurs rapports ; je trouve enfin que toute société existant par un pacte et ne pouvant se conserver que par l'établissement et l'action des lois, les hommes en se réunissant se sont nécessairement imposé le devoir de se soumettre aux lois et de reconnaître l'autorité chargée de les faire exécuter, et ainsi ont naturellement et imprescriptiblement acquis le droit de faire leur lois, et de créer, conserver, circonscrire et déterminer l'autorité qui les exécute.

Tels sont les principes qui m'ont dicté le projet suivant.

Les Français considérant qu'il leur était impossible de s'assembler tous dans un même lieu et de se communiquer leurs intentions s'ils s'assemblaient dans des lieux différents, ont librement choisi dans chaque province ou dans chaque partie de province des mandataires[1] qu'ils ont envoyés à Versailles, pour les constituer en peuple[2] libre.

Fidèles aux ordres de leurs commettants dont ils exercent les droits et expriment les volontés, ces mandataires constitués en Assemblée nationale ont déclaré et déclarent à jamais,

1° Que la volonté du plus grand nombre étant la loi de tous, chaque citoyen a le droit de concourir à la formation des lois en exprimant son vœu particulier.

2° Que chaque citoyen doit être soumis aux lois, et qu'il ne doit dans aucun cas être contraint d'obéir à des volontés privées.

3° Que chaque citoyen a le droit de concourir à l'institution du pouvoir chargé de faire exécuter les lois.

4° Que chaque citoyen a le droit de demander la conservation ou l'abrogation des lois et des institutions existantes, et la création de lois et d'institutions nouvelles.

5° Que le pouvoir législatif et institutif appartenant essentiellement au peuple, chaque citoyen a le droit de concourir à l'organisation de tous les pouvoirs.

6° Que l'exercice de ce pouvoir peut être confié à des mandataires nommés par les habitants de chaque province dans un nombre proportionné à celui des commettants.

7° Que l'époque de la tenue des assemblées nationales, leur durée ou la permanence même de l'une de ces assemblées, ne peuvent être déterminées que par la volonté des citoyens, exprimée par eux ou par leurs mandataires.

8° Qu'aucuns impôts, sacrifices ni emprunts ne peuvent être faits, exigés, ni perçus sans le consentement du peuple.

9° Qu'enfin ces droits étant naturels, imprescriptibles, ils doivent être inviolables et sacrés; qu'on ne peut y porter atteinte sans se rendre coupable du crime irrémissible de lèse-nation; qu'appartenant indistinctement à tous les citoyens, ils sont tous libres, tous égaux aux yeux de la loi, et qu'ayant tous les mêmes droits, ils ont aussi les mêmes devoirs et les mêmes obligations.

C'est ainsi que je vois, que j'entends l'acte de la Constitution d'un peuple, qu'il serait même possible de simplifier encore : car il est certain que le droit de faire les lois et de n'être soumis qu'aux lois,

1. Je me suis attaché précédemment à faire sentir la différence qui existe entre un représentant et un mandataire; je rappellerai quand il en sera temps, c'est-à-dire, lorsqu'on s'occupera de l'organisation du pouvoir législatif, ce que j'ai dit à ce sujet.

2. Comme je ne veux pas exprimer par le même mot deux choses différentes, j'appelle nation, le peuple et le Roi, et j'appelle peuple tous les citoyens, excepté le Roi.

comprend tous les autres, puisqu'une loi nouvelle peut toujours donner le droit que l'on croit utile, et que l'abrogation d'une loi peut toujours anéantir le droit qui paraît nuisible; que le droit d'instituer et organiser le pouvoir exécutif est le plus sûr garant de l'exécution des lois; qu'enfin des droits dont les autres droits émanent et qu'on peut exercer à volonté, sont l'équivalent de tous les droits existants et possibles.

Je ne crois pas qu'il soit nécessaire de prouver d'une manière particulière, que lorsqu'on est certain de n'obéir qu'aux lois qu'on a faites ou consenties, on est parfaitement maître et de sa personne et de sa propriété.

Je conclus de tout ce que j'ai dit, qu'une Déclaration de droits bien entendue [1] n'est pas autre chose que l'acte de la Constitution du peuple, et que les actes par lesquels un peuple s'organise doivent former la Constitution du gouvernement du peuple, si le mot propre d'*institutions*, dont je me suis servi, ne paraît pas assez expressif.

Comme je ne tiens pas aux mots, mais aux choses, je propose le projet qu'on vient de lire, soit comme l'acte de la Constitution du Peuple français, soit comme une Déclaration de droits, soit enfin comme le préliminaire de la Constitution du gouvernement du peuple.

1. Une Délibération bien entendue ne sera jamais celle où l'on confondra les droits de l'homme avec ses facultés physiques ou morales, et où l'on supposera que l'homme a des droits qui n'appartiennent qu'au citoyen.

PRÉCIS DE L'OPINION
de M. le Comte DE CASTELLANE
SUR LA DÉCLARATION DE DROITS
écrit de mémoire après la séance du premier août 1789

Messieurs,

Il me semble qu'il ne s'agit pas de délibérer aujourd'hui sur le choix à faire entre les différentes Déclarations de droits qui ont été soumises à l'examen des Bureaux ; il est une grande question préalable, qui suffira sans doute pour occuper aujourd'hui les moments de l'assemblée : y aura-t-il une Déclaration des droits placée à la tête de notre Constitution ? En me décidant pour l'affirmative, je vais tâcher de répondre aux différentes objections que j'ai pu recueillir.

Les uns disent que ces vérités premières étant gravées dans tous les cœurs, l'énonciation précise que nous en ferions ne serait d'aucune utilité.

Cependant, Messieurs, si vous daignez jeter les yeux sur la surface du globe terrestre, vous frémirez avec moi sans doute, en considérant le petit nombre de nations qui ont conservé, je ne dis pas la totalité de leurs droits, mais quelques idées, quelques restes de leur liberté ; et, sans être obligé de citer l'Asie entière, ni les malheureux Africains, qui trouvent dans les îles de l'Amérique un esclavage plus dur encore que celui qu'ils éprouvaient dans leur patrie, sans, dis-je, sortir de l'Europe, ne voyons-nous pas des peuples entiers qui se croient la propriété de quelques seigneurs ; ne les voyons-nous pas presque tous s'imaginer qu'ils doivent obéissance à des lois faites par des despotes qui ne s'y soumettent pas ? en Angleterre même, dans cette île fameuse, qui semble avoir conservé le feu sacré de la liberté, n'existe-t-il pas des abus qui disparaîtraient si les droits des hommes y étaient mieux connus ?

Mais c'est de la France que nous devons nous occuper ; et je le demande, Messieurs : est-il une nation qui ait plus constamment méconnu les principes d'après lesquels doit être établie toute bonne Constitution ? Si l'on en excepte le règne de Charlemagne, nous avons été successivement soumis aux tyrannies les plus avilissantes. A peine sortis de la barbarie, les Français éprouvent le régime féodal, tous les malheurs combinés que produisent l'aristocratie, le despotisme et l'anarchie : ils sentent enfin leurs malheurs; ils prêtent aux rois leurs forces pour abattre les tyrans particuliers; mais des hommes aveuglés par l'ignorance ne font que changer de fers; au despotisme des seigneurs succède celui des ministres : sans recouvrer entièrement la liberté de leur propriété foncière, ils perdent jusqu'à leur liberté personnelle; le régime des lettres de cachet s'établit : n'en doutons pas, Messieurs, l'on ne peut attribuer cette détestable invention qu'à l'ignorance où les peuples étaient de leurs droits. Jamais, sans doute, ils ne l'ont approuvée; jamais les Français devenus fous tous ensemble, n'ont dit à leur Roi : nous te donnons une puissance arbitraire sur nos personnes; nous ne serons libres que jusqu'au moment où il te conviendra de nous rendre esclaves, et nos enfants aussi seront esclaves de tes enfants; tu pourras à ton gré nous enlever à nos familles, nous envoyer dans des prisons, où nous serons confiés à la garde d'un geôlier choisi par toi, qui fort de son infamie, sera lui-même hors des atteintes de la loi. Si le désespoir, l'intérêt de ta maîtresse, ou d'un favori, convertit pour nous en tombeau ce séjour d'horreur, on n'entendra pas notre voix mourante; ta volonté réelle ou supposée l'aura rendu juste; tu seras seul notre accusateur, notre juge et notre bourreau. Jamais ces exécrables paroles n'ont été prononcées; toutes nos lois défendent d'obéir aux lettres de cachet; aucune ne les approuve; mais le peuple seul peut faire respecter les lois. Que pouvaient les parlements, ces soi-disant gardiens de notre prétendue Constitution; que pouvaient-ils contre des coups d'autorité, dont ils éprouvaient eux-mêmes les funestes effets? Que pourraient même les représentants de la nation contre les futurs abus qui s'introduiraient dans l'exercice du pouvoir exécutif, si le peuple entier ne voulait faire respecter les lois qu'ils auraient promulguées?

J'ai répondu, ce me semble, à ceux qui pensent qu'une Déclaration des droits des hommes est inutile : il en est encore qui vont plus loin, et qui la croient dangereuse en ce moment, où tous les ressorts du gouvernement étant rompus, la multitude se livre à des excès qui leur en fait craindre de plus grands. Mais, Messieurs, je suis certain que la majorité de ceux qui m'écoutent pensera comme moi, que le vrai moyen d'arrêter la licence est de poser les fondements de la liberté : plus les hommes connaîtront leurs droits, plus ils aimeront les lois qui les protègent; plus ils chériront leur patrie, plus ils craindront le trouble; et si des vagabonds compromettent encore la sûreté publique, tous les citoyens qui ont quelque chose à perdre se réuniront contre eux.

Je crois donc, Messieurs, que nous devons placer une Déclaration des droits des hommes à la tête de notre Constitution, quoique décidé dans mon opinion particulière, entre celles qui nous ont été proposées, je pense que celle que nous adopterons doit être discutée avec soin, et que nous pourrons peut-être n'en rejeter en totalité aucune de celles qui nous ont été proposées; je crois que cette même Déclaration doit être admise avant les lois, dont elle est la source, et dont elle réparera dans la suite les imperfections ou les omissions.

En revenant donc à la question simple pour opiner, sur la question de savoir s'il faut ou non orner le frontispice de notre Constitution d'une Déclaration des droits des hommes, je me décide entièrement pour l'affirmative.

A PARIS, chez BAUDOUIN, Imprimeur de l'Assemblée nationale,
rue du Foin-Saint-Jacques, N° 31, 1789.

OPINION

de M. Durand de Maillane,
député de la sénéchaussée d'Arles,

SUR LES DIVERS PLANS DE CONSTITUTION, ET LA DÉCLARATION DES DROITS DE L'HOMME ET DU CITOYEN

prononcée dans la séance de l'Assemblée nationale
du premier août 1789

Messieurs,

La matière de notre Constitution est d'un intérêt si grand, d'un intérêt si général, si digne de notre mission, qu'aucun de nous ne doit la regarder comme au-dessus de son zèle, s'il peut la trouver au-dessus de ses talents. Envoyés de la nation pour l'établir, chaque député est comptable envers elle, de ses efforts; et quoique je sois bien loin de mettre les miens à quelque prix, je dois au moins, s'ils ne sont utiles à l'Assemblée, en fournir quelque preuve aux commettants dont le vœu m'en a fait une loi. Entre les divers articles dont ils m'ont chargé, et dont il n'est pas encore temps de parler [1] dans cette assemblée, quoiqu'ils doivent entrer dans la Constitution même, il en est un qui doit précéder tous les autres, et dont il importe que je m'acquitte en ce moment; c'est la Déclaration des *droits de l'homme et du citoyen*. Voici, Messieurs, comment et en quels termes ce devoir m'a été imposé : « Les députés mandataires de cette sénéchaussée sont chargés de proposer à l'Assemblée nationale, comme un objet vraiment préliminaire, l'examen et la Déclaration de tous les droits naturels et imprescriptibles de l'homme et du citoyen : déclaration qui servira de base à toutes les lois, soit politiques, soit civiles, qui pourront émaner, tant à présent qu'à l'avenir, de toutes les Assemblées nationales.

Les députés sont de plus chargés d'insister aux États Généraux, pour qu'il soit statué qu'à l'avenir la Déclaration des droits de l'homme et du citoyen sera publiée, affichée dans toutes les villes du royaume, dans les tribunaux, dans les églises même, etc. »

1. Voir ci-après la note en la page 142.

Comment se peut-il, Messieurs, que tandis qu'un grand peuple que je représente demande l'affiche et la publication la plus étendue des droits de l'homme et du citoyen, il se soit élevé dans nos Bureaux tant de voix contre la seule énonciation de ces droits ? Comment se peut-il faire que parmi les députés de la nation, qui certainement ne cherchent tous ici que son plus grand bien, les uns veuillent taire ces grandes, ces utiles vérités, et les autres les publier sur les toits ? Mais je laisse à la profonde sagesse de l'Assemblée, à porter son jugement sur cette étonnante contradiction, et je me bornerai à justifier le désir de mes commettants, et par leurs instructions dont je suis porteur, et par les réflexions que j'y ai ajoutées sur les lumières dont on éclaire ici tous nos pas, dans la carrière difficile que nous parcourons.

On nous a fait passer dans les Bureaux divers plans de Constitution, et tous commencent par *les droits de l'homme et du citoyen*. Première preuve, que c'est la seule porte par où il faut entrer dans le grand édifice de notre Constitution. J'en trouve une seconde preuve et peut-être plus imposante dans la Constitution elle-même.

Il n'est, Messieurs, personne qui ne voie que l'article du pouvoir législatif opère, en quelque sorte lui seul, toute la révolution présente, et néanmoins cet article n'est que juste, n'est qu'utile et au Roi et à son royaume. Or, rien ne sert tant à le prouver comme les droits de l'homme et du citoyen, dont plusieurs de nos députés, que leur zèle a séduits, ne voudraient pas même qu'on parlât. D'autres, ne voudraient point qu'on touchât aux principes de la monarchie, tandis que dans tout cela nous découvrons le fondement, et même les titres les plus clairs à la législation que nous avons si heureusement revendiquée pour la gloire et pour le bonheur de la France.

Trouvant donc ainsi dans les droits de l'homme en société, et dans les principes de la monarchie française, tout ce qu'il nous importe de connaître, pour fixer une bonne fois, et avec justice, tant le caractère que les limites des pouvoirs dans notre gouvernement, je ne balance pas à adopter les plans de Constitution qui nous ont été fournis par le comité ; je voudrais néanmoins qu'après une entière et mûre discussion, le tout ne fût divisé qu'en deux parties, de manière que dans la première fussent les droits de l'homme et du citoyen, et mis, comme cela doit être, en articles élémentaires ou préceptoriaux, avec un préambule qui en présentât toute la justice dans leur origine. Ce premier chapitre serait, comme le préliminaire indicatif ou justificatif de la Constitution, qui, dans l'acception commune du public, dont nous devons tous respecter l'opinion, embrasse tout ce qui, dans notre nouvelle législation, va être établi et fondé sur des principes à jamais inaltérables.

Dans la seconde partie, seraient les principes de la monarchie française sous tous les rapports des matières qui doivent entrer dans le cercle de la Constitution. Cette seconde partie ainsi composée, serait également précédée d'un préambule où, non seulement on lierait les principes de la monarchie avec les premiers droits de l'homme en société, mais encore on les éclaircirait, on les justifierait par le tableau des beaux jours de la France sous l'Empire de Charlemagne.

C'est donc ainsi, qu'en adoptant les plans proposés pour notre Constitution, je me détermine tout à la fois, et pour l'instruction de M. l'Abbé *Sieyès*, sur l'origine et la progression des droits de l'homme en société, et pour la division de M. *Mounier*, qui y joindra facilement et très bien le prélude historique et relatif de la partie concernant les principes de la monarchie française.

Il aurait été sans doute à désirer que l'on ne nous eût présenté la Constitution que dans son ensemble, comme cette assemblée l'avait délibéré, parce qu'alors nous aurions vu tout ce qui doit y entrer, et dans quelle forme car il faut bien distinguer : les réformes que nous avons à faire dans la suite de nos travaux, d'avec les règles qui nous y autorisent; le principe de la loi n'est pas la loi. C'est pourquoi, en subdivisant le chapitre *des principes de la monarchie française* en autant de sections ou de paragraphes, qu'il doit y avoir de différentes matières dans la Constitution entière, il aurait été facile de nous donner l'aperçu de toute la Constitution.

Mais c'est encore beaucoup que ce que nous avons reçu, et j'en ai en mon particulier la plus sensible reconnaissance envers les dignes auteurs des divers plans qui nous ont été remis : je vais me permettre quelques réflexions sur leurs matières, selon ma manière de les voir; le grand intérêt du sujet m'y engagerait, quand l'ordre de mes commettants ne m'en aurait pas fait un devoir.

Droits de l'homme et du citoyen

Les droits de l'homme et du citoyen rentrent les uns dans les autres, parce que l'homme ne devant être considéré ici ni comme *sans raison* [1], ni comme sauvage sans aucun rapport avec personne, nous ne saurions parler de lui ou de ses droits que relativement à la société pour laquelle tout nous démontre qu'il a été créé.

Cependant, comme les droits de l'homme, relativement à lui seul, sont naturels et indépendants de ses droits en société, quoique ceux-ci,

1. Les mots, *sans raison*, mis ici en italique, ont paru plaisants à quelques-uns; mais je suis bien sûr que ceux-là ne sont pas des jurisconsultes : car aucun député de notre profession n'ignore que dans les instit. de Justinien, il y a au titre de *Jur. Natur. Lib. I*, deux espèces de droit naturel, l'un qui est commun entre les hommes et les animaux et l'autre qui est particulier et propre à l'homme raisonnable.

C'est cette grammaire du droit qui m'a fait employer les mots *sans raison*, et qui m'empêche de les ôter dans cet imprimé.

loin d'affaiblir ou de combattre les premiers, ne servent qu'à mieux en assurer la possession et la jouissance, j'en parlerai brièvement pour les unir bientôt aux droits du citoyen dont ils sont très proches; en sorte qu'ils servent tous à prouver en même temps et la justice et la nécessité de la Constitution dont il s'agit.

Je ne vois pas d'abord que les droits de l'homme, respectivement à lui-même, puissent s'appliquer à autre chose qu'aux droits de sa raison ou de son usage, au droit de sa liberté dans sa manière d'agir et de penser, et au droit de sa conservation ou de son bien-être, ce qui comprend sa personne et son avoir.

Ces droits sont naturels et imprescriptibles, parce qu'ils sont propres à l'homme et de son essence. Ce sont des facultés naturelles, des dons du Créateur, qui, dans l'homme créé, sont devenus imprescriptibles, parce que, si on peut le priver de leur exercice par la force, il en conservera toujours le droit et le titre par sa nature.

Et en effet, il est de la raison de l'homme que personne ne le domine contre la raison; il est de la liberté de l'homme que personne ne le gouverne contre son gré. Enfin, il importe à l'homme pour son bien-être, que personne ne lui cause de mal.

Mais, comme à ces droits se joignent dans l'homme des besoins qu'il ne peut satisfaire dans un état isolé, il faut nécessairement le considérer dans ses rapports à d'autres hommes ses semblables, avec qui sa raison l'aura tout aussitôt porté de s'unir pour leur bien-être commun.

Or, cette société, presque aussi naturelle à l'homme que ses premiers droits, ne peut ainsi être considérée que comme le produit de la convention, et non celui de la force. Cette convention même n'a été ni pu être que l'union de tous, pour l'avantage de chacun. D'où il suit 1° Que tous les hommes, réunis et associés ainsi par la raison, ont une égalité primitive entre eux, que rien ne peut détruire : égalité de droits, égalité de charges, égalité même de pouvoir.

Ils ne se sont liés que par un intérêt rigoureusement égal et commun, qu'ils ont réglé par des lois pareillement communes dans le concours des volontés particulières de chacun d'eux; ce qui a fait dire avec toute sorte de fondement, que la loi n'est que l'expression de la volonté générale.

2° C'est ainsi que toute société d'hommes raisonnables ou usant de leur raison après s'être donné un chef pour l'exécution des lois et le maintien de l'ordre, n'a jamais cessé d'avoir elle-même dans ses mains, la puissance législative, par un droit naturel et imprescriptible qu'elle ne saurait perdre, ni par son propre fait, ni par le fait d'autrui.

Sur ce fondement, un peuple dont le gouvernement n'a point de base fixe, ou qui a perdu ses principes, qui a dégénéré de son premier caractère, peut et doit y pourvoir en réclamant ses premiers droits, c'est-à-dire, les droits de sa raison, les droits de sa liberté, les droits de son bonheur; droits contre lesquels, ni le temps ni la force ne peuvent rien : et c'est le cas où se trouve la France, et c'est le temps où elle doit recourir à sa pure et noble origine, pour rétablir la nation dans sa première dignité, et le trône dans son premier éclat.

Telles sont les notions simples qui se sont présentées à mon esprit, touchant les premiers droits de l'homme et du citoyen. Ce ne sont ni des idées abstraites, ni de vaines images; ce sont les vérités premières qui s'offrent comme d'elles-mêmes à notre juste dessein, pour le fondement de la Constitution qui nous occupe. Tous les principes de la plus saine politique en découlent, et il est bien satisfaisant pour nous qui avons été si fort calomniés sur nos prétentions, qu'en discutant ainsi les droits de l'homme et du citoyen, nous y trouvions le droit même du sujet à la législation dans une monarchie; ce qui fait certainement beaucoup d'honneur à la nôtre, puisque rien n'est moins contraire que ces principes, aux droits précieux de l'homme et du citoyen dont nous réclamons aujourd'hui l'exercice avec tant de raison et tant d'intérêt.

Quels sont donc les principes de notre monarchie française?

C'est une vérité généralement reconnue que de toutes les espèces de gouvernements, il n'en est pas de plus naturel, de plus conforme aux premiers actes sociaux du genre humain, et en même temps de plus favorable au bonheur des hommes en société, que le gouvernement monarchique, surtout, comme on l'a dit, quand la société est considérable ou étendue; et c'est celui qu'ont choisi les Français.

Il n'est cependant pas aussi aisé qu'il le paraît d'abord, de bien définir la monarchie. On sait seulement par l'étymologie grecque du mot, que c'est le gouvernement d'un seul; mais on voit plusieurs États gouvernés bien différemment par un seul souverain. Il y a encore bien des nuances entre ce qu'on appelle despote et un *monarque proprement dit* : il y a des despotes plus ou moins absolus dans leurs volontés, et tous les monarques aussi n'ont pas le même degré de pouvoir; enfin les principes de toutes monarchies ne sont pas les mêmes, et il y en a très peu qui se ressemblent; or, il ne s'agit ici que de bien connaître la nôtre, et sur quels principes la France doit être gouverné.

Ces principes ne sont et ne peuvent être que ceux de la raison même qui a fait les sociétés civiles, et contre laquelle aucune d'elles ne saurait être gouvernée heureusement. C'est ainsi que nos rois l'ont toujours entendu; ils nous ont dit eux-mêmes que leur règne n'était qu'un règne *de justice, de sagesse et de raison* [1]; paroles comme sacrées, qui ne

1. Rep. du 3 mars 1766, au P. de Paris.

signifient autre chose que le règne des lois, c'est-à-dire, celui de la justice elle-même.

C'est donc par les lois que les Français sont ou doivent être gouvernés. Premier principe avoué par nos souverains, et justifié par la forme même de nos ordonnances, dont aucune ne manque de donner ses motifs, comme cela doit être chez tout peuple libre et éclairé.

Étant donc ainsi [1] conduits et gouvernés par les lois, les Français ont le plus grand intérêt de n'en avoir que de bonnes.

De cet intérêt majeur naît l'action et le droit de la nation dans le

1. Ici un député a interrompu l'opinant pour le ramener au seul objet de la Déclaration des *droits de l'homme et du citoyen*, dont il a dit qu'il s'agissait uniquement dans cette séance; à quoi l'opinant, autant ami de l'ordre qu'aucun, s'est rendu en passant tout de suite à sa conclusion, qui se voit ci-après à la fin, et où il est dit qu'il ne faut pas anticiper sur les matières qu'on ne doit traiter que successivement dans l'assemblée. Mais le même opinant paraît à cet égard excusable, soit à raison de ce que l'un des plans remis aux Bureaux embrassait les deux chapitres *des droits de l'homme et du citoyen... et des principes de la monarchie*; soit parce que M. le Président, en donnant la parole aux membres de l'assemblée pour parler sur la Constitution, ne les a pas prévenus qu'ils devaient se réduire ou se borner uniquement à la matière de la Déclaration des *droits de l'homme et du citoyen*, pour savoir s'il fallait les exprimer dans la Constitution, ou comment on les y exprimerait.

Au surplus, comme il est de mon devoir de ne rien celer à l'Assemblée nationale de la teneur de mon mandat, n'ayant pu, sur cette interruption, poursuivre mon discours dont l'objet principal était de faire insérer dans la Constitution même deux articles qui n'y sont pas clairement exprimés, savoir, 1° l'abolition des justices seigneuriales, comme contraires aux droits du Roi et de la nation, 2° le rachat de toutes charges foncières, irrachetables, soit féodales ou autres, comme contraires aux droits de l'homme et du citoyen, aux droits de la liberté, aux droits même de la propriété : comme, dis-je, on m'a renvoyé à d'autres séances, pour parler de ces deux choses intimement liées aux deux premiers chapitres de la Constitution, qui nous ont été soumis de la part du Comité, j'ai fait imprimer ici la suite de tout mon discours, tel que mon mandat me l'avait prescrit et que ma conscience me l'avait inspiré. Le délai pouvait être funeste aux vues de mes commettants, d'autant que c'est à présent le moment de proposer tout ce qui se rapporte essentiellement à la Constitution.

Grâces immortelles soient rendues aux généreux auteurs de l'arrêté pris dans la nuit heureuse du 4 au 5 août! Quoiqu'il semble qu'on n'ait plus rien à dire à cet égard, j'aime à croire que le présent discours, alors sous presse et livré à l'imprimeur de l'Assemblée le premier août, devenu inutile dans l'objet de son auteur, lequel se trouve en ce moment tout rempli, ne l'a pas été peut-être dans son énoncé; et il servira encore, pour justifier, et les vœux de mes mandants, et la motion particulière de M. le vicomte de Noailles, mal accueillie de quelques-uns, mais appuyée et avant et après par MM. de Castellane, d'Aiguillon, de Liancourt, de la Fayette, de Clermont-Tonnerre, du Châtelet, et de tant d'autres députés nobles, seigneurs eux-mêmes de plusieurs terres, dont ils ont offert et sacrifié le plus noblement la seigneurie au soulagement et au bonheur de leurs vassaux.

Après avoir entendu M. le marquis de la Fayette nous dire dans l'Assemblée, il y a du temps, *que tout privilège, toute distinction est injuste, si elle n'est pas fondée sur l'utilité générale*, M. le comte de Clermont-Tonnerre a avancé, avec toute la grâce de sa douce et forte éloquence, dans la séance de relevée du 8 août, que *l'arrêté de la nuit du 4 au 5 n'était le fruit d'aucun sacrifice, mais un arrêté de pure justice.*

Gravons sur l'airain dans nos provinces les noms de ces vrais citoyens, bien plus dignes de nos respects par leurs vertus que par leur naissance, à qui personne ne peut refuser la gloire d'avoir contribué pour la meilleure part à la révolution et à la Constitution qui vont à jamais nous rendre heureux.

pouvoir législatif, dont dépend son bonheur. C'est d'ailleurs, nous l'avons vu, le droit originaire de toute société dans sa première formation. Il n'entre pas en effet dans l'esprit, que la nation française ait voulu se donner un despote, au lieu d'un monarque, c'est-à-dire, un souverain qui ne la gouvernât que selon sa propre volonté, ou dont la volonté tînt lieu de justice et de loi.

Nos monarques ont toujours rejeté bien loin d'eux un tel pouvoir. Notre histoire nous apprend avec quels soins, et même par quelles lois, la nation a été gouvernée sous les deux premières races.

Sans entrer ici dans l'explication des mots : *Constitutio Regis cuns consensu vel ex consensu populi,* qu'on lit dans nos anciennes lois nationales, et qui, en quelque sens qu'on les prenne, supposent bien que les lois ne se faisaient pas alors sans le consentement du peuple, il est aujourd'hui trop éclairé pour ne pas réclamer le premier des droits de l'homme, qui est de faire usage de sa raison dans ce qu'il y a pour lui de plus important, je veux dire, les lois qui assurent ou doivent assurer son bien-être et sa liberté. La raison qui a fait les sociétés, et en a réglé aussi la première forme, laquelle, comme nous l'avons dit, ne peut être que le produit d'une convention libre, et jamais celui de la force ; la raison, cette raison tutélaire du genre humain, nous apprend qu'il n'est pas de lois plus sages et mieux exécutées, que celles qui sont faites par ceux-là même qui doivent les suivre : aussi le souverain lui-même n'est jamais si puissant que quand son autorité, posée sur une base certaine, connue et immuable, il n'a, pour être obéi de tous ses sujets indistinctement, dans tous les cas, et dans tous les lieux de son royaume, qu'à leur parler au nom de la loi qu'ils se sont imposée eux-mêmes.

Mais sur la fin de la seconde Race, et pendant longtemps dans la troisième, on n'entendit plus cette voix suprême de la raison. La barbare féodalité fit retentir d'un bout du royaume à l'autre la voix armée des seigneurs qui ont fait de leurs volontés, ou plutôt de leurs caprices, autant de lois, dont on trouve encore des traces très fâcheuses dans nos diverses et nombreuses coutumes.

Cette révolution n'a pas seulement fait perdre à la nation française son droit ancien, naturel et raisonnable de législation ; elle a subjugué encore l'autorité royale, et d'une manière d'autant plus funeste, qu'en en partageant l'exercice dans le fait, elle semble lui en avoir laissé toute la plénitude dans le droit.

C'est, le croira-t-on ? du sein même de cette aristocratie féodale qu'est sortie la maxime : *Si veut le Roi, si veut la loi.* Nos vieux jurisconsultes, accoutumés à faire plier les lois anciennes, comme leurs propres têtes, sous le joug du règne féodal, ont enseigné, défendu eux-mêmes cette doctrine, non sans doute parce qu'ils la trouvaient la plus favorable aux droits de la nation, mais parce qu'elle était la plus avantageuse dans sa situation.

Pressés, opprimés par les seigneurs, ils se rabattaient sous la puissance souveraine, qui en a profité contre eux-mêmes, contre les communes; oui, contre les communes, en recouvrant par elles les premiers droits régaliens, sans après se mettre en peine de l'état où ils les laissaient dans les fiefs! La justice y est demeurée avec tous ses abus anciens et nouveaux. La justice, ce premier devoir des rois; la justice, ce glorieux attribut du trône, et inhérent au sceptre, est restée dans les mains de simples sujets! elle y est même, au dire de nos lâches docteurs, à titre de *possession, de propriété personnelle*. Comme si la justice pouvait être susceptible, ni de valeur, ni de possession privée! Et peut-elle jamais être exercée au nom d'un autre que du Roi? Elle ne pouvait l'être sous le précédent empire de l'erreur. Nous devions au Roi, comme nous le devons encore, tribut et fidélité; mais il nous doit à son tour justice et protection.

Cette justice, la première dette du roi envers ses sujets, jamais en aucun temps personne n'a pu se l'approprier, jamais le Roi lui-même n'a pu la concéder. Elle nous appartient; c'est le prix même de l'impôt que nous payons. Mais, en ce moment où la nation redevient, ce qu'elle n'a jamais cessé d'être par le droit, sa propre législatrice, en ce moment, que sont ou que seraient les justices seigneuriales? ne serait-il pas bien étrange que la nation recouvrant ses premiers droits et sur tous les autres le pouvoir législatif, la justice, qui n'est proprement que la loi même, fût exercée par d'autres que par le souverain ou par les officiers du souverain, à qui en est commise exclusivement l'exécution? Cela ne peut absolument compatir avec le nouvel ordre établi dans la législation, puisque tous les tribunaux de justice ne sont ou ne doivent être qu'une émanation directe et subordonnée du pouvoir législatif, qui n'est aujourd'hui qu'entre nos mains.

Il n'est point aussi nécessaire d'ajouter, que si les justices seigneuriales avaient toujours lieu, il y aurait le plus fâcheux des intermédiaires entre le peuple et son Roi, tandis que la nation assemblée a déjà déclaré plusieurs fois qu'elle n'en peut reconnaître d'aucune espèce entre elle et son chef.

Peut-être que quand on a dit dans un des articles du plan de Constitution, où il y a un chapitre concernant *les principes de la monarchie*, quand on y a dit, en l'article 14, *que le Roi est chargé de faire rendre la justice en son nom*, on a entendu que cela suffisait pour l'abolition des justices seigneuriales.

Mais il faut quelque chose de plus précis et de plus formel dans la Constitution, pour prévenir toute mauvaise difficulté de la part de ceux qui en possédant les justices ont cru ne posséder qu'un patrimoine héréditaire; ce qui est de toutes les erreurs la plus absurde, comme aussi la plus honteuse pour les jurisconsultes et pour les magistrats la plupart seigneurs eux-mêmes.

J'en dirais presque autant des fiefs même, qui font de notre roi de France un seigneur féodal, des fiefs, qui à son titre absolu de *souverain* substituent le titre vil et dépendant de *suzerain : mot aussi étrange*, dit un auteur célèbre, *que cette espèce de seigneurie est absurde.*

Eh! des sujets du Roi, des Français, de cette nation libre et généreuse, qu'en ont fait les seigneuries? dans quel état sont encore les vassaux de ce qu'on appelle *seigneur*, titre qui par lui seul offense autant le Roi que la liberté publique? On le demande, non point à MM. les députés des villes, où tout ne représente que l'autorité légitime et naturelle du souverain, mais à Messieurs les députés des campagnes, ou des villes envahies comme les villages, dans les anciennes incursions féodales. Que font les habitants de ces pays seigneuriaux? Que ne souffrent-ils pas dans leur liberté, dans leurs possessions, dans leur honneur même? Enfin, on ne parle ici que de liberté, et l'on a raison, c'est le seul bien qui soit sans prix; mais l'on se trompe fort, si l'on croit l'avoir acquise ou établie dans tout le royaume par des plans de Constitution qui y laissent les deux tiers au moins des Français gémir, comme en charte privée, dans les liens indissolubles de la féodalité.

Serait-ce donc par de pareils principes que la France continuerait à se gouverner? Le Roi lui-même, en l'état présent des choses, n'a pas seulement le pouvoir de faire des lois dans les fiefs; on me dispensera d'en fournir ici les preuves; et cependant, Messieurs, on reconnaît que la législation est le premier, le plus précieux droit de la nation. Louis XVI se couvre de gloire en l'avouant pour le bonheur de ses peuples. Si donc ce droit suprême appartient à l'Assemblée nationale : ou elle se manque à elle même, ou sa législation doit être absolue et générale. Les lois ne cèdent point à des considération particulières; tout doit par elles rentrer dans le premier ordre. Ainsi les justices seigneuriales doivent être absolument abolies, et il doit être permis à tous les sujets du roi, de se libérer des charges féodales.

L'abolition des justices des seigneurs se fera sans indemnité, sans remboursement, parce qu'elles ne sont et ne peuvent être des propriétés. Les charges féodales, comme droits utiles, méritent un remboursement, et il se fera *arbitrio boni viri.*

Il est sans doute dans tous nos cahiers, comme dans nos cœurs et dans notre probité, de ne point toucher aux droits sacrés de la propriété; mais ce serait volontairement se faire illusion, que de comprendre parmi ces droits inaltérables les possessions vicieuses que réprouve hautement le bien public, qui blessent les premiers droits de l'homme, ou violent au moins ceux du citoyen, enfin, qui ne sont point dans le caractère de cette propriété juste qu'avouent toutes les lois. De ce nombre sont les justices, dont nous parlons, les exemptions pécuniaires, les privilèges exclusifs de la naissance, et toutes les grâces, les dons de la Cour, dont tant de gens ont fait jusqu'ici, sans aucun titre, l'unique foyer de leur fortune. Quant à la possession des fiefs, elle n'a certainement qu'un titre nul et vicieux dans son origine, mais si le temps, si la bonne foi des possesseurs n'ont pu les mettre à couvert du rachat, qui est de droit naturel, ils ne sauraient être privés de leurs possessions, sans un juste remboursement.

Et voilà donc deux objets sur lesquels plusieurs aimeraient peut-être à couler, ou pour conserver, ou pour ne pas choquer l'intérêt personnel; mais j'ai eu l'honneur de vous le dire, Messieurs, je suis spécialement chargé par mes commettants, d'en parler, et d'en parler même, dans cette auguste Assemblée, avec toute la force dont je suis capable. Or, nous voici pour cela arrivés au temps le plus heureux de la Révolution; chacun convient que la régénération que nous avons tous en vue, ne peut se faire sans de grands changements; ils sont justes dès lors qu'ils sont nécessaires au bien de la patrie, à la liberté individuelle, à la propriété publique, aux droits de l'homme et du citoyen; droits, nous l'avons dit, naturels et imprescriptibles. Le roi lui-même a bien voulu les respecter. Eh! quel serait, après cet exemple, le seigneur son sujet qui refuserait de briser les fers d'une nation libre? On dit qu'il ne doit point y avoir d'esclave en France, et nos provinces en sont remplies; car, encore une fois, peut-on appeler libres, les vassaux d'un seigneur particulier, les habitants de son fief, où toutes les possessions sont sous sa main par les chaînons de sa directe? Non, on ne peut plus selon nos mœurs présentes, où le luxe domine, estimer libre un Français qui, s'il peut disposer de sa fortune, ne peut affranchir ses moyens de subsistance, ses possessions territoriales, ne peut enfin, en aucun temps, ni lui, ni les siens, se libérer de cens et de servitudes, qui les tiennent éternellement liés à la glèbe.

Un tel état est pour un Français, pire que l'esclavage, parce que le sentiment même de sa liberté ne fait qu'ajouter à la douleur de sa privation. Il faut donc à de pareils maux, d'autres remèdes que de belles paroles ou des principes vagues. On ne sait que les pallier si on ne les guérit radicalement. *Justice unique entre les mains du Roi; justice prochaine et non vénale dans les offices, et libération facultative de toute sorte de redevances et de servitudes tant personnelles que territoriales.* Voilà ce que toute la France attend de nous.

Si l'Assemblée ne va pas jusque-là, si dans ses travaux pour la régénération de l'État, si enfin, dans la nouvelle Constitution, elle ne remonte pas au premier état des Français dans cette monarchie, elle s'écarte des vrais principes, et trompe la nation ou son attente; elle ne recouvre plus, ni sa législation ni sa liberté, pas même les droits de sa raison, ni comme homme, ni comme citoyen : car est-il rien de plus contraire à la raison, que d'avoir à servir deux maîtres dans une monarchie ? et quels maîtres ? L'un qui a usurpé sa puissance et nous gouverne dans les provinces avec une verge de fer. C'est le seigneur. L'autre qui est le Roi notre commun et légitime souverain, nous ne le voyons pas, ni ne pouvons le voir pour nous plaindre à lui des maux que le premier nous fait. Quel peuple libre offre dans l'histoire l'exemple d'une pareille organisation ? Elle déchire encore plus les droits du monarque que ceux de ses sujets : c'est peut-être en ce moment la plaie la plus saignante de la monarchie, et cependant nos plus habiles réformateurs n'en ont rien dit. Ne l'auraient-ils pas vue ? Ce serait faire tort à leurs lumières. Voudraient-ils ne pas la guérir ? Ce serait outrager leur zèle. Enfin, ou ils ne devaient pas nous enflammer pour la liberté, ou il faut supposer que par prudence ils n'attendaient que nos réclamations pour porter les derniers coups à nos chaînes, à celle-ci surtout, qui pèse également sur le Roi, car en recouvrant d'un côté toute l'intégrité de la justice, et en autorisant de l'autre le rachat des fiefs, il rétablit son trône dans son premier lustre, et son peuple dans ses premiers droits. On verra dès lors réduire la splendeur de l'Empire français, tel qu'il brillait sous Charlemagne, seul souverain et seul seigneur dans tout son royaume : *Sous la famille de Charlemagne,* dit M. de Fleury, cet auteur si judicieux, *il n'y avait point d'autre seigneur que le Roi. La justice ne se rendait publiquement qu'en son nom, et par ceux à qui il en donnait le pouvoir. Mais dans ce temps de désordre, chacun se mit en possession de juger, aussi bien que de faire la guerre et de lever des deniers sur le peuple.* Hist. du Dr. franç. n° 15.

Ce n'est donc que corriger une des injustices les plus criantes qui se soient commises dans le monde, que de rétablir la France comme elle était dans son origine, ou dans ses plus beaux jours, sous le règne heureux et triomphant de Charlemagne. Alors on ne connaissait pas plus les privilèges des personnes, que ceux des villes. La nation faisait elle-même ses lois et tous les sujets, sans distinction ni d'ordre ni de noblesse, y étaient soumis. L'empereur en était le gardien par sa force, et leur organe par sa justice.

Telle fut en ce temps heureux la Constitution de la France, après laquelle nous soupirons. Elle était simple, parce qu'elle était juste et dans le caractère primitif de notre monarchie. C'est donc la même Constitution qu'il nous faut en ce moment, sans que rien ni personne puisse ou doive nous empêcher de la poursuivre ; il y aurait certes autant de honte que d'injustice à s'y opposer, puisque notre réclamation n'a pour objet que le retour à notre premier état, aux seuls et vrais principes de notre monarchie. Ils ont été défigurés, obscurcis par l'anarchie féodale; mais elle n'a pu entièrement les effacer, encore moins les détruire.

Ainsi, Messieurs, puisque nous voici tous réunis avec les pouvoirs et la représentation suffisante pour faire le bien de la patrie, faisons-lui généreusement l'offrande de tous nos intérêts personnels; brûlons sur ses autels jusqu'aux dernières dépouilles, je ne dirai pas seulement de la tyrannie féodale, mais de l'aristocratie politique dans tous ses degrés, pour ne faire régner sur nous tous, que les mêmes lois, par le ministère du monarque chéri qui nous préside. Qu'il n'y ait donc plus désormais parmi nous aucune distinction de pays, ni d'États, ni de privilèges, qu'il n'y reste que les distinctions dues aux places dans le gouvernement, et à la vertu dans la société. Enfin, que chacun dévoue son égoïsme [1] à la patrie, et alors nos mains, pures de tout intérêt personnel, seront dignes de coopérer à cette tant désirée Constitution, qui désormais doit elle seule dominer sur tous, par l'organe du seul et légitime seigneur que la monarchie nous donne.

Je requiers donc, ou je propose, conformément au vœu de mes mandants, qui sont en très grand nombre dans notre sénéchaussée, que l'on fasse entrer dans la Constitution les deux articles dont je viens de parler; articles que les trois quarts et plus de la nation attendent avec impatience de les y voir bien dûment sanctionnés : savoir, 1° qu'il n'y aura plus en France que la justice du Roi, sans aucun remboursement pour celle des seigneurs, qui sera entièrement abolie dans toute l'étendue du royaume; 2° que désormais il soit loisible à tous redevables de rentes et droits utiles, fonciers et irrachetables de leur nature, soit envers des seigneurs féodaux ou d'autres, de s'en libérer au taux et à la valeur du fonds et capital, ainsi que cela sera réglé et estimé, à défaut de titre, par des experts convenus, ou pris d'office.

Ce qui suit a été ajouté par l'opinant sur l'interruption dont j'ai parlé dans une note précédente.

1. « Si chacun se permet de suivre ses idées particulières et veut faire de lui-même et de son ordre le centre auquel tout doit se rapporter, alors l'intérêt particulier choquera l'intérêt général, on ne verra que des bizarreries et des contradictions; l'un détruira ce que l'autre aura rectifié, et au lieu d'une régénération heureuse, nous ne verrons que les maux et les scandales de l'anarchie ou du pouvoir absolu. Aux yeux de la foi et même de la droite raison tout nous rappelle à l'unité et à l'égalité dans l'univers. Nous adorons un seul et même Dieu : *Nous n'avons dans le Ciel qu'un même Père, un seul maître et un seul seigneur,* Matth., XXVII, 8. » Paroles de M. l'évêque d'Orange, dans son mandement du 23 mars 1789, pour demander à Dieu sa bénédiction sur l'Assemblée des États généraux.

Le langage de ce saint prélat dans son mandement a comme passé de mode dans ce siècle philosophe, mais il sera éternellement le langage de la vérité qu'il convient si bien à un successeur des apôtres d'annoncer à tous les peuples, et plus particulièrement au peuple français, qui, depuis Clovis son premier Roi, n'a pas dévié un seul instant de sa soumission et de son attachement à la foi catholique.

Mais, n'anticipons point sur les matières, et résumons-nous pour procéder dans l'ordre, et avec lumière et avec célérité, au grand œuvre de notre Constitution. J'ai déjà proposé mon avis sur les divers plans de cette Constitution, et je suis si loin de croire que l'on ne doit pas rendre publics les droits de l'homme et du citoyen, que comme c'est à leur découverte que nous serons redevables d'une bonne Constitution, ce ne sera que par leur publication que nous la conserverons. La vérité n'a pas de plus grand ennemi que les ténèbres; et le peuple, ce peuple français que l'on veut rendre libre, ne sera jamais tant ou si bien soumis à la loi, que quand il saura qu'elle est son propre ouvrage. On remarque aussi que la tyrannie ne règne nulle part avec tant d'avantage, que dans les pays où règne en même temps la plus crasse ignorance. Prenons exemple de l'évangile. Dieu n'ordonne-t-il pas d'enseigner les peuples, avant d'exiger d'eux leur soumission? *Docete:* et à ce propos, Messieurs, je finirai par une observation que j'aurai regret de vous avoir faite, si vous ne la trouvez pas convenable. Nous avons, tout le monde le sait, ou du moins tout le monde le dit, nous avons beaucoup d'ennemis. On nous accuse de vouloir attenter à l'autorité du Roi. Nous a-t-on épargné touchant la religion, le premier lien, le premier frein des peuples? J'ai été d'avis de commencer par les droits de l'homme et de les publier; mais, sans entrer encore dans les matières ecclésiastiques, susceptibles de réforme, ne pourrions-nous pas, ne devrions-nous pas dire au moins un mot des droits de Dieu? Un seul article suffirait peut-être, et pour rassurer les gens de bien et pour confondre nos ennemis. S'il est bon au gouvernement de négliger les opinions religieuses, il importe de fixer notre foi et son culte qui ne sont point des opinions. Voici comme j'ai osé minuter cet article.

« L'Assemblée nationale de France, dont le souverain est le fils aîné de l'Église, invoquant la Très Sainte-Trinité, et mettant la présente Constitution sous sa divine protection, a arrêté qu'à jamais, dans toute l'étendue de ce royaume, on demeurera attaché à la foi catholique, apostolique et romaine [1]. »

1. Ce que je dis ici de la religion, n'a rien de commun avec les abus ecclésiastiques, dont mes cahiers m'ordonnent de demander la réforme : tels sont les abus dans le choix des évêques, qui ont des milliers d'âmes à leur charge, et dont le salut dépend de leur zèle et de leurs vertus. Mes cahiers m'ordonnent de demander à cet égard l'abolition du Concordat, ce qui entraîne nécessairement l'abolition des Annates et de toutes les provisions de bénéfices par la chancellerie et daterie romaine; ils m'ordonnent de demander la suppression des abbayes et prieurés en commende; la suppression de la dîme à remplacer par les biens-fonds de l'Église, qu'on versera dans le commerce, pour former de leur prix le capital nécessaire à l'entretien des seuls ministres essentiels ou utiles; ce qui ne peut se faire sans les égards convenables pour les possesseurs actuels.

Ils m'ordonnent de demander la suppression de tous les chapitres, hors celui de la cathédrale, qui représente l'ancien conseil de l'évêque, et où il y aura la moitié des

Prébendes destinée aux curés du diocèse, qui auront mérité cette retraite pour récompense de leurs travaux.

Ils m'ont ordonné de demander la résidence des évêques, leurs visites annuelles et gratuites, seuls synodes, et la suppression de leurs officialités. Ils m'ont ordonné de demander la suppression du casuel dans les paroisses, l'augmentation des congrues et la portion des pauvres sur tous les biens de l'Église, comme encore un règlement nouveau qui fixe le nombre des vicaires et même celui des curés, sur un taux réglé de population et d'étendue dans les villes et dans les campagnes.

Ils m'ont ordonné de demander, non la suppression des ordres religieux, mais une commission pour l'examen politique de leurs établissements et de leurs biens; de manière qu'étant réduits au nombre relatif et convenable, ils ne soient plus qu'utiles à la société, ce qui doit alors les rendre eux-mêmes dignes de la considération publique, et des récompenses propres à leur état, car les moines et religieux ne sont tombés dans l'avilissement, que parce que délaissés, pour ainsi dire, à eux-mêmes, ou à un institut dont l'esprit n'est pas celui qu'il faudrait aux mœurs présentes, ils ne se montrent aux yeux du peuple, que comme des êtres bons pour eux seuls; ce qui est, de toutes les idées, la plus contraire au caractère de notre religion, qui n'est que charité. Le mépris du clergé séculier, qui a exclu les religieux de toutes les prélatures, a aussi beaucoup contribué à leur relâchement. Tous les ecclésiastiques séculiers et réguliers ont cependant intérêt depuis longtemps, de se donner la main, ou de se réunir pour leur défense, contre des ennemis qui leur sont communs.

Au surplus, ces ennemis ne sont pas ceux qui demandent la suppression des dîmes, ni ceux qui réclament les biens-fonds de l'Église, comme appartenant à la nation, parce que tous ceux-là reconnaissent la nécessité d'entretenir les ministres des autels, comme un précepte de la religion, sans en vouloir contre la religion même, laquelle, en ordonnant de fournir aux prêtres leur nécessaire, a laissé les fidèles entièrement libres de le leur fournir de la manière la moins onéreuse pour leurs familles.

A Versailles, chez Baudouin, Imprimeur de l'Assemblée nationale,
avenue de St.-Cloud, N° 69.

PROJET DE DÉCLARATION DES DROITS DE L'HOMME EN SOCIÉTÉ

par M. THOURET, député de Rouen *

Les représentants de la nation française, réunis en Assemblée nationale et autorisés par leurs mandats à exercer le *pouvoir constituant* pour la régénération de l'État, se croient obligés de commencer leur important travail par la reconnaissance, et la Déclaration solennelle des droits de l'homme dans l'état de société, ainsi qu'il suit :

ARTICLE PREMIER

Objet et effets de l'*union sociale.*

Les hommes sont réunis en société pour se garantir réciproquement l'exercice de leurs facultés et de leurs droits. Le corps social doit cette garantie à chacun de ses membres.

ART. II

Tous les citoyens ayant un égal droit à la garantie sociale, chacun doit souffrir que l'exercice de ses facultés et de ses droits soit limité par la jouissance semblable que les autres doivent avoir de leurs droits et de leurs facultés.

ART. III

C'est par la loi seulement, et non par des ordres arbitraires, que les facultés et les droits des citoyens peuvent être limités.

ART. IV

La loi ne se forme que par l'expression de la volonté générale, régulièrement constatée et publiée.

* Archives parlementaires, 1er août 1789.

ART. V

Tout ce qui n'est pas défendu par la loi est permis; et rien ne peut être exigé que ce qu'elle ordonne.

ART. VI

Tous les droits de l'homme en société se rapportent essentiellement à ceux de *liberté*, de *propriété*, et d'*égalité civile*.

ART. VII

Droit de *liberté personnelle*.

L'homme est libre par sa nature; l'exercice de sa liberté est le premier de ses biens et de ses droits.

ART. VIII

Aucune contrainte personnelle ne peut avoir lieu dans l'état social, qu'en vertu des lois, et d'un jugement régulier qui en ait prononcé l'application.

ART. IX

Nul ne peut être arrêté, exilé, détenu ou emprisonné en vertu de lettres de cachet, ou de tout autre ordre arbitraire en quelque forme, et sous quelque dénomination que ce soit.

ART. X

Nul ne peut être inquiété pour ses opinions religieuses, tant qu'il ne trouble pas extérieurement le culte public.

ART. XI

La presse doit être libre, sans autres modifications que celles qui sont nécessaires pour arrêter le cours des libelles séditieux ou diffamatoires.

ART. XII

La liberté, la sûreté et le secret du commerce épistolaire sont inviolables.

ART. XIII

Droit de *propriété*.

L'homme est capable d'acquérir des propriétés. La libre et sûre jouissance de celles qu'il a légitimement acquises est le second de ses biens et de ses droits.

ART. XIV

Nul ne peut être dépossédé forcément, hors le cas d'une nécessité publique constatée, et à charge de l'indemniser complètement.

ART. XV

Nul ne peut être gêné dans l'usage, l'emploi et la disposition de ses biens, par aucune autre autorité que celle de la loi.

ART. XVI

Nul ne peut être forcé de payer les impôts, qui sont une portion retranchée de sa propriété, que lorsqu'ils ont été librement consentis par les représentants de la nation.

ART. XVII

Droit d'*égalité civile.*

Les hommes sont égaux *en droits naturels*. Dans l'état de société ils doivent l'être de même en *droits sociaux et civils*. Cette égalité est le troisième des biens et des droits de l'homme citoyen.

ART. XVIII

L'égalité civile est fondée sur ce qu'aucun citoyen ne peut être plus ou moins citoyen qu'un autre : tous ont donc le même droit à tous les avantages qui font l'objet du pacte social.

ART. XIX

Tous peuvent être admis également à toutes les places, charges et fonctions publiques, sans aucune autre distinction que celle de leurs talents, et de leur capacité.

ART. XX

Réciproquement tous doivent supporter avec égalité toutes les charges de l'établissement social. La contribution aux impôts doit être la même entre les citoyens de toutes les classes, et quant à la quotité, et quant au mode de répartition et de perception.

ART. XXI

Aucune profession ne peut être réputée vile et dérogeante.

ART. XXII

Tous les citoyens sont parfaitement égaux devant la loi. Elle les oblige tous de la même manière; et tous ont le même droit à sa protection.

ART. XXIII

Tous les coupables doivent être punis des mêmes peines pour les mêmes crimes, sans aucune distinction de rang, de condition, ni de fortune.

ART. XXIV

Source et objet des *pouvoirs publics.*

Les *pouvoirs publics* qui constituent le gouvernement appartiennent à tous les citoyens collectivement, émanent d'eux, et ont pour objet l'intérêt, non de ceux qui les exercent, mais de ceux qui en ont créé et conféré l'exercice.

ART. XXV

Tous les citoyens ont le droit de concourir par eux-mêmes, ou par leurs représentants, à la formation des lois, et de ne se soumettre qu'à celles qu'ils ont librement consenties.

ART. XXVI

Ils ont le droit de connaître et de régler les dépenses publiques, d'y proportionner l'impôt, et d'en surveiller l'emploi.

ART. XXVII

Ils ont le droit de demander à tous les officiers ou agents publics compte de leur conduite, et de les rendre responsables de leurs prévarications.

ART. XXVIII

C'est aux citoyens en corps qu'appartient le *pouvoir constituant*; pouvoir suprême dont les autres dépendent, et que la nation a le droit imprescriptible d'exercer, toutes les fois que la constitution de son Gouvernement a besoin d'être réformée ou régénérée.

A Versailles, chez BAUDOUIN, Imprimeur de l'Assemblée nationale, avenue de Saint-Cloud, n° 69.

PROJET D'UNE DÉCLARATION DES DROITS ET DES PRINCIPES FONDAMENTAUX DU GOUVERNEMENT

par M. D... (Duport) *

Cette Déclaration des droits paraît après que plusieurs autres ont été présentées à l'Assemblée nationale : elle peut donc être plus complète que ces Déclarations. On a tâché de rendre les divers articles tellement dépendants les uns des autres, qu'en rétablissant les idées intermédiaires, on en puisse former un système politique entièrement lié, qui commence par exposer la nature de l'homme, et qui finisse au moment où l'on établit le gouvernement français. L'on a cru également utile de mettre en tête le préambule que l'on va voir :

Préambule.

Les représentants de la nation française assemblés en forme de convention, ont reconnu que les pouvoirs à eux donnés par leurs concitoyens, leur imposaient quatre obligations principales :

1° De reconnaître et d'exposer les droits principaux des hommes en société, et les principes fondamentaux qui doivent servir de base à tous les gouvernements.

2° D'assurer à tous les citoyens français la jouissance de ces droits par le moyen d'une libre, sage et solide Constitution.

3° De maintenir dans l'ordre actuel tout ce qui n'est pas contraire à ces principes, et qui ne blesse aucun de ces droits.

4° De rétablir l'ordre, corriger les abus dans toutes les parties de la justice, de l'administration et des finances.

Pour satisfaire à leur premier devoir, les représentants de la nation française déclarent ce qui suit.

* La date de publication de cette Déclaration n'est pas connue. D'après G. Michon, début août 1789.

ARTICLE PREMIER

Déclaration des droits.

L'homme par sa nature est obligé de veiller à sa conservation. Il possède les facultés nécessaires pour y pourvoir.

ART. II

L'état de société auquel il est destiné par la nature lui facilite et lui assure l'usage de ces facultés.

ART. III

Toute société est fondée sur un contrat réel ou supposé, dont l'intérêt commun de tous les associés est le principe et le but.

ART. IV

L'intérêt de tous exige que chacun ait la plus grande liberté possible, et par conséquent qu'elle n'ait d'autre limite que celle qui est nécessaire pour assurer aux autres individus la jouissance d'une semblable liberté.

ART. V

Aucun individu n'a le droit de poser cette limite; elle ne peut l'être que par la volonté générale ou par la loi. Mais la loi ne peut défendre aux individus que les actions évidemment nuisibles aux autres individus, et dans l'ordre civil tout ce que la loi n'a pas défendu est permis.

ART. VI

Liberté

Ainsi tout homme a le droit d'aller, de venir, de s'arrêter, de sortir du royaume.

ART. VII

Ainsi nul homme ne peut être privé de sa liberté, si ce n'est en vertu d'une loi antérieurement établie dans les formes qu'elle aura prescrites, et d'après les cas qu'elle aura prévus.

ART. VIII

Tout ordre arbitraire ou illégal tendant à priver un homme de sa liberté est une violence. Toute violence contraire pour en empêcher l'exécution est légitime, sans préjudice de la punition de ceux qui signent, portent, exécutent ou font exécuter de pareils ordres.

Art. IX

Tout homme peut librement communiquer sa pensée par la parole ou par l'impression, sauf à répondre, dans les cas prévus par la loi, de l'usage qu'il en aurait fait.

Art. X

Personne ne peut être soumis à aucune recherche, à raison de ses opinions religieuses, à moins qu'il n'ait troublé à ce sujet l'ordre public.

Art. XI

Tout homme a le droit d'employer son travail, son industrie, à tout ce qu'il juge lui être bon et utile. Aucun individu, aucune loi ne peut mettre obstacle à l'usage de cette faculté naturelle.

Art. XII

On ne peut réclamer contre personne l'acte par lequel il aurait aliéné pour toujours sa liberté.

Art. XIII

La loi étant le résultat d'une convention réciproque entre tous les membres d'une société, est obligatoire pour chacun d'eux.

Art. XIV

Ainsi tout citoyen cité, au nom de la loi, devant un tribunal compétent, doit obéir à l'instant. Toute force pour l'y contraindre est légitime; mais une déclaration claire et intelligible qu'elle va être employée, doit toujours en précéder l'emploi.

Art. XV

Pour contraindre à l'exécution des décrets de la volonté générale, la loi doit établir des peines; ces peines ont pour but de préserver des délits et de corriger les coupables. Elles doivent être suffisantes pour satisfaire à ces deux conditions. Toute rigueur qui serait au-delà est une violation du droit des hommes; par les mêmes raisons, l'instruction criminelle doit être publique.

Art. XVI

S'il est jugé nécessaire d'emprisonner un homme avant qu'il ait été condamné, toutes précautions au-delà de celles qui sont indispensables pour s'assurer de sa personne sont une violation du droit des hommes.

Art. XVII

Propriété.

Tout homme doit pouvoir disposer à son gré de sa propriété comme de son travail. Il ne peut être obligé d'en donner une partie qu'en vertu d'une loi précise, consentie par lui ou ses représentants; mais il peut être contraint au paiement de cette contribution.

Art. XVIII

Si quelqu'un jouit d'une propriété qui soit évidemment nuisible au public, et qui a été jugée telle, il peut être contraint à la céder en l'indemnisant sur-le-champ.

Art. XIX

La loi doit établir une force publique capable d'assurer l'exécution de ses décrets.

Art. XX

Pour déterminer cette force, et pour juger de l'application de la loi, l'on doit établir des tribunaux, et pourvoir à ce que la justice y soit rendue d'une manière impartiale, prompte et facile.

Art. XXI

Les fonctions publiques sont des devoirs imposés par la société aux individus jugés capables de les remplir; il est donc absurde qu'elles soient héréditaires. Toute distinction de cette nature est d'ailleurs contraire aux droits de chaque citoyen, qui, en cette qualité seule, doit être capable de toutes les places, toutes les fonctions et tous les honneurs.

Art. XXII

Les mêmes principes d'égalité politique s'opposent à ce que les successions puissent être partagées inégalement entre les enfants.

ART. XXIII

Enfin, toutes les lois politiques, civiles et criminelles doivent lier également tous les citoyens, et être uniformes pour tous.

On donnera séparément les maximes générales du gouvernement.

A Versailles, chez BAUDOUIN, Imprimeur de l'Assemblée nationale, avenue de Saint-Cloud, N° 69.

OPINION *

de M. MALOUET

SUR LA DÉCLARATION DES DROITS DE L'HOMME

dans la séance du 2 août

Messieurs,

C'est avec l'inquiétude et le regret du temps qui s'écoule, des désordres qui s'accumulent, que je prends la parole. Le moment où nous sommes exige plus d'action et de réflexion que de discours. La nation nous attend; elle nous demande l'ordre, la paix et les lois protectrices. Que ne pouvons-nous, Messieurs, sans autre discussion, les écrire sous la dictée de la raison universelle, qui, après l'expérience de vingt siècles, devrait seule parler aujourd'hui! car elle a tout enseigné, et ne laisse plus rien de nouveau à dire aux plus éloquents, aux plus profonds publicistes.

Mais, lorsque dans des circonstances pressantes, en présence de la nécessité qui s'avance, des hommes éclairés semblent essayer leurs forces, on doit céder à l'espoir, ou au moins au désir d'arriver à un résultat précis, et d'accélérer votre travail.

La question qui vous occupe présente encore, et tel est l'inconvénient de toutes les discussions métaphysiques; elle présente, dis-je, une somme égale d'objections et de motifs pour et contre.

On veut une Déclaration des droits de l'homme, parce qu'elle est utile, et le préopinant l'a démontré en en réduisant l'expression. Plus étendue, telle qu'on l'a proposée, on la rejette comme dangereuse.

On vous a montré l'avantage de publier, de consacrer toutes les vérités qui servent de fanal, de ralliement et d'asile aux hommes épars sur tout le globe. On oppose le danger de déclarer d'une manière absolue les principes généraux du droit naturel, sans les modifications du droit positif. Enfin à côté des inconvénients et des malheurs qu'a produits l'ignorance, vous avez vu les périls et les désordres qui naissent des demi-connaissances et de la fausse application des principes.

Des avis si différents se réunissent sur l'objet essentiel : car une différence de formule et d'expression, un résumé plus précis ou une

* *(S. l. n. d.)*

plus longue énumération des principes n'importent pas au bonheur, à la liberté des Français.

Certes, je ne balance pas à dire qu'il n'est aucun des droits du citoyen qui ne doive être constaté et garanti par la Constitution.

Les droits de l'homme et du citoyen doivent être sans cesse présents à tous les yeux. Ils sont tout à la fois la lumière et la fin du législateur : car les lois ne sont que le résultat et l'expression des droits et des devoirs naturels, civils et politiques. Je suis donc loin de regarder comme inutile le travail présenté par le Comité. On ne peut réunir en moins de paroles, de plus profonds raisonnements, des idées plus lumineuses, de plus importantes vérités. Mais convertirons-nous en acte législatif cet exposé métaphysique ? ou présenterons-nous les principes avec leur modification dans la Constitution que nous allons faire ? Je sais que les Américains n'ont pas pris cette précaution ; ils ont pris l'homme dans le sein de la nature, et le présentent à l'univers dans sa souveraineté primitive. Mais la société américaine nouvellement formée, est composée, en totalité, de propriétaires déjà accoutumés à l'égalité, étrangers au luxe ainsi qu'à l'indigence, connaissant à peine le joug des impôts, des préjugés qui nous dominent, n'ayant trouvé sur la terre qu'ils cultivent aucune trace de féodalité. De tels hommes étaient sans doute préparés à recevoir la liberté dans toute son énergie : car leurs goûts, leurs mœurs, leur position les appelaient à la démocratie.

Mais nous, Messieurs, nous avons pour concitoyens une multitude immense d'hommes sans propriété, qui attendent, avant toute chose, leur subsistance d'un travail assuré, d'une police exacte, d'une protection continue, qui s'irritent quelquefois, non sans de justes motifs, du spectacle du luxe et de l'opulence.

On ne croira pas, sans doute, que j'en conclus que cette classe de citoyens n'a pas un droit égal à la liberté. Une telle pensée est loin de moi. La liberté doit être comme l'astre du jour qui luit pour tout le monde. Mais je crois, Messieurs, qu'il est nécessaire, dans un grand empire, que les hommes placés par le sort dans une condition dépendante, voient plutôt les justes limites que l'extension de la liberté naturelle.

Opprimée depuis longtemps, et vraiment malheureuse, la partie la plus considérable de la nation est hors d'état de s'unir aux combinaisons morales et politiques qui doivent nous élever à la meilleure Constitution. Hâtons-nous de lui restituer tous ses droits, et faisons-l'en jouir plus sûrement que par une dissertation. Que de sages institutions rapprochent d'abord les classes heureuses et les classes malheureuses de la société. Attaquons dans sa source ce luxe immodéré, toujours avide et toujours indigent, qui porte une si cruelle atteinte à tous les droits naturels. Que l'esprit de famille qui les rappelle tous, l'amour de la patrie qui les consacre, soient substitués parmi nous à l'esprit de corps, à l'amour des prérogatives, à toutes les vanités inconciliables avec une liberté durable, avec l'élévation du vrai patriotisme. Opérons tous ces biens, Messieurs, ou commençons au moins à les opérer avant de prononcer d'une manière absolue aux hommes souffrants, aux hommes dépourvus de lumières et de moyens, qu'ils sont égaux en droits aux plus puissants, aux plus fortunés.

C'est ainsi qu'une Déclaration de droits peut être utile, ou insignifiante ou dangereuse, suivant la Constitution à laquelle nous serons soumis.

Une bonne Constitution est l'effet ou la cause du meilleur ordre moral. Dans le premier cas, le pouvoir constituant ne fait qu'obéir aux mœurs publiques. Dans le second, il doit les réformer pour agir avec efficacité. Car il faut détruire et reconstruire; il faut élever le courage des uns en leur marquant un terme qu'ils ne doivent point dépasser; il faut diriger l'orgueil des autres sur de plus hautes destinées que celles de la faveur et du pouvoir, assigner de justes mesures aux avantages de la naissance et de la fortune, marquer enfin la véritable place de la vertu et des dons du génie.

Tel est, Messieurs, vous le savez, le complément d'une bonne Constitution, et comme les droits de l'homme en société doivent s'y trouver développés et garantis, leur Déclaration peut en être l'exorde; mais cette Déclaration législative s'éloigne nécessairement de l'exposé métaphysique et des définitions abstraites qu'on voudrait adopter.

Remarquez, en effet, Messieurs, qu'il n'est aucun des droits naturels qui ne se trouve modifié par le droit positif. Or, si vous présentez le principe et l'exception : voilà la loi. Si vous n'indiquez aucune restriction, pourquoi présenter aux hommes, dans toute leur plénitude, des droits dont ils ne doivent user qu'avec de justes limitations ?

Je suppose que dans cette conception des droits nous n'ayons aucun égard à ce qui est, que toutes les formes de gouvernement soient des instruments libres entre nos mains; aussitôt que nous en aurons choisi une, voilà dans l'instant même l'homme naturel et ses droits modifiés. Pourquoi donc commencer par le transporter sur une haute montagne, et lui montrer son empire sans limites, lorsqu'il doit en descendre pour trouver des bornes à chaque pas ?

Lui direz-vous qu'il a la libre disposition de sa personne, avant qu'il soit à jamais dispensé de servir malgré lui dans l'armée de terre et de mer ? qu'il a la libre disposition de son bien, avant que les coutumes et les lois locales qui en disposent contre son gré, ne soient abrogées ? Lui direz-vous que dans l'indigence il a droit au secours de tous, tandis qu'il invoque peut-être en vain la pitié des passants, tandis qu'à la honte de nos lois et de nos mœurs, aucune précaution législative n'attache à la société les infortunés que la misère en sépare ? Il est donc indispensable de confronter la Déclaration des droits, de la rendre concordante avec l'état obligé dans lequel se trouvera l'homme pour lequel elle est faite. C'est ainsi que la Constitution française présentera l'alliance auguste de tous les principes, de tous les droits naturels, civils et politiques; c'est ainsi que vous éviterez de comprendre parmi les droits des articles qui appartiennent à tel ou tel titre de législation.

Telle est la considération qui m'avait fait adopter de préférence, dans le projet que j'ai présenté, un premier titre des droits et principes constitutifs. Car, encore une fois, tout homme pour lequel on stipule une exposition de ses droits, appartenant à une société, je ne vois pas comment il serait utile de lui parler comme s'il en était séparé.

J'ajoute, Messieurs, une dernière observation : les discussions métaphysiques sont interminables. Si nous nous y livrons une fois, l'époque de notre Constitution s'éloigne, et des périls certains nous environnent. Le gouvernement est sans forces et sans moyens, l'autorité avilie, les tribunaux dans l'inaction; le peuple seul est en mouvement. La perception des impôts, de toutes les redevances est presque suspendue. Toutes les dépenses augmentent, toutes les recettes diminuent. Toutes les obligations onéreuses paraissent injustes. Dans de telles circonstances [1], une déclaration expresse des principes généraux et absolus de la liberté, de l'égalité naturelle, peut briser des liens nécessaires. La Constitution seule peut nous préserver d'un déchirement universel. Je propose donc pour l'accélérer, qu'en recevant comme instruction le travail du Comité, et renvoyant à un dernier examen la rédaction d'une Déclaration des droits; on commence dès ce soir dans les Bureaux, et demain dans l'assemblée, la discussion des *principes du gouvernement français*, d'après le plan de M. Mounier ou de tout autre; que la discussion soit fixée par titres et par articles, que le Comité de rédaction soit chargé de recueillir le résultat des discussions et des changements proposés à chaque séance, et qu'un jour de la semaine soit assigné pour la délibération des articles discutés. Tel est mon avis.

1. Les circonstances viennent de changer dans cette nuit mémorable, qui aura pour la France, et peut-être pour le monde entier, l'éclat du plus beau jour. Les droits de l'homme et du citoyen, ainsi que la générosité française, y ont été constatés de la manière la plus solennelle.

VUES SUR LES BASES DE LA CONSTITUTION, ET LA DÉCLARATION DES DROITS DE L'HOMME ET DU CITOYEN

par M. GALLOT, D.M.M., député du Poitou

ARTICLE PREMIER

Je suis bien éloigné de prétendre offrir ici un plan plus lumineux que ceux déjà publiés : je rends hommage au génie de leurs auteurs; et ce n'est qu'avec crainte et défiance de moi-même que je romps le silence pour la première fois : mais le devoir de tout représentant de la nation étant de faire part de ses idées et de ses réflexions, je croirais manquer à ce que je dois à mes commettants et à l'Assemblée nationale, si je ne lui communiquais pas ma manière de voir sur les grands objets dont elle a à s'occuper pour parvenir à former une bonne Constitution.

J'ai pensé en outre qu'il n'était peut-être pas inutile de présenter la question des droits de l'homme et du citoyen, sous un point de vue très simple. D'après la révolution mémorable qui vient de s'opérer par les sentiments patriotiques et sublimes dont les Français seuls sont capables, on ne doit s'attendre à aucune réclamation contre les droits de l'homme et du citoyen; en conséquence on peut se borner à une déclaration fort courte. Mais avant de l'énoncer, on me permettra de jeter un coup d'œil rapide sur les formes des gouvernements et les bases de la Constitution qui nous convient.

ART. II

L'origine de tout gouvernement a été la société paternelle, et ce gouvernement peut exister chez les peuples les plus sauvages... Quelques hordes se rassemblent; les pères ou chefs de famille se réunissent, conviennent de former des lois ou conventions, et d'en confier l'exécution à quelques-uns d'entre eux, ou à un seul, choisi par le sort ou par élection. Supposez des hommes policés réunis; vous aurez les mêmes résultats. Tous les gouvernements peuvent se partager en deux grandes divisions, *despotiques ou populaires*.

Toute nation conquise, et qui se soumet par la force des armes à un souverain uniquement guerrier; cette nation n'aura de gouvernement que le *militaire*, c'est-à-dire, le *despotique*. Tel est celui de la Turquie et de presque tous les peuples d'Asie et d'Afrique.

Tout peuple, au contraire, chez lequel les lois se forment par lui ou avec son consentement, a nécessairement un gouvernement populaire. Tels ont été dans l'origine la plupart des gouvernements européens.

Si l'exécution des lois reste entre les mains du peuple, et est confiée à un certain nombre de membres élus à époque fixe, ce sera une *démocratie*. Si le pouvoir exécutif des lois est remis entre les mains d'un certain nombre de citoyens, formant une classe supérieure, on aura alors l'*aristocratie*. Si enfin cette exécution des lois formées par le peuple lui-même, est confiée à un seul homme électif, ou pris toujours dans une même famille, vous aurez une *monarchie*.

Mais les divisions primordiales ne doivent pas être prises à la rigueur, parce qu'il y a dans tous les gouvernements existants des dégénérescences, des confusions qui, chez presque toutes les nations, rendent les formes des gouvernements primitifs entièrement méconnaissables...

Le nôtre en présente l'exemple le plus frappant. En vain chercherait-on à reconnaître la Constitution monarchique dans le gouvernement despotique, ou plutôt ministériel, sous lequel nous avons gémi depuis si longtemps.

ART. III

Un roi juste et citoyen, un roi que nous venons de proclamer *le restaurateur de la liberté française*, en suivant les mouvements de son cœur paternel, a voulu rendre au peuple généreux qu'il était appelé à gouverner, les droits antiques et imprescriptibles d'une nation fidèle, et attachée à ses rois; mais nation sensible et fière, qui n'avait jamais étouffé chez elle le sentiment d'une liberté soumise à des lois consenties par elle-même.

D'après cet aperçu, il n'est pas difficile, selon moi, de fixer ses idées sur les principes essentiels de la Constitution que nous devons former, ou plutôt régénérer... car nous ne sommes pas un peuple nouveau, sans société, sans lois, sans administration, sans police : nous ne pouvons abroger toutes les formes établies; mais nous devons les corriger, en élaguer les abus, les ramener à leur institution primitive : nous devons rétablir, avant tout, les droits de la nation et ceux de son chef; droits également méconnus, usurpés et confondus par une véritable aristocratie ministérielle, érigée en un despotisme le plus absurde et le plus révoltant...

Tout se réduit donc à fixer d'abord les droits de la nation, et fixer ensuite les droits du souverain...

Les droits de la nation comprennent nécessairement les droits individuels de l'homme et du citoyen : mais doit-on considérer les droits du citoyen uniquement comme les droits primitifs de l'homme en état de nature ? Je ne le pense pas : on doit seulement les énoncer en tête. Sans doute qu'ils existent ces droits sacrés; ils sont réels, et le despotisme le plus atroce n'a pu les anéantir...

Mais l'homme en société, l'homme devenu citoyen, n'est-il pas obligé, par le pacte social, de renoncer à partie de l'usage de ses droits de nature, pour jouir de ceux que lui accorde la société avec laquelle il a contracté l'engagement de se donner à elle, comme il en a reçu la promesse formelle d'en retirer, pour sa personne et ses propriétés, *protection, sûreté et tranquillité* ?

Ces principes me paraissent vrais, incontestables, et doivent servir de bases à toutes déclarations de droits et à la forme constitutionnelle de notre gouvernement...

On ne peut trop exposer au peuple quels sont ses droits. En les connaissant mieux, il respectera plus exactement ceux des autres; il remplira ses devoirs avec plus de soin. L'esclave ne fait que se soumettre à ses fers, ou les briser; l'homme libre, mais soumis aux lois, sait les respecter, parce qu'elles lui sont les garants de sa liberté...

ART. IV

Les droits naturels de l'homme sont inhérents à son existence, et se réduisent à la vie, à la liberté, ou plutôt à l'indépendance.

Ce n'est point pour perdre l'usage de ses droits primitifs et inaliénables, que l'homme se réunit en société, c'est au contraire pour se les assurer, pour les mettre sous la sauvegarde commune des lois, en procurant les mêmes avantages à ceux qui concourent avec lui à la formation du pacte social. De là naissent pour le citoyen ou l'homme en société, *protection, sûreté et tranquillité* pour sa personne et pour ses propriétés.

Tout citoyen doit donc jouir de ces trois prérogatives qui lui garantissent les deux premiers droits naturels, la *vie* et la *liberté*.

Le premier ne peut recevoir d'atteinte que dans le cas où un individu en ait porté lui-même à pareil droit chez son semblable.

Le second est inattaquable hors le cas où la liberté d'un citoyen est nuisible à celle d'un ou plusieurs citoyens.

D'après ces vues, il me semble qu'on pourrait restreindre au très petit nombre de maximes suivantes, l'énonciation des droits de l'homme et du citoyen, parce que les détails se trouveront dans l'exposition des articles du Code légal.

1° Tout homme apporte en naissant les droits primitifs de la *vie* et de la *liberté*.

2° Outre ces deux premiers droits, l'homme en société en obtient trois autres indispensables, *protection, sûreté* et *tranquillité* pour sa personne et pour ses propriétés de la part de la société entière.

3° Tout homme devenu citoyen par son admission à une société, ne peut être privé d'aucun de ces droits essentiels, que dans le cas où il ait manqué à quelques-unes des obligations qu'il a contractées.

4° Tout homme a le droit de réclamer de la société l'exécution des engagements qu'elle a pris vis-à-vis de lui, comme la société doit et peut réclamer toujours de tout citoyen l'accomplissement de ses obligations.

5° Tout citoyen est libre de renoncer à ses droits, mais alors il ne peut plus exiger, de la part de la société qu'il abandonne, la garantie de ces mêmes droits.

6° Les devoirs du citoyen sont compris dans le pacte social qu'il a formé avec la société entière : respecter les droits d'autrui comme il veut que les siens soient respectés...

7° Tous les citoyens sont soumis aux lois parce que les lois protègent également tous les citoyens sans distinction de rang, de fortune et de naissance, car aux yeux de la loi, tous les hommes sont égaux.

8° Tous les citoyens doivent partager les avantages de la société, comme tous doivent en supporter les charges.

ART. V

Après avoir énoncé les droits du citoyen, on doit fixer ceux de la nation. Ces droits sont formés de la réunion de ceux des citoyens.

La nation se garantit à elle-même *liberté, protection, sûreté et tranquillité.*

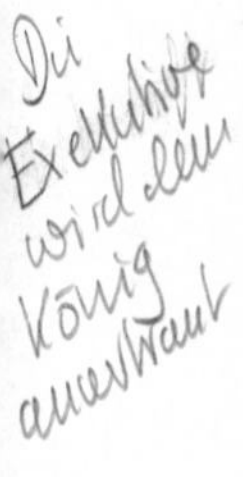

Mais comme une nation ne peut pas exécuter par elle-même ces obligations, elle en commet l'exécution à d'autres mains, et dans l'hypothèse où nous sommes, au gouvernement monarchique que nous adoptons, comme le plus propre à un royaume tel que le nôtre. Dans notre position, la nation française, appelée par son roi à recouvrer ses droits qui sont ceux de tous les hommes réunis en société, déclare que la puissance souveraine et législative réside en elle-même, et que ses représentants assemblés pour réformer ou plutôt pour établir des lois, détermineront solennellement tous les droits du monarque, auquel l'exécution des lois à promulguer sera confiée.

3 août 1789.

A Versailles, chez BAUDOUIN, Imprimeur de l'Assemblée nationale,
avenue de St.-Cloud, N° 69.

DISCOURS

prononcé dans l'Assemblée nationale
par le Cte. D'ANTRAIGUES,
le lundi 3 août 1789,

AU SUJET DE LA DÉCLARATION DES DROITS DE L'HOMME ET DU CITOYEN

Messieurs,

Avant d'examiner les Déclarations des droits de l'homme et du citoyen, que plusieurs honorables membres ont soumises au jugement de l'assemblée, il s'agit de décider s'il est convenable de faire une Déclaration des droits de l'homme et du citoyen, et s'il est convenable, s'il sera utile de faire précéder la Constitution française, de cette Déclaration des droits de l'homme et du citoyen.

Sans doute, il n'est pas question ici des droits de l'homme isolé, sans aucun rapport avec ses semblables; de l'homme né au milieu des déserts. En cet état de solitude, de liberté, et peut-être de bonheur, l'homme n'a de rapport qu'avec les choses. Privé de la moralité qui gouverne les actions de l'homme social, l'homme peut tout ce qu'il veut, et n'est soumis qu'à l'impérieuse loi de la nécessité.

Les droits de l'homme considéré dans l'état de nature, et abstractivement observé dans cette hypothèse, ont cependant été développés par cet écrivain immortel, dont les travaux préparaient la révolution qui s'opère aujourd'hui, qui sut nous rendre à la fois la liberté si désirable, et nous offrir tous les moyens de la recouvrer. Tant de bienfaits, qu'il me soit permis de le dire, auraient dû lui obtenir la gloire de suivre maintenant vos glorieuses destinées, et le bonheur d'entendre développer ses principes au sein de la nation qu'éclaira son génie. S'il est utile de connaître quels pourraient être les droits de l'homme sortant immédiatement des mains de la nature, il nous est indispensable de fixer quels sont les droits de l'homme réuni à ses semblables en état de société.

Il est des lois imprescriptibles, et dont la durée suivra tous les âges : ces lois ne sont point écrites sur le bronze; elles auraient péri avec les monuments qui auraient dû les conserver; elles ont survécu aux empires; elles existaient encore dans toute leur énergie, quand les peuples qu'elles rendaient heureux, n'existèrent plus.

Ces lois, émanées de Dieu même, imprimées dans le cœur de l'homme, témoignent à la fois la pureté de leur origine, et semblent participer à l'éternité de celui qui les dicta.

Voilà celles qu'il nous importe de connaître; voilà celles qui seules peuvent former la Déclaration des droits de l'homme réuni en société. Tout ce qui est étranger à ces lois premières, doit être rejeté; tout ce qui n'en est que la conséquence, doit entrer dans la Constitution.

Mais est-il essentiel de faire une déclaration de ces lois immuables, de ces lois que le ciel dicta à tous les hommes, de ces lois qu'il rendit le bien commun à tous, et l'apanage de chaque homme en particulier.

Si ces lois premières n'avaient jamais été méconnues, elles seraient encore présentes à tous; et il serait inutile d'apprendre à tous, ce que personne n'aurait oublié.

Mais dans quel siècle vivons-nous, et quels siècles se sont écoulés?

Une foule de doctrines diverses ont tour à tour abusé les hommes; et le résultat de tant de pensées contraires a été, pour les uns, l'ignorance absolue de ce qu'ils pouvaient être; pour les autres, une grande incertitude.

En cet état de cause, est-il utile d'éclairer ceux qu'enveloppent encore l'obscurité et l'ignorance? Si nous n'avions à opérer que la continuation du despotisme; si notre volonté était de le rétablir, peut-être la commisération nous conseillerait-elle, autant que notre intérêt, de perpétuer l'ignorance des peuples, l'ignorance des biens auxquels on a droit, quand il faut y renoncer, est un bienfait du ciel; et quand, dans sa colère, il fait vivre les tyrans, il permet aussi que l'ignorance abrutisse les peuples, comme l'on couvre d'un voile les victimes infortunées, dont la justice humaine ordonne le supplice.

Mais nous, représentants du peuple, appelés par ses vœux à lui rendre sa liberté, devons-nous couvrir nos bienfaits du voile qui entoure le trône du despotisme? Et quel moyen aura le peuple de nous juger, si nous ne faisons précéder la Constitution de la Déclaration des droits de l'homme et du citoyen.

Les droits de l'homme et du citoyen sont les éléments de la Constitution. C'en doit être le type. Les articles de la Constitution n'en doivent être que les nombreuses conséquences. Comment le peuple jugera-t-il de ces conséquences, s'il ne peut les appliquer à des principes connus et avoués par nous?

Vouloir remettre au peuple les conséquences de nos principes, sans assurer ces mêmes principes; vouloir qu'il reçoive ces conséquences, en lui dérobant le principe, c'est exiger pour nos décrets une foi aveugle, qu'il ne nous doit pas : c'est lui ravir les moyens de nous juger, quand c'est à lui seul à nous juger, et que nous ne serons quittes, envers lui, que quand il nous aura jugés.

La Constitution d'un empire n'est pas toujours la plus excellente qu'il soit possible d'imaginer; mais elle doit être la meilleure que les circonstances permettent de lui donner; et il n'en est pas moins très nécessaire de faire précéder cette Constitution, de ces lois éternelles, de ces lois immuables, les plus parfaites qu'il soit possible à l'esprit humain de concevoir, afin que le peuple, rapprochant ce qui sera établi par la Constitution, de la déclaration de ses droits, rende à ses représentants l'hommage d'avouer qu'ils ont toujours été guidés, dans leurs travaux, par les grandes idées de la justice et de la félicité publique.

Mais enfin, quels dangers peut offrir une Déclaration des droits de l'homme et du citoyen?

Quelques honorables membres ont paru craindre qu'elle ne servît de prétexte pour affaiblir le respect dû à la religion, et pour diminuer la sûreté des propriétés.

La religion est la base des empires; la propriété en est le lien. Ainsi, nul doute qu'une Déclaration des droits ne dût être proscrite, si elle devait produire de si funestes effets.

Mais comment serait-il qu'une Déclaration des droits de l'homme pût affaiblir le respect dû à la religion, quand cette Déclaration est elle-même une conséquence des maximes religieuses; quand elle doit porter aux yeux du peuple le témoignage de l'excellence de la religion, en lui prouvant que ses droits et sa religion n'ont qu'une seule et même source; que tous deux sont un bienfait du ciel; et que l'Être éternel, qui imprima dans tous les cœurs les principes de la religion, dicta aussi les lois imprescriptibles qui assurent le bonheur de l'homme sur la terre? Loin de voir un danger pour la religion, dans la Déclaration des droits, j'y aperçois le plus ferme appui de la religion; j'y aperçois de nouveaux motifs de reconnaissance de la part du peuple envers l'Être suprême: et il est difficile de se persuader que ce sera en rendant compte au peuple des droits que Dieu attacha à son existence, qu'on diminuera sa reconnaissance envers la divinité.

La reconnaissance de l'homme envers la divinité est la religion de tous les peuples: il ne peut en concevoir une autre. Il faut dire plus encore. La religion, pour se conserver, n'a besoin d'aucun autre appui. La fragile main des hommes ne saurait affermir cet édifice indestructible. Les lois de la religion sont impérissables, et quand nos lois, écrites par la main des législateurs, cesseront d'exister, les lois de la religion leur survivront encore. Elles consolent les peuples, quand la tyrannie a brisé tous les liens sociaux. Elles consolent!... Ces seuls mots, en prouvant leur excellence, assurent leur éternelle durée. Quel que soit l'ordre politique des États, c'est une cruelle vérité qu'il y existe toujours un grand nombre d'infortunés. La religion est l'unique bien des malheureux, et le peuple, qui en a reçu tant de bienfaits, la rétablirait à l'instant, si vos institutions y portaient la plus légère atteinte. Nulle Constitution, quelle qu'elle puisse être, n'altérera le respect des peuples pour la religion : et certes, ce n'est pas en sortant d'un état d'infortune, que l'on songe à éloigner son consolateur. La reconnaissance, le besoin de tous les moments attacheront toujours le peuple à la religion. Son attachement sera encore plus indestructible quand une Déclaration des droits du citoyen lui paraîtra une conséquence des mêmes principes qui assurent sa religion.

L'honorable membre, dont le discours a terminé notre dernière séance, vous a développé avec autant d'éloquence que de sagacité, la possibilité qu'une Déclaration de droits trop vague, indéterminée, ne servît de prétexte, dans la suite des temps, à un esprit pervers, à un ambitieux, pour soulever les peuples, et les porter à attenter à la propriété. En développant encore cette vérité, je ne pourrais que répéter ce qu'il a dit. J'ajouterai seulement que ce ne sera jamais que par des conséquences fausses et forcées, que l'on abusera le peuple, et qu'on diminuera son respect pour les propriétés.

Sans propriété, il n'est plus d'intérêt social; sans l'assurance de la propriété, la société n'est plus qu'un état de guerre; et le peuple doit désirer le maintien de la société, et perpétuer par sa puissance le bienfait de la paix.

En état de nature, l'homme a droit de se saisir de tout ce qui lui convient : il ne cède qu'à une force supérieure à la sienne; en état de société, il n'a droit qu'à ce qu'il possède; et il ne cède ce qu'il possède qu'à la loi.

La propriété est acquise par le travail et la longue possession. Ainsi, l'homme devenu citoyen, doit jouir sans trouble de la propriété que son travail a rendue sienne, et de celles dont il a joui pendant le temps fixé par la loi, pour rendre la propriété légitime.

Voilà des vérités qu'il importe de développer dans une Déclaration de droits. Le principe est aisé à poser; mais il faut peut-être se hâter d'en développer les conséquences premières, afin d'instruire le peuple, de fixer son imagination, et d'arracher aux perturbateurs à venir du repos public, l'arme de la discorde et de la sédition.

Il est donc nécessaire, il est absolument nécessaire de faire une Déclaration des droits de l'homme et du citoyen; et cette Déclaration doit précéder la Constitution, afin que, si un jour le ciel ramenait encore tous les fléaux du despotisme, et que la Constitution que vos mains vont élever, cessât d'être, le peuple pût, en conservant le souvenir de la Déclaration des droits du citoyen s'en ressaisir encore et créer une nouvelle Constitution.

Qu'on juge si cette Déclaration est nécessaire, par le désir que nous avons tous, que les États généraux qui nous précèdent nous l'eussent transmise. Que de malheurs, cette sage prévoyance de leur part nous aurait évités! Mais ce qu'ils n'ont pas fait, nous devons le faire, pour remplir le vœu et obéir aux ordres de nos Commettants.

Quant aux délibérations soumises à notre examen, je les trouve trop étendues! la première surtout, remplies d'articles excellents à développer dans la Constitution, mais inutiles dans la Déclaration de droits. Je rends cependant justice à ces ouvrages : j'y aperçois quelques imperfections, et je me permettrai de les observer, avec le sentiment vrai et profond, qu'il est beaucoup plus aisé de critiquer une Déclaration des droits, que d'en faire une dont on soit satisfait.

A Paris, chez VOLLAND, Libraire,
rue du Hurepoix, N° 25, 1789.

EXPOSITION DES MOTIFS QUI PARAISSENT DEVOIR DÉTERMINER À RÉUNIR À LA DÉCLARATION DES DROITS DE L'HOMME, CELLE DES DEVOIRS DU CITOYEN

par M. de Sinety, député

Convaincu, par la vérité des principes qui ont été si savamment développés dans trois séances de l'Assemblée nationale, de la nécessité de poser pour base du grand édifice de la Constitution de l'État, la Déclaration des droits naturels de l'homme, je ne puis que rendre hommage aux différents projets de Déclaration de ces droits, qui lui ont été communiqués.

Sans doute cette nécessité est évidemment indispensable et utile, et cette vérité doit être d'autant mieux sentie, que ceux qui entrevoient des dangers dans la publication de cette Déclaration, reconnaissent tous, que les représentants de la nation, appelés au grand ouvrage de la régénération de l'État, doivent, pour faire une bonne Constitution, se pénétrer profondément des droits de l'homme.

Mais on ne peut peut-être pas se dissimuler le danger de présenter cette Déclaration isolée, quelque place qu'elle occupe dans la Constitution; et si plusieurs personnes ont paru rejeter cette Déclaration, c'est qu'elles ont senti que, dans cette hypothèse, le mieux pouvait opérer le mal.

En effet, le penchant naturel de l'homme à l'égoïsme, le dirige toujours vers son bien-être et vers son avantage personnel, sans considérer ses rapports avec ses semblables. Le bonheur de ses concitoyens, le bien de la société ne sont réellement que des motifs secondaires, ignorés de la classe la plus nombreuse, peu sentis par les hommes qui manquent d'instruction, et peut-être même indifférents à ceux qui n'étendent pas leurs réflexions jusques aux conséquences.

Il faut être doué des vertus patriotiques pour être pénétré des principes du bien public, et des sentiments qui peuvent déterminer à des sacrifices individuels utiles au bonheur de la société : il faut avoir reçu de la nature une intelligence suffisante, pour sentir que ces sacrifices peuvent et doivent tourner au profit de ceux mêmes qui les ont consentis.

Aussi n'est-ce pas sans fondement, que plusieurs honorables membres ont fait observer que l'homme, livré à sa seule impulsion naturelle, pourrait, en interprétant pour son avantage personnel tous les articles isolés de la Déclaration des droits naturels de l'homme, leur donner une extension nuisible à ses concitoyens; et que trop fortement pénétré de ses droits personnels, il méconnaîtrait bientôt ceux de la société, et en troublerait la tranquillité.

Mais ces motifs, tout puissants qu'ils sont, ne doivent point faire rejeter cette Déclaration : car enfin il faut poser la première pierre de l'édifice; et s'il est incontestable qu'elle doit en être la base, il est du devoir des représentants de la nation de travailler à ces premiers fondements de la Constitution de l'État; et c'est pour en assurer à jamais la durée et la solidité, qu'il est nécessaire que la Déclaration des droits de l'homme soit connue de tous les citoyens qui seront soumis à cette Constitution, et plus encore de ceux appelés au gouvernement.

Il y aurait cependant une grande imprudence, et beaucoup de légèreté, à ne pas chercher les moyens d'éviter les dangers que peut offrir cette Déclaration isolée, d'autant plus que si le mal qu'on prévoit qu'elle pourrait occasionner s'opérait, il serait bientôt sans remède, et les représentants de la nation ne pourraient échapper au reproche mérité de n'avoir pas prévu les dangers, et de n'en avoir pas préservé l'État.

Il est, je crois, un moyen de parvenir au but salutaire auquel on se propose d'atteindre : c'est, en adoptant cette Déclaration, d'en écarter les dangers par l'exposition des devoirs du citoyen.

S'il est à craindre que la connaissance isolée des droits de l'homme puisse porter les citoyens à l'égoïsme, vice destructeur de toute société, inspirons à tous les Français cette vertu bienfaisante qui fait la gloire et la sûreté des empires, qui unit tous les citoyens par le lien social, ce dévouement généreux au bonheur public, ce patriotisme enfin, germe fécond de toutes les vertus sociales, et qui, dans tous les siècles et chez toutes les nations, a produit les actions les plus héroïques.

Et quel peuple est plus susceptible que le peuple français, de se pénétrer de cette vertu? quel moment plus avantageux pour la graver dans tous les cœurs, que celui où cette grande nation se rallie au nom de la patrie, où tous les intérêts se réunissent au bonheur public, où tous les droits, tous les privilèges sont volontairement et généreusement sacrifiés au bien général de la société et de l'État, où enfin le monarque se fait gloire d'être citoyen?

J'ose en offrir ici le moyen le plus facile et le moins susceptible de dangers et d'erreurs : c'est d'instruire l'homme de ses devoirs de citoyen, en lui rappelant ses droits naturels; et comme l'homme citoyen n'a aucun droit naturel qui ne soit limité dans la société par un devoir qui y correspond, au lieu de donner la Déclaration isolée des droits naturels de l'homme, à laquelle on reconnaît des dangers, ainsi présentée, j'ose prendre la liberté d'exposer cette Déclaration par un tableau à double marge sur deux colonnes, l'une desquelles contiendra les articles clairs, précis et distincts des droits naturels de l'homme, et l'autre les articles des devoirs du citoyen, en les classant de manière que l'article du devoir soit accolé, dans la seconde colonne, à l'article du droit auquel il correspond, et dont il doit limiter l'exercice; de manière enfin que l'article du devoir étant placé à côté de celui du droit dont il modifie et règle l'usage, il ne puisse échapper à l'œil du lecteur, et qu'il soit au même instant éclairé sur ses droits, et instruit de ses devoirs.

C'est d'après ce mécanisme simple que j'ai dressé la Déclaration des droits naturels de l'homme et des devoirs du citoyen. Je n'oserais me flatter de réunir les suffrages, et de concilier les opinions qui semblent se combattre sur cet objet; mais, si j'ai osé concevoir quelqu'espérance de succès, je crois devoir en faire hommage à l'auguste assemblée dont j'ai l'honneur d'être membre, et m'acquitter du devoir sacré que ce titre honorable m'impose, en réclamant, Messieurs, votre indulgence pour la première fois que je me suis permis d'abuser de vos moments en faveur de la pureté de mes motifs.

PROJET DE DÉCLARATION DES DROITS DE L'HOMME, ET DES DEVOIRS DU CITOYEN

Les représentants du peuple français, réunis et siégeant en Assemblée nationale, ayant pour objet principal la régénération de l'État; considérant que l'ordre social et toute bonne Constitution doivent avoir pour base des principes immuables; que l'homme né pour être libre ne s'est soumis au régime d'une société politique, que pour mettre ses droits naturels sous la protection d'une force commune; que l'homme citoyen a des devoirs sacrés à remplir envers ses semblables et la société; que la correspondance directe de ces devoirs avec ces droits naturels en assure la jouissance paisible; qu'une juste réciprocité de besoins et de secours limite, pour le bonheur de tous, les droits de l'homme, et le dédommage amplement du sacrifice que tout citoyen doit faire à la société, de la portion de ses droits naturels, qui, exercés individuellement et sans rapport avec ses semblables, seraient nuisibles à tous;

voulant consacrer, et reconnaître solennellement, en présence du suprême législateur de l'univers, les droits naturels de l'homme et les devoirs du citoyen, et les exposer à la vénération publique par un tableau de correspondance de chaque article des uns et des autres, qui puisse inspirer à tous les individus, la juste confiance dans ses droits, et le respect sacré pour ses devoirs; déclarent que ces droits et ces devoirs reposent sur les vérités suivantes :

DROITS DE L'HOMME	DEVOIRS DU CITOYEN
ARTICLE PREMIER	
Chaque homme tient de la nature le droit de veiller à sa conservation, et le désir d'être heureux.	Le véritable bonheur de l'homme ne peut exister que par la connaissance intime de l'Être suprême, qui l'a créé, le protège, l'éclaire, le console, et lui assure la récompense de ses vertus.
ART. II	
Pour assurer sa conservation, et se procurer le bien-être, chaque homme tient de la nature des facultés : c'est dans l'exercice de ces facultés, que consiste la liberté.	Le bien-être et la liberté de l'homme ne peuvent lui être assurés que par le patriotisme, la réciprocité des devoirs envers ses concitoyens, et la bienfaisance toujours active en leur faveur.
ART. III	
De l'usage des facultés de l'homme dérive le droit de propriété; et chaque homme a un droit égal à sa liberté et à sa propriété.	L'usage des facultés ne peut être libre et entier, et le droit de propriété inaltérable, que par le respect de chacun pour la liberté et la propriété d'autrui, et par sa soumission aux lois de la société.
ART. IV	
La vie de l'homme, sa liberté, son honneur, son travail, et les choses dont il doit disposer exclusivement, composent toutes ses propriétés et tous ses droits.	Tout citoyen doit respecter les propriétés d'autrui, les lois doivent les garantir à tous, et tout attentat aux propriétés d'autrui, est un crime capital.

ART. V

Chaque homme n'a pas reçu de la nature les mêmes moyens pour user de ses droits; de là naît l'inégalité entre les hommes : l'inégalité est donc dans la nature.

Les hommes ne peuvent se préserver des dangers de l'inégalité, que par le lien social, qui met le faible à l'abri des entreprises du fort; et ils se doivent tous des secours mutuels d'humanité et de fraternité, qui corrigent cette inégalité.

ART. VI

La société s'est formée par le besoin de maintenir l'égalité des droits au milieu de l'inégalité des moyens; le but de toute société est donc l'établissement des lois.

La double relation des droits et des devoirs mutuels ne peut être maintenue que par les lois : c'est donc le respect seul pour les lois, qui peut assurer les droits du citoyen, et lui rendre chers ses devoirs.

ART. VII

Le premier vœu de l'homme en société devant être de la servir selon sa capacité et ses talents, il a le droit d'être appelé à tout emploi public.

Les seuls titres de tout citoyen à l'exercice des emplois publics, doivent être la vertu, le patriotisme et les talents; la moindre tache à l'honneur, et le scandale des mœurs doivent être des motifs d'exclusion.

ART. VIII

La loi étant l'expression de la volonté générale, tout citoyen a droit de coopérer à sa formation, soit par lui-même, soit par des représentants librement élus.

Les lois établies par les représentants légitimes des citoyens, sont obligatoires pour tous. Nul ne peut s'y soustraire, et aucune autorité politique ne peut commander et contraindre, qu'au nom de la loi.

ART. IX

Nul citoyen ne peut être accusé ni troublé dans l'usage de sa propriété, ni gêné dans celui de sa

La loi seule veillant à la sûreté publique et à la poursuite des délits, nul ne peut se faire justice liberté, qu'en vertu de la loi, avec les formes qu'elle a prescrites, et dans les cas qu'elle a prévus.

lui-même; le magistrat, seul exécuteur de la loi, a droit d'exercer la poursuite des crimes publics et particuliers : nul aussi ne doit tenter de soustraire un criminel à la poursuite des lois.

ART. X

Tout accusé convaincu ne peut subir qu'une peine proportionnée au délit qu'il a commis, et prononcée par la loi.

La loi étant obligatoire, nulle acception de rang, d'état ou de fortune ne peut soustraire un coupable à la peine qu'elle prononce.

ART. XI

La loi ne pouvant atteindre les délits secrets, c'est à la religion et à la morale à la suppléer; et l'homme n'en est comptable qu'à Dieu et à sa conscience.

La religion étant le frein le plus puissant, doit être gravée dans tous les cœurs; et c'est nuire essentiellement au bon ordre et à la société, que de ne pas la respecter.

ART. XII

Le maintien de la religion exige un culte public; tout citoyen qui ne trouble pas le culte public, ne doit point être inquiété.

Dieu seul ayant le droit de former les cœurs, et le moyen d'éclairer les hommes, nul ne doit troubler les concitoyens dans leur opinion religieuse : mais tous doivent un respect absolu au culte public.

ART. XIII

La libre communication des pensées étant un droit de l'homme, elle ne doit être restreinte qu'autant qu'elle nuit aux droits d'autrui.

Nul ne doit attenter par ses paroles et par ses écrits, au bon ordre de la société et à l'honneur de ses concitoyens. La calomnie publique et privée doit être punie par la loi, qui doit s'assurer des moyens d'empêcher et de proscrire les écrits dangereux et calomnieux.

ART. XIV

La garantie des droits de l'homme nécessite une force publique. Cette force est donc instituée pour l'avantage de tous, et non pour l'utilité de ceux auxquels elle est confiée; et tout citoyen a droit de réclamer cette force pour la défense de ses droits.

Tout citoyen revêtu d'un emploi public, doit compte à la nation de l'exercice qu'il en fait. Tout abus d'autorité doit donc être puni; et tout homme revêtu de l'autorité, doit protection et justice au citoyen qui le requiert.

ART. XV

Le maintien de la force publique nécessite une contribution commune; mais tout citoyen a le droit d'en constater la nécessité, de la consentir librement, d'en suivre l'emploi, d'en déterminer la quotité, l'assiette, le recouvrement, la taxe proportionnée à la fortune de chacun, et la durée.

Payer ce que l'on doit pour sa quotité de la contribution commune, est un devoir pour tout citoyen, lorsque sa contribution a été fixée, assise et répartie par les légitimes représentants de la nation; et c'est manquer à la probité, que de chercher à s'y soustraire par des exemptions de faveur.

ART. XVI

Une bonne Constitution ne peut avoir pour base solide, que la garantie des droits de l'homme, les devoirs du citoyen envers la société, l'établissement des lois qui la gouvernent, et la séparation déterminée des pouvoirs qui en assurent l'exécution.

L'homme citoyen doit tout à la société et au maintien de l'ordre public, qui lui assure sa liberté et sa propriété; et quoique la Constitution lui assure ses droits, le garant le plus sûr du bonheur de chaque individu, est le patriotisme de tous.

A Versailles, le 4 août 1789. De Sinety, député.

A Versailles, chez BAUDOUIN, Imprimeur de l'Assemblée nationale,
avenue de St. Cloud, N° 69.

OPINION

de M. le MARQUIS DE SILLERY, RELATIVE À LA DÉCLARATION DES DROITS DE L'HOMME *

Messieurs,

Si je n'étais rassuré par l'indulgence que vous m'avez témoignée jusqu'à présent, j'hésiterais d'occuper encore quelques-uns de vos moments. Les discussions savantes que vous avez entendues, ont pu fixer vos opinions; et j'aurais gardé le silence, si je n'étais entraîné par mon amour pour le bien public, et si je ne devais à mes commettants le compte de toutes mes pensées.

La question soumise à votre jugement, consiste à savoir si l'on placera au commencement de la Charte nationale une Déclaration des droits de l'homme.

Quels sont, Messieurs, les objets que nous avons en vue dans ce moment? Quel est le vœu de nos commettants? Quels sont les résultats que nous désirons de nos travaux?

Nous sommes rassemblés de toutes les parties de ce vaste Empire, pour donner à la France une Constitution sage, et triomphante du despotisme sous lequel nous étions à l'instant d'être assujettis. C'est le vœu général que nos commettants ont exprimé; et le bonheur des peuples est le seul résultat qu'ils désirent.

La Constitution d'un pays est le Code de lois fondées sur les principes du droit des hommes, sous l'empire desquelles ils puissent vivre heureux et tranquilles, en s'y conformant.

Pour établir ces lois, il faut que les principes soient développés, parce qu'ils ont un rapport intime avec elles. Elles ne peuvent être sagement rédigées, qu'autant qu'on peut leur appliquer les principes sur lesquels elles sont établies; les abus qui peuvent exister, ne peuvent jamais dériver que de l'oubli de ces mêmes principes. Il est donc nécessaire de les rappeler à la nation éclairée qui a senti elle-même la nécessité de régénérer l'ordre; mais la Constitution d'un empire aussi étendu que la France, exige une sagesse profonde et combinée. Dans l'ordre moral, je conviens qu'une Constitution dérivant des principes, devrait égale-

* Archives parlementaires, 4 août 1789. *(S. l. n. d.)*

ment convenir à tous les peuples de la terre; mais une longue expérience nous apprend que telle loi peut être nécessaire dans un pays, et paraîtrait exagérée dans un autre. Une vérité incontestable, c'est qu'il est nécessaire qu'elles soient impératives contre les abus existant au moment où elles sont proclamées.

Les législateurs d'un aussi vaste pays, peuplé de vingt-cinq millions d'hommes, doivent dans la rédaction des lois, prendre en considération les mœurs et le caractère des différents habitants, qui varient ainsi que la température des climats; et les productions variées de la terre suscitent des intérêts différents, qui méritent également leur attention.

Indépendamment des principes généraux dont on ne doit jamais s'écarter, il en est de particuliers, qui peut-être seront les seuls qui seront conçus par la majeure partie de la nation. En un mot le but de notre travail est de rendre la France heureuse; les députés de ce grand royaume sont rassemblés : ils ont la confiance des peuples, et c'est l'agrégation de leurs lumières et de leurs pensées qui doit produire cet heureux *Palladium*, l'objet de tous nos vœux.

Nous avons, Messieurs, de grandes considérations à ménager, de grandes difficultés à vaincre. Les relations avec les lois sociales, sans doute peuvent lier ensemble une grande diversité d'intérêts, mais croyez-vous parvenir au bonheur de la nation, en donnant pour base à l'amour de l'ordre, des idées abstraites et compliquées. Les habitants des campagnes qui sans contredit sont de tous les citoyens ceux dont le bonheur nous est plus particulièrement confié, parce qu'ils sont les plus nombreux, parce qu'ils sont les plus utiles, et que pleins de confiance dans nos lumières, ils s'en sont rapportés à nous seuls pour le rétablissement des lois; si vous leur présentez des articles isolés, au-dessus de leur intelligence, n'est-il pas également dangereux de les mécontenter, s'ils ne peuvent vous comprendre; ou de les égarer, s'ils font une application fausse de vos principes.

J'ose, Messieurs, vous citer ici un passage de l'ouvrage du ministre citoyen, qui, à tant de titres, a mérité votre confiance.

Il dit : « que l'on se livrerait à une grande illusion, si l'on espérait pouvoir fonder la morale sur la liaison de l'intérêt particulier avec l'intérêt public, et si l'on imaginait que l'empire des lois sociales pût se passer de l'appui de la religion ».

D'après cette autorité je vous prie d'observer, Messieurs, que si l'on ne rappelle point aux peuples ce frein sacré et si nécessaire, que vous isolez pour ainsi dire, chaque citoyen, qu'il devient le juge absolu de sa propre cause; et pesez bien votre sagesse, Messieurs, l'innombrable quantité d'opinions et de volontés que vous aurez à combattre. La confusion sera extrême, si vous laissez aux hommes la liberté de faire un pareil calcul; des idées plus simples doivent guider leur conduite. Je cite encore le même ouvrage « que la philosophie politique dise aux peuples, vous ne déroberez point, il faut qu'elle ajoute une foule de raisonnements sur les lois de la propriété, sur les divers rapports de l'ordre social. Dieu donnant ses lois sur la montagne de Sinaï, n'a besoin que de dire, tu ne déroberas pas, et l'idée imposante de la religion imprima ce précepte dans le cœur de tous les hommes ».

Je me permets encore une réflexion sur cet objet important. Quel est le moment de l'éducation de la partie la plus nombreuse de la nation ? Celui-là seul où ses forces physiques sont insuffisantes pour subvenir aux travaux journaliers. A cette époque son jugement et ses organes sont trop faibles pour concevoir aucune idée abstraite et métaphysique. La morale de la plupart des hommes n'est que l'heureux résultat des principes que la religion a gravés dans leurs âmes, les premières années de leur vie.

Ce n'est point un ouvrage philosophique que nous avons le projet de faire adopter aux peuples. Nous devons les conduire dans la route du bonheur, nous voulons les éclairer sur leurs droits et leur faire envisager les malheurs dont ils seraient menacés, s'ils pouvaient les méconnaître. Il est également essentiel de leur rappeler, les rapports exacts qui existent entre les principes du droit naturel et ceux que la religion leur impose. C'est lorsqu'ils seront persuadés qu'elle ne fait que confirmer ce que la loi naturelle prescrit, qu'ils saisiront avec transport les sages règlements que vous allez faire. Les habitants des campagnes ne se sont point encore soustraits à ce joug salutaire, et des maximes contraires aux premières instructions qu'ils ont reçues les étonneraient sans les persuader, et de ce conflit d'incertitudes ils perdraient la plus grande des consolations.

Ma façon de penser serait mal interprétée, si l'on concluait de ce que je viens de dire que je m'oppose à une Déclaration de droits. J'en suis bien éloigné et je la crois même indispensablement nécessaire, mais je ne puis adopter les articles isolés qui ont été soumis à notre discussion.

Quoique chacun d'eux renferme des principes vrais, j'aurais désiré qu'ils fussent présentés sous une forme moins didactique, ou que du moins on eût indiqué l'extension de ces droits, et le terme où ils doivent s'arrêter.

Permettez-moi, Messieurs, d'oser vous dire, que les gens incapables de la moindre contention d'esprit sont souvent ceux qui adoptent le plus légèrement des proposition abstraites, et qu'il serait à désirer que dans une circonstance aussi intéressante on cessât de juger d'un coup d'œil des questions dont la méditation la plus exercée n'a jamais pu pénétrer la profondeur.

Législateurs de ce vaste Empire ! réfléchissez que vous allez prononcer sur le bonheur et la destinée de vingt-cinq millions d'hommes, que vous êtes comptables envers les races futures des lois que vous allez faire ; sans doute il serait plus philosophique, d'oublier les erreurs de l'homme et de ne réfléchir qu'à sa dignité primitive, mais votre premier devoir est de rendre les peuples heureux, et en établissant les droits de l'homme vous devez également l'instruire de l'application qu'il doit en faire dans ses devoirs de citoyen. Montrez-lui cette chaîne qui lie tous les citoyens de quelque rang et de quelque qualité qu'ils soient, et rassurez-les en leur apprenant que le premier anneau ou le dernier en étant séparé, la chaîne subsiste également, et sa longueur est la même.

PROJET DE CONSTITUTION DES DROITS D'UN CITOYEN FRANÇAIS *

L'Assemblée nationale ayant arrêté qu'il serait fait une Déclaration des droits de l'homme au commencement de la Constitution, on a pensé que presque toutes celles qui ont été proposées jusqu'à présent étaient très utiles pour l'instruction des membres d'une assemblée destinée à donner à la France de nouvelles lois, mais que les principes et les idées contenus dans ces différents projets de Déclaration, pourraient paraître trop abstraits et trop métaphysiques pour être aisément compris par la plus grande partie des individus auxquels elle est destinée : les projets proposés auraient d'ailleurs, par leur étendue, l'inconvénient d'entraîner une plus longue discussion. On ose donc en proposer un plus court à l'examen des Bureaux; il est de nature à être aisément compris et retenu par le peuple.

DROITS D'UN CITOYEN FRANÇAIS

1° Tous les hommes sont nés et doivent vivre libres.

2° Un Français peut jouir de sa liberté dans toute son étendue, pourvu qu'il soit soumis aux lois qu'il aura contribué à faire par lui-même ou par ses représentants.

3° Tout citoyen français est également soumis à la loi, et aucun ne peut en être exempt sous quelque prétexte que ce soit.

4° Tout ordre arbitraire ou illégal, obtenu contre un citoyen français, est nul.

5° Tout citoyen qui est dans l'impuissance absolue de pourvoir à ses besoins, doit être secouru par la nation.

6° Nul ne doit payer de contribution que celle qui aura été librement consentie par les représentants de la nation.

L'Assemblée nationale, en proscrivant l'amendement qui avait été proposé par un de ses membres au sujet de l'expression de *devoirs* à ajouter après celle de déclaration des droits, n'a vraisemblablement pas prétendu interdire à aucun de ses membres la faculté de proposer de faire suivre la Déclaration des droits, d'une Déclaration des principaux

* Projet anonyme et sans doute publié après la séance du 4 août.

devoirs d'un citoyen français, qui réunirait à l'avantage de la renfermer en peu de mots, celui d'être aussi aisément comprise et retenue que celle des droits.

PRINCIPAUX DEVOIRS D'UN FRANÇAIS

1° Tout citoyen français doit respect à Dieu, à la religion et à ses ministres. Il ne doit jamais troubler le culte public.

2° Il doit respect au Roi, dont la personne est sacrée et inviolable.

3° La première de ses vertus, est la soumission aux lois. Toute résistance à ce qu'elles lui prescrivent, est un crime.

4° Un des principaux devoirs d'un Français, est de respecter le droit d'autrui.

5° Il doit contribuer dans la proportion de sa propriété, de quelque nature qu'elle soit, aux frais nécessaires à la défense de l'État et à la tranquillité qu'une bonne Constitution lui assure.

A Paris, chez BAUDOUIN, Imprimeur de l'Assemblée nationale,
rue du Foin-Saint-Jacques, N° 31, 1789.

OPINION

de M. l'Abbé GRÉGOIRE, député de Nancy,

SUR LA NÉCESSITÉ DE PARLER DES DEVOIRS DANS LA DÉCLARATION DES DROITS DE L'HOMME ET DU CITOYEN

A la séance du 12 août *

Messieurs,

L'Assemblée a décrété que la Constitution serait précédée d'une Déclaration des droits de l'homme et du citoyen. Cette Déclaration renfermera-t-elle aussi des devoirs ? Telle est la question discutée en ce moment, et sur laquelle je vais exposer mon opinion.

1° Les devoirs ne dérivent pas des droits, comme on vient de le soutenir. Ils sont corrélatifs et marchent sur des lignes parallèles. Il est impossible de concevoir des droits actifs sans droits passifs, et ceux-ci sont des devoirs : ainsi, en développant les rapports de l'homme social avec ses semblables, votre Déclaration de droits, sous ce titre unique, renfermera les droits respectifs dont la réciprocité constitue également les devoirs.

2° La Constitution que vous allez faire sera une conséquence des devoirs comme des droits. La Déclaration qui en sera le préliminaire doit donc poser les fondements des uns et des autres.

3° En général, l'homme est plus porté à user de ses droits qu'à remplir ses devoirs. Dans le premier cas, il suffit de céder au courant, et dans le second, il faut péniblement nager contre. L'homme n'est vertueux qu'avec effort, il ne possède son cœur qu'à titre de conquête ; et dans un moment d'insurrection où le peuple longtemps harcelé, tourmenté par la tyrannie, recouvre ses droits envahis et renaît à la liberté, il parcourt aisément les extrêmes, et se plie plus difficilement au joug du devoir ; c'est un ressort comprimé qui se débande avec force,

* Discours certainement prononcé le 4 août d'après les *Archives parlementaires* et les journaux.

et l'expérience actuelle vient à l'appui du raisonnement. Présentez donc aux citoyens, le préservatif d'un pouvoir qu'il serait tenté de croire illimité. Établissez le contrepoids des devoirs et des droits; qu'il sache non seulement ce qu'il veut, mais encore ce qu'il doit; montrez-lui non seulement le cercle qu'il peut parcourir, mais encore la barrière qu'il ne peut franchir.

A Versailles, chez BAUDOUIN, Imprimeur de l'Assemblée nationale,
avenue de Saint-Cloud, N° 69.

CHARTE CONTENANT LA CONSTITUTION FRANÇAISE DANS SES OBJETS FONDAMENTAUX

proposée à l'Assemblée nationale
par Charles-François BOUCHE,
avocat au parlement, et député
de la sénéchaussée d'Aix *

DIEU, LA LOI, LA PATRIE ET LE ROI

Le... du mois de... de l'an 1789 après J.-C. 1371 ans après Pharamond, premier roi de France; 892 ans après Hugues Capet, tige de l'auguste maison des Bourbons, actuellement régnante, et la seizième année du règne de Louis XVI, proclamé *le restaurateur de la liberté française*; la nation considérant que la succession des siècles, le changement de règne, les guerres de terre et de mer, le luxe, de nouvelles mœurs, de nouveaux besoins, ont altéré la constitution politique, économique, civile, militaire et fiscale de la monarchie française, a, sous les yeux d'une multitude innombrable de spectateurs de tous les états, proposé, discuté, rétabli et fixé sa Constitution par l'organe de l'Assemblée nationale convoquée à Versailles le 27 du mois d'avril dernier, séante en cette ville, et composée de représentants librement élus dans toutes les provinces, villes, bourgs et villages du royaume, et chargés de pouvoirs exprès pour régénérer la Constitution. Elle l'a recueillie dans les maximes suivantes, destinées à devenir la Charte des droits de l'homme, du citoyen, du monarque et du sujet français, et à faire le bonheur de la génération présente et de celles qui lui succéderont.

ARTICLE PREMIER

En se dégageant des mains de la simple nature pour vivre en société, l'homme n'a point renoncé à sa liberté; il ne s'est soumis qu'à en régler l'exercice et l'usage par des lois modérées, justes et convenables; ou ce

* Archives parlementaires, 12 août 1789.

qu'il a perdu de sa liberté, la société s'est obligée de le lui rendre en protection.

ART. II

Chercher des soutiens, se rendre heureux, fut le motif qui fonda les premières sociétés; rendre heureux les autres, ne leur jamais nuire dans leurs propriétés, leurs personnes et leur liberté, fut le lien de ces sociétés; il doit l'être encore de toutes celles qui existent.

ART. III

Toute société que les hommes forment entre eux, doit être l'effet d'une convention libre. Les lois, les devoirs et les peines, la protection et la sûreté, doivent y être égaux, lors même que les talents, l'industrie, les titres, les dignités, la fortune ou la naissance n'y admettent point une égalité de profits, d'honneurs et de préséances.

ART. IV

La société est imparfaite, si elle n'a pas pour but le bien de tous les associés en général, et de chacun en particulier.

ART. V

La sûreté y dépend des services mutuels.

ART. VI

Le bien commun doit donc être, en société, la règle de nos actions. On ne doit jamais y chercher l'avantage particulier, au préjudice de l'avantage public.

ART. VII

Les hommes inégaux en moyens moraux et physiques, sont égaux en droits aux yeux des lois qui dirigent la société dont ils sont membres. L'inégalité des premiers a donc dû établir l'égalité des seconds.

ART. VIII

Rien n'étant plus convenable à la société que la compassion, la douceur, la bénéficence, la générosité, il suit que les hommes vivant en société, doivent se secourir dans leurs infirmités, leur vieillesse et leur indigence; ce qui établit la loi de la reconnaissance, de l'hospitalité, de l'humanité.

ART. IX

Les devoirs qui nous règlent par rapport à nous-mêmes, nous aident à nous régler aussi par rapport aux autres hommes.

ART. X

De ces devoirs, nous voyons naître la religion et la morale, bases nécessaires de toute société.

ART. XI

Les lois dont la société est armée, n'ont de force que pour empêcher les hommes de violer la justice, et leurs devoirs envers les autres.

ART. XII

C'est à la société que l'homme est redevable d'un nouveau genre de devoir, *l'amour de la patrie*, sentiment qui n'existe pas dans l'état de nature, et qui doit surtout caractériser le Français.

ART. XIII

La religion n'a aucun pouvoir coactif semblable à celui qui est dans les mains des lois civiles, parce que des objets qui diffèrent absolument de leur nature, ne peuvent s'acquérir par le même moyen.

ART. XIV

Dans toute société, il doit y avoir un culte public et dominant; mais cette loi ne peut gêner la croyance ou les opinions particulières des individus associés, lorsqu'elles ne troublent point l'harmonie générale et l'ordre reçu, public et dominant dans la société.

ART. XV

Considéré du côté des lois naturelles, tout homme a le droit de vendre, d'acheter, de trafiquer, de se livrer à tous les genres d'industrie dont il est capable, de parcourir l'étendue des terres et des mers qui se présentent à ses regards, de rester, de sortir, de revenir, de penser comme il le juge à propos, de publier ses pensées, de les faire circuler librement; mais considéré du côté des lois sociales, il ne peut et ne doit jouir de ce droit, qu'autant qu'il ne blesse point les lois de la société.

ART. XVI

Une société bien ordonnée a des principes et des lois. Les premiers soumettent la raison, les secondes commandent à la volonté.

ART. XVII

Une république, un peuple, une nation ne sont qu'une grande société qui doit être régie par les maximes qu'on vient d'exposer. Ces maximes regardent donc tous les Français réunis en corps de nation.

ART. XVIII

Plus que tout autre peuple de la terre, les Français naissent et vivent libres. La magnanimité, la générosité, le courage, la bienfaisance, la loyauté, sont le caractère distinctif des Français; d'où il suit que les Français sont les hommes de la terre dont le gouvernement paraît avoir le plus développé, formé et adouci les facultés physiques et morales.

ART. XIX

Tout esclave reprend sa liberté en entrant dans les terres de la domination française.

ART. XX

La France est un État monarchique, c'est-à-dire, un État où un seul gouverne par des lois fixes et fondamentales.

ART. XXI

Ces lois ne peuvent être faites que par la nation assemblée par ses représentants. Elle s'est donnée librement au monarque; elle peut et pourra toujours se donner des lois, ou changer et modifier celles qu'elle se sera données.

ART. XXII

Le monarque les sanctionne, et, dès ce moment, elles obligent tous les individus de l'État.

ART. XXIII

C'est dire en d'autres termes, que la nation seule a la puissance législative, et que le monarque a la puissance exécutive.

ART. XXIV

Ce double droit résidait originairement dans les mains de la nation; elle a gardé le premier; elle a fait le dépôt du second dans les mains du monarque.

ART. XXV

La monarchie française est héréditaire de mâle en mâle, dans la maison des Bourbons, suivant l'ordre de primogéniture.

ART. XXVI

Les filles sont exclues de la succession au trône.

ART. XXVII

Lorsque la branche régnante manque par défaut d'enfants mâles, le plus proche parent du monarque défunt succède au trône.

ART. XXVIII

Lorsque ce parent sera accusé par la voix publique d'avoir donné au monarque défunt des conseils perfides et préjudiciables à la nation, celle-ci s'assemblera par des représentants, examinera et jugera la nature de ces accusations. Si le parent est trouvé coupable, la nation se réunira contre lui, et il sera déclaré indigne du trône, avec toute sa descendance directe et collatérale, et le plus proche parent, après lui, du monarque défunt, sera reconnu monarque par la nation [1].

ART. XXIX

Les rois de France seront désormais majeurs à dix-huit ans complets et révolus.

ART. XXX

Si le roi régnant laisse, en mourant, un successeur au-dessous de cet âge, la nation s'assemblera tout de suite par des représentants librement élus, et confiera la régence du royaume au parent du jeune monarque, qu'elle croira le plus digne et le plus capable de ces fonctions. Un jeune Roi destiné à devenir le père de ses peuples, ne peut et ne doit recevoir que des mains de la nation dont il est l'enfant, celui qui doit l'élever à faire le bonheur de son Empire, et lui apprendre à le régir un jour comme un bon père et un Roi éclairé.

ART. XXXI

La personne du monarque est sacrée et inviolable. Sa couronne ne dépend d'aucune puissance de la terre; aucune ne peut délier ses sujets du serment de fidélité qu'ils lui ont prêté.

ART. XXXII

Le monarque a le droit de choisir ses ministres et ses conseils; mais, autant qu'il est possible, il doit les choisir tels que la nation puisse avoir confiance en eux, et celle-ci a toujours le droit de les dénoncer. Ils ne peuvent sortir du royaume, avant d'avoir rendu, à l'Assemblée nationale, compte de leur gestion; c'est d'après ce compte qu'ils doivent être jugés par les représentants de la nation.

1. Loi faite après la mort de Louis V, en faveur de Hugues Capet, en 897.

ART. XXXIII

La liberté individuelle, l'honneur, la vie des hommes, les propriétés de tout genre, ne sont en France que dans les mains des lois consenties par la nation. Tout ce qui ne s'y fait pas au nom des lois est criminel, et tout sujet a le droit de ne point obéir.

ART. XXXIV

Rendre, ou faire rentre la justice à tous ses sujets indistinctement, est dans les mains du monarque un droit, un devoir, une espèce d'apanage ; et cette justice doit être rendue promptement, exactement, gratuitement, et de la manière la plus impartiale.

ART. XXXV

Les tribunaux de justice ne peuvent être établis en France, que de la manière la plus conforme aux intérêts des sujets, des provinces et des villes. Ils font partie des pouvoirs publics, et n'appartiennent à aucun individu en particulier. Ils ne peuvent être constitués que par la nation, et ne peuvent changer la forme de leur Constitution.

ART. XXXVI

Les tribunaux de justice, dont l'établissement a été consenti par la nation, sont seuls chargés de poursuivre, de punir, ou d'absoudre, conformément aux lois faites par la nation, et suivant les formes établies par elle.

ART. XXXVII

Tout acte de despotisme et arbitraire, les lettres closes, dites *Lettres de cachet*, les prisons d'État, les ordres ministériels, toutes les violences que les hommes en place pourraient commettre dans les provinces et les villes, sont condamnés et proscrits à perpétuité. Les lois seules ont le droit de commander l'obéissance la plus prompte. La force sans la loi n'est qu'une violence ; et tout homme qui n'agit pas au nom de la loi, se rend coupable du crime de lèse-nation, parce qu'il rompt le fil qui lie l'homme au citoyen et au sujet.

ART. XXXVIII

Les directeurs des postes aux lettres et leurs commis porteront le plus grand respect au secret des lettres, et seront fidèles à les faire parvenir à leur destination. S'ils manquent à cette loi, ils seront poursuivis extraordinairement. Aucun négociant ou marchand ne pourra occuper des places dans les directions des postes aux lettres.

ART. XXXIX

Il est expressément défendu aux tribunaux de justice, quels que soient le nom, la forme et le district que la nation trouvera à propos de leur donner, de se mêler de l'administration de l'État, des provinces ou des villes, ni d'aucun objet de politique et d'économie publiques. Les fonctions des juges sont bornées à rendre la justice. Ils usurpent s'ils vont au-delà, et deviennent perturbateurs de l'ordre public.

ART XL

Les dépositaires du pouvoir exécutif, tous les agents de ce pouvoir, soit politique, civil ou militaire ou fiscal, sont responsables envers la nation de leur conduite, et de la perfidie ou de la corruption des conseils qu'ils donnent au monarque.

ART. XLI

Le monarque a le droit de faire la paix, la guerre, des traités d'alliance ou de commerce; mais la nation, lorsqu'elle s'assemble, a le droit de juger si des paix conclues, des guerres déclarées, des traités d'alliance ou de commerce signés, sont utiles ou nécessaires.

ART. XLII

Sans le consentement exprès de la nation, le monarque ne peut établir des impôts, en proroger la durée, leur donner des extensions : sans son consentement exprès, il ne peut faire des emprunts : les uns et les autres ne peuvent être que le résultat de la volonté générale.

ART. XLIII

La nation reconnaît que la plus grande partie de ceux qui existent aujourd'hui, que tous ceux qui existent principalement depuis 1614, n'ont été ni établis, ni consentis par elle; et à ce sujet, elle réclame tous les droits qu'elle trouve dans son contrat primitif avec le monarque.

ART. XLIV

Le paiement des impôts est le prix de la protection et de la sûreté publiques. Tous les impôts, de quelque nature qu'ils soient, sous quelque nom qu'on les connaisse, seront payés par tous les sujets et citoyens, de l'Église, de la noblesse et des communes, sans aucune distinction, exemption ou privilège, et proportionnément aux biens et revenus de tous, de quelque source qu'ils viennent. Les impôts ne pourront être établis et perçus que d'une tenue d'Assemblées nationales à l'autre.

ART. XLV

Sans le consentement exprès de la nation, le monarque ne peut changer, diminuer ni augmenter la valeur de l'or et de l'argent, ni d'aucun métal monnaie. Sans ce consentement, il ne peut ordonner la refonte des monnaies.

ART. XLVI

Toute perception pécuniaire de joyeux avènement au trône, est abolie et supprimée.

ART. XLVII

En France, nul ne peut être contraint, ou décrété de prise de corps et emprisonné, qu'au nom des lois faites et consenties par la nation.

ART. XLVIII

Ce n'est qu'au nom de ces lois qu'un Français, un sujet du monarque, peuvent, dans les cas marqués par elles, perdre leur liberté, leur honneur, leur vie ou leur propriété.

ART. XLIX

D'une tenue d'Assemblées nationales à l'autre, le monarque a le droit de faire des lois provisoires d'administration et de police générales; mais les Assemblées nationales ont celui de juger si ces lois sont utiles ou nécessaires, si elle doivent être continuées ou abrogées, rester telles qu'elles ont été faites, ou être modifiées.

ART. L

La religion catholique, apostolique et romaine est et demeurera en France la seule religion nationale, dominante et publique, comme la seule vraie, la seule qui prêche la saine morale, qui ennoblisse, et qui rende durable tout ce qui se fait pour le bonheur des hommes dans un gouvernement juste et modéré.

ART. LI

On ne peut faire un crime à personne de ses opinions ou de sa croyance religieuses, pourvu qu'elles ne troublent point l'ordre public et le culte national.

ART. LII

Chacun aura désormais en France la liberté la plus illimitée d'imprimer, de faire imprimer et de faire circuler ses pensées et ses ouvrages. Il n'en sera garant et responsable à la loi, que dans les cas où ils nuiraient à autrui dans son honneur ou sa propriété, à l'ordre public et au culte religieux national.

ART. LIII

Les seuls ouvrages sur la religion nationale seront soumis à la censure publique. Une funeste expérience n'a que trop appris que, dans ce genre, on n'écrit, on ne fait jamais rien qui ne soit du plus dangereux exemple.

ART. LIV

Nul ne peut être privé de sa propriété que pour l'utilité publique; et, dans ce cas, elle doit lui être payée sur-le-champ et au plus haut prix. *Sur-le-champ*, parce qu'il est privé de son bien; *au plus haut prix*, pour le dédommager de la peine qu'il souffre à céder ce qu'il désirerait garder.

ART. LV

Dans les besoins publics, dans les circonstances urgentes, la nation a le droit de s'assembler par des représentants.

ART. LVI

Dans les mêmes cas, les provinces et les villes ont le même droit.

ART. LVII

Pendant les dix premières années, à compter du premier mai 1790, les Assemblées nationales seront convoquées tous les ans.

ART. LVIII

Après ces dix premières années, elle ne seront plus convoquées que de trois en trois ans. Leur ouverture sera fixée au premier mai.

ART. LIX

Aucun officier de judicature, aucun agent du fisc, aucun homme attaché au service ou à la suite du monarque, ne pourra y être admis.

ART. LX

Les lois que ces assemblées feront et qui seront sanctionnées par le monarque, seront, ainsi que les lois provisoires faites par lui dans l'intervalle d'une Assemblée nationale à l'autre, adressées aux états de chaque province. Ces états les adresseront aux tribunaux de justice, pour les enregistrer purement et simplement, et pour les faire exécuter.

ART. LXI

Le droit de réclamer, de remontrer sur ces lois, n'appartiendra qu'aux états de chaque province.

ART. LXII

Ces états seuls pourront fixer le lieu de la résidence des tribunaux de justice et l'étendue de leurs districts, sous la ratification des Assemblées nationales.

ART. LXIII

Les Assemblées nationales une fois formées, ne peuvent être dissoutes que par elles-mêmes. Elles ont le droit de s'ajourner.

ART. LXIV

Si le monarque voulait les dissoudre avant que les grands intérêts pour lesquels elles auraient été convoquées, fussent décidés par elles, le paiement des impôts sera arrêté sur-le-champ dans tout le royaume.

ART. LXV

Le compte des finances des provinces et des villes sera rendu public toutes les années. Celui des finances de la France sera rendu aux Assemblées nationales. Ce qu'on appelait *Trésor royal* sera appelé *Trésor national*.

ART. LXVI

Pendant l'intervalle d'une Assemblée nationale à l'autre, il n'y aura jamais de commission intermédiaire [1].

ART. LXVII

Tous les membres de ces Assemblées nationales, sans distinction d'ordre, d'état et de citoyens, seront réunis dans une même chambre, et y opineront en commun sur tous les objets.

ART. LXVIII

Les députés des communes y formeront toujours la moitié de l'Assemblée. Les présents, plus un, y feront les délibérations. Mais il faudra que les présents forment, au moins, le quart de l'Assemblée.

ART. LXIX

Il en sera usé de même dans les états particuliers des provinces.

1. Délibération des États généraux de 1576.

ART. LXX

Toutes les provinces du royaume seront établies en pays d'états. Celles qui ont déjà ce genre d'administration, seront autorisées à s'assembler pour le rectifier, en corriger les abus, et mettre dans son organisation toute la plénitude de liberté de confiance et de représentation qu'elles croiront nécessaire, à moins que l'Assemblée nationale ne pourvoie elle-même à cette organisation avant de se séparer.

ART. LXXI

Le monarque est le commandant suprême des milices et des armées; mais ces armées et ces milices appartiennent à la nation. Elle a le droit de leur faire prêter serment de fidélité, de respect et d'obéissance.

ART. LXXII

Elles ne peuvent être employées contre les citoyens, à moins que les villes ou les provinces, dans des cas de révolte, de sédition ou d'incursion de brigands, ne demandent leur secours au monarque ou à ceux qu'il aura délégués dans le commandement.

ART. LXXIII

Toutes les villes auront le droit de se garder elles-mêmes, si elles y trouvent leur intérêt ou leur commodité, et à cet effet elles pourront établir des milices bourgeoises.

ART. LXXIV

Les talents distingués, les vertus éminentes, de grands services rendus au public, donnent à tous les citoyens français sans distinction de nobles et de roturiers, le droit d'aspirer à toutes les places, à toutes les charges, à toutes les dignités ecclésiastiques, civiles et militaires.

ART. LXXV

Les lois non consenties par la nation, qui excluaient des places distinguées et des corps privilégiés les citoyens non nobles, sont révoquées, annulées et supprimées à jamais.

ART. LXXVI

Le monarque a seul le droit d'accorder la noblesse, de rétablir ceux qui en sont déchus, de relever de la dérogeance, de commuer les peines, de donner des lettres de grâce, de rémission, d'abolition et de réhabilitation.

ART. LXXVII

La noblesse ne pourra jamais être acquise à prix d'argent. L'Assemblée nationale examinera s'il convient ou non, qu'elle reste transmissible et héréditaire.

ART. LXXVIII

Le régime féodal, la vénalité et l'hérédité des offices de judicature sont abolis. Les justices seigneuriales sont supprimées. Un nouvel ordre judiciaire sera établi. La justice royale sera rapprochée, autant qu'il sera possible, des justiciables. Tout sujet sera désormais jugé par ses pairs, dans les tribunaux qui seront établis en dernier ressort.

ART. LXXIX

L'Assemblée nationale prononce la suppression du casuel des curés et de la dîme ecclésiastique. Mais l'un et l'autre seront payés exactement, jusqu'à ce qu'elle ait pourvu aux moyens de les remplacer.

ART. LXXX

L'Assemblée nationale décrète qu'elle prendra des moyens pour mettre dans le commerce les biens du clergé et de l'ordre de Malte, et pour donner des revenus fixes aux ministres de l'autel.

ART. LXXXI

Avant de se séparer, l'Assemblée nationale continuant d'user de son droit primitif, inaliénable, imprescriptible et supérieur à toute entreprise du monarque, fera les lois et les règlements qu'elle croira nécessaires sur la formation et l'organisation des Assemblées nationales, des états ou assemblées des provinces, du régime municipal; sur la composition des tribunaux de justice, les bornes de leur juridiction, et l'étendue de leurs districts, sur la justice civile et criminelle, la religion et les mœurs, l'administration des finances du royaume, des provinces et des villes; sur le nombre, l'objet, la levée des impôts et la manière d'en faire l'emploi, les suppressions, les réformes, les établissements divers; en un mot sur tout ce qui pourra appeler et fixer le bonheur et la gloire au-dedans et au-dehors de la France.

Nota. Le reste de la Constitution sera publié successivement. On n'a présenté ici que les lois qui exigent la plus prompte promulgation.

A Versailles, chez BAUDOUIN, Imprimeur de l'Assemblée nationale,
avenue de Saint-Cloud, nº 69, 1789.

PROJET
DE DÉCLARATION DE DROITS

par M. Gouges-Cartou,
député des six sénéchaussées du Quercy [*]

AVERTISSEMENT

Encore une Déclaration de droits, va-t-on s'écrier en voyant cette brochure! Je m'y attends, et cependant j'ai eu le courage de mettre la main à la plume. Je vais rendre compte des motifs que j'ai eus. Si le lecteur n'en est pas satisfait, il doit cesser de lire.

Une Déclaration des droits de l'homme et du citoyen a été jugée par l'Assemblée nationale devoir précéder la Constitution. Il en a été présenté plusieurs projets; presque tous n'offrent que des principes isolés : tout le monde en reconnaît la justesse, mais ils ne sont que sentis; et il reste à faire apercevoir la chaîne qui les lie à ces vérités fondamentales qui, semblables aux axiomes des géomètres, se présentent à l'esprit dans le dernier degré de l'évidence. M. l'Abbé Sieyès est le seul qui a remonté jusqu'à leur source : « s'emparant[1], pour ainsi dire, de la nature de l'homme dans ses premiers éléments, et la suivant sans distraction dans tous ses développements et dans ses combinaisons sociales, il a l'avantage de ne laisser échapper aucune des idées qui enchaînent les résultats, ni des nuances qui lient les idées elles-mêmes »; mais elles sont si abstraites, l'esprit a tant de peine à suivre le fil de ses raisonnements, qu'il paraît que le plus grand nombre renonce à faire usage de son plan.

Cependant, si l'on considère quel est le but que l'on se propose en faisant une Déclaration de droits; si l'on convient qu'elle doit être plutôt le plus fort boulevard de la liberté que nous venons de recouvrer, que le simple énoncé des principes qui vont nous guider dans le grand ouvrage de la Constitution, on devra convenir que nous ne saurions assez faire apercevoir la relation intime de ces mêmes principes avec les vérités élémentaires dont ils émanent; vérités également simples et

* Archives parlementaires, 12 août 1789.
1. Rapport fait par M. l'Archevêque de Bordeaux.

immuables, et qu'il suffit de montrer pour les reconnaître. Tout ce que l'on peut exiger, c'est qu'on le fasse d'une manière simple, claire, et à portée de tout le monde. Or, c'est précisément ce que j'ai tâché de faire.

On a pensé généralement, et d'abord je l'ai cru aussi, qu'une Déclaration de droits ne saurait être assez courte. Mais mon opinion a changé à cet égard, depuis que j'ai fait attention et reconnu que la liberté du citoyen étant exposée à être attaquée de tant de manières différentes, on ne pouvait assez multiplier les moyens de défense.

Dans ce sens, une Déclaration de droits est un recueil de remèdes qui doit être d'autant plus volumineux, qu'il y a plus de maladies à guérir.

D'après cette considération, j'ai recueilli ce que j'ai trouvé de plus propre à entrer dans mon plan. J'ai fait principalement usage du recueil des constitutions américaines et des projets de MM. l'Abbé Sieyès et Mounier, et de celui qui a été discuté dans le sixième Bureau. Semblable à l'abeille, qui sait si bien s'approprier les substances qu'elle cueille sur les fleurs, j'aurais pu sans doute m'approprier aussi les productions de ces différents auteurs, en les faisant passer à travers les filières de mon faible génie; c'est une charlatanerie assez en usage parmi les écrivains; mais, comme je ne suis pas du métier, j'ai eu le scrupule d'employer autant que je l'ai pu leurs propres expressions, et même leurs articles en entier. D'ailleurs j'ai considéré que j'avais l'honneur d'être appelé conjointement avec eux à élever le grand et magnifique édifice de la liberté; et jamais je n'ai vu un maçon, posant une pierre, jaloux de voir son compagnon en poser une autre.

On remarquera peut-être dans cet ouvrage que plusieurs articles émanent si facilement de ceux qui les précèdent, qu'il ne valait pas la peine de les énoncer; mais on ne les jugera pas inutiles, si on les considère comme des pierres d'attente propres à fixer d'avance plusieurs points essentiels de la procédure et de la législation.

Je dois prévenir cependant qu'après avoir établi les axiomes de la science politique, je ne me suis pas contenté de lier par une chaîne de raisonnements les divers articles insérés dans les différents projets de Déclaration que j'ai cités; j'ai cru encore indispensable d'exposer les droits fondamentaux des sociétés : j'ai pensé qu'une Constitution étant (comme le dit très bien M. Rabaut Saint-Étienne) une forme précise adoptée pour le gouvernement d'un peuple, cette forme était déterminée et par des principes qui ne changent jamais, et par des principes qui sont sujets à varier, parce qu'ils émanent des mœurs et des préjugés des siècles, et même du caractère des législateurs.

Sous ce point de vue, on doit considérer une Déclaration de droits comme la collection des principes inaltérables qui entrent dans la

Constitution de toute espèce de gouvernement libre; et on doit reconnaître qu'elle sera d'une utilité inappréciable, toutes les fois qu'on entreprendra d'altérer la Constitution, puisque l'on sera forcé de la comparer sans cesse avec les changements qu'on pourrait se proposer, et qui ne sauraient être adoptés toutes les fois qu'ils se trouveront en opposition avec elle.

Il est donc essentiel de traiter des droits immuables, non seulement de l'individu considéré successivement dans l'état de nature et de société, mais encore des sociétés elles-mêmes.

J'ai recherché dans cette dernière partie ce qui constitue les différents gouvernements, et les motifs qui peuvent faire adopter l'un ou l'autre. Mon intention a été d'amener tous les Français à cette conséquence : *le gouvernement monarchique est celui qui nous convient le mieux.* Je désire que tous y souscrivent avec la même sincérité que je le fais. Ce principe, bien mieux que la vaine cérémonie du sacre de nos rois, unira intimement le prince et les sujets, et sera dans tous les temps la principale force de l'État.

Qu'il me soit également permis de relever une erreur qui s'est propagée, et qui peut devenir d'autant plus contagieuse, qu'elle a été adoptée par un écrivain qui a l'art de développer des idées profondes avec autant de clarté que de sagacité.

« L'homme dans l'état de nature (dit M. Crenière) n'est ni libre, ni esclave; il est indépendant. »

Je voudrais bien savoir ce que c'est qu'un être qui n'est ni libre ni esclave. Je voudrais savoir encore s'il peut y avoir entre l'indépendance et la liberté d'autre différence que celle que l'on peut concevoir entre de l'eau bouillante, et une plus ou moins chaude.

« Il n'a point de droits à exercer, ajoute M. Crenière »; mais dans ce cas, comment pourrait-il en avoir dans l'état de citoyen? Serait-il possible qu'une foule de zéros accumulés donnât une valeur réelle? Une société de commerce pourrait-elle avoir des capitaux sans les mises des associés? Telle est la société politique; elle a des droits, parce que chaque citoyen en apporte; et celui-ci n'en a à son tour, que parce qu'il les possédait en sortant des mains de la nature.

Et qu'on ne se représente pas l'homme de la nature comme un être isolé. Pourquoi, naturellement bienfaisant et sensible, ne vivrait-il pas avec ses semblables sous les lois de la justice et de la morale? Est-ce que la conscience ne saurait pas lui dire comme à nous, qu'il ne faut pas faire à autrui ce que nous ne voudrions pas qui nous fût fait?

Pour moi, je n'aperçois que cette différence caractéristique entre l'homme de la nature et l'homme vivant sous les lois de la société : le premier n'a d'autre appui que sa propre force, et le second a encore celui de toute la société qui lui a garanti tous ses droits, comme il a garanti à son tour les droits de chacun de ses concitoyens.

PROJET
DE DÉCLARATION DE DROITS

L'Assemblée nationale considérant qu'elle a été convoquée principalement pour régénérer l'État et détruire les abus de toute espèce qui s'opposent à sa félicité, a reconnu qu'elle ne saurait y parvenir sans établir une Constitution fixe et permanente.

Cette Constitution sera le contrat qui unira le Roi et la nation par des engagements réciproques dictés pour le bonheur de tous, par l'amour et la confiance.

Mais, afin que ces engagements soient à jamais observés, il faut qu'ils soient avoués par la raison; il faut qu'il n'y ait pas de Français qui n'en reconnaisse toute la justice et la sainteté.

Il est donc indispensable de constater les principes sur lesquels ils sont fondés : c'est pourquoi l'Assemblée nationale a jugé convenable de faire précéder ladite Constitution par une Déclaration des droits de l'homme, du citoyen et des sociétés.

Droits de l'homme

ARTICLE PREMIER

Chaque homme tient de la nature le droit de veiller à sa conservation, et celui d'être heureux.

ART. II

Pour assurer sa conservation et son bonheur, elle lui a donné une volonté et des qualités physiques et morales.

ART. III

Ainsi, tout homme a le droit essentiel d'user de ses facultés suivant sa volonté.

ART. IV

La nature a donc fait les hommes indépendants les uns des autres, c'est-à-dire, entièrement libres.

ART. V

Ainsi les hommes sont égaux, non en force et en moyens, mais en droits.

Art. VI

Ces droits essentiels et imprescriptibles, puisqu'ils dérivent de la nature de l'homme, sont celui de jouir de l'honneur, de la vie et d'une liberté entière; celui d'acquérir des propriétés, de les transmettre à qui bon lui semble, de les posséder et de les défendre en repoussant la force par la force; en un mot le droit de chercher et d'obtenir par tous les moyens qui sont en son pouvoir, la sûreté et le bonheur.

Droits du citoyen

Art. VII

Dans l'état de nature, chacun, pour le maintien et la défense de ses droits, n'a pu faire usage que de sa propre force, qui le plus souvent a dû être insuffisante. De là l'intérêt commun qu'ont eu les hommes de se réunir en société, c'est-à-dire, de mettre les droits de chaque individu sous la protection et la sauvegarde de tous.

Art. VIII

Ainsi, une société politique est l'effet d'une convention libre entre tous les citoyens, et son objet doit être nécessairement le plus grand bien de tous, et la conservation des droits qui leur sont accordés par la nature.

Art. IX

Mais ils ne peuvent exercer des droits opposés entre eux, sans que l'un l'emporte sur l'autre, et qu'il en résulte une altération dans la liberté et l'égalité. Ainsi chaque citoyen doit faire l'abandon de tous les droits qui nuisent à ceux d'un autre. Ce sacrifice est d'autant plus juste, qu'il est le prix des autres droits qui lui restent, dont le libre exercice lui est pleinement garanti par la société.

Art. X

Ainsi tout citoyen est libre dans l'exercice de ses facultés personnelles, à la seule condition de ne pas nuire aux droits d'autrui.

Art. XI

Ainsi personne n'est responsable de sa pensée ni de ses sentiments, et nulle manière de les publier ne doit lui être interdite; chacun est libre d'écrire et de faire imprimer ce que bon lui semble, toujours sous la condition de ne pas donner atteinte aux droits d'autrui. Enfin, tout écrivain peut débiter ou faire débiter ses productions, et il peut les faire circuler librement, tant par la poste, que par toute autre voie, sans avoir jamais à craindre aucun abus de confiance. Les lettres en particulier doivent être sacrées pour tous les intermédiaires qui se trouvent entre celui qui écrit, et celui à qui il écrit.

ART. XII

Tout citoyen est, sous la même condition, le maître d'aller ou de rester partout, quand et comme bon lui semble; enfin, de disposer de ses propriétés ainsi qu'il le juge à propos.

ART. XIII

Tous les droits dont l'exercice est prohibé, doivent être clairement énoncés; car il est juste que chaque citoyen puisse bien connaître quels sont ceux qui lui restent. Cette énonciation s'appelle loi. Ainsi, *la loi n'est pas faite* pour permettre; elle ne l'est *que pour défendre.*

ART. XIV

De là cette conséquence : tout ce qui n'est pas défendu par la loi est permis, et nul ne peut être contraint à faire ce qu'elle n'ordonne pas.

ART. XV

Ainsi, tout citoyen est libre d'employer ses bras, son industrie et ses capitaux, comme il le juge bon et utile à lui-même. Nul genre de travail ne peut lui être interdit. Il peut fabriquer et produire ce qu'il lui plaît, et comme il lui plaît : il peut garder ou transporter à son gré toute espèce de marchandises, et les vendre en gros ou en détail. Dans ces diverses occupations, nul particulier, nulle association n'a le droit de le gêner, à plus forte raison de l'empêcher. La loi seule peut marquer les bornes qu'il faut donner à cette liberté comme à toute autre.

Droit des sociétés

ART. XVI

Une société quelconque ne peut avoir pour objet que l'intérêt commun. Les destinations sociales doivent être fondées sur l'utilité commune.

ART. XVII

Chaque homme dans l'état de nature jouissant sur lui-même d'un droit absolu et universel, il faut bien que la société possède aussi sur elle-même le même droit, c'est-à-dire, que *la souveraineté réside dans tous les membres d'une société considérée collectivement.*

ART. XVIII

Ainsi une société quelconque possède incontestablement toute espèce de pouvoirs. Elle a en tous temps celui de revoir et de réformer sa Constitution; celui de faire des lois, de les faire exécuter, et de prononcer sur leur violation; c'est-à-dire, qu'en vertu de sa souveraineté, elle possède éminemment les droits législatif, exécutif et judiciaire.

ART. XIX

Tous les citoyens étant égaux, nul ne peut imposer *la loi* à un autre; elle *ne peut être que l'expression de la volonté générale*; tous doivent donc la respecter et lui obéir.

ART. XX

Ainsi tout citoyen appelé ou saisi au nom de la loi, se rend coupable par la résistance.

ART. XXI

Tous devant être égaux aux yeux de la loi, ils ont un droit égal à la justice la plus impartiale, la plus exacte et la plus prompte, tant pour leurs personnes que pour leurs propriétés; et ils doivent l'obtenir gratuitement.

ART. XXII

La volonté générale n'est jamais aussi bien exprimée, que quand elle est celle de tous les citoyens; à défaut elle doit être énoncée par la majorité des suffrages.

ART. XXIII

Une minorité, quelle qu'elle soit, ne peut arrêter la promulgation d'une loi : car il est évident que dans ce cas, le petit nombre empêcherait de défendre ce qui est nuisible au plus grand. (Voyez l'article XIII.)

ART. XXIV

Tous les citoyens devant avoir une portion égale dans les avantages de la société, ils doivent exercer une influence égale dans les délibérations publiques.

ART. XXV

Ainsi un des principaux points d'une Constitution doit être la manière dont un peuple doit s'assembler, pour qu'il puisse, toutes les fois qu'il sera nécessaire, manifester ses volontés librement, clairement, facilement et promptement.

ART. XXVI

Une société a le droit, en vertu de sa souveraineté, de déléguer à qui bon lui semble les pouvoirs qu'elle possède. Ainsi, tous ceux qui dans une nation sont revêtus d'une portion quelconque d'autorité, ne doivent être considérés que comme ses mandataires.

ART. XXVII

Les officiers publics, dans tous les genres de pouvoirs, sont responsables de leurs prévarications, et comptables de leur conduite.

ART. XXVIII

Un gouvernement ne doit exister que pour l'intérêt de ceux qui sont gouvernés, et non pour l'intérêt de ceux qui gouvernent.

ART. XXIX

Les fonctions publiques doivent donc suivre les besoins publics; le nombre des places doit être rigoureusement borné au nécessaire; il est absurde surtout, qu'il y ait des places sans fonctions.

ART. XXX

Il est également absurde qu'un citoyen puisse être exclu d'une place, pour raison de ce qu'un stupide préjugé appelle défaut de naissance. Il faut, pour toute espèce de service public, préférer les plus capables.

ART. XXXI

Des pensions sur le Trésor public ne peuvent être sollicitées et obtenues, qu'à titre de récompense pour des services rendus par des hommes sans fortune, qui ne peuvent plus être employés utilement.

ART. XXXII

S'il est, dans la société générale, des sociétés particulières, elles doivent lui être subordonnées. Sa souveraineté lui donne incontestablement le droit de les réformer, même de les détruire, et de faire de leurs liens telle application que bon lui semblera, s'ils ne sont transmissibles ni par donation, ni par droit de succession.

ART. XXXIII

Si un peuple est trop nombreux, et qu'il occupe un espace trop étendu, il lui est impossible de se réunir, et il est réduit à former des assemblées partielles, et à se choisir des représentants. Ces assemblées doivent être circonscrites de manière que tous ceux qui en feront partie puissent y être appelés commodément, promptement et facilement.

ART. XXXIV

Ainsi, si une nation est renfermée dans quinze ou vingt lieues carrées, et s'il y a une ville au centre de cet espace, il est naturel que le peuple se divise en un certain nombre de cantons, dont chacun formerait une corporation, et que chaque canton nomme ses représentants, et les charge de se réunir avec les autres dans cette ville, pour y traiter des affaires publiques. Dans une telle hypothèse, chaque citoyen influerait directement dans le choix des représentants de la nation.

ART. XXXV

Si trente ou même soixante districts semblables se réunissent en corps de nation, il sera également naturel que les représentants de chacun d'eux en nomment d'autres, et que ceux-ci se rendent, de concert, au centre de la province, qui ne peut qu'être ou devenir la ville principale. Dans un tel cas, il serait statué par les représentants des représentants.

ART. XXXVI

Enfin, si un certain nombre de provinces sont réunies en corps de nation, il est encore naturel que leurs représentants chargent un certain nombre de délégués de se réunir dans la capitale de l'Empire, pour y traiter des intérêts communs. Dans ce dernier cas, la représentation s'éloignerait encore d'un degré.

ART. XXXVII

Voilà la marche simple que la raison nous indique, pour former les corps politiques : ils doivent être les éléments les uns des autres, afin que chaque citoyen puisse, comme membre de la souveraineté, exercer toute l'influence possible. Leur nombre doit dépendre du degré de population, et de l'espace qu'une nation occupe, en telle sorte qu'il y ait entre eux et elle, le même rapport que celui qui existe entre plusieurs cercles concentriques.

ART. XXXVIII

Tous les citoyens étant égaux en droit, chacun doit avoir sa voix dans la corporation élémentaire où il est appelé pour voter individuellement; et il en résulte que chacune des autres doit fournir à la corporation qui lui est immédiatement supérieure, un nombre de représentants proportionné au nombre de ceux qu'elle représente elle-même [1].

ART. XXXIX

Si un peuple est trop nombreux, et qu'il occupe trop d'espace, il est encore réduit à déléguer les différents pouvoirs qui constituent la souveraineté.

ART. XL

Il peut sans doute les déléguer à qui bon lui semble mais si la puissance exécutrice a le droit de faire des lois, elle ne promulguera que celles qui serviront à étendre son autorité. Si elle a le droit de juger, elle pourra frapper par le glaive de la loi, ceux qui ne voudront pas souscrire à ses volontés particulières.

De même le pouvoir sur la vie et la liberté des citoyens serait arbitraire, si ceux à qui le pouvoir de faire les lois serait confié, avaient celui d'en faire l'application à leur gré.

Enfin il est visible que la réunion des trois pouvoirs porterait les abus à leur comble. Ainsi *la liberté d'un peuple est en danger, tant que les pouvoirs législatif, exécutif et judiciaire, ne sont pas distincts et séparés*.

ART. XLI

Le juge ne doit, dans aucun cas, substituer sa volonté privée à la volonté générale; une impartialité parfaite doit être son caractère; il doit être uniquement l'organe de la loi.

ART. XLII

Ce n'est donc pas au juge à constater les faits : ce soin doit être réservé à des jurés, choisis librement par les parties, sur une liste dressée antérieurement en vertu de la loi.

1. Plusieurs pensent que le nombre des représentants doit être proportionné à la contribution. Il s'ensuivrait, comme je le démontrerai bientôt, que dans ce cas chaque citoyen devrait avoir dans la corporation élémentaire une influence égale à sa contribution; mais celle-ci étant toujours proportionnée aux facultés, il est évident qu'elle n'est autre chose que le juste prix de la protection accordée à chaque citoyen, et qui est toujours proportionnée à la fortune : si donc la loi accordait une influence proportionnée à la protection qu'elle accorde, elle altérerait, sans aucune indemnité, l'égalité de droits, qui est le principe fondamental des sociétés.

Appelons X l'influence d'un citoyen, C sa contribution, et N le nombre de citoyens qui forment une contribution élémentaire. La contribution de la corporation sera CN, et son influence F sera, d'après la proposition, proportionnée à CN : mais elle doit être la somme de toutes les influences partielles, c'est-à-dire, que F = NX, donc NX doit être proportionné à CN, et X à C.

ART. XLIII

La loi devant éviter toute espèce d'arbitraire, aucun citoyen ne peut être tenu de répondre pour un délit quelconque, à moins qu'il ne lui soit énoncé pleinement et clairement, substantiellement et formellement; et il ne peut être contraint de s'accuser ou de fournir des preuves contre lui-même. Il a au contraire le droit de produire toutes celles qui peuvent lui être favorables, d'être confronté face à face avec les témoins, et d'être entendu pleinement dans sa défense, par lui-même, ou par un conseil à son choix.

ART. XLIV

Si un citoyen a été arrêté et emprisonné hors les cas prévus par la loi, il doit lui être adjugé l'indemnité qu'elle aura dû avoir fixée.

ART. XLV

Puisque la loi oblige également les citoyens, elle doit punir également les coupables; mais nul ne pourra être exilé ou privé de la vie, de la liberté ou de ses biens, qu'en vertu de la loi et après un jugement de ses pairs.

ART. XLVI

Dans les poursuites criminelles, la vérification des faits dans le voisinage du lieu où ils se sont passés, est de la plus grande importance pour la sûreté de la vie, de la liberté et de la propriété des citoyens. Ainsi les ministres des lois ne sauraient être assez à portée des justiciables.

ART. XLVII

La liberté, la propriété et la sécurité des citoyens, doivent reposer sous une garantie sociale, supérieure à toutes les atteintes. Ainsi il doit y avoir une force capable de réprimer ceux des simples citoyens qui entreprendraient d'attaquer les droits de quelque autre, et une armée capable de défendre la société contre les attaques des ennemis étrangers.

ART. XLVIII

Les impôts sont donc nécessaires pour le soutien d'une société; mais il est évident qu'ils ne doivent jamais excéder les besoins.

ART. XLIX

La protection de l'État devant s'étendre à toute espèce de propriété, chaque citoyen ne peut être dispensé, sous quelque prétexte que ce soit, de l'obligation de contribuer en proportion de ses biens.

Art. L

La contribution publique étant une portion retranchée de la propriété de chaque citoyen, ils ont tous le droit d'en constater la nécessité, de la consentir librement, d'en suivre l'emploi, et d'en déterminer la quotité, l'assiette, le recouvrement et la durée; et s'ils ne peuvent pas l'exercer par eux-mêmes, il faut bien qu'ils en confient l'exercice à quelqu'un.

Art. LI

Ils ne sauraient le confier au corps chargé de juger; car ses membres, par la nature de leurs fonctions, doivent être constamment séparés.

Ils ne sauraient non plus le confier au corps exécutif, sans que la liberté en souffrît; car, dès qu'il aurait à sa disposition et l'armée et le Trésor, rien ne pourrait l'empêcher d'usurper tous les autres pouvoirs.

Art. LII

Il est donc nécessaire que le peuple, à raison de l'impôt, confie tous ses droits au corps législatif, qui devra y être assujetti comme le reste des citoyens.

Art. LIII

Le corps législatif devant être le gardien de la liberté par l'établissement des lois sur lesquelles elle doit être fondée, il est nécessaire qu'il s'assemble fréquemment pour surveiller leur exécution. Il convient donc qu'il n'accorde l'impôt que pour un an, afin que les besoins toujours renaissants du corps exécutif le déterminent puissamment à concourir à cette mesure de toutes ses forces.

Art. LIV

La puissance exécutrice est principalement établie pour diriger toutes les forces de l'État, mais elles ne doivent jamais servir à opprimer le peuple; ainsi les troupes ne doivent prêter serment qu'à la nation entre les mains du corps exécutif, et elles ne devront être employées contre les citoyens qu'à la réquisition du magistrat, à l'exception des cas qui doivent avoir été prévus par la Constitution.

Art. LV

Il est donc très essentiel que la Constitution de l'armée soit l'ouvrage de la puissance législative.

Art. LVI

Le peuple est intéressé à établir une balance entre les corps exécutif et législatif, de manière que l'un ne puisse pas être opprimé par l'autre. Il faut donc que le corps législatif puisse délibérer avec la plus grande liberté ; en conséquence : 1° Aucun de ses membres ne doit être dans le cas de redouter d'être recherché dans aucun temps pour des avis et des opinions qu'il aurait pu manifester dans les assemblées, et sa personne doit être déclarée inviolable.

2° Le corps exécutif ne pourra, sous aucun prétexte, se mêler de la police des assemblées du corps législatif. Il n'ordonnera dans aucun temps aux soldats d'approcher du lieu où elles se tiendront, à moins qu'il n'en soit requis par l'autre, auquel cas lesdits soldats seront uniquement aux ordres du corps législatif.

Art. LVII

Il faut également que le corps exécutif, non seulement ait connaissance de toutes les résolutions du corps législatif qu'il doit être chargé de faire exécuter, mais qu'il ait encore le droit de s'opposer efficacement à toutes celles qu'il jugera nuisibles : ainsi *aucune résolution du pouvoir législatif ne pourra être érigée en loi que par la sanction du corps exécutif.*

Art. LVIII

Le pouvoir exécutif aura encore dans tous les temps le droit de faire au corps législatif les demandes et propositions qu'il croira avantageuses à la chose publique, et s'il éprouve un refus de sa part, il aura celui de s'adresser au peuple en qui réside la plénitude des pouvoirs, de le faire assembler pour qu'il prononce lui-même, qu'il manifeste ses intentions à ses représentants, et même pour qu'il lui en substitue d'autres, s'il le juge nécessaire.

Art. LIX

Par le même motif, si le corps exécutif s'oppose par un *veto* à quelque décret du corps législatif, celui-ci aura le droit, sans que le premier puisse s'y opposer, de faire assembler le peuple qui devra manifester son vœu sur ledit décret.

Art. LX

Le pouvoir exécutif peut être confié (sans que la liberté soit compromise) à un seul individu, ou à plusieurs, ou à une partie considérable du peuple. De là naît la distinction des trois espèces de gouvernement, savoir : le monarchique, l'aristocratique et le démocratique.

ART. LXI

Si un peuple est peu nombreux, et qu'il occupe peu d'espace, un grand nombre d'individus peut sans inconvénient avoir part au pouvoir exécutif. Ce nombre doit diminuer à mesure que le peuple est plus nombreux, et que son territoire est plus vaste; en telle sorte que...

ART. LXII

L'intérêt d'une grande nation exige que le pouvoir exécutif soit concentré dans une seule personne, afin que son activité, qui doit être toujours proportionnée aux obstacles qui doivent être surmontés, et à la masse qui doit être mise en mouvement, soit la plus grande possible.

ART. LXIII

Il résulte de cet exposé, que si chaque nation a le plus grand intérêt à bien discerner le gouvernement qui lui convient le mieux, son choix ne saurait être fait au hasard, et qu'il doit être principalement déterminé par sa population, et l'étendue de son territoire.

ART. LXIV

Quelle que soit l'étendue et la population d'un État, le pouvoir législatif ne saurait être confié à un seul, sans compromettre la liberté. Il y aurait à craindre qu'il ne consultât que son propre intérêt dans l'établissement des lois.

ART. LXV

Dans toute espèce de gouvernement les membres du corps législatif et ceux du corps judiciaire doivent être amovibles et révocables à volonté. Le peuple, en les faisant rentrer dans la classe ordinaire des citoyens, évite le danger d'être opprimé par eux.

ART. LXVI

Il doit en être de même dans une république pour les membres du corps exécutif. Mais si dans une monarchie le peuple voulait se réserver le droit de renvoyer le roi, et même celui d'en nommer un autre à son gré après sa mort, il est aisé de prévoir que le roi ne manquerait pas de faire usage des grandes forces qui lui auraient été confiées, pour se maintenir sur le trône ou pour le transmettre à sa postérité, et que cette réserve du peuple serait une source perpétuelle de cabales, de factions et de guerres civiles.

ART. LXVII

Le bonheur d'une société, qui ne peut exister au milieu des dissensions, exige donc que dans une monarchie le pouvoir exécutif soit concentré dans une seule famille, et que l'ordre de la succession à la couronne soit déterminé d'avance d'une manière claire et invariable.

Alors l'ambition du monarque est satisfaite. Son intérêt et celui du peuple ne font qu'un, et la tranquillité publique ne peut être altérée.

ART. LXVIII

Il est de l'intérêt d'une nation que le corps exécutif soit respecté, et jouisse de la plus haute considération, sans quoi les lois seront mal exécutées.

Ainsi dans une monarchie il doit être érigé en principe, que le roi ne peut mal faire, et sa personne doit être sacrée.

ART. LXIX

Si donc il survient des abus d'autorité dans l'exercice du pouvoir exécutif, ils ne peuvent être imputés qu'à ses ministres, qui doivent en demeurer responsables.

ART. LXX

La loi ne pouvant atteindre les délits secrets, c'est à la religion et à la morale à la suppléer.

Ainsi le bon ordre et la conservation d'une société dépendent essentiellement de la piété, de la religion et des bonnes mœurs qui ne peuvent se répandre parmi tout un peuple que par des instructions publiques, et par l'exercice d'un culte public. Aussi les corps exécutif et législatif devront-ils veiller soigneusement à ce qu'il y ait dans tous les temps des fonds convenables et suffisants pour la construction et l'entretien des églises, et pour la subsistance de ses ministres.

ART. LXXI

Et néanmoins aucun membre de la société ne pourra sous aucun prétexte être inquiété pour ses opinions religieuses. Il ne doit point cesser de jouir de tous les droits de citoyen, tant qu'il se conforme aux lois, et qu'il ne trouble pas le culte public.

A Versailles, chez BAUDOUIN, Imprimeur de l'Assemblée nationale,
avenue de Saint-Cloud, N° 69, 1789.

DÉCLARATION DES DROITS DU CITOYEN FRANÇAIS

Détachée du préliminaire de la Constitution

par M. l'Abbé SIEYÈS *

Les représentants de la nation française, réunis en Assemblée nationale, reconnaissent qu'ils ont par leurs mandats la charge spéciale de régénérer la Constitution de l'État.

En conséquence, ils vont, à ce titre, exercer le pouvoir constituant; et pourtant, comme la représentation actuelle n'est pas rigoureusement conforme à ce qu'exige une telle nature de pouvoir, ils déclarent que la Constitution qu'ils vont donner à la nation, quoique obligatoire pour tous, du moment de sa promulgation, ne sera définitive qu'après qu'un nouveau pouvoir constituant, extraordinairement convoqué pour cet unique objet, lui aura donné un consentement que réclame la rigueur des principes.

Les représentants de la nation française, exerçant dès ce moment les fonctions du *pouvoir constituant*,

Considèrent que toute union sociale, et par conséquent toute Constitution politique, ne peut avoir pour objet que de manifester, d'étendre et d'assurer les *droits de l'homme et du citoyen.*

Ils jugent donc qu'ils doivent d'abord s'attacher à reconnaître ces droits; que leur exposition raisonnée doit précéder le plan de Constitution, comme en étant le préliminaire indispensable; et que c'est présenter à toutes les constitutions politiques l'objet ou le but que toutes, sans distinction, doivent s'efforcer d'atteindre.

En conséquence, les représentants de la nation française,

Reconnaissent et consacrent, par une promulgation positive et solennelle, la Déclaration suivante *des droits de l'homme et du citoyen.*

ARTICLE PREMIER

Toute société ne peut être que l'ouvrage libre d'une convention entre tous les associés.

* Archives parlementaires, 12 août 1789.

ART. II

L'objet d'une société politique ne peut être que le plus grand bien de tous.

ART. III

Tout homme est seul propriétaire de sa personne, et cette propriété est inaliénable.

ART. IV

Tout homme est libre dans l'exercice de ses facultés personnelles, à la seule condition de ne pas nuire aux droits d'autrui.

ART. V

Ainsi, personne n'est responsable de sa pensée, ni de ses sentiments; tout homme a le droit de parler ou de se taire; nulle manière de publier ses pensées et ses sentiments ne doit être interdite à personne; et en particulier, chacun est libre d'écrire, d'imprimer ou de faire imprimer ce que bon lui semble, toujours à la seule condition de ne pas donner atteinte aux droits d'autrui. Enfin, tout écrivain peut débiter ou faire débiter ses productions, et il peut les faire circuler librement, tant par la poste que par toute autre voie, sans jamais avoir à craindre aucun abus de confiance. Les lettres en particulier doivent être sacrées pour tous les intermédiaires qui se trouvent entre celui qui écrit, et celui à qui il écrit.

ART. VI

Tout citoyen est pareillement libre d'employer ses bras, son industrie et ses capitaux, ainsi qu'il le juge bon et utile à lui-même. Nul genre de travail ne lui est interdit. Il peut fabriquer et produire ce qui lui plaît, et comme il lui plaît; il peut garder ou transporter à son gré toute espèce de marchandises, et les vendre en gros ou en détail. Dans ces diverses occupations, nul particulier, nulle association n'a le droit de le gêner, à plus forte raison de l'empêcher. La loi seule peut marquer les bornes qu'il faut donner à cette liberté comme à toute autre.

ART. VII

Tout homme est pareillement le maître d'aller ou de rester, d'entrer ou de sortir, et même de sortir du royaume, et d'y rentrer, quand et comme bon lui semble.

ART. VIII

Enfin, tout homme est le maître de disposer de son bien, de sa propriété, et de régler sa dépense, ainsi qu'il le juge à propos.

ART. IX

La liberté, la propriété et la sécurité des citoyens doivent reposer sous une garantie sociale supérieure à toutes les atteintes.

ART. X

Ainsi, la loi doit avoir à ses ordres une force capable de réprimer ceux des simples citoyens qui entreprendraient d'attaquer les droits de quelque autre.

ART. XI

Ainsi, tous ceux qui sont chargés de faire exécuter les lois, tous ceux qui exercent quelque autre partie de l'autorité ou d'un pouvoir public, doivent être dans l'impuissance d'attenter à la liberté des citoyens.

ART. XII

Ainsi l'ordre intérieur doit être tellement établi et servi par une force intérieure et légale, qu'on n'ait jamais besoin de requérir le secours dangereux du pouvoir militaire.

ART. XIII

Le pouvoir militaire n'est créé, n'existe, et ne doit agir que dans l'ordre des relations politiques extérieures. Ainsi le soldat ne doit jamais être employé contre le citoyen. Il ne peut être commandé que contre l'ennemi extérieur.

ART. XIV

Tout citoyen est également soumis à la loi, et nul n'est obligé d'obéir à une autre autorité que celle de la loi.

ART. XV

La loi n'a pour objet que l'intérêt commun; elle ne peut donc accorder aucun privilège à qui que ce soit; et s'il est établi des privilèges, ils doivent être abolis à l'instant, quelle qu'en soit l'origine.

ART. XVI

Si les hommes ne sont pas égaux en *moyens*, c'est-à-dire, en richesses, en esprit, en force, etc. il ne suit pas qu'ils ne soient pas tous égaux en *droits*. Devant la loi, tout homme en vaut un autre; elle les protège tous sans distinction.

ART. XVII

Nul homme n'est plus libre qu'un autre, nul n'a plus de droit à sa propriété, qu'un autre n'en peut avoir à la sienne. Tous doivent jouir de la même garantie et de la même sécurité.

ART. XVIII

Puisque la loi oblige également les citoyens, elle doit punir également les coupables.

ART. XIX

Tout citoyen appelé ou saisi au nom de la loi, doit obéir à l'instant. Il se rend coupable par la résistance.

ART. XX

Nul ne doit être appelé en justice, saisi et emprisonné que dans les cas prévus, et dans les formes déterminées par la loi.

ART. XXI

Tout ordre arbitraire ou illégal est nul. Celui ou ceux qui l'ont demandé, celui ou ceux qui l'ont signé, sont coupables. Ceux qui le portent, qui l'exécutent ou le font exécuter, sont coupables. Tous doivent être punis.

ART. XXII

Les citoyens contre qui de pareils ordres ont été surpris, ont le droit de repousser la violence par la violence.

ART. XXIII

Tout citoyen a droit à la justice la plus impartiale, la plus exacte et la plus prompte, tant pour sa personne que pour sa chose.

ART. XXIV

Tout citoyen a droit de plus, aux avantages communs qui peuvent naître de l'état de société.

ART. XXV

Tout citoyen qui est dans l'impuissance de pourvoir à ses besoins, a droit aux secours publics.

ART. XXVI

La loi ne peut être que l'expression de la volonté générale. Chez un grand peuple, elle doit être l'ouvrage d'un corps de représentants choisis pour un temps court, médiatement ou immédiatement par tous les citoyens qui ont à la chose publique, intérêt avec capacité. Ces deux qualités ont besoin d'être positivement et clairement déterminées par la Constitution.

Art. XXVII

Nul ne doit payer de contribution que celle qui a été librement votée par les représentants de la nation.

Art. XXVIII

Tous les pouvoirs publics viennent du peuple, et n'ont pour objet que l'intérêt du peuple.

Art. XXIX

La constitution des pouvoirs publics doit être telle que toujours actifs, toujours propres à remplir leur destination, ils ne puissent jamais s'en écarter au détriment de l'intérêt social.

Art. XXX

Une fonction publique ne peut jamais devenir la propriété de celui qui l'exerce; son exercice n'est pas un droit, mais un devoir.

Art. XXXI [1]

Les fonctions publiques doivent suivre les besoins publics. Le nombre des places doit être rigoureusement borné au nécessaire. Il est absurde surtout qu'il y ait dans un État des places sans fonctions.

Art. XXXII

Nul citoyen ne doit être exclu d'aucune place, pour raison de ce qu'un stupide préjugé appelle *défaut de naissance*. Il faut, pour toute espèce de service public, préférer les plus capables.

Art. XXXIII

De ce que tout service actuel doit avoir, et a son salaire, il suit, que les pensions sur le Trésor public, ne peuvent être sollicitées qu'à titre de récompense, ou bien à titre de secours de charité.

Art. XXXIV

Les récompenses pécuniaires supposent des services éminents, ou très longs, rendus à la chose publique, par des hommes sans fortune qui ne peuvent plus être employés utilement.

1. Cet article et les quatre suivants ont été ajoutés à cette édition.

ART. XXXV

Quant aux charités publiques, il est évident qu'elles ne doivent être répandues que sur les personnes qui sont dans une impuissance réelle de pourvoir à leurs besoins; et il faut entendre par ce mot, les besoins naturels, et non des besoins de vanité; car il n'entrera jamais dans l'intention des contribuables de se priver, quelquefois même, d'une partie de leur nécessaire, pour fournir au luxe d'un pensionnaire de l'État. Il faut encore que des secours de charité cessent au moment où finit l'impuissance qui les justifiait.

ART. XXXVI

Les officiers publics, dans tous les genres de pouvoirs, sont responsables de leurs prévarications, et comptables de leur conduite.

ART. XXXVII

Un peuple a toujours le droit de recevoir et de réformer sa Constitution. Il est même bon de déterminer des époques fixes, où cette révision aura lieu, quelle qu'en soit la nécessité.

A Versailles. De l'Imprimerie de Ph.-D. PIERRES, Prem. Imprimeur Ordinaire du Roi, rue S. Honoré, N° 23, 1789.

Ass. nationale
Bureau 6e

Registre A fol. xlix
N. 209

~~Décl. de Droits~~

1

Projet du 6e de Déclaration des Droits de l'homme et du citoyen. [+ et signans]

Première

~~Préambule~~

Les représentans du peuple français réunis en Assemblée nationale, ~~et chargés de~~ [illegible] régénérer la Constitution de l'État, de déterminer les droits, l'exercice et les limites du pouvoir législatif et du pouvoir exécutif, considérant que l'ordre social et toute bonne institution doivent avoir pour base des principes immuables; que l'homme, né pour être libre, ne s'est soumis au régime d'une société politique, que pour mettre ses droits naturels sous la protection d'une force commune: voulant consigner et reconnoître solemnellement en présence du Suprême Législateur de l'univers, les droits de l'homme et du citoyen: Déclarent que ces droits reposent essentiellement sur les vérités suivantes.

Art. 1er

Chaque homme tient de la nature le droit de veiller à sa conservation, et le désir ~~du bien être~~ d'être heureux.

2.

Pour assurer sa conservation et se procurer le bien être chaque homme tient de la nature des facultés; c'est le plein et entier exercice de ces facultés que consiste la liberté.

3.

~~La liberté est l'exercice plein et entier des facultés de l'homme.~~

4.

De l'usage de ces facultés dérive le droit de propriété.

+ Celle-ci émanée du fait du projet de déclaration des droits discutée dans le 6e bureau; a été remise le 26 août 1789 par M. Amon, auteur de la rédaction à laquelle M. l'Ab. de [illegible] président du 6e bureau a coopéré; et elle est écrite de la main de M. Amon.

4.

Chaque homme a un droit égal à sa liberté et à sa propriété.

5.

Mais chaque homme n'a pas reçu de la nature les mêmes moyens pour user de ses droits ; de là l'inégalité entre les hommes, l'inégalité est donc dans la nature même.

6.

La Société s'est formée par le besoin de maintenir l'égalité des droits, au milieu de l'inégalité des moyens.

7.

Dans l'état de Société chaque homme pour obtenir l'exercice libre et certain de ses facultés doit le reconnaître dans ses semblables et [illegible] le faciliter.

8.

De cette réciprocité nécessaire résulte entre les hommes réunis la double relation des Droits et des Devoirs.

9.

Le but de tout gouvernement doit être de maintenir cette double relation ; de là l'établissement des loix.

10.

L'objet de la loi est donc de garantir tous les droits, et d'assurer l'exécution de tous les Devoirs.

11.

Le premier Devoir de tout citoyen étant de servir la Société, selon sa capacité et ses talens, il a donc le droit d'être appellé à tout emploi public.

12.

La loi étant l'expression de la volonté générale, tout citoyen doit avoir coopéré immédiatement ou médiatement à la formation de la loi.

13.

La loi doit être la même pour tous : [illegible] et quelle autorité [illegible] n'est obligatoire pour [illegible]

Le citoyen, qu'autant qu'elle commande au nom de la loi.

13.

Nul citoyen ne peut être accusé, ni troublé dans l'usage de sa propriété ni gêné dans celui de sa liberté qu'en vertu de la loi, avec les formes qu'elle a prescrites, et dans les cas qu'elle a prévus.

14.

Quand la loi punit, la peine doit toujours être proportionnée au délit, sans aucune acception de rang, d'état ou de fortune.

16.

La loi ne pouvant atteindre les délits cachés, c'est à la religion et à la morale à la suppléer : il est donc essentiel pour le bon ordre même de la société que l'une et l'autre soient respectées.

17.

Le maintien de la religion exige un culte public : le respect pour le culte public est donc indispensable.

18.

Tout citoyen qui ne trouble pas le culte établi, ne peut être inquiété pour ses opinions.

19.

La libre communication des pensées étant un des droits du citoyen : elle ne doit être restreinte, qu'autant qu'elle nuit aux droits d'autrui.

20.

La garantie des droits de l'homme et du citoyen nécessite une force publique, cette force est donc instituée pour l'avantage de tous, et non pour l'utilité particulière de ceux auxquels elle est confiée.

21.

Pour l'entretien de la force publique et les autres frais de gouvernement, une contribution commune est indispensable et sa répartition doit être rigoureusement proportionnelle entre tous les citoyens.

22.

La contribution publique étant une portion retranchée de la propriété de chaque citoyen, il a le droit d'en constater la nécessité, de la consentir librement, d'en suivre l'emploi, et d'en déterminer la quotité, l'assiette, le recouvrement et la durée.

23.

La Société a le droit de demander compte à tout agent public de son administration.

24.

Toute Société dans laquelle la garantie des droits n'est pas assurée, et la séparation des pouvoirs déterminée, n'a pas une véritable constitution.

PROJET DE DÉCLARATION DES DROITS DE L'HOMME ET DU CITOYEN

Discuté dans le sixième Bureau de l'Assemblée nationale

Les représentants du peuple français, réunis et siégeant en Assemblée nationale, à l'effet de régénérer la Constitution de l'État, et de déterminer les droits, l'exercice et les limites du pouvoir législatif et du pouvoir exécutif; considérant que l'ordre social et toute bonne Constitution doivent avoir pour base des principes immuables; que l'homme, né pour être libre, ne s'est soumis au régime d'une société politique, que pour mettre ses droits naturels sous la protection d'une force commune; voulant consacrer et reconnaître solennellement en présence du suprême législateur de l'univers, les droits de l'homme et du citoyen, déclarent que ces droits reposent essentiellement sur les vérités suivantes.

ARTICLE PREMIER

Chaque homme tient de la nature le droit de veiller à sa conservation et le désir d'être heureux.

ART. II

Pour assurer sa conservation et se procurer le bien-être, chaque homme tient de la nature des facultés : c'est dans le plein et entier exercice de ces facultés que consiste *la liberté*.

ART. III

De l'usage de ces facultés dérive le droit de propriété.

ART. IV

Chaque homme a un droit égal à sa liberté et à sa propriété.

* Archives parlementaires, 12 août 1789.

ART. V

Mais chaque homme n'a pas reçu de la nature les mêmes moyens pour user de ses droits. De là naît l'inégalité entre les hommes : l'inégalité est donc dans la nature même.

ART. VI

La société s'est formée par le besoin de maintenir l'égalité des droits, au milieu de l'inégalité des moyens.

ART. VII

Dans l'état de société chaque homme, pour obtenir l'exercice libre et légitime de ses facultés, doit le reconnaître dans ses semblables, le respecter et le faciliter.

ART. VIII

De cette réciprocité nécessaire résulte, entre les hommes réunis, la double relation des droits et des devoirs.

ART. IX

Le but de toute société est de maintenir cette double relation; de là l'établissement des lois.

ART. X

L'objet de la loi est donc de garantir tous les droits, et d'assurer l'observation de tous les devoirs.

ART. XI

Le premier devoir de tout citoyen étant de servir la société selon sa capacité et ses talents, il a le droit d'être appelé à tout emploi public.

ART. XII

La loi étant l'expression de la volonté générale, tout citoyen doit avoir coopéré immédiatement à la formation de la loi.

ART. XIII

La loi doit être la même pour tous; et aucune autorité politique n'est obligatoire pour le citoyen, qu'autant qu'elle commande au nom de la loi.

ART. XIV

Nul citoyen ne peut être accusé, ni troublé dans l'usage de sa propriété, ni gêné dans celui de sa liberté, qu'en vertu de la loi, avec les formes qu'elle a prescrites, et dans les cas qu'elle a prévus.

ART. XV

Quand la loi punit, la peine doit toujours être proportionnée au délit, sans aucune acception de rang, d'état ou de fortune.

ART. XVI

La loi ne pouvant atteindre les délits secrets, c'est à la religion et à la morale à la suppléer. Il est donc essentiel, pour le bon ordre même de la société, que l'une et l'autre soient respectées.

ART. XVII

Le maintien de la religion exige un culte public. Le respect pour le culte public est donc indispensable.

ART. XVIII

Tout citoyen qui ne trouble pas le culte établi, ne doit point être inquiété.

ART. XIX

La libre communication des pensées étant un droit du citoyen, elle ne doit être restreinte qu'autant qu'elle nuit aux droits d'autrui.

ART. XX

La garantie des droits de l'homme et du citoyen nécessite une force publique : cette force est donc instituée pour l'avantage de tous, et non pour l'utilité particulière de ceux auxquels elle est confiée.

ART. XXI

Pour l'entretien de la force publique, et les autres frais du gouvernement, une contribution commune est indispensable ; et sa répartition doit être rigoureusement proportionnelle entre tous les citoyens.

ART. XXII

La contribution publique étant une portion retranchée de la propriété de chaque citoyen, il a le droit d'en constater la nécessité, de la consentir librement, d'en suivre l'emploi, et d'en déterminer la quotité, l'assiette, le recouvrement et la durée.

ART. XXIII

La société a le droit de demander compte à tout agent public de son administration.

Art. XXIV

Toute société dans laquelle la garantie des droits n'est pas assurée, et la réparation des pouvoirs déterminée, n'a pas une véritable Constitution.

A Paris, chez Baudouin, Imprimeur de l'Assemblée nationale,
rue du Foin-Saint-Jacques, N° 31. 1789.

DÉCLARATION DES DROITS DE L'HOMME ET DU CITOYEN

par A. F. Pison du Galland, membre de l'Assemblée nationale *

Le titre d'une Déclaration des droits de l'homme et du citoyen, détermine exactement son objet. Il ne suffit pas d'exprimer les droits naturels de l'homme, abstraction faite des conventions sociales, il faut exprimer ceux qu'il a comme citoyen ou membre d'une société politique. Comme homme, il a droit à la vie, à la liberté, à la propriété qui résulte de son travail. Comme citoyen ou membre d'une société politique, il a droit à ce qu'elle existe avec liberté, qu'elle se régisse par de bonnes lois, que ses lois soient fidèlement exécutées, etc.

C'est ainsi que les Déclarations de droits publiées en Amérique, et particulièrement celle qui fait partie de la Constitution de Pennsylvanie, ont fixé tout à la fois les premiers principes du droit naturel, les principes généraux du régime social, et les principes particuliers des divers établissements politiques, qui, pouvant atteindre le citoyen, intéressent ses droits et sa félicité. Elles forment par là un code moral et politique, non seulement propre à rappeler le gouvernement au but de son institution, mais à indiquer et provoquer constamment le degré de perfection dont l'état social peut être susceptible.

Une Déclaration de droits, perfectionnée et sanctionnée par une grande nation, est peut-être le plus heureux présent que le genre humain puisse recevoir. Elle deviendrait le germe de l'instruction publique. Elle fixerait les idées sur des principes constants de prospérité générale. Elle asseoirait les esprits, influerait sur les caractères, et n'assurerait pas seulement les droits des hommes en préparant de bons établissements, mais les en ferait jouir dans la concorde et avec toute la plénitude de leurs facultés.

La simplicité doit être le principal caractère d'un

* La date de publication de cette Déclaration n'est pas connue.

ouvrage de ce genre. Tout style figuré doit en être banni. Destinée à instruire tous les citoyens, une déclaration de droits doit être perceptible aux esprits ordinaires, facile à retenir, porter ses preuves avec elle-même, ou n'en présenter que d'évidentes. On doit surtout y éviter toute proposition, toute expression même, abstraite ou indéterminée qui fournisse matière à discussion, ou puisse se prêter à des conséquences arbitraires.

Une méthode exacte est essentielle à la perfection d'une déclaration de droits. Prenant les droits de l'homme, à sa naissance, elle doit les suivre dans l'ordre où ils se développent, à mesure qu'il entre dans l'ordre social et que la société dont il est membre forme les divers établissements qui l'intéressent.

On est loin de croire d'avoir atteint le but; mais sa difficulté même autorise tous les efforts des citoyens; et c'est à ce titre, que sont publiés les articles qui suivent.

ARTICLE PREMIER

Droits de l'homme.

Tous les hommes naissent avec un droit égal à la vie, à sa conservation et à la liberté pleine et entière de leur individu et de toutes les facultés qui le composent.

La vie et les facultés de l'homme sont un don qu'il tient de la nature, dont personne, par conséquent, n'a droit de le priver.

ART. II

Inaliénabilité de ces droits.

Ce droit est essentiel, inadmissible et inaliénable.

Il est absurde de supposer qu'un homme puisse et veuille jamais perdre ou aliéner en tout ou en partie, ni pour aucune portion de temps, sa vie, sa félicité, ni aucun des moyens que la nature lui a donnés pour y pourvoir.

Il est plus absurde encore de supposer qu'un homme puisse faire cette aliénation pour un autre, ni pour sa postérité.

Toute convention contraire à ce principe, est radicalement nulle comme l'effet de la violence ou de la surprise, sans qu'aucun laps de temps puisse la légitimer.

ART. III

L'inégalité de force ou de moyens que la nature donne à un homme par comparaison à un autre, ne constitue

citoyen : bourgeois ↗ 237

pas une différence de droits. C'est un avantage pour travailler plus efficacement à sa propre félicité, mais sans nuire à l'existence et à la liberté de personne.

Si l'inégalité de moyens constituait une différence de droits, le faible aurait celui de recourir à la ruse contre le fort. L'existence humaine serait un chaos horrible de craintes, de violences et de perfidies, destructif de toute félicité générale et particulière.

ART. IV

Ils se fortifient par la religion.

L'ordre de la nature, la paix du juste, le remords du méchant, la tradition de nos pères, tout témoigne qu'il existe un Dieu vengeur du crime, et rémunérateur de la justice et de la vertu.

Cette vérité donne un appui immuable, éternel et sacré aux droits de l'homme.

La religion étend, fortifie et développe cette vérité féconde, et tout homme de bien doit la professer.

ART. V

Liberté de l'homme.

La liberté consiste en l'usage plein et illimité de toutes ses facultés, sans nuire à la vie et à un semblable usage des facultés de personne.

ART. VI

Le droit à la vie et à la liberté emportent le droit constant et absolu de les défendre de tous ses moyens et de toute sa force, lorsqu'elles sont attaquées.

ART. VII

Propriété.

Le travail est un exercice de la liberté; la propriété est la conséquence du travail. Ainsi la propriété est un droit inhérent à la liberté elle-même.

ART. VIII

Conventions.

Les échanges, les dons, les conventions enfin sont une suite de la propriété.

ART. IX

Limites de la propriété.

La propriété des choses est seule dans le commerce.

Ainsi, aucune convention ne peut être exécutée que sur les biens et non sur les personnes, hors les cas spécialement déterminés par la loi, où l'infidélité à un engagement, devient une sorte de délit public.

ART. X

La propriété ne doit empêcher personne de subsister.

Ainsi, tout homme doit trouver à vivre par son travail. Tout homme ne pouvant travailler, doit être secouru.

ART. XI

Droits du citoyen. L'homme en société.

Toute association personnelle, politique ou privée, doit être l'effet du vœu libre et constant des membres qui la composent.

Autrement ce serait un asservissement, non une société.

ART. XII

L'état de conquête est un état violent qui ne produit aucun droit, avant sa transformation en ordre social.

ART. XIII

Toute association politique est formée pour la protection égale et commune de la vie, la liberté et la propriété de tous les membres qui la composent.

Il est absurde de supposer que des êtres intelligents s'associent pour l'avantage des uns au désavantage des autres.

Ainsi, toute distinction, toute exception, tout privilège, tout attribut particulier, quel qu'il soit, sont nuls et abusifs, hors le simple témoignage de services rendus à la patrie.

ART. XIV

Origine et formation des lois.

La société est seule juge des lois ou des règles qui lui conviennent pour remplir son objet.

Ainsi, toutes les lois doivent être l'ouvrage des membres de la société, ou, si elle est trop nombreuse, celui de leurs représentants librement constitués.

ART. XV

Pour que les représentants n'abusent pas du pouvoir législatif qui leur est confié, ils doivent rentrer dans l'état privé après l'avoir exercé, et la représentation doit être bornée à un temps court et déterminé.

ART. XVI

Essence des lois.

Les lois doivent être les mêmes pour tous. Toutes doivent avoir un caractère certain et évident d'utilité générale.

Les lois pénales doivent être proportionnées aux crimes, douces plutôt que rigoureuses.

Elles ne doivent autoriser l'emprisonnement que dans les cas où elles infligent une peine corporelle.

ART. XVII

Le passé n'ayant pu se diriger par des règles qui n'existaient pas, il suit qu'aucune loi ne peut avoir d'effet rétroactif.

ART. XVIII

Soumission aux lois.

Les lois régulièrement constituées et émanées du corps social, sont d'obligation étroite et littérale pour chaque membre de la société, sans distinction, exception ni restriction.

Elles subsistent en pleine vigueur, jusqu'à ce qu'elles soient expressément révoquées, changées ou modifiées dans la même forme prescrite pour leur établissement.

Elles ne peuvent être enfreintes, sans violer le pacte social et livrer justement le réfractaire à toute la force et toute la vindicte publiques.

ART. XIX

Origine et essence du gouvernement.

La défense de l'État au-dehors, l'exécution des lois au-dedans, nécessitent l'établissement d'une force publique, soumise elle-même aux lois qui en déterminent l'établissement et l'étendue.

ART. XX

Quoique la formation des lois appartienne essentiellement et entièrement au corps social, il est avantageux, pour leur exécution, que le pouvoir exécutif, une fois constitué, y soit associé, pour qu'il exécute avec plus de zèle et de fidélité, ce qu'il a spécialement approuvé lui-même.

ART. XXI

Pouvoir judiciaire.

L'application des peines prononcées par les lois, la décision particulière des questions d'intérêt qui s'élèvent entre les citoyens, nécessitent l'établissement d'officiers judiciaires.

Ces officiers doivent essentiellement avoir la confiance des personnes à qui ils ont à rendre la justice.

Ainsi ils doivent être élus par les peuples de leur ressort, et la législation doit s'occuper attentivement à former des candidats dignes de leur confiance.

ART. XXII

L'office du juge est restreint à la simple application de la loi; il ne peut la dissimuler, la suppléer, la modifier ni l'étendre en aucun cas, sans prévarication.

Là où la loi se tait, il n'y a délit ni matière à demande : le juge est sans fonctions comme sans pouvoir.

ART. XXIII

La base essentielle de tout jugement est que toute partie intéressée soit pleinement entendue et reçue à contredire tout ce qu'on lui oppose.

Ainsi, toute pièce doit être produite; toute personne a droit de s'étayer de conseils; tout accusé a droit à la confrontation personnelle des témoins qui lui sont opposés; tout accusé et tout défendeur ont droit d'en produire à leur décharge.

Tout défaillant doit être reçu à purger sa demeure dans un délai déterminé en matière civile, et dans tous les temps en matière criminelle.

ART. XXIV

Dans tous les cas où il échoit de prononcer une peine, la déclaration spéciale du délit ou de la contravention à la loi doit précéder l'application de la peine qu'elle prononce.

ART. XXV

La vérification d'un fait étant à la portée de tous les esprits et du ressort de toutes les consciences droites, il est avantageux à l'égalité sociale, que dans tous les cas où il échoit de prononcer une peine, la contravention soit reconnue et déclarée par des jurés ou prud'hommes nommés et assermentés par les juges, parmi les pairs de l'accusé.

Il importe à la sûreté des accusés qu'ils puissent

facilement récuser les jurés qui leur seraient justement suspects; qu'ils exercent même des récusations limitées, purement volontaires.

ART. XXVI

Un fait ne pouvant pas être vrai pour un homme intègre et raisonnable, et n'être pas vrai pour un autre, les jurés doivent se réunir à l'unanimité sur le crime ou l'innocence de l'accusé, et exprimer cette unanimité dans leur déclaration.

ART. XXVII

Les lois doivent strictement prescrire les formes nécessaires pour l'instruction des jurés et des juges en toute matière, ainsi que pour donner à leurs actes un caractère légal et authentique.

ART. XXVIII

Tout jugement capital doit être public.

L'innocence comme le crime intéressent la société tout entière.

ART. XXIX

Le pouvoir exécutif étant éminemment chargé de l'exécution des lois, doit pouvoir annuler les jugements qui y seraient contraires, mais sans se substituer jamais aux juges contrevenants, et à la charge de renvoyer à d'autres juges.

ART. XXX

Les préjugés existants de quelques peuples, obligent d'exprimer que les peines ne notent que ceux à qui elles sont justement infligées, et qu'il ne doit en rejaillir aucun préjudice pour leurs proches.

ART. XXXI

Préposés du gouvernement.

Tous dépositaires de l'autorité publique, tous officiers, tous employés, tous préposés du gouvernement, sans exception, sont institués en faveur de la société. Nul ne l'est ni ne peut l'être pour lui-même ou pour son avantage particulier. Tous sont mandataires médiats ou immédiats, et serviteurs de la nation à laquelle ils appartiennent. Tous lui doivent serment et fidélité.

ART. XXXII

Nuls officiers publics ne doivent être institués sans nécessité. Tous doivent recevoir un juste salaire proportionné à l'étendue et à l'importance des services. Le salaire doit cesser avec le service effectif, hors les cas de récompense extraordinaire, ou les retraites déterminées par la loi.

ART. XXXIII

Aucune profession utile n'emporte dérogeance ou dégradation dans l'estime publique. Tout citoyen a un droit égal à tous les emplois. La vertu et la plus grande capacité doivent seules déterminer la préférence.

ART. XXXIV

Contribution aux charges publiques.

Les membres de la société, ou leurs représentants, sont seuls juges des contributions nécessaires au pouvoir exécutif.

Ainsi aucune levée extraordinaire d'hommes, aucune levée de deniers ne peut être faite que de leur consentement.

Nul homme, outre cela, ne doit être engagé au service public sans son consentement particulier; et s'il s'y trouve obligé par son tour ou par la voie du sort, il ne doit être contraint qu'à un remplacement pécuniaire.

ART. XXXV

Régénération de l'ordre social.

Tous établissements publics étant sujets à s'altérer par relâchement ou par excès, le pouvoir législatif doit constamment les rappeler à leur institution.

La prudence exige néanmoins que les grandes réformes politiques ne s'opèrent que pour des causes certaines et évidentes, et avec une solennité plus étendue que celle de la législature ordinaire.

A Versailles, chez Baudouin, Imprimeur de l'Assemblée nationale,
Avenue de Saint-Cloud, nº 69.

DÉCLARATION DES DROITS DE L'HOMME *

proposée par M. DE LADEBAT, Commissaire-Député par des citoyens de Guyenne 13 août 1789

AVERTISSEMENT

L'Assemblée nationale a décrété que les lois constitutives seraient précédées d'une Déclaration des droits de l'homme. Cette Déclaration de droits ne peut être relative qu'aux principes élémentaires de l'ordre social. Il faudrait calculer toutes les combinaisons des rapports que l'homme peut avoir avec ses semblables, pour suivre la chaîne immense de ses droits et de ses devoirs; mais lorsque ces principes essentiels seront reconnus, lorsqu'ils auront repris dans l'opinion, l'autorité imposante de la vérité et de la justice, la raison seule pourra en déduire tous les résultats.

J'ai essayé de tracer ces principes sacrés d'après ma conscience seule. Il me semble que jamais il ne fut plus nécessaire de les rappeler. Le salut public en dépend. Le mépris de ces principes a menacé la nation d'une ruine entière. Leur oubli nous plongerait dans une anarchie déplorable.

DÉCLARATION DES DROITS DE L'HOMME

1. La liberté est le premier droit de l'homme. Ce droit est imprescriptible et sacré.

2. Dans l'ordre de la nature, les facultés de l'homme et les objets qui l'entourent déterminent l'étendue de cette liberté.

3. La liberté naturelle ne peut appartenir qu'à l'homme, seul au milieu de la nature.

4. Dès que les hommes se rapprochent, ou ils combattent pour leur

* *(S. l. n. d.)*

liberté, ou ils s'unissent pour leurs besoins et leur repos. Cette union est ce qu'on appelle l'état social.

5. L'ordre social a donc pour objet les besoins des hommes réunis et le maintien de leur tranquillité.

6. L'étendue de la liberté de l'homme dans l'état social, est déterminée par l'équilibre qu'il doit y avoir entre les droits de tous les membres de la société.

7. Les objets nécessaires aux hommes peuvent dans l'état social, être rassemblés pour les besoins de tous; mais cette communauté de biens ne peut exister que dans les sociétés peu nombreuses.

8. Les objets nécessaires aux hommes peuvent être divisés entre chaque membre du corps social, et cette division est indispensable dans les sociétés nombreuses.

9. La part des biens que possède chaque membre du corps social, est ce qu'on appelle propriété, et cette propriété est sacrée, si elle est acquise sans violer les droits de l'ordre social.

10. Les propriétés s'acquièrent par le travail, par succession ou par les dons volontaires que les membres du corps social peuvent se faire entre eux.

11. La propriété la plus sacrée est celle acquise par le travail. Celles obtenues par succession ou par dons peuvent être soumises d'une manière plus particulière aux lois relatives au maintien de l'ordre social.

12. L'inégalité des propriétés, est une suite naturelle de l'inégalité des talents, et des facultés des hommes, de leur existence passagère et de la durée de leurs sociétés.

13. L'ordre social exige que tout homme ayant une propriété, puisse en disposer de la manière la plus avantageuse.

14. Ainsi toute condition, qui dans la transmission des propriétés, et dans leur possession nuit à leur valeur, et n'est pas librement rachetable, est contraire aux lois de l'ordre.

15. Dans l'ordre social chaque droit impose un devoir, chaque devoir donne un droit.

16. C'est ce principe sacré qui détermine les obligations respectives de l'homme avec sa compagne, avec les auteurs de ses jours, avec les enfants que la nature lui donne, avec tous les membres du corps social.

17. Pour défendre les propriétés, pour assurer la tranquillité, l'ordre social doit empêcher la violation des droits, et maintenir l'accomplissement des devoirs.

18. Cette action protectrice et surveillante de l'ordre social exige des lois.

19. Le maintien de ces lois exige une force qui gouverne l'ordre social.

20. Pour constituer cette force, il faut que chaque homme qui compose la société, soumette sa liberté à l'action des lois de l'ordre social.

21. Il y a essentiellement deux espèces de lois; celles qui déterminent et défendent les devoirs et les droits, ce sont nos lois sociales, ou civiles et criminelles; celles qui règlent les différents pouvoirs chargés de maintenir l'ordre social, ce sont les lois constitutives.

22. Les lois constitutives ne peuvent émaner que du consentement des membres qui composent la société. Ce consentement ne peut être obtenu que par la réunion de leurs volontés. C'est cette réunion qui est la volonté souveraine. C'est ce qu'on appelle le *pouvoir constitutif.*

23. Les lois sociales doivent être l'expression de l'ordre et de la justice. La combinaison des devoirs et des droits variant sans cesse, comme les rapports des hommes entre eux : c'est aux plus sages de la nation, élus par elle, qu'appartient le pouvoir de faire ces lois. C'est ce qu'on appelle le *pouvoir législatif.*

24. La force qui gouverne est créée pour maintenir les lois constitutives et les lois sociales, et pour veiller sur l'ordre public. C'est ce qu'on appelle le *pouvoir exécutif.*

25. Le pouvoir de prononcer sur les actions des hommes d'après la loi, est ce qu'on appelle le *pouvoir judiciaire.* Il doit être établi par le pouvoir constitutif, il doit être soumis au pouvoir législatif et soutenu par la force du pouvoir exécutif.

26. Le pouvoir constitutif a pour limites les lois éternelles et sacrées de la justice, et la volonté souveraine de la nation qui se constitue.

27. Pour que la volonté d'une nation soit régulièrement exprimée, il faut que chaque membre du corps social concoure à l'expression de cette volonté.

28. Le pouvoir législatif ayant pour règles l'ordre et la justice, il ne doit jamais s'écarter des droits de l'homme en société.

29. Les bornes du pouvoir exécutif doivent être déterminées par les lois constitutives ou par la volonté souveraine de la nation.

30. Le pouvoir exécutif ne doit donc jamais changer les lois constitutives, il ne doit jamais les violer. Lorsqu'il agit conformément à ces lois, il représente la volonté souveraine.

31. Les fonctions des juges doivent être sacrées quand ils ne sont que les organes des lois. Ils n'ont pas d'autre pouvoir.

32. Le droit de défense personnelle tient essentiellement à la liberté.

33. La sûreté publique n'est entière que lorsque tous les membres du corps social concourent à cette sûreté.

34. Cette sûreté, l'entretien du pouvoir exécutif, du pouvoir législatif et du pouvoir judiciaire, le culte religieux, les pauvres et les enfants

abandonnés, les travaux et l'ordre publics exigent des dépenses communes, et chaque membre du corps social doit concourir à ces dépenses sans distinction et proportionnellement aux propriétés dont il jouit.

35. C'est la contribution aux dépenses publiques, qui constitue essentiellement le citoyen.

36. Le revenu public est la somme des contributions particulières destinées aux dépenses publiques.

37. Ce revenu doit être proportionné et au revenu particulier et aux besoins de l'administration publique.

38. Le revenu public ne peut donc être accordé que par le consentement public.

39. Les besoins publics et les revenus particuliers variant comme les saisons et les relations politiques, une nation ne doit statuer que pour un temps très limité, sur ce qu'elle peut sacrifier à la chose publique.

40. Pour statuer sur les besoins publics, il faut en connaître l'étendue, et les membres du corps social ont toujours le droit d'être instruits de la distribution des fonds publics.

41. Le revenu public ne doit être employé que pour l'intérêt commun. Toute dilapidation, tout emploi du revenu public, pour un intérêt particulier, est un crime contre la nation.

42. Toute anticipation du revenu national est contraire à l'ordre public.

43. Les propriétés communes, sur lesquelles peuvent être établies quelques parties du revenu public appartiennent toujours à la nation.

44. Dans l'ordre social tout contribuable a droit de suffrage. La voix de chaque citoyen fait partie du consentement public, et le droit de la donner est inséparable de la liberté.

45. Tous les citoyens d'un vaste empire ne pouvant pas se réunir, il est nécessaire qu'ils soient représentés; ainsi le droit de représentation appartient à tout citoyen.

46. Tout citoyen, qui a le droit d'élire, peut être élu, et ce droit ne peut se perdre que par la violation des lois sociales.

47. La représentation d'une nation ne peut être régulière que par la réunion des citoyens en assemblée première ou des communes, et par des assemblées successives organisées de manière à réunir le plus grand nombre de suffrages pour le choix des représentants de la nation.

48. L'unanimité des suffrages étant très rarement possible, il est essentiel pour le maintien de l'ordre social que la pluralité détermine la loi.

49. Le droit de voter dans les Assemblées nationales, provinciales, ou

secondaires, n'est que le droit d'y porter la réunion de plusieurs suffrages. Ce droit ne peut être conféré que par des suffrages libres.

50. Ainsi il ne peut émaner d'aucun autre pouvoir, il ne peut être attaché à aucun ordre particulier, à aucune charge vénale ou héréditaire, s'il en existe dans le corps social : car alors ce droit ne serait pas l'expression de suffrages libres.

51. Le droit de voter pour d'autres citoyens est révocable à volonté; mais toujours par les mêmes suffrages qui l'ont conféré.

52. La liberté n'étant limitée que par les lois de l'ordre social, tout citoyen a le droit de résister aux ordres arbitraires contraires à ces lois.

53. Ainsi la servitude est un abus de la force, une infraction aux lois sociales.

54. Un homme peut consentir à remplir des devoirs particuliers envers un autre homme pour un prix fixé pour un temps déterminé; mais jamais il ne peut aliéner sa liberté, elle est sans prix.

55. C'est un attentat contre l'ordre public que de faire arrêter un citoyen qui n'a pas violé les lois constitutives ou sociales.

56. Toute recherche sur les pensées ou les sentiments d'un homme est un abus du pouvoir exécutif. Les actions seules sont soumises à ce pouvoir.

57. La communication et la correspondance des pensées, soit par le commerce épistolaire, soit par l'impression, doivent dont être libres.

58. Tout homme chargé de fonctions publiques répond à la nation du pouvoir qui lui est confié.

PROJET DE DÉCLARATION DES DROITS DE L'HOMME EN SOCIÉTÉ

présenté le 17 août 1789, par MM. du Comité * chargé de l'examen des Déclarations de droits

Les représentants du peuple français constitués en Assemblée nationale, considérant que l'ignorance, l'oubli ou le mépris des droits de l'homme, sont l'unique cause des malheurs publics et de la corruption du gouvernement, ont résolu de rétablir, dans une Déclaration solennelle, les droits naturels, inaliénables et sacrés de l'homme; afin que cette Déclaration, constamment présente à tous les membres du corps social, leur rappelle sans cesse leurs droits et leurs devoirs; afin que les actes du pouvoir législatif et exécutif, pouvant être à chaque instant comparés avec le but de toute institution politique, en soient plus respectés; afin que les réclamations des citoyens, fondées désormais sur des principes simples et incontestables, tournent toujours au maintien de la Constitution et au bonheur de tous.

En conséquence, l'Assemblée nationale reconnaît et déclare les articles suivants :

1º Tous les hommes naissent égaux et libres; aucun d'eux n'a plus de droit que les autres de faire usage de ses facultés naturelles ou acquises : ce droit, commun à tous, n'a d'autre limite que la conscience même de celui qui l'exerce, laquelle lui interdit d'en faire usage au détriment de ses semblables.

2º Tout corps politique reçoit l'existence d'un contrat social, exprès ou tacite, par lequel chaque individu met en commun sa personne et ses facultés sous la suprême direction de la volonté générale, et en même temps le corps reçoit chaque individu comme portion.

3º Tous les pouvoirs auxquels une nation se soumet, émanant d'elle-même, nul corps, nul individu ne peut avoir d'autorité qui n'en dérive expressément. Toute association politique a le droit inaliénable d'établir, de modifier ou de changer la Constitution, c'est-à-dire, la forme de son gouvernement, la distribution et les bornes des différents pouvoirs qui le composent.

* Ce comité était formé de Demeunier, Mirabeau, La Luzerne (évêque de Langres), Redon et Tronchet.

4° Le bien commun de tous, et non l'intérêt particulier d'un homme ou d'une classe d'hommes quelconques, est le principe et le but de toutes les associations politiques. Une nation ne doit donc reconnaître d'autres lois que celles qui ont été expressément approuvées et consenties par elle-même ou par ses représentants souvent renouvelés, légalement élus, toujours existants, fréquemment assemblés, agissant librement selon les formes prescrites par la Constitution.

5° La loi, étant l'expression de la volonté générale, doit être générale dans son objet, et tendre toujours à assurer à tous les citoyens la liberté, la propriété et l'égalité civile.

6° La liberté du citoyen consiste à n'être soumis qu'à la loi, à n'être tenu d'obéir qu'à l'autorité établie par la loi, à pouvoir faire, sans crainte de punition, tout usage de ses facultés qui n'est pas défendu par la loi, et par conséquent à résister à l'oppression.

7° Ainsi, libre dans sa personne, le citoyen ne peut être accusé que devant les tribunaux établis par la loi; il ne peut être arrêté, détenu, emprisonné que dans les cas où ces précautions sont nécessaires pour assurer la réparation ou la punition d'un délit, et selon les formes prescrites par la loi : il doit être publiquement poursuivi, publiquement confronté, publiquement jugé. On ne peut lui infliger que des peines déterminées par la loi avant l'accusation : ces peines doivent toujours être graduées suivant la nature des délits, et enfin égales pour tous les citoyens.

8° Ainsi, libre dans ses pensées, et même dans leur manifestation, le citoyen a le droit de les répandre par la parole, par l'écriture, par l'impression, sous la réserve expresse de ne pas donner atteinte aux droits d'autrui; les lettres en particulier doivent être sacrées.

9° Ainsi, libre dans ses actions, le citoyen peut voyager, transporter son domicile où il lui plaît, sortir même de l'enceinte de l'État, à la réserve des cas désignés par la loi.

10° On ne saurait, sans attenter aux droits des citoyens, les priver de la faculté de s'assembler dans la forme légale, pour consulter sur la chose publique, pour donner des instructions à leurs mandataires, ou pour demander le redressement de leurs griefs.

11° Tout citoyen a le droit d'acquérir, de posséder, de fabriquer, de faire le commerce, d'employer ses facultés et son industrie, et de disposer à son gré de ses propriétés. La loi seule peut apporter des modifications à cette liberté pour l'intérêt général.

12° Nul ne peut être forcé de céder sa propriété à quelque personne que ce soit : le sacrifice n'en est dû qu'à la société entière, mais seulement dans le cas d'une nécessité publique; et alors la société doit au propriétaire une indemnité équivalente.

13° Tout citoyen sans distinction doit contribuer aux dépenses publiques dans la proportion de ses biens.

14° Toute contribution blesse les droits des hommes, si elle décourage le travail et l'industrie, si elle tend à exciter la cupidité, à corrompre les mœurs, et à ravir au peuple ses moyens de subsistance.

15° La perception des revenus publics doit être assujettie à une comptabilité rigoureuse, à des règles fixes, faciles à connaître, en sorte que les contribuables obtiennent prompte justice, et que les salaires des collecteurs des revenus soient strictement déterminés.

16° L'économie dans l'administration des dépenses publiques est d'un devoir rigoureux; le salaire des officiers de l'État doit être modéré, et il ne faut accorder de récompenses que pour de véritables services.

17° L'égalité civile n'est pas l'égalité des propriétés ou des distinctions; elle consiste en ce que tous les citoyens sont également obligés de se soumettre à la loi, et ont un droit égal à la protection de la loi.

18° Ainsi, tous les citoyens sont également admissibles à tous les emplois civils, ecclésiastiques, militaires, selon la mesure de leurs talents et de leur capacité.

19° L'établissement de l'armée n'appartient qu'à la législature; le nombre des troupes doit être fixé par elle; leur destination est la défense de l'État; elles doivent être toujours subordonnées à l'autorité civile; elles ne peuvent faire aucun mouvement relatif à la tranquillité intérieure, que sous l'inspection des magistrats désignés par la loi, connus du peuple et responsables des ordres qu'ils leur donneront.

A PARIS, chez BAUDOUIN, Imprimeur de l'Assemblée nationale,
rue du Foin-Saint-Jacques, N° 31. 1789.

PROJET DU PRÉLIMINAIRE DE LA CONSTITUTION FRANÇAISE

présenté par M. RABAUT SAINT-ÉTIENNE *

AVERTISSEMENT

Lorsque j'essayai de tracer les *Principes de toute Constitution*, que je pense devoir être placés à la tête de la Constitution française, j'observai que je croyais qu'ils devaient être suivis d'une déclaration plus vigoureuse qui servît de rempart contre toutes sortes de tyrannies.

Je pensais que ce n'est pas assez pour un peuple que le passé a instruit, de poser, avec la simplicité de l'innocence primitive, les principes de la société; mais qu'il fallait encore armer les citoyens de toutes les précautions que peut suggérer l'expérience pour les préserver de la tyrannie.

Je crus que ces précautions, ainsi que les principes générateurs des lois, devaient être réduits en forme de propositions si simples, que tout le monde pût les comprendre, si évidentes qu'il fût absurde de les nier, si précieuses et si faciles à retenir que tout citoyen pût les apprendre par cœur.

Il me parut que rien n'était plus propre à maintenir chez les générations futures la liberté que leur prépare l'Assemblée nationale que de séparer ainsi de la Constitution les principes et les maximes sur lesquels elle repose; que ces grandes vérités inculquées dès l'enfance, et enseignées dans les écoles, formeraient une race vigoureuse d'hommes libres, toujours prêts à soutenir leurs droits, parce qu'ils leur seraient toujours connus.

Je m'étais aperçu que la proposition d'une Déclaration des droits avait d'abord étonné quelques esprits, moins peut-être par la métaphysique d'idées qu'elle semblait annoncer, que par l'abstraction, et, dirai-je, le vague, ou, enfin, la nouveauté de cette expression même; que c'est un malheur, et peut-être un défaut dans le titre d'un grand ouvrage, qu'il ait besoin d'être défini; et que le peuple, invité à pénétrer dans le sanctuaire facile des lois ne doit pas être arrêté dès l'entrée.

* Pour la datation voir la notice p. 367.

Je voyais cependant que ceux-là même qui n'auraient pas voulu d'une Déclaration des droits, reconnaissaient la nécessité de faire précéder la Constitution, d'une exposition des principes d'après lesquels le législateur l'aurait formée.

Je pensais cependant que la Constitution devait être en effet précédée d'une Déclaration des droits du citoyen; mais je croyais aussi que cette Déclaration n'était pas suffisante; qu'il fallait encore exposer les principes d'après lesquels doivent se composer les lois de tout peuple qui se constitue; et que l'ensemble de cet ouvrage devait être tel que tout peuple pût y trouver de quoi se faire une bonne Constitution; que tout citoyen français pût y étudier les motifs et les avantages de la sienne.

Il me parut que les diverses *Déclarations de droits* qui nous avaient été présentées, ne remplissaient pas l'idée que je m'étais faite du dispositif vaste, complet et ordonné d'une grande législation; que calquées sur celles des Américains, elles en avaient les défauts; qu'elles manquaient de cet ordre qui naît de la filiation des idées découlant successivement d'un principe unique et générateur; qu'elles présentaient des idées détachées; que les principes, les droits, les précautions y étaient confondus, et placés indifféremment, sans qu'il y eût d'autres raisons d'avoir tout inséré, sinon que tout avait paru nécessaire [1].

Je remarquai cependant dans celle de M. l'Abbé Sieyès un caractère distinctif, fruit d'un esprit vigoureux qui s'indigne contre toute espèce de tyrannie, et qui, veillant autour des remparts, s'arme de précautions pour l'écarter. La plupart de ses maximes sont très propres à donner aux hommes une forte connaissance de leurs droits, à leur inspirer le désir de les conserver. Aussi, devant, comme membre de l'Assemblée nationale, me faire une opinion ferme et décidée, j'adoptai la Déclaration des droits de M. l'Abbé Sieyès : il me parut seulement que quelques-unes de ses propositions devaient être modifiées, et surtout qu'il fallait leur donner l'ordre qui me paraissait leur manquer.

Je me confirmai donc dans mes idées, et je pensai que l'exposition des principes de toute Constitution devait renfermer nécessairement une Déclaration des droits; je me convainquis même davantage qu'on pouvait se passer d'employer cette expression vague véritablement, et qui suppose à l'avance la connaissance de ce qu'elle va établir; je crus que l'exposition des *principes de toute Constitution* devait être suivie des conséquences qui en découlent; que dans les *principes* se trouverait la Déclaration des droits de l'homme en société; que dans les conséquen-

1. Je n'avais pas encore lu l'ouvrage philosophique de M. Crénière, ouvrage très bien pensé, et d'une simplicité profonde; mais où l'auteur s'astreignant à la Déclaration des droits demandée, n'a pu ni dû embrasser les principes et les maximes dont je crois nécessaire de faire un frontispice à la tête des lois.

ces se trouveraient les maximes préservatrices contre toutes ces modifications de pouvoirs nécessaires à la société, mais qui finissent presque toujours par opprimer les citoyens : en sorte que de la Déclaration des droits, je ne retranche que le titre. Je ne vois point, en effet, que, de ce que les Américains ont ainsi intitulé le préambule de leur Constitution, il s'ensuive que nous ne devions pas prendre un autre titre, une forme plus vaste, plus méthodique et plus complète.

J'ai l'honneur de présenter à l'Assemblée nationale la seconde partie de mon travail, où j'ai pris la liberté de fondre et de modifier, à ma manière, la Déclaration des droits de M. l'Abbé Sieyès.

Quelques personnes avaient pensé que le préambule de la Constitution pouvait et devait être très court ; et c'est l'idée que présente d'abord une Déclaration des droits ; car les droits du citoyen sont en petit nombre, et ils sont bientôt déclarés. Si cependant il n'y a rien d'inutile dans les *Principes* et les *Conséquences* que j'expose, peut-être verra-t-on qu'il fallait mettre à la tête de la Constitution un ouvrage précis, où les paroles fussent épargnées, mais où aucun principe et aucune maxime ne fût oublié.

Quel citoyen, occupé de la Constitution de sa patrie, pourrait se défendre d'un attendrissement délicieux, en songeant qu'il s'occupe aussi du bonheur de toutes les générations futures ! Rien de plus simple et de plus évident que les principes de la société. Quelque simples, néanmoins, que soient ces vérités, le despotisme les efface à un tel point, qu'elles sont enfin méconnues et oubliées. Pour tous les peuples soumis au pouvoir arbitraire, il arrive une époque de dégradation où les droits les plus évidents sont entièrement ignorés, où ils ne songent pas à les réclamer, et où, pour comble de honte, ils se complaisent dans leur avilissement, et se font un titre de gloire de leur soumission stupide. Nous épargnerons cette honte à nos neveux. Que le peuple, oui, le peuple, dans les rangs les plus bas de la société, celui que ses occupations et ses devoirs détournent d'étudier ses droits, que le peuple les apprenne de nous ; qu'il se garantisse, à la faveur de nos principes, de cette usurpation continuelle de tous les forts sur tous les faibles. Consacrons les maximes immortelles de la liberté de tous les hommes, sans exception ! Que ces maximes, aussi claires que le jour, et simples comme la vérité, soient mises à la portée de tous ! Que tous les voient, qu'ils les lisent, qu'ils les apprennent par cœur, que leurs enfants les retiennent à leur tour, et que, transmises d'âge en âge, elles aillent préserver les générations les plus reculées des atteintes du despotisme ! Et si les révolutions des siècles doivent faire disparaître un jour ce peuple d'hommes libres et éclairés, que l'histoire dise aux hommes qui lui auront succédé : Il fut un peuple où le moindre des citoyens savait connaître et faire respecter ses droits, et ce peuple fut le peuple français !

PRÉLIMINAIRE
DE LA CONSTITUTION FRANÇAISE

Article Premier

Du droit naturel et imprescriptible des hommes en société

Tout homme a droit à exister, à conserver son existence, et à la rendre aussi heureuse qu'il lui est possible. Ce droit est inaliénable et imprescriptible. Les hommes ont apporté ce droit dans la société, et leur but, en s'y réunissant, a été de le conserver.

Tous se réunirent avec le même droit et dans le même but; donc ils étaient égaux en droits.

Nul d'entre eux n'apporta le droit de contraindre les autres en quoi que ce soit; donc ils étaient libres, et ils étaient libres également.

Leur association n'a pu leur ôter cette liberté, puisqu'ils ne se sont réunis que pour conserver et affermir leur droit à l'existence; donc ils continuent d'être libres.

Ils ne peuvent conserver et embellir leur existence que par les moyens que la nature leur a donnés; donc ils sont libres d'employer tous ces moyens.

Leur réunion en société eut pour objet de conserver à chacun, sans exception, le droit qu'il avait à l'existence; donc la société doit défendre à chacun d'employer ses moyens à nuire au droit d'autrui.

Chacun emploie ses moyens à se procurer des propriétés pour conserver et embellir son existence; donc la société doit défendre à chacun d'attenter à la propriété d'autrui.

Chacun est libre de penser, de dire, d'écrire, et de faire tout ce qui ne peut nuire à autrui; donc la société, ni aucun de ses membres, ne peut le lui défendre.

Chacun est maître de sa personne; donc il n'y a aucun homme qui puisse attenter à la liberté individuelle d'un autre.

Hors ce en quoi il pourrait nuire à autrui, la société ne peut contraindre aucun homme dans ses pensées, dans ses opinions, dans sa religion, dans ses discours, dans ses écrits, dans ses actions, dans ses travaux, dans son industrie, et dans l'usage de ses propriétés.

Tout ce que les lois ne défendent pas est permis.

ART. II

Des lois

Si les hommes ne se sont réunis en société que pour conserver et maintenir leur existence, pour être plus forts et plus heureux, la société doit remplir ce but.

Ils ont fait pour cela des conditions ou conventions entre eux, où tous ont contracté volontairement et librement.

Ces conditions étant convenues par tous, sont obligatoires pour tous, et alors on les appelle des lois.

Les lois ont pour objet de maintenir la vie, la liberté, l'honneur, la personne et la propriété de chacun, par une protection générale, uniforme, et commune.

Les lois étant inutiles, si elles n'étaient exécutées, il a fallu des peines afin que chacun fût obligé d'obéir.

Les peines sont la compensation exacte des délits; elles doivent donc leur être exactement proportionnées.

Les lois étant faites pour tous, les peines sont aussi pour tous; donc tous doivent être soumis aux mêmes peines, également et sans distinction.

Nul homme ne peut être actionné, poursuivi, arrêté, emprisonné, jugé, puni, que selon la loi, dans les cas qu'elle a prévus, et selon les formes convenues et accordées par tous.

Si la société a besoin de contributions communes, tous les membres sont obligés d'y entrer proportionnellement à leurs facultés.

ART. III

Du consentement général aux lois

Les lois quelconques, civiles, criminelles, de finances et autres, devant être obligatoires pour tous, doivent être librement convenues, accordées et consenties par tous.

Si le consentement de tous ne peut être obtenu, le plus petit nombre est lié par le consentement du plus grand.

Si la société, que nous appellerons désormais *nation*, est trop nombreuse pour être rassemblée en totalité, elle peut donner des pouvoirs de consentir pour elle, à des représentants librement élus, nommés et délégués par elle. La nation peut seule établir la manière d'élire, de nommer, de déléguer ses représentants, et d'organiser sa représentation.

Le pouvoir suprême réside toujours dans la nation entière, et ne peut être transféré à un ou à plusieurs, ou à la totalité de ses représentants.

La nation a le droit de ratifier ou de rejeter ce que ses représentants ont consenti; elle peut suspendre l'exercice de ce droit, elle ne peut pas l'aliéner.

Art. IV

Du gouvernement

Il ne suffit pas d'avoir des lois, il faut encore veiller à leur exécution, et au maintien de l'ordre qui en est une suite; il faut donc un mode de *gouvernement*.

La nation entière et réunie ne pouvant veiller à l'exécution des lois, elle est obligée de confier le pouvoir exécutif qu'elle ne peut exercer, mais il lui appartient souverainement.

Le pouvoir souverain appartenant à la nation, tous les pouvoirs qu'elle confie ou délègue, émanent d'elle, et sont comptables à elle.

Elle ne peut confier le pouvoir de faire les lois, car elle cesserait d'être le souverain; elle a toujours le droit de reprendre ce pouvoir quand elle l'a perdu, et de changer ses lois selon qu'il lui convient.

Elle peut confier ce pouvoir exécutif à un homme ou à plusieurs.

Si elle confie ce pouvoir à un homme, à un roi, ce roi doit exercer son pouvoir selon les lois.

La personne du Roi est inviolable et sacrée comme la loi, et parce qu'il est l'organe de la loi.

Si le Roi distribue en diverses mains le pouvoir exécutif, tous ceux auxquels il est distribué sont comptables et responsables envers la nation, parce que la nation est le souverain.

Art. V

Des pouvoirs distribués

Les pouvoirs ne sont délégués que pour le bon ordre et la sûreté de la nation, soit au-dedans, soit au-dehors.

La nation fait veiller au bon ordre et à la sûreté du dedans, par des hommes chargés des fonctions judiciaires; ils sont tous responsables envers la loi.

Elle fait veiller à la sûreté du dehors par des hommes chargés de défendre l'État et de protéger les propriétés, la liberté commune; ils sont punissables s'ils y portent atteinte.

La nation consent librement des contributions et des subsides pour sa défense, pour sa sûreté et pour le maintien des lois; les administrateurs de ces deniers sont responsables envers elle.

Les différents pouvoirs doivent être confiés à différentes personnes.

Tels sont les principes sur lesquels l'Assemblée nationale établit la

Constitution française; mais le malheur des temps lui ayant appris à connaître les affreux secrets du despotisme, ses ressources variées pour opprimer les hommes, et les soins continuels des ministres à étendre la prérogative royale, pour accroître leur propre pouvoir, l'Assemblée nationale a cru qu'elle devait en préserver les générations présentes et futures; qu'après avoir posé les fondements de l'édifice social, elle devait en tracer les remparts, et consacrer les maximes qui découlent des principes qu'elle vient d'exposer, afin de faire disparaître, s'il se peut, de dessus le globe, les moyens employés par toutes sortes de tyrannies.

En conséquence, l'Assemblée nationale déclare :

SUR LES DROITS QUE L'ÉTAT DE SOCIÉTÉ DONNE ET CONSERVE À CHAQUE INDIVIDU :

Que ces droits sont imprescriptibles, et que la société ne peut jamais les altérer;

Que ces droits sont parfaitement égaux pour chacun, en sorte qu'à jamais nul citoyen ne pourra prétendre à avoir un doit exclusif à quelque avantage de la société; et elle proscrit les privilèges et prérogatives qui pourraient être prétendus par les individus ou par les corps;

Que l'ordre social amenant la nécessité des charges et autres fonctions publiques, tous les citoyens y ont droit, et qu'elles ne doivent être données ni à la naissance, ni à la faveur, mais seulement au mérite et à la capacité;

Qu'il en est de même des récompenses honorifiques, et qu'elles ne seront point transmissibles aux enfants de ceux qui les auront méritées et obtenues;

Que les récompenses pécuniaires ne seront accordées qu'aux longs ou éclatants services rendus à la société, et ne seront point héréditaires;

Que les fonctions publiques seront exactement proportionnées aux besoins publics, et le nombre des places rigoureusement borné au nécessaire;

Qu'il ne pourra jamais y avoir des places sans fonctions, ni des places, charges ou fonctions héréditaires;

Que le premier droit de chaque homme, son droit inaliénable étant de vivre, ceux-là, et ceux-là seuls qui sont dans une impuissance réelle de pourvoir à leurs besoins de nécessité, ont droit aux secours de la société; et que des secours ainsi distribués ne sont point humiliants, parce qu'ils sont de justice.

L'ASSEMBLÉE NATIONALE DÉCLARE SUR LA LIBERTÉ QUE LA SOCIÉTÉ MAINTIENT POUR CHACUN DE SES MEMBRES :

ET 1° SUR LA LIBERTÉ DES PERSONNES :

Que l'esclavage des personnes est à jamais défendu, même envers les étrangers qui pourraient être transportés dans l'Empire;

Que nul homme ne pourra être privé de sa liberté, hors dans les cas prévus par la loi;

Que les exécuteurs des lois auront seuls le pouvoir de priver un individu de sa liberté, mais dans les cas indiqués par la loi, et dans les formes qu'elle aura prescrites;

Que les exécuteurs des lois qui se seront écartés de la loi et des formes, sont responsables envers l'individu offensé, et envers la société;

Que non seulement l'individu offensé a droit de les poursuivre, et de les accuser devant les tribunaux; mais qu'encore la société, et chacun de ses membres ont ce droit, et que c'est un devoir et une vertu de l'exercer;

Que tous les ordres émanés d'autres personnes que des exécuteurs des lois, seront regardés comme arbitraires, illégaux et nuls, et que ceux qui les auront donnés, doivent être punis;

Que tous les citoyens contre qui de pareils ordres ont été surpris ont le droit de repousser la violence par la violence, lorsqu'ils n'ont pas ou le temps, ou les moyens de punir autrement l'injustice.

Que tout citoyen, appelé ou saisi au nom de la loi, doit obéir à l'instant; qu'il se rend coupable par la résistance :

2° SUR LA LIBERTÉ DES PENSÉES ET DES OPINIONS :

Quel nul homme n'est responsable de sa pensée et de ses sentiments, et que personne ne peut lui en demander compte;

Que les consciences sont parfaitement libres; que nul n'a droit de les gêner, et que chacun a celui de professer librement la religion qu'il croit la meilleure :

3° SUR LA LIBERTÉ DES DISCOURS ET DES ÉCRITS :

Que tout homme a le droit de tout dire, pourvu qu'il ne nuise point à autrui dans les cas qui auront été prévus par la loi;

Que les discours qui ne nuisent pas aux individus ou à la société sont permis;

Que nulle manière de publier ses pensées et ses sentiments n'est interdite à personne;

Que tout citoyen sera libre d'avoir une imprimerie, comme il l'est d'avoir tous les autres instruments de l'écriture;

Que tout écrivain peut débiter et faire débiter ses productions; qu'il peut les faire circuler librement, tant par la presse que par toute autre voie, sans avoir jamais à craindre aucun abus de confiance;

Que le commerce épistolaire sera inviolable; que les lettres seront sacrées pour tous les intermédiaires qui se trouvent entre celui qui écrit, et celui à qui il écrit, et que les violateurs du secret des lettres méritent d'être punis.

4° SUR LA LIBERTÉ DES ACTIONS, DES TRAVAUX ET DE L'INDUSTRIE :

Que chaque homme a le droit de faire tout ce qui n'est pas défendu par les lois;

Que tout citoyen sera pareillement libre d'employer ses bras, son industrie et ses capitaux, ainsi qu'il le jugera bon et utile à lui-même; que nul genre de travail ne lui sera interdit, et que personne n'aura le droit de le gêner dans aucun genre ni exercice de son industrie;

Que la loi seule peut marquer les bornes qu'il faut donner à cette liberté comme à toute autre.

5° SUR L'USAGE DES PROPRIÉTÉS :

Que chacun est seul maître de ses propriétés; qu'il peut en disposer, les échanger, et en faire l'usage que bon lui semble, sans que personne ait droit de l'en empêcher;

Que la loi seule peut fixer les cas où les citoyens cessent d'être libres de disposer de leurs propriétés.

L'ASSEMBLÉE NATIONALE DÉCLARE, SUR LES LOIS :

Que toute loi doit être l'expression de la volonté générale;

Que cette volonté sera manifestée par les cahiers et instructions donnés aux représentants de la nation, assemblés pour composer la loi;

Que nulle loi ne pourra avoir un pouvoir rétroactif, et que nul ne pourra être jugé sur des faits antérieurs à sa publication;

Que le pouvoir des représentants, pour composer la loi, sera manifesté par les pouvoirs donnés par toutes les parties du royaume;

Que, quoique les représentants ne soient ainsi que mandataires, les pouvoirs qu'ils auront reçus leur conféreront le pouvoir législatif;

Que le pouvoir exécutif ne peut faire que des lois provisoires, et toujours en conséquence et en exécution des lois nationales.

L'ASSEMBLÉE NATIONALE DÉCLARE, SUR LES IMPÔTS :

Que nul citoyen ne sera tenu de payer aucun impôt qui n'aurait pas été convenu par l'Assemblée nationale;

SUR LE POUVOIR MILITAIRE :

Qu'il ne pourra jamais être exercé contre les citoyens, hors le cas où il serait invoqué par la puissance civile et selon les lois;

SUR LE POUVOIR JUDICIAIRE :

Qu'il ne pourra jamais appartenir en propriété à aucun corps ni à aucun individu;

Qu'il ne pourra jamais sortir des bornes des fonctions qui lui auront été prescrites;

Que ce pouvoir ne sera jamais vendu ni transmis, de quelque manière que ce soit, d'une personne à une autre;

SUR TOUS LES POUVOIRS DÉLÉGUÉS ET CONSTITUÉS :

Qu'ils sont comptables et responsables envers la nation.

L'Assemblée nationale ayant ainsi *déclaré* les principes de la Constitution française, et les maximes qui doivent la maintenir et la conserver à jamais, *ordonne,* en vertu des pouvoirs qui lui ont été confiés par la totalité de la nation, que ces principes et ces maximes soient désormais la règle de la législation du peuple français; *ordonne* que la présente déclaration sera publiée, imprimée et distribuée gratuitement dans toute l'étendue du royaume, afin que tous les citoyens, la connaissent, et qu'ils y apprennent à étudier leurs droits, à les conserver et à les garantir à jamais de toute atteinte.

A Versailles, chez BAUDOUIN, Imprimeur de l'Assemblée nationale,
avenue de St.-Cloud, N° 69. 1789.

DIVERS ARTICLES PROPOSÉS POUR ENTRER DANS LA DÉCLARATION [1] DES DROITS

par M. DE BOISLANDRY *

ARTICLE PREMIER

1. Tous les hommes sont libres, et égaux par leur nature.

2. La liberté, la propriété, l'honneur, la sécurité et la vie de tous les hommes sont également sacrés, et ne doivent jamais être violés.

3. Nul homme n'est plus libre qu'un autre; nul n'a plus de droit à sa propriété qu'un autre; tous les hommes doivent jouir, par la loi, de la même garantie et de la même sécurité.

4. Tout homme a droit de faire librement ce qui ne nuit pas aux autres hommes.

5. Les droits de tous les hommes sont égaux; ils sont imprescriptibles, inviolables: eux-mêmes ne peuvent pas s'en priver, ni en dépouiller leurs descendants.

6. La France est un pays de liberté, où aucun homme ne peut être ni mainmortable, ni serf, ni esclave : il suffit d'y vivre pour être libre.

7. Tous les hommes ne naissent pas égaux en force, en richesses, en intelligence, en adresse, en esprit, en talents: mais ces inégalités disparaissent devant la loi, qui doit protéger tous les hommes sans distinction et de la même manière.

8. Tout citoyen qui est dans l'impuissance de pourvoir à ses besoins, a droit aux secours publics.

9. Tout citoyen a droit aux avantages que la société procure à tous ses membres. La loi seule peut l'en priver, lorsqu'il a porté atteinte aux droits d'autrui.

10. Tout homme est libre de changer de domicile, de se transporter d'une province à une autre; de sortir du royaume, et d'y rentrer quand bon lui semble.

* Archives parlementaires, 21 août 1789.

1. Quelques personnes ont pensé qu'il suffirait d'établir dans la Déclaration des droits un petit nombre de principes généraux, et qu'il faudrait surtout que cette Déclaration fût très courte: mais lorsque tous les principes, tous les droits ont été violés, n'est-il pas nécessaire de les rétablir et de les proclamer tous?

Plusieurs des articles que l'on va lire, se trouvent déjà dans des projets présentés par MM. l'Abbé Sieyès, Mounier, Target, etc. Je dois leur en faire l'hommage. Ils sont insérés ici, à cause de la liaison nécessaire des idées.

11. Tout citoyen est également libre d'employer ses talents, son industrie, ses capitaux comme il le juge convenable à ses intérêts. Nul genre de travail ne lui est interdit; il peut fabriquer, acheter, vendre ce qui lui plaît, et comme il lui plaît.

12. Il peut faire circuler ses denrées et ses marchandises d'un bout du royaume à l'autre, librement, sans obstacles et sans entraves.

13. Aucun métier, aucun art, aucune profession ne doivent être réputés honteux, vils et dérogeants.

14. Les privilèges exclusifs sont contraires à la liberté et aux droits de tous les citoyens, ils sont préjudiciables à l'intérêt général de la société. Les jurandes, les maîtrises sont des privilèges exclusifs, et doivent être abolis.

15. Personne n'est responsable de sa pensée, de ses sentiments ni de ses opinions, même en matière de religion.

16. Tout homme est libre de professer telle religion qu'il lui plaît; de rendre à l'Être suprême tel culte qu'il juge convenable, pourvu qu'il ne trouble point la tranquillité des autres, ni l'ordre public.

17. La liberté de la presse est le plus ferme appui de la liberté publique.

18. Tout homme a le droit de communiquer aux autres ses pensées et ses sentiments, de les faire imprimer, de les débiter, de les faire circuler librement par la poste, ou par toute autre voie, sans avoir jamais à craindre aucun abus de confiance, toujours cependant sous la condition de ne pas donner atteinte aux droits d'autrui : les lettres en particulier doivent être sacrées, et ne doivent jamais être ouvertes ni interceptées.

19. Aucun citoyen ne doit être arrêté, jugé, condamné ni saisi, si ce n'est suivant les formes prescrites par la loi.

20. Aucune loi ne peut avoir d'effet rétroactif : toute loi qui ordonnerait la punition d'un délit avant qu'elle fût établie, serait injuste, oppressive, et incompatible avec la liberté.

21. Il n'y a de délits que les actions qui nuisent à la liberté, à la propriété et à la sûreté des citoyens, et tous les délits doivent être prévus par la loi.

22. Aucun citoyen ne peut être arrêté, si ce n'est en vertu d'un décret légal, prononcé par les juges compétents.

23. Tout ordre ministériel, toute lettre de cachet, tendant à faire arrêter, exiler, ou emprisonner un citoyen arbitrairement et sans formes légales, doivent être proscrits à jamais.

24. Aucun homme, aucun agent du pouvoir exécutif, aucun corps,

1. Mais en supprimant les jurandes et les maîtrises, il est juste de rembourser aux propriétaires la finance qu'ils justifieront avoir payée.

aucune collection d'hommes, n'ont droit d'attenter à la liberté, à la propriété, à la vie d'un citoyen, lors même qu'il serait présumé coupable de crime, si ce n'est en vertu d'une loi solennellement promulguée, et suivant les formes qu'elle a prescrites.

25. Tout homme arrêté en vertu d'un décret légal, doit être déposé dans un lieu particulier à ce destiné (autre que la prison), où il sera gardé avec soin, mais traité avec tous les égards dus à un citoyen. Il sera interrogé dans les vingt-quatre heures de sa détention, et il ne pourra être envoyé en prison que sur la décision de douze pairs ou jurés[1].

26. Toute recherche domiciliaire, toute visite ou saisie de papiers, autres que celles qui sont ordonnées ou permises par la loi, doivent être interdites.

27. Tout citoyen domicilié, accusé d'un crime qui ne sera pas capital, doit être élargi, en fournissant une caution suffisante qui sera déterminée par le juge, sur la décision de douze pairs ou jurés.

28. Tout citoyen, accusé et détenu en prison, doit être jugé dans les trois mois qui suivront sa détention. Il ne pourra être condamné à aucune autre peine que celle qui aura été fixée par la loi, et toujours sur la décision de douze jurés qui le déclareront coupable du crime dont il aura été accusé.

29. Les informations et la première instruction d'un procès criminel, doivent toujours être faites dans le lieu où le crime a été commis.

30. Un accusé ne doit pas être jugé sur sa déclaration ni sur son propre témoignage.

31. Tous genres de tortures doivent être abolis.

32. L'instruction et le jugement des crimes doivent être publics. Le libre usage des moyens naturels et légitimes de défense doit être accordé aux accusés; ils peuvent se faire assister d'avocats à leur choix, ou en demander au juge.

33. Il ne doit pas être imposé des amendes excessives et exorbitantes.

1. Les Anglais et les Américains regardent l'établissement des jugements par jurés comme un des principaux appuis de leur liberté : on peut considérer les jurés comme les surveillants continuels de la justice et des juges. Cette heureuse institution, introduite de nouveau en France, où elle a subsisté autrefois, y produirait les effets les plus heureux, et elle y donnerait bientôt les moyens de réduire considérablement le nombre des juges dans tous les tribunaux, et de diminuer prodigieusement les frais des procédures.

Cet établissement ne serait ni long ni difficile; il pourrait être formé dans les villes et les campagnes, des listes de tous les citoyens domiciliés payant une certaine imposition déterminée, lesquels à leur tour et en nombre fixé par la loi, seraient obligés d'assister dans les tribunaux, en qualité de jurés, au jugement des procès civils et criminels. Leur décision serait toujours suivie par les juges, dont les fonctions se réduiraient à expliquer le texte des lois; à en faire l'application; à proclamer les jugements dans les affaires civiles; et à prononcer la peine fixée par la loi dans les affaires criminelles.

34. Les peines doivent être proportionnées aux délits; elles ne doivent jamais être cruelles, et elles doivent être les mêmes pour toutes les classes de citoyens sans distinction.

35. L'assassinat, etc., sont les seuls crimes qui doivent être punis de mort. Un assassin ne doit pas obtenir de grâce.

36. La confiscation des biens des condamnés est contraire à la justice; la loi peut seulement ordonner sur leurs biens, le paiement des frais de procédure.

37. Tout accusé déclaré innocent par un jugement, doit être dédommagé par ses accusateurs ou par l'État, si ses accusateurs sont insolvables; et l'indemnité doit être plus considérable si l'accusation a causé la privation ou la suspension de sa liberté.

38. Tout homme ayant droit d'être jugé sur la décision de ses pairs, les jugements par jurés doivent être établis, même en matière civile, lorsqu'il s'agira de faits ou de propriétés contestés.

ART. II

39. Toute propriété est inviolable.

40. Aucun citoyen ne peut être privé de la plus faible portion de sa propriété sans son consentement ou celui de ses représentants légitimes, et dans le cas où l'intérêt public exigerait de lui le sacrifice de sa propriété en tout ou en partie, il doit en être préalablement dédommagé par des avantages équivalents.

41. Les rivières navigables et les grands chemins, quant à l'usage, appartiennent à tous les citoyens; et quant à la propriété, ils n'appartiennent à personne.

42. Il est libre à tout propriétaire et cultivateur de détruire sur ses terres toute espèce de gibier nuisible à ses propriétés.

43. Tout membre de la société ayant droit d'exiger d'elle que sa propriété, sa liberté et sa vie soient protégées, est tenu de contribuer en raison proportionnelle de ses facultés et sans aucune distinction de rang ni de nature de biens, au maintien de la force publique, conservatrice de toutes les propriétés et des droits de tous les citoyens.

44. Toutes les contributions et tous les impôts doivent être payés de la même manière et sous la même forme par tous les citoyens.

45. Les citoyens ne doivent payer d'autres impôts que ceux qui ont été librement consentis par eux ou par leurs représentants.

ART. III

46. Le principe de toute souveraineté réside dans la nation; nul corps, nul individu n'ont d'autorité que celle qui en émane expressément.

47. La nation française étant trop nombreuse pour exercer elle-

même la souveraineté, a droit de déléguer ses pouvoirs à des représentants.

48. La représentation ne peut avoir lieu que par élection.

49. Les élections doivent être libres, et les pouvoirs ne doivent être confiés que pour un terme très court. Tout homme né Français, ou naturalisé, majeur, domicilié, et contribuant aux charges de l'État, a droit d'élire et d'être élu, comme représentant de ses concitoyens aux Assemblées nationales, provinciales et municipales.

50. Le droit d'établir la Constitution, de la changer, de la modifier, de la réformer, appartient à la nation, ou à une assemblée de représentants à qui elle en aura expressément délégué le pouvoir.

51. Les Français ne doivent obéir qu'aux lois faites par la nation ou par ses représentants.

52. La loi est le résultat de la volonté générale.

53. Le pouvoir de faire les lois, de les abroger, de les réformer, d'en suspendre l'exécution, ne peut être exercé que par la puissance législative constituée par la nation : la puissance législative a droit de s'assembler d'elle-même annuellement, ou à des époques plus rapprochées qui seront fixées par la Constitution.

54. Il est essentiel au bonheur des citoyens et à la conservation de la liberté publique que la puissance législative et le pouvoir exécutif soient entièrement distincts et séparés.

ART. IV

55. Il est utile à la nation que le pouvoir exécutif soit entre les mains d'un seul, du Roi; les limites de ce pouvoir doivent être fixées par la nation, et réglées par la Constitution.

56. La personne du Roi est sacrée, inviolable, et la seule au-dessus de l'atteinte des lois; le Roi chargé du pouvoir de faire exécuter la loi est son organe; il ne peut ni vouloir, ni ordonner rien qui soit contraire à la loi.

57. Les ministres du Roi et tous les agents de son autorité sont responsables de leur gestion à la nation ou à ses représentants.

ART. V

58. La nation ou ses représentants doivent régler la puissance judiciaire; la Constitution doit fixer les degrés de juridiction, déterminer et limiter les pouvoirs des juges.

59. La vénalité des charges, et particulièrement de celles de judicature, est incompatible avec un gouvernement libre.

60. L'indépendance et le bon choix des juges sont essentiels à l'administration impartiale de la justice et à la conservation de la liberté des citoyens.

61. Les juges doivent conserver leurs places pendant tout le temps qu'ils les rempliront avec équité et avec sagesse; la puissance législative doit leur fixer des émoluments raisonnables et suffisants, afin que la justice soit rendue gratuitement.

62. Les citoyens de toutes les classes doivent être admis à toutes les charges et à tous les emplois, sans autre titre que leurs talents et leur capacité.

63. A l'exception de la royauté, aucune fonction publique ne doit être héréditaire, aucune ne doit être la propriété de ceux qui l'exercent.

64. Le gouvernement a pour but la félicité générale; il est établi, non pour l'intérêt de ceux qui gouvernent, mais pour l'intérêt de ceux qui sont gouvernés.

ART. VI

65. Le pouvoir militaire ne doit avoir d'autre objet que la défense de l'Empire et de ses possessions contre les ennemis extérieurs.

66. Les armées nombreuses tenues sur pied en temps de paix, sont dangereuses pour la liberté des peuples et doivent être réduites au nombre exactement nécessaire à la garde des frontières et à la conservation des colonies. Aucun corps de troupes réglées ne doit être levé ni entretenu sans le consentement de la puissance législative.

67. La défense la plus naturelle et la plus sûre d'un gouvernement libre, est une milice nationale bien réglée.

68. Dans tous les temps et dans tous les cas, les militaires doivent être subordonnés au pouvoir civil.

69. La discipline militaire exige que tous les officiers et soldats, en temps de guerre et en garnison, soient jugés, dans tous les cas relatifs au service militaire, suivant des lois particulières qui seront établies ou approuvées par la puissance législative.

70. Aucun soldat, en temps de paix, ne doit être logé ni mis en garnison chez un citoyen sans son consentement. En temps de guerre, aucun citoyen ne doit être obligé au logement des gens de guerre, que de la manière et suivant les règles déterminées par la puissance législative, dont l'exécution sera confiée aux officiers municipaux.

ART. VII

71. Il doit être établi par la nation ou ses représentants, un tribunal souverain, devant lequel tous les agents du gouvernement, sans exception, qui seront accusés d'avoir prévariqué dans leurs fonctions, pourront être cités au nom et par l'autorité de la puissance législative, pour être jugés et condamnés, s'ils sont coupables, aux peines qui auront été fixées par les lois.

ART. VIII

72. Les représentants de la nation, depuis l'instant qu'ils ont été nommés, jusqu'à leur retour dans leur patrie, doivent jouir de la plus parfaite sécurité, de la plus entière liberté de parler et d'écrire : ils ne doivent être responsables qu'aux seules Assemblées nationales dont ils sont membres, des discours qu'ils y auront tenus; ils ne peuvent, dans aucun temps, être inquiétés à raison de ces discours, ni par le pouvoir exécutif, ni par aucun tribunal.

73. Tous les citoyens ont le droit de s'assembler d'une manière paisible, de faire des représentations, de présenter des pétitions, soit au pouvoir législatif, soit au pouvoir exécutif, et de nommer des délégués pour en suivre l'effet.

74. La nation ayant seule le droit de changer et de rectifier sa Constitution, il doit être réglé que, sur la demande des deux tiers des provinces du royaume, notifiée par des adresses à la puissance législative, il sera convoqué une Assemblée nationale extraordinaire, spécialement chargée d'examiner tous les articles de la Constitution, de réformer et de modifier ceux dont l'expérience ou la différence des circonstances auront rendu le changement nécessaire.

A Versailles, chez BAUDOUIN, Imprimeur de l'Assemblée nationale,
avenue de Saint-Cloud N° 69.

PROJET DE DÉCLARATION DES DROITS DE L'HOMME ET DU CITOYEN, SUIVI D'UN PLAN DE CONSTITUTION JUSTE, SAGE ET LIBRE

Vitam impendere vero.

Par l'auteur de « l'Offrande à la Patrie » (Marat *)

PRÉFACE

Cette légère esquisse d'une bonne Constitution aurait vu le jour depuis trois semaines, sans les craintes pusillanimes qu'ont inspirées aux imprimeurs, les nouveaux règlements de police, et sans les longueurs éternelles de l'impression.

L'auteur ne s'est déterminé à la publier qu'après un mûr examen du travail du Comité de rédaction, où il a vainement cherché les vues d'une saine politique, les principes d'une sage administration, et où les droits du peuple lui ont paru souvent négligés, quelquefois sacrifiés, et même violés [1].

Il s'empresse de rendre son ouvrage public, afin de prévenir, s'il se peut, la perte de temps qu'entraînerait encore la fausse marche que suit l'Assemblée nationale, en se livrant à la discussion de petits points [2] de législation, au lieu de s'occuper uniquement à poser les grandes bases du gouvernement, à établir les lois fondamentales de l'État.

En développant les droits de l'homme et du citoyen, il n'a pas craint de dévoiler de grandes vérités, que l'on s'est étudié à dissimuler; précaution indigne d'un Comité qui a lui-même provoqué le concours

* D'après J. Massin, publication le 23 août.

1. Les dispositions alarmantes du Comité de rédaction le deviennent davantage encore, depuis que quelques publicistes soudoyés ont inséré, dans le *Courrier de l'Europe*, l'article d'un voyageur sur la nouvelle Constitution de la France, et prêché la nécessité de rendre au pouvoir exécutif son autorité.

2. Elle a perdu quinze jours à discuter les concessions du clergé et de la noblesse, qui ne sont presque toutes que de simples conséquences de quelques lois fondamentales; et aujourd'hui, elle s'occupe à régler quelques articles du code criminel, tels que la proportion des délits et des peines, le mode de juger, et la liberté religieuse.

des lumières, et qui a invoqué les lois de la nature; précaution inutile, et qui ne servirait qu'à faire suspecter les vues du législateur, en retardant l'époque de la félicité publique.

Les esprits ont pris l'essor : en vain voudrait-on les arrêter au milieu de la carrière; ils la parcourront en entier, et ils arriveront à ces vérités sacrées que l'on s'efforce de cacher. Longtemps étouffées par la tyrannie, défigurées par les sophistes soudoyés, et méconnues des peuples; elles perceront enfin : la nature les grava au fond de tous les cœurs, et une seule voix élevée au milieu de la multitude suffit pour les faire triompher. Puissent nos faibles efforts engager le législateur à les considérer dans sa sagesse, et à prévenir les commotions terribles que causerait à l'État, l'oubli de la justice que la société doit à ses membres malheureux.

PROJET
DE DÉCLARATION DES DROITS DE L'HOMME
ET DU CITOYEN

Suivi d'un plan de Constitution juste, sage et libre

Rendons hommage à la vérité. Les États généraux renferment dans leur sein des hommes du premier mérite : on y compte des prélats éminents par leur sagesse, leur onction, leur piété; des curés distingués par leurs lumières, leurs vertus, leur patriotisme; des gentilshommes plus illustrés encore par leurs vues, leur génie, leur énergie, que par leur naissance; des jurisconsultes célèbres par leur savoir, leur esprit, leurs talents; des orateurs qui brillent dans tous les genres, et qui auraient illustré la Grèce. Mais on y compte peu d'hommes d'État, peu d'hommes assez versés dans l'étude de la haute politique, pour déterminer la meilleure organisation d'une monarchie, pour sentir le juste degré de puissance que l'on peut, sans danger, confier au prince, régler la distribution des différents pouvoirs de l'Empire, et donner au gouvernement une marche réglée, également éloignée des écueils du despotisme et de l'anarchie. Défions-nous de l'aveugle confiance de l'impéritie, des sophismes de l'amour-propre. La politique est une science comme une autre; elle a des principes, des lois, des règles, des combinaisons variées à l'infini; elle demande une étude suivie, des réflexions profondes, de longues méditations. Mais nous ne faisons que de naître à la liberté : depuis dix mois nous nous sommes instruits au jour la journée; à peine avons-nous réfléchi quelques moments sur les droits de l'homme et du citoyen, sur les droits des peuples et les devoirs de leurs ministres, sur l'organisation du Corps politique, le balancement des pouvoirs, les rapports réciproques du souverain et des sujets, etc.

Si Montesquieu [1] et Rousseau étaient encore parmi nous, ce que la nation pourrait faire de mieux, serait de les prier à genoux de lui donner une Constitution; et cette Constitution serait tout ce que le génie, la sagesse, la vertu pourraient faire de plus parfait.

Je suis loin d'oser me comparer à ces grands hommes; mais je ne suis pas absolument neuf sur ces matières, et je puis répondre de la droiture

1. Montesquieu ? Oui, Montesquieu, le plus grand homme qu'ait produit le siècle, et qui ait illustré la France. Je ne parlerai ni de son génie, ni de ses vertus : qui peut les méconnaître ? Mais son amour pour l'humanité dont il fut toujours le vengeur; mais sa haine contre le despotisme qu'il chercha toujours à enchaîner, mais son respect pour les lois, son zèle pour le bien public, son dévouement à la patrie, méritaient d'être mieux connus. Des esprits superficiels et légers lui reprochent d'avoir favorisé l'aristocratie. Peut-être a-t-il été un peu trop l'admirateur de ce caractère guerrier que montra si longtemps la noblesse chevaleresque; mais quel homme au monde sut mieux apprécier le vulgaire des nobles, quel homme au monde eut plus de mépris pour les courtisans ? Faut-il qu'une prévention outrée nous rende injustes et ingrats ? Quelles obligations ne lui avons-nous point ! Le premier parmi nous, il va désarmer la superstition, arracher le poignard au fanatisme, réclamer les droits de l'homme, attaquer la tyrannie. Eh ! dans quel temps. Dans un temps où personne en France n'osait élever la voix contre un ministre, dans un temps où les Français étaient esclaves par principes.

On lui reproche d'avoir favorisé les prétentions ambitieuses des parlements. Il les connaissait, sans doute, mieux que personne; mais il savait que les maux que le despotisme fait à l'humanité sont infinis, et que toute digue est bonne pour arrêter un torrent débordé. Depuis longtemps les états généraux étaient relégués dans le pays des chimères, le gouvernement était absolu, et dans cet état des choses, il ne vit que les cours de justice, la noblesse et le clergé à opposer aux écarts de l'autorité absolue.

La couronne ayant usurpé tous les pouvoirs, exerçait sans contrôle les fonctions de législateur qu'elle réclamait en toute occasion, comme la première de ses prérogatives; des écrivains soudoyés, les gens du Roi et toutes les créatures du monarque, avaient travaillé à l'envi à répandre cette funeste doctrine; le peuple avait eu la sottise de la recevoir; et les esprits en étaient si infatués lorsque Montesquieu prit la plume, qu'il eût été impossible de contester au prince le pouvoir législatif, sans compromettre son propre repos, sa liberté et sa vie. Que fit ce grand homme ? Ne pouvant arracher ce pouvoir au monarque, il voulut lui donner un frein; et afin que chaque caprice du despote ne parvînt pas à faire taire toutes les lois, il sentit qu'il fallait en mettre le dépôt sous la garde d'un corps qui eût la confiance publique : or quoi de plus naturel que de le confier au corps chargé de les faire exécuter ?

Enfin, on reproche à Montesquieu d'avoir quelquefois manqué d'énergie, et on l'oppose à Rousseau. Quelle différence entre ces deux hommes célèbres ! Rousseau n'a pas craint de soulever contre lui l'autorité, j'en conviens : mais il n'avait rien à perdre à la persécution, il portait partout avec lui son génie, sa célébrité; et sa gloire ne pouvait qu'y gagner. Mais Montesquieu avait une grande fortune en fonds de terre, il tenait à une famille notable, il avait femme et enfants : que de liens ! Et toutefois il ne craignit pas d'attaquer l'autorité arbitraire, les vices du gouvernement, les prodigalités du prince. Une lettre de cachet lancée contre lui ne l'intimida point, et plutôt que de démentir ses principes, il se préparait à fuir dans une terre étrangère, lorsqu'un ministre clairvoyant épargna cette honte à la France.

de mes vues, de la pureté de mon cœur. J'ai longtemps attendu qu'une plume plus habile que la mienne se chargeât de ce travail important. Trop justement alarmé de celui que le Comité de rédaction [1] a commencé de faire paraître, pressé par les circonstances, et ne consultant que mon zèle pour la patrie, j'ai mis la main à l'œuvre. Puisse le nouvel hommage que je lui fais de mes faibles lumières, contribuer à son repos et à son bonheur.

Toute association politique doit avoir pour but d'assurer les droits de ses membres. Pour les assurer, il faut les connaître; connaissance qui ne peut s'acquérir qu'en méditant sur les rapports mutuels des hommes considérés entre eux, et sur leurs rapports avec les autres êtres du globe qu'ils habitent.

Droits de l'homme

Chaque homme apporte au monde en naissant, des besoins, la faculté d'y pourvoir, celle de se reproduire, le désir constant d'être heureux, et un amour sans bornes pour lui-même : sentiment impérieux, auquel est attachée la conservation du genre humain; mais source féconde des querelles, des combats, des violences, des outrages, des meurtres, en un mot, de tous les désordres qui paraissent troubler l'ordre de la nature [2], et qui troublent, en effet, l'ordre de la société.

Des seuls besoins de l'homme dérivent tous ses droits. Les premiers sont toujours sensibles; il n'en est pas de même des derniers : pour les trouver, il faut les chercher, recherche si difficile, que les esprits les mieux cultivés arrivent rarement aux mêmes résultats. Essayons cependant de les développer.

L'homme reçut avec la vie le penchant irrésistible de la conserver, de la défendre, de la rendre agréable; il a donc le droit de tout entreprendre pour sa défense, et de s'approprier tout ce qui est nécessaire à sa nourriture, à son entretien, à sa sûreté, à son bonheur.

Dès que l'homme peut pourvoir à ses besoins, il se trouve chargé par la nature du soin de sa conservation et de son bien-être; il a donc le droit de faire librement usage de toutes ses facultés : ainsi maître absolu de toutes ses actions, il jouit d'une liberté illimitée.

Tant que la nature offre abondamment aux hommes de quoi se nourrir, se vêtir, tout va bien, la paix peut régner sur la terre. Mais

1. Voyez une feuille intitulée le *Moniteur patriote,* dont l'auteur a le premier relevé plusieurs dispositions alarmantes du Comité, entre autres le privilège odieux accordé au Roi de vendre ses sujets comme des moutons.

2. Quelque attentat que l'homme commette, quelque outrage qu'il fasse à ses semblables, il ne trouble pas plus l'ordre de la nature, qu'un loup ne le bouleverse, quand il égorge un mouton.

quand l'un d'eux manque de tout, il a droit d'arracher à un autre le superflu dont il regorge. Que dis-je? il a droit de lui arracher le nécessaire, et plutôt que de périr de faim, il a droit de l'égorger et de dévorer ses chairs palpitantes. Tirons le rideau sur cette horrible image, faisons taire un moment la voix du préjugé, et qu'on nous dise ce qu'on pourrait opposer à ces conséquences, dont le principe est incontestable.

Pour conserver ses jours, l'homme est en droit d'attenter à la propriété, à la liberté, à la vie même de ses semblables. Pour se soustraire à l'oppression, il est en droit d'opprimer, d'enchaîner, de massacrer. Pour assurer son bonheur, il est en droit de tout entreprendre; et quelque outrage qu'il fasse aux autres, en rapportant tout à lui, il ne fait que céder à un penchant irrésistible, implanté dans son âme par l'auteur de son être.

Là se bornent les droits naturels [1] de l'homme, droits incontestables, mais égaux pour tous les individus, quelque différence que la nature ait établie entre eux, dans la mesure de leurs facultés.

Établissement des sociétés

L'amour de préférence que chaque individu a pour lui-même, le porte à immoler à son bonheur l'univers entier : mais les droits de l'homme étant illimités, et chaque homme ayant les mêmes droits, celui qu'ont tous les individus pour attaquer, ils l'ont tous pour se défendre; du libre exercice de leurs droits résulte donc nécessairement un état de guerre, et les maux sans nombre qui l'accompagnent, violence, vengeance, oppression, trahison, combats, meurtres, carnage. Ce sont ces maux redoutables auxquels les hommes ont voulu se soustraire, lorsqu'ils se sont réunis en corps. Pour y parvenir, il a donc fallu que chaque membre de l'association s'engageât à ne plus nuire aux autres, qu'il remît à la société ses vengeances personnelles, le soin de le défendre et de le protéger; qu'il renonçât à la possession commune des productions de la terre, pour en posséder une partie en propre, et qu'il sacrifiât une partie des avantages attachés à l'indépendance naturelle pour jouir des avantages qu'offrait la société.

Nous voici arrivés au pacte social.

Il est constant, par les témoignages de l'histoire que, dans tous les siècles, des hommes libres ont formé des associations, pour piller, massacrer et asservir d'autres hommes : telles étaient celles des

1. L'homme a le droit de se reproduire; mais peut-il l'exercer contre le gré de sa compagne? Je ne le pense pas. Dans l'état de société, où l'imagination ajoute au pouvoir des sens, un sexe fait souvent violence à l'autre; mais dans l'état de nature, la chose n'est pas possible; un doux penchant porte les sexes à s'unir, et chez les animaux même les plus féroces, le mâle cherche toujours à gagner sa femelle.

Romains, des Gaulois, des Germains, des Francs, des Scythes, des Normands, des Saxons, des Huns, et de tous ces brigands qui dévastèrent autrefois le monde.

Il n'est pas moins constant, par les témoignages de l'histoire, que, dans tous les siècles, la tyrannie a poussé les peuples à se soulever, et que la crainte d'une juste vengeance a souvent porté les oppresseurs à traiter avec les opprimés. Telle fut, dans la plupart des insurrections, la capitulation faite entre le gouvernement et le peuple.

Enfin il est constant, par les témoignages de l'histoire, que quelques peuples ayant réussi à secouer le joug, les membres de l'État se sont réunis pour établir un gouvernement qui assurât leur liberté, leur fortune, leur repos, leur bonheur. Telle a été l'union des Suisses, des Bataves, des Anglais, des Anglo-Américains, etc.

Quelles que soient les circonstances qui ont amené le pacte social, s'il est libre, le seul motif qui ait pu déterminer les membres de l'association à le former, est leur avantage : s'il est juste, le seul motif qui les ait déterminés, est leur avantage commun.

Ainsi le but légitime de toute association politique est le bonheur de ses membres. Mais comme chacun pourrait porter ses prétentions trop loin, c'est à la société [1] de régler leurs droits respectifs.

Ces droits dérivent de ceux de la nature. Les droits de la nature étant illimités, et autorisant chaque individu à sacrifier les intérêts des autres à ses propres intérêts; il est indispensable que tous les membres de l'association s'interdisent réciproquement tout ce qui pourrait la dissoudre, tout acte de violence, de malignité, d'oppression; tout acte de vengeance personnelle, tout moyen de nuire. Il est indispensable qu'ils soumettent leurs différends à la décision des lois; en un mot, qu'ils renoncent à leurs droits naturels, pour jouir de leurs droits civils.

Droits du citoyen

Les droits civils de chaque individu ne sont, au vrai, que ses droits naturels, contrebalancés par ceux des autres individus, et limités au point où ils commenceraient à les blesser. Limités de la sorte, ils cessent d'être dangereux à la société, et ils doivent être chers à tous ses membres dont ils assurent le repos. De là résulte l'obligation que chacun s'impose de respecter les droits d'autrui, pour s'assurer la paisible jouissance des siens : c'est donc par le pacte social que les droits de la nature prennent un caractère sacré.

Les hommes ayant reçu les mêmes droits de la nature, doivent

1. Les membres de l'association pris individuellement, se nomment *citoyens;* pris collectivement, ils se nomment *société civile, peuple* ou *nation.*

conserver des droits égaux dans l'état social. Les droits civils comprennent la sûreté personnelle, qui emporte un sentiment de sécurité contre toute oppression, la liberté individuelle qui renferme le juste exercice de toutes les facultés physiques et morales, la propriété des biens qui comprend la paisible jouissance de ce qu'on possède.

Dans une société sagement ordonnée, les membres de l'État doivent, à raison des mêmes droits qu'ils tiennent de la nature, jouir à peu près des mêmes avantages. Je dis à peu près, car il ne faut point prétendre à une égalité rigoureuse qui ne saurait exister dans la société, et qui n'est pas même dans la nature : le ciel ayant départi aux différents individus des degrés différents de sensibilité, d'intelligence, d'imagination, d'industrie, d'activité et de force; conséquemment des moyens inégaux de travailler à leur bonheur, et d'acquérir les biens qui les procurent. Mais il ne doit se trouver d'inégalité dans les fortunes que celle qui résulte de l'inégalité des facultés naturelles, du meilleur emploi du temps, ou du concours de quelques circonstances favorables. La loi doit même prévenir leur trop grande inégalité, en fixant des limites qu'elles ne puissent franchir. Et, de fait, sans une certaine proportion entre les fortunes, les avantages que celui qui n'a aucune propriété retire du pacte social, se réduisent presque à rien. Il a beau avoir du mérite, il est comme impossible qu'il acquière des richesses; et s'il manque de souplesse, d'intrigue, d'astuce, il ne fera que végéter. Ainsi, tandis que le riche, objet de la considération, des égards, de la faveur, jouit de toutes les douceurs de la vie; tandis qu'il n'a qu'à demander pour obtenir, et commander pour être obéi; le pauvre ne sent son existence que par ses privations, ses fatigues, ses souffrances. Pour lui sont réservés les durs travaux; pour lui sont réservés les métiers vils, dégoûtants, malsains, dangereux : pour lui sont réservés la peine, la servitude, les dédains. La liberté même qui nous console de tant de maux, n'est rien pour lui : trop borné pour faire ombrage, il méconnaît le bonheur d'être à couvert des coups d'autorité; et quelque révolution qui arrive dans l'État, il ne sent point diminuer sa dépendance, toujours cloué, comme il l'est, à un travail accablant. Enfin s'il lui revient quelque chose d'une meilleure administration, c'est de payer un peu moins cher le pain noir dont il se nourrit.

Dans un État où les fortunes sont le fruit du travail, de l'industrie, des talents et du génie, mais où la loi n'a rien fait pour les borner, la société doit à ceux de ses membres qui n'ont aucune propriété, et dont le travail suffit à peine à leurs besoins, une subsistance assurée, de quoi se nourrir, se vêtir et se loger convenablement; de quoi se soigner dans leurs maladies, dans leur vieillesse, et de quoi élever leurs enfants. C'est le prix du sacrifice qu'ils lui ont fait de leurs droits communs aux productions de la terre, et de l'engagement qu'ils ont pris de respecter les propriétés de leurs concitoyens. Mais si elle doit ces secours à tout homme qui respecte l'ordre établi, et qui cherche à se rendre utile; elle n'en doit aucun au fainéant qui refuse de travailler.

Dans une société où les fortunes sont très inégales, et où les plus grandes fortunes sont presque toutes le fruit de l'intrigue, du charlatanisme, de la faveur, des malversations, des vexations, des rapines; ceux qui regorgent de superflu doivent subvenir aux besoins de ceux qui manquent du nécessaire.

Dans une société où certains privilégiés jouissent dans l'oisiveté, le faste et les plaisirs, des biens du pauvre, de la veuve et de l'orphelin; la justice et la sagesse exigent également, qu'au moins une partie de ces biens aille enfin à leur destination, par un partage judicieux entre les citoyens qui manquent de tout [1] : car l'honnête citoyen que la société abandonne à sa misère et à son désespoir, rentre dans l'état de nature, et a droit de revendiquer à main armée des avantages qu'il n'a pu aliéner que pour s'en procurer de plus grands; toute autorité qui s'y oppose est tyrannique, et le juge qui le condamne à la mort n'est qu'un lâche assassin.

Enfin tout citoyen a droit à la plus exacte dispensation de la justice, et au meilleur des gouvernements.

De la Constitution

C'est ici le lieu de tracer le plan d'une [2] Constitution juste, sage et libre; et l'on conçoit bien qu'elle doit être déduite de la nature des choses.

Nulle société ne se forme que par le consentement de ses membres, et ne subsiste qu'au moyen de certaine organisation. Organisée d'une manière quelconque, elle se nomme *Corps politique; État* lorsqu'on y joint l'idée du pays qu'elle occupe.

Du Corps politique

Le Corps politique ne peut exister sans le pouvoir de faire des lois, le pouvoir de les faire exécuter, le pouvoir de veiller à sa sûreté et de

1. Quand ce partage ne serait pas impérieusement prescrit par l'équité, il le serait par la raison, comme le seul moyen de retirer des désordres de la misère une multitude innombrable de malheureux, et de les rendre des membres utiles de la société, qu'ils s'occuperont bientôt à bouleverser.

2. *Constitution,* mot que l'on répète de toutes parts, et dont si peu de personnes ont une juste idée. Qu'est-ce que la Constitution d'un État ? L'ensemble des lois fondamentales qui fixent les droits des citoyens, règlent la distribution des différents pouvoirs, et déterminent l'organisation du Corps politique. La définition de M. de la Crénière, qui paraît adoptée par l'Assemblée nationale, borne la Constitution aux droits du peuple, considéré comme législateur. Mais il n'est point de Constitution, sans la détermination des limites, et le balancement des différents pouvoirs qui organisent le Corps politique. Cela est si vrai, que la prétendue Constitution libre, dont il a voulu donner l'idée, n'empêcherait pas que la nation ne fût mise sous le joug par son chef, et livrée aux coups du plus affreux despotisme.

pourvoir à sa défense, sans des forces déterminées, et sans un revenu suffisant pour subvenir aux dépenses publiques : mais il n'est bien organisé qu'autant qu'il l'est de manière à assurer les droits de ses membres, à se maintenir libre, et à se défendre contre les entreprises de l'ennemi.

Le Corps politique peut avoir différentes formes de gouvernement : mais celle qu'on lui donne doit toujours être relative à l'étendue de l'État.

Dans un grand État, la multiplicité des affaires exige l'expédition la plus prompte, le soin de sa propre défense exige aussi la plus grande célérité dans l'exécution des ordres; la forme du gouvernement doit donc être monarchique. C'est la seule qui convienne à la France. Elle l'a reçue du concours fortuit des événements; mais l'étendue du royaume, sa position, et la multiplicité de ses rapports la nécessitent; et il faudrait s'y tenir par tant de raisons puissantes, lors même que le caractère de ses peuples permettrait un autre choix.

Bornons-nous donc ici à donner l'idée d'une monarchie bien constituée.

Pris collectivement, les membres de l'État sont le vrai *souverain :* pris individuellement, ils en sont *les sujets.*

Du souverain

Le souverain est indépendant de toute puissance humaine, et il jouit d'une liberté sans bornes, en vertu de la liberté illimitée que chacun de ses membres tient de la nature.

Formé de la réunion de ses membres, il ne peut exercer la souveraineté que par la réunion de leurs volontés, que par leurs suffrages : les actes d'autorité qui émanent de lui se nomment *lois,* et l'autorité qu'il déploie s'appelle *puissance législative.* La nation est donc le vrai législateur de l'État.

Pour conserver sa souveraineté, elle doit conserver son indépendance. Ainsi la convocation de ses assemblées, le temps et le mode de les convoquer, leur durée et leur police; la manière d'y proposer une question, d'opiner, de statuer, et celle de faire les lois, de les sanctionner, et de les promulguer, doivent dépendre d'elle absolument. Confier à d'autres le soin de régler un seul de ces articles, serait leur remettre le pouvoir de l'enchaîner et de l'anéantir [1]. L'indépendance absolue de la nation doit donc faire la première loi fondamentale de l'État. Tant que les lois passent à l'unanimité des suffrages, l'autorité du souverain n'a point de bornes; car il est alors dans le cas de chacun de ses membres isolés, qui sont libres de faire tout ce qu'ils veulent.

1. Pour anéantir le souverain, il suffit d'empêcher le peuple de se montrer en corps, et les citoyens de se rassembler.

Lorsque les lois passent à la majorité des suffrages, les seules barrières devant lesquelles s'arrête l'autorité suprême, sont les droits du citoyen qu'elle ne doit jamais blesser; par cela même que les seules limites données à la liberté de l'homme en société, sont la défense de nuire aux autres. Ainsi les droits des citoyens sont plus sacrés encore que les lois fondamentales de l'État.

Comme le souverain est composé de tous les membres de l'État, il est le maître absolu de l'Empire; à lui seul appartient essentiellement l'autorité suprême, et de lui seul émanent tous les pouvoirs, tous les privilèges, toutes les prérogatives.

Dans un petit État où les membres du souverain sont rassemblés dans les mêmes murs, le concours de tous à toutes choses serait toujours extrêmement incommode, quelquefois impossible, et souvent dangereux : combien d'occasions où il convient que les plus sages statuent seuls ? car les affaires publiques ne sont guère à la portée du commun des hommes. D'ailleurs le peuple se laissant aller trop aisément aux discours séditieux des orateurs qui cherchent à le tromper pour leur intérêt, l'État serait agité de factions, et le gouvernement flotterait continuellement sans pouvoir jamais se fixer : semblable à un vaisseau sans ancre sur une mer orageuse continuellement battue par des vents contraires.

Si le concours de tous à toutes choses est quelquefois impossible lorsque l'État se trouve renfermé dans les mêmes murs : il l'est toujours lorsque l'État comprend une seule province, à plus forte raison lorsqu'il a beaucoup d'étendue. Il faut donc alors que le peuple agisse par ses représentants, et qu'il règle par ses chefs, ses ministres, ses officiers, les affaires qu'il ne peut régler par lui-même.

Pour choisir ses mandataires, il faut que le peuple s'assemble : trop nombreux pour s'assembler dans un même lieu, il doit s'assembler par districts, dont chacun ne doit comprendre que les citoyens domiciliés.

Tout citoyen étant membre du souverain doit avoir droit de suffrage, et la naissance seule doit donner ce droit : mais les femmes et les enfants ne doivent prendre aucune part aux affaires, parce qu'ils sont représentés par les chefs de famille. Pour concourir à la chose publique, il faut que l'homme jouisse de toute sa raison : ainsi les jeunes gens qui n'ont pas atteint l'âge où elle est ordinairement développée; les imbéciles, les fous et les vieillards ramenés à l'enfance ne doivent point avoir droit de suffrage.

Dans toute association politique, pour qu'il n'y ait point d'oppression, il faut que ses membres s'accordent au moins dans la résolution d'établir un gouvernement juste et sage; et pour que les affaires puissent marcher, il faut qu'ils arrêtent unanimement que tous les points à régler seront décidés à la majorité des voix.

Les suffrages doivent être publics : il importe que la multitude soit éclairée par les sages, qu'elle connaisse et les objets sur lesquels elle doit prononcer, et les personnes de confiance auxquelles elle doit remettre ses pouvoirs.

Toutes les lois qui établissent et qui règlent le droit de suffrage dans les élections et les arrêtés nationaux, doivent donc être fondamentales.

Des mandataires du souverain

Le peuple ne peut avoir d'autres représentants, d'autres chefs, d'autres ministres, d'autres officiers que ceux qu'il se donne [1]. Élus par lui, ils n'ont le privilège, ni de remplacer ceux qui manquent dans leurs corps, ni de se suppléer eux-mêmes. Le pouvoir qu'il leur a confié, n'est qu'une simple commission à terme, et les droits qu'il leur accorde, ne sont que de simples prérogatives. Prérogatives qu'il ne peut jamais transmettre sans réserve, encore moins aliéner, lorsqu'elles ont pour objet quelque branche de l'autorité publique : par cela même que le peuple ne peut jamais s'abandonner aveuglément à ses mandataires; par cela même qu'il ne put jamais se proposer d'autre but que le bien de l'État; par cela même que l'exercice de toute autorité doit tendre au bien commun; par cela même que la génération qui les accorde, ne peut pas disposer des droits des générations futures.

Lorsque le peuple déclare la couronne héréditaire dans une famille de citoyens, il ne renonce pas au droit de disposer du sceptre; il ne fait que désigner d'avance ceux qui viendront à le porter : règlement que des circonstances impérieuses ont quelquefois rendu nécessaire, et qu'il est de la sagesse de ne pas révoquer, tant que ces circonstances peuvent revenir.

A l'égard des représentants du peuple, dépositaires du souverain pouvoir, leur commission loin d'être héréditaire, doit toujours être d'assez courte durée, lors même que leur corps deviendrait permanent.

Quant aux magistrats et autres officiers, dépositaires d'un pouvoir borné, leur commission doit être à vie, à moins qu'ils n'aient démérité au point de le faire révoquer : car tant qu'il n'y a aucun inconvénient à prolonger une commission, il faut s'épargner la peine de la renouveler, et ne pas se priver sans nécessité des lumières que donne l'expérience.

1. Quoi qu'on en dise, le peuple est très en état de faire un bon choix de ceux à qui il doit confier quelque partie de sa puissance; car il ne se décide que sur des faits. Qu'on jette les yeux sur cette suite de grands hommes que les Athéniens et les Romains appelèrent au timon des affaires, dans les beaux temps de la République, et l'on sera convaincu de cette vérité.

Comme les mandataires du peuple doivent avoir sa confiance, et que tout citoyen a droit de servir la patrie, quand il a les lumières et les vertus requises; ils doivent être tirés indistinctement de tous les ordres de citoyens : à égalité de lumières et de vertus, ils doivent être tirés de la classe des citoyens les plus riches, leur fortune devenant alors un garant de plus de leur fidélité.

Ainsi le droit du peuple d'élire ses mandataires, la manière de les élire, et la durée de leur commission, doivent être l'objet d'une loi fondamentale du royaume.

Distribution des différents pouvoirs du Corps politique

Déterminer avec exactitude les limites de ces différents pouvoirs est le point le plus important du travail du législateur. De ce point dépend la liberté publique. Est-il manqué ? Pour la détruire, le prince n'a autre chose à faire que de tourner contre elle les défauts mêmes de la Constitution, et d'empiéter peu à peu sur les différentes branches de l'autorité, jusqu'à ce qu'il soit parvenu à les réunir toutes dans ses mains.

Du pouvoir législatif

Si le peuple en corps est le véritable souverain, c'est à lui que tout doit être subordonné.

Quand il ne peut exercer par lui-même la souveraine puissance, il l'exerce par ses représentants.

Elle consiste en deux choses distinctes, mais inséparables; faire les lois et les maintenir : il faut donc qu'il y ait dans l'État un *Sénat national,* dépositaire du pouvoir législatif, centre d'autorité d'où tout dérive, et où tout aboutisse.

La souveraine puissance absolue et illimitée ne peut jamais résider que dans le corps du peuple, parce qu'elle est le résultat de la volonté générale, et que le peuple pris collectivement ne peut jamais vouloir son mal, se vendre ou se trahir. Quant à ses représentants, leur autorité doit toujours être limitée; autrement, maîtres absolus de l'Empire, ils pourraient, à leur gré, enlever les droits des citoyens, attaquer les lois fondamentales de l'État, renverser la Constitution et réduire le peuple en servitude [1].

C'est donc un vice énorme de Constitution de laisser aux représentants du peuple un pouvoir illimité : la loi qui le limite doit donc être

1. C'est de ce vice de Constitution que profita Pierre Gradenigo, à son avènement au Degat, pour changer la forme du gouvernement de Venise, enlever au peuple toute son autorité, et la faire passer entre les mains de ceux qui composaient alors le grand Conseil. *Contarini Hist. Ven., Liv. 7.*

fondamentale. On voit par là ce qu'il faut penser de la question si longtemps agitée sur les pouvoirs impératifs. La nation a droit d'en donner de pareils à ses députés, assurément : mais, après avoir une fois pour toutes, mis l'enceinte sacrée des lois hors de leurs atteintes, il est à propos qu'elle n'en donne que sur les points essentiels à la félicité publique : sur tout le reste, elle doit s'en rapporter à la sagesse de ses députés : à plus forte raison ne doit-elle jamais les enchaîner sur la manière de faire le bien. De là il suit que la Constitution une fois achevée, les règlements généraux, émanés du Sénat national, doivent d'abord avoir force de loi pendant un certain temps, et ne devenir de véritables lois qu'après avoir reçu la sanction du peuple. Or, le temps qu'ils seront obligatoires avant de l'avoir reçue, et la manière dont elle leur sera donnée, doit être une loi fondamentale de l'État.

L'autorité des représentants du peuple bien circonscrite, rien ne doit gêner leur activité : ainsi la police de leur corps doit dépendre absolument d'eux, de même que la manière de proposer, de faire, et de promulguer les lois.

Il importe que le peuple puisse se reposer sur la loyauté de ses représentants : il doit donc avoir soin de s'assurer de leur vertu. Pour réussir, le grand art est de fermer leurs cœurs à l'amour de l'or, des emplois, des dignités, et de l'ouvrir à l'amour de la gloire. Que tout citoyen qui aura l'honneur de siéger dans l'Assemblée nationale, soit donc déclaré inhabile à posséder aucun emploi dépendant du prince, à recevoir de la Cour aucune marque de distinction, et surtout à entrer dans le ministère [1], que dix ans après avoir rempli sa mission de député.

Enfin, pour parer aux voies secrètes de corruption, il importe que les commettants fassent usage du droit qu'ils ont de révoquer [2] les pouvoirs d'un député qui abandonnerait continuellement les intérêts de la patrie, et de poursuivre la punition d'un député qui lui aurait manqué de foi.

Du pouvoir exécutif

Il ne suffit pas qu'il y ait dans l'État un corps qui fasse les lois : il faut aussi qu'il y ait un corps chargé de les faire exécuter, et un corps

1. S'il importe d'avoir des hommes vertueux dans le Conseil du prince, il importe encore plus d'en avoir dans le Conseil de la nation. Mais quoi qu'on en dise, la vertu la plus pure ne respire pas impunément l'air infect de la Cour. Et que penser de ces ambitieux qui n'ont épousé la cause publique que pour se faire rechercher du prince, et qui n'affichent l'amour de la patrie, que pour l'immoler à leurs passions dans le cabinet!

2. Qui voudrait s'exposer à servir la patrie, si on conçoit le risque d'être destitué? L'homme droit et ferme qui ne fait pas une spéculation de l'honneur de servir l'État : l'homme intègre, qui compte sur sa vertu; le sage sans ambition, qui ne craint pas l'indigence; le grand homme fait pour aller à l'immortalité, qui met sa gloire à consacrer ses talents, ses veilles, son repos au bonheur de ses concitoyens.

chargé de veiller à la sûreté de l'Empire, de pourvoir à sa défense. De ces trois corps, le premier est la tête, les derniers sont les bras de la société politique.

Les pouvoirs dont ils sont dépositaires, ne doivent jamais être réunis dans les mêmes mains; car à l'instant où l'un d'eux viendrait à les réunir, maître d'appuyer ses volontés par la force des armes, il pourrait faire des lois tyranniques pour les faire exécuter tyranniquement, et bientôt toute liberté serait anéantie. C'est ce qui est arrivé à Rome, à Venise, en Angleterre, en Espagne, en France, et dans la plupart des gouvernements de la terre.

Les peuples qui ont secoué le joug, ont tous senti les dangers de ce vice de Constitution; mais aucun n'a su s'y soustraire. Dans le gouvernement même le plus vanté pour sa sagesse, on n'y a remédié qu'imparfaitement. On a distingué la puissance suprême en législative et en exécutive : la première a été confiée aux représentants du peuple, la dernière au gouvernement. Mais loin d'avoir exclu le prince du Corps législatif, on l'en a laissé l'arbitre par l'influence prodigieuse que la couronne a sur l'élection des membres de la Chambre des communes, et sur les suffrages de la Chambre des pairs. Or, quoi de plus mal vu que de faire dépendre les bonnes lois de celui qui a tant d'intérêts qu'elles ne passent point. Il y a plus; le Parlement ne peut point s'assembler qu'il ne soit convoqué par le Roi : dès lors les représentants du souverain, enchaînés par son ministre, ne peuvent agir que lorsqu'il lui plaît, ni parler que quand il les interroge. S'il veut seulement ne pas les convoquer, ils sont anéantis. On sait trop quels orages ces prérogatives de la couronne, ont excités en Angleterre, et quels orages elles peuvent y exciter encore pour ne pas les proscrire parmi nous. Et qu'on ne dise pas « que la puissance royale a besoin de se défendre contre la puissance législative » : le prince n'a droit de se défendre que par ses vertus. Qu'a-t-il à redouter lorsqu'il remplit dignement ses devoirs? On a vu l'Empire mis à l'encan par une ville soldatesque, soudoyée pour faire triompher des despotes; on a vu des tyrans précipités du trône par leurs peuples révoltés : mais vit-on jamais des citoyens se soulever contre l'autorité qu'ils ont établie, tant qu'elle s'applique à faire leur boucherie.

Aujourd'hui que la nation connaît ses droits, qu'elle veut en jouir; qu'elle demande à ses représentants la Constitution la plus parfaite, et que rien ne peut plus s'opposer à ses vœux, pas même les menées secrètes des ennemis masqués de la patrie; la sanction royale ne doit pas être regardée comme une formalité nécessaire, à la consécration des lois : mais comme un acte de loyauté du prince, par lequel il souscrit solennellement à des lois qu'il ne doit jamais violer.

Le Roi, de l'avis de son Conseil, pourra rendre, pour chaque département de l'administration, des ordonnances relatives au service, ou au bien du royaume. Ces ordonnances rapporteront dans leur préambule les lois de l'État qui les justifient, et elles auront force de loi jusqu'à ce que le législateur en ait ordonné autrement.

Vices des monarchies actuelles

Dans la plupart des monarchies dégénérées de l'Europe, le prince, chef des conseils, du ministère, des tribunaux, l'est encore de l'armée : et il tient dans ses mains tous les ressorts de l'autorité.

Tant que le corps chargé de l'exécution des lois, les fait exécuter, la liberté se maintient : ainsi jamais elle ne reçoit d'atteinte, que quand le dépositaire de la force publique en abuse pour son propre intérêt; et jamais elle ne périt, que quand il tourne contre elle les armes qui lui furent confiées pour la défendre.

Les maux que font les princes, sont la suite de l'imprévoyance du souverain. On attend d'eux des lumières, des talents, de la modération, du désintéressement, des vertus : confiance aveugle! hommes comme leurs concitoyens, on ne doit en attendre que des passions. Ne leur demandez pas de faire le bien, mettez-les dans l'heureuse impuissance de faire le mal.

Séparer et limiter les différents pouvoirs, est en politique le chef-d'œuvre de la sagesse.

La puissance exécutive se divise en deux branches très distinctes : l'une a pour objet le droit des gens, l'autre a pour objet le droit civil; il importe à la liberté publique de toujours les séparer; celle-ci doit être commise à des magistrats, celle-là doit être laissée au prince : car lorsqu'elles sont réunies, le monarque usurpe tôt ou tard la souveraineté, et finit par devenir absolu. Dépositaire de l'autorité, armé de la force publique et arbitre des lois; bientôt il s'en fait une arme défensive et offensive qui le rend redoutable et sacré à ceux qu'il veut opprimer; il enlève les droits des citoyens, et attaque la Constitution en feignant de la défendre. Dès lors rien ne l'arrête; il ne laisse à personne les moyens de s'opposer à ses entreprises, il effraye ceux qui réclament, il punit ceux qui résistent : il vexe, foule, opprime, tyrannise; et s'il emploie encore pour cela des prétextes, c'est plus par politique, que par nécessité. Malheur terrible! dont l'histoire de toutes les nations offre tant d'exemples alarmants [1].

1. C'est ce qu'on vit à Rome après la destruction de la république. Quelques empereurs eurent la fureur de juger, et jamais règne n'étonna l'univers par autant d'injustices et d'atrocités; ils vendaient les jugements et les lois; tout accusé était à la discrétion des créatures de ces princes, et servait à l'insatiable avarice de leurs favoris, de leurs courtisanes, de leurs valets.

Du gouvernement

Le corps chargé de la puissance exécutive qui a pour objet le droit des gens, se nomme *gouvernement* : il comprend le prince, ses conseillers, ses ministres, ses officiers.

L'exercice de cette puissance consiste à veiller à la sûreté de l'État contre les ennemis du dehors, à diriger ce qui concerne la guerre et la paix, à faire des traités, à protéger le commerce, à envoyer et recevoir des ambassadeurs, et à régler les affaires qui y sont relatives, en rapportant tout au bien public, sans jamais porter atteinte aux lois fondamentales du royaume.

Chef des conseils, du ministère et de l'armée, le Roi a le choix de ses conseillers, de ses ministres et de ses officiers; nul doute : mais ce choix doit toujours tomber sur des sujets capables, jamais sur des sujets ineptes, suspects ou odieux à la nation : il ne doit donc être fait qu'après avoir consulté la voix publique. Mettre en question, si le prince en est le maître absolu, c'est oublier que leurs fonctions intéressent la sûreté et la félicité publique, dont le souverain est le juge suprême; c'est oublier que tout pouvoir dérive du souverain, c'est rendre l'autorité du gouvernement indépendante, arbitraire. Loin que le prince soit en droit de maintenir contre le vœu de la nation le choix de ses ministres, il ne l'est pas même de maintenir contre elle la possession de sa couronne. Mais comme les opérations militaires, les entreprises et les négociations politiques ont besoin pour réussir du secret le plus profond, les ministres doivent avoir carte blanche pour les former et les conduire au succès; seulement ils en rendront compte, lorsqu'elles seront consommées, et chaque ministre sera responsable sur sa tête des entreprises qu'il aura faites contre les lois.

Un abus de l'autorité contre lequel on ne saurait prendre trop de précautions, c'est l'emploi arbitraire de l'armée. Peuples! tremblez en confiant le dangereux dépôt de la force publique; arme meurtrière remise entre des mains ennemies, elle sera tôt ou tard plongée dans votre sein, si vous n'ôtez à celui qui en dispose, jusqu'à la tentation de la tourner contre vous.

Pour empêcher qu'on n'abuse de cette arme terrible, il faut commencer par en diriger l'emploi : ainsi il est indispensable que l'armée prête serment de fidélité à la nation avant de le prêter au prince, qu'elle jure de ne jamais obéir à aucun ordre de porter les armes contre elle, que toutes les troupes aient le titre de nationales, que les officiers qui violeraient leur serment soient déclarés traîtres à la patrie, leurs biens confisqués, leurs personnes saisies; et s'ils s'échappaient, que la nation avoue le citoyen courageux qui leur donnerait la mort.

Cela ne suffit point encore. La loi du serment a peu d'empire sur l'esprit du soldat, combien la méprisent en quittant leurs drapeaux! Et que pourrait-elle contre la voix d'un prince ambitieux, vaillant et aimé des troupes, contre un prince qui se mettrait à leur tête en marchant à l'ennemi, qui prodiguerait les dons, qui profiterait de l'ivresse de la victoire pour les mener contre son peuple, qui leur promettrait les dépouilles des riches citoyens, et qui les animerait au combat par tous les moyens que l'adresse et l'ambition peuvent suggérer. Si les Romains, à qui la patrie était si chère, passèrent le Rubicon, au mépris de la voix du devoir et du sang, au mépris des mortels et des dieux, au mépris des enfers; croyez-vous que dans un siècle avili, où l'on ne croit plus ni à l'honneur ni à la vertu, une armée de mercenaires échauffés par la boisson et l'appât du butin, refusât de le passer?

Que faire pour n'avoir rien à craindre de l'armée? La réduire, et arrêter le pouvoir par la crainte du pouvoir. Il est donc indispensable de former une milice nationale très nombreuse, et même d'armer chaque citoyen non suspect. Il est indispensable aussi que les grandes villes du royaume aient de l'artillerie, un train de guerre et des munitions aux ordres des municipalités. Enfin il est indispensable que la milice bourgeoise s'exerce au maniement des armes, et qu'elle nomme ses officiers. Sans cela, tout ce qu'on ferait pour assurer la liberté publique ne serait que jeux d'enfants; et la Constitution, quelque parfaite qu'elle fût d'ailleurs, ne serait qu'un château de cartes, que le moindre souffle renverserait. Ouvrez les annales de la monarchie; vous y verrez qu'à l'instant même où nos rois ont eu à leurs ordres une armée de stipendiaires, ils ont commencé à devenir despotes. Depuis Charles VII jusqu'à Louis XVI, le despotisme militaire a été marqué par mille scènes sanglantes. Que dis-je? A peine y a-t-il un mois que nous avons été à la veille d'en être les victimes. Quelle matière à réflexion!

Quant aux émeutes, extrêmement rares en tous pays lorsqu'elles ne sont pas excitées par l'injustice et les menées du gouvernement, si jamais le secours des troupes réglées était jugé nécessaire pour les apaiser dans quelque partie du royaume, les soldats n'obéiront qu'au commandement des magistrats municipaux, qui seuls doivent être chargés de veiller au maintien de la tranquillité.

C'est toujours du gouvernement que viennent les atteintes portées à la liberté publique; il importe donc d'être toujours en garde contre ses entreprises, et de lui ôter les prétextes d'abuser de sa puissance. On peut tous les lui ôter, à un seul près que fournit parfois le soin de veiller à la sûreté de l'État. Lors donc que l'État est en danger, que des traîtres

1. Pour faciliter cette opération, il faut que l'Assemblée nationale autorise les municipalités de chaque ville à faire prêter serment aux troupes qui y sont en garnison.

machinent contre la patrie, si le prince se permet quelque coup d'autorité pour éviter les longueurs qu'entraînerait le recours aux tribunaux, il sera tenu de remettre au bout d'un terme prescrit les prisonniers à une cour de justice, pour faire leur procès suivant les lois.

Nos rois ont le privilège glorieux de marcher à la tête de l'armée contre les ennemis de l'État, et bien peu s'en montrèrent jaloux. Mais une prétention odieuse qu'ils affichèrent en toute occasion, est de se donner pour les arbitres suprêmes du royaume, maîtres absolus de le démembrer, de disposer des provinces, de trafiquer des villes et de vendre leurs concitoyens comme des moutons; prétention révoltante, établie par les suppôts du despotisme et les créatures de la Cour, défendue par des sophistes soudoyés, sanctifiée par des prêtres insensés, et confirmée par quelques-uns de nos représentants. De nos représentants? Juste ciel! Serait-il donc possible que les membres du Comité de rédaction ignorent que le prince ne doit être que l'administrateur d'un département de l'État; que les droits des citoyens sont cent fois plus sacrés que ceux de la couronne; qu'il ne peut jamais être licite au Roi de disposer de la personne, du sort ou de la propriété du moindre des sujets? Au demeurant si on lui permet de disposer de quelque partie de territoire nu, que ce soit toujours sous le consentement du souverain, après avoir indemnisé les propriétaires, et seulement pour donner des barrières plus fortes à l'Empire.

Les rois ne seront majeurs qu'à vingt-cinq ans.

Pendant leur minorité, l'autorité royale sera exercée par un régent. Il en sera de même en cas de démence.

Le régent, sera nommé par l'Assemblée nationale. Elle le choisira parmi les héritiers du trône, s'ils se sont montrés dignes de la confiance du peuple.

La garde du Roi sera déférée à ses proches les plus intéressés à la conservation de ses jours.

Chaque règlement relatif à la séparation des pouvoirs, aux limites de l'autorité du gouvernement, au maintien de la force des citoyens, à la disposition de l'armée, et à la punition des traîtres à la patrie, doit donc devenir loi fondamentale du royaume.

Du pouvoir judiciaire

Il ne pourra jamais être exercé que par des tribunaux institués par les représentants de la nation : et la justice s'y rendra au nom seul du souverain.

Le pouvoir judiciaire impose deux espèces de fonctions très différentes, connaître de la violation des lois qui maintiennent la sûreté et la tranquillité publiques, ou juger les coupables; connaître de l'infraction des lois qui règlent les affaires particulières des citoyens, ou juger leurs différends.

La différence de ces fonctions exige qu'on les commette à divers tribunaux, dont les uns s'occuperont de la jurisprudence criminelle; les autres, de la jurisprudence civile.

Les lois sont le boulevard des droits, de l'innocence et de la liberté des citoyens : mais les plus sages lois seraient vaines, si on pouvait les éluder, les interpréter, et leur faire dire ce qu'elles ne disent pas si l'accusé ou l'intimé avaient à redouter l'ignorance, la partialité ou la corruption des juges. Il importe donc que les lois soient justes, claires, précises; qu'elles soient toujours prises à la lettre; que les juges soient éclairés et intègres, et que l'instruction du procès soit publique [1].

C'est surtout en matières criminelles, que les fonctions délicates de la magistrature exigent un esprit droit, de la sagesse, de l'intégrité, et qu'il importe de prendre les plus grandes précautions contre l'injustice des jugements. Que l'accusé ait donc un avocat pour le défendre, que les portes de sa prison soient ouvertes à ses parents, à ses amis; qu'on ne le traite pas comme un malfaiteur avant de l'avoir convaincu de crime, et que son procès soit instruit à la face des cieux et de la terre.

Je n'observerai point ici qu'aller voir ses juges pour les solliciter est une action illicite, dont la simple preuve légale devrait suffire pour faire perdre au prévenu son procès : ce serait anticiper sur le code civil. Je n'observerai pas non plus qu'il est essentiel que le coupable ne puisse jamais compter sur l'impunité, et que la même peine doit être infligée à tout délinquant : ce serait anticiper sur le code criminel.

C'est au Sénat national de créer les tribunaux, et de déterminer les qualifications des membres appelés à les remplir. Mais c'est au peuple ou plutôt aux municipalités de choisir entre les candidats, par voie de suffrages ou par voie de scrutin. De quelque manière qu'elles le fassent, que la distinction des rangs soit comptée pour rien, et que le mérite seul fixe le choix. De la sorte, les tribunaux seront indépendants du prince : car s'il nommait les juges, ils seraient à lui infailliblement.

Les tribunaux civils et criminels ne doivent pas être simplement indépendants du prince, mais indépendants l'un de l'autre, et tous subordonnés au législateur : ils doivent donc dépendre du peuple, ou plutôt du Sénat qui le représente; car c'est à lui de faire les lois, de

1. Tout cela fait assez sentir la nécessité absolue de refondre nos lois civiles et criminelles, et de réformer nos tribunaux. Nous avons différentes cours de justice, les juges royaux, les présidiaux, les parlements : on pourrait tout au plus les conserver pour le civil, mais après les avoir cassées et recréées, pour qu'elles sentent qu'elles ne dépendent que de la nation; mais après avoir proscrit la vénalité honteuse des charges, aboli le droit d'en disposer, et réglé les formes de la procédure.

les annoncer lorsqu'elles sont faites, de les promulguer lorsqu'elles sont sanctionnées, d'en conserver le dépôt, de les rappeler lorsqu'on les oublie, de les réclamer et de les venger lorsque les corps chargés de leur exécution les violent.

Ainsi le législateur doit avoir la force à l'appui de la justice. Sans cela, il ne serait bientôt qu'un vain fantôme. Hé! de quoi lui servirait de rechercher la conduite des dépositaires de ces pouvoirs, s'il ne pouvait les forcer de respecter les lois : il aurait beau vouloir s'opposer à leurs attentats, ils passeraient outre, et le laisseraient murmurer. Ainsi, le prince et les magistrats n'étant point subordonnés au législateur; les pouvoirs exécutif et judiciaire n'auraient aucun rapport au pouvoir législatif, les lois ne seraient qu'un vain mot, l'objet du pacte social serait manqué, et le souverain aurait transigé avec beaucoup d'appareil pour remettre l'État à la discrétion de ses mandataires, où le livrer à l'anarchie.

Le seul moyen de ramener à l'ordre les corps chargés de l'exécution des lois, est de poursuivre le châtiment de leurs prévarications, de leurs attentats.

Le prince ne doit être recherché que dans ses ministres : sa personne sera sacrée [1].

C'est au législateur que les ministres et les magistrats sont [2] comptables; mais ce n'est pas le législateur qui doit les juger, il serait juge et partie : il faut donc qu'il y ait dans l'État un tribunal suprême, chargé de connaître des attentats ou des malversations des ministres, des prévarications des magistrats, de tous les crimes de lèse-nation, de tous les crimes publics.

C'est à ce tribunal pareillement que les citoyens lésés ou condamnés injustement se pourvoiront en cassation d'arrêts contraires aux lois.

Ce tribunal ne doit connaître d'aucun crime particulier. Pour avoir la confiance du peuple, il faut qu'il soit composé d'hommes éclairés, intègres, ne tenant à la Cour par aucun lien, n'ayant aucune part à l'administration; il faut que le peuple les nomme par la voix de ses électeurs, et qu'il les ait continuellement sous les yeux.

1. En Angleterre, cette loi a eu sa source dans quelques préjugés vulgaires, et elle ne doit être motivée que par des raisons d'État.

S'il importe que le prince soit recherché dans la personne de ses ministres, c'est de crainte que trop souvent obligé de s'occuper de sa défense, il ne laisse le pouvoir exécutif dans l'inaction : c'est afin que l'État ne soit pas exposé à une invasion soudaine, durant l'instruction d'un procès de long cours; c'est afin qu'un mauvais Roi ne trouve pas facilement des complices de ses attentats.

2. En Angleterre, lorsque les ministres ont violé la loi, la Chambre des communes les accuse devant celle des pairs; mais c'est une farce en politique, que ce recours à la Chambre haute, presque toujours vendue au monarque.

C'est une farce plus ridicule encore que le recours au prince contre ses ministres; ils ne sont censés agir que par ses ordres, et l'on prétend qu'il les désavoue et les punisse.

Les lois, faites pour couvrir de leur égide tutélaire tous ceux qui vivent sous leur empire, ne mettent pas toujours le faible à couvert des entreprises du fort, rarement même punissent-elles les outrages de ceux qui sont chargés de les faire respecter.

Souvent les atteintes portées aux lois par leurs ministres se font dans les ténèbres; souvent aussi elles tombent sur des infortunés qui se laissent intimider par leurs oppresseurs, qui sont privés de tout appui ou qui se trouvent détenus en prison.

Lorsqu'ils ne peuvent faire entendre leur voix, il faut que le législateur ménage à l'homme généreux et courageux un moyen sûr et prompt de rendre leurs plaintes publiques. Ainsi, quand la liberté de la presse ne serait pas un droit de tout citoyen, elle devrait être établie par un décret particulier : seulement pour prévenir la licence, toute dénonciation sera signée par son auteur.

Ainsi les lois qui proscrivent les cours de judicature qui n'auraient pas été érigées par la nation, qui règlent l'indépendance réciproque du gouvernement et des tribunaux, de même que leur dépendance respective du législateur, qui déterminent la manière de rechercher, de juger et de punir les délits publics, doivent être des lois fondamentales du royaume.

Des forces de l'État

Pour se maintenir, l'État doit se défendre. En butte aux entreprises de voisins ou d'ennemis ambitieux, il a besoin de forces capables de les repousser.

Les forces qu'il peut entretenir, sans se ruiner, ont un rapport constant avec son étendue, sa richesse, sa population; car plus il est puissant, moins on cherche à l'attaquer.

La France, par son site, ses barrières naturelles, l'étendue et la fertilité de son sol, le nombre et le courage de ses habitants, ses alliances et le système politique des peuples qui l'environnent, est dans la position rare et heureuse de n'avoir rien à craindre de ses voisins, ni de ses ennemis; tant qu'elle ne les provoquera point, tant qu'elle n'aura point de projets ambitieux. Et puisque les troupes réglées sont toujours l'instrument dont les princes se servent pour enchaîner et écraser les peuples, il lui importe souverainement de les réduire le plus qu'il sera possible, sans toutefois exposer la sûreté de l'État. Qu'elle renonce donc à la fureur des conquêtes, qui a toujours fait le malheur des nations et le sien : a-t-elle jamais acquis une nouvelle province qu'aux dépens des anciennes? Qu'au lieu d'étendre le royaume, le gouvernement s'applique donc enfin à le faire fleurir.

Ce plan de conduite adopté permettrait de réduire l'armée à 60 000 hommes, nombre plus que suffisant pour garder les frontières. A ce corps de troupes réglées, on joindrait au besoin 200 000 hommes de milice nationale, destinée à la garde de la campagne et des villes, exercée et fêtes et dimanches au maniement des armes, aux évolutions militaires, et organisée d'une manière peu dispendieuse [1]. Un tiers de la paye du soldat suffirait en temps de paix pour engager le paysan et l'artisan à s'y enrôler. A l'égard du bourgeois riche ou aisé, une simple marque d'honneur produirait le même effet.

L'exécution de ce plan offre à l'État le quadruple avantage d'acquérir 140 000 citoyens utiles perdus pour lui, d'épargner les sommes immenses que coûte leur entretien, d'avoir toujours pour sa défense une armée de vrais citoyens, d'assurer à jamais la liberté publique, et de diminuer considérablement le poids des impôts.

Telles devraient être les forces de terre : celles de mer devraient consister en une flotte assez nombreuse pour défendre nos côtes, nos îles et protéger notre commerce.

Le Roi, commandant général de l'armée et de la flotte, aura la prérogative de les organiser de la manière qu'il croira la plus avantageuse au bien public, et de nommer à tous les emplois militaires.

Quant à la milice nationale, elle ne sera jamais que sous les ordres des officiers dont elle aura fait choix.

Le Roi n'aura le pouvoir de faire construire aucune forteresse, aucune place, aucun port, sans le consentement de l'Assemblée nationale. Il ne fera élever aucun fort dans l'intérieur du royaume. Et quant aux places fortifiées déjà construites qu'il fera réparer, les municipalités auront droit de faire détruire la partie des fortifications qui domine les villes, et d'où on peut les canonner et les bombarder.

Les magasins et moulins à poudre seront sous la direction de la municipalité de la capitale, qui fournira les autres municipalités du royaume sur des mandats signés de tous leurs officiers; et les troupes réglées sur des mandats du ministre de la Guerre et du ministre de la Marine.

1. Il faut bien se donner de garde d'imiter le régime de la milice parisienne soldée; régime si ruineux, que les revenus réunis de la Prusse et de la Suède, suffiraient à peine pour entretenir sur ce pied deux cent mille hommes. Les appointements de l'état-major surtout, ont été portés si haut, que les personnes judicieuses sont un peu scandalisées de l'esprit d'économie qui anime le comité militaire. Si ce comité eût été composé d'aspirants lors de la rédaction du travail, on aurait pu croire que ces bons patriotes ne s'étaient pas oubliés. Mais à la somme exorbitante que ses membres ont offerte à M. de La Fayette, pour ses appointements de général, il est évident que ces messieurs ne calculent rien, qu'ils s'abandonnent à leur beau zèle pour faire les honneurs de la bourse de leurs concitoyens, sans réfléchir un instant à la profonde misère du peuple.

Au demeurant, j'ai tort sans doute d'être peu édifié de la manière dont on ménage partout les intérêts du pauvre peuple. Qui le sait ? Peut-être les membres du comité ont-ils, comme Midas, le don de convertir en or tout ce qu'ils touchent.

Des revenus de l'État

L'argent n'est pas moins nécessaire à la défense de l'État, que les forces de terre et de mer. Sans lui, le Corps politique n'aurait ni action, ni vie.

Ce revenu est formé de ce que chaque citoyen paye à l'État pour subvenir aux frais du gouvernement, aux dépenses nationales.

Il est raisonnable, il est juste que tous les sujets supportent leur part des charges publiques; c'est le prix de la sûreté de leur personne, de leur liberté, de leur honneur, de leur fortune; le prix en un mot de tous les avantages qu'ils retirent du pacte social. Ainsi chaque individu privilégié est un monstre dans l'ordre politique, à moins qu'il ne rende à l'État, en services gratuits l'équivalent de ce qu'il lui doit en contributions directes.

Que la classe des contribuables comprenne tous les citoyens indistinctement, à l'exception du prince, et que chacun contribue proportionnellement à sa fortune.

Celui qui n'a que le nécessaire physique, ne pouvant rien en retrancher, ne doit rien à l'État, ou plutôt la contribution qu'il lui paye, se réduit aux droits levés sur les objets qu'il consomme. Ce n'est donc que sur le superflu des citoyens que l'on peut asseoir directement des impôts.

Les impôts doivent porter sur trois objets distincts, sur les productions de la nature, sur les productions de l'art, sur les personnes; ils doivent donc être assis sur les terres, sur les maisons et les marchandises, sur les têtes.

Les terres doivent payer proportionnellement à leur rapport : ce qui suppose un cadastre où elles soient distinguées par leur qualité.

Les maisons doivent payer proportionnellement à leur commodité, à leur agrément, à leur magnificence, et à leurs accessoires; tels que cours, terrasses, parterres, jardins, parcs, cabinets de curiosités, galeries de tableaux, etc. : ce qui suppose un autre cadastre.

Les marchandises doivent payer proportionnellement à leur moindre utilité : ce qui suppose un tarif où les choses de première nécessité soient légèrement imposées, où les choses moins indispensables le soient davantage, et où les choses de fantaisie, de luxe, de faste, soient très chargées.

Les personnes doivent payer proportionnellement à leurs rentes ou pensions, à leur mobilier, à l'état qu'elles tiennent : ce qui suppose un autre tarif.

Diverses causes accidentelles peuvent faire qu'une terre de grand produit rapporte fort peu ou ne rapporte rien, tandis qu'une terre de petit produit rapporte beaucoup. Pour assurer le revenu de l'État sans fouler les malheureux, les terres doivent être imposées par provinces et par districts : ce sera aux états provinciaux à répartir la quotité de chaque district, et aux communautés des districts à répartir la quotité de chaque propriétaire, proportionnellement au produit des terres.

Il y a telle année où non seulement un propriétaire ne doit rien payer : mais où la commune doit venir à son secours : c'est le cas de ceux dont les récoltes ont été ravagées par les orages et les torrents débordés, ou ruinées par l'intempérie des saisons.

Les marchandises importées, objet du commerce extérieur, ne doivent payer qu'aux frontières où seront établies les douanes. Les marchandises, objet du commerce intérieur doivent payer; les unes par les mains du manufacturier, lors de la livraison; les autres par les mains du consommateur : mais ces derniers droits rentrent dans ceux sur les personnes.

Tout domestique, manœuvre, ouvrier, et artisan sans ouvrier, ne payera aucune capitation.

Tout artisan, artiste et marchand payera une capitation proportionnelle au nombre de ses ouvriers, à l'étendue de son commerce, à la grandeur de ses gains.

Tout rentier payera une capitation proportionnelle au train de sa maison. Un seul domestique sera imposé légèrement, deux domestiques payeront le quadruple; trois l'octuple, et ainsi proportionnellement.

Un cheval payera un impôt modéré; deux chevaux payeront le quadruple; trois l'octuple, etc.

Une voiture de voyage payera un impôt modéré. Une voiture de ville, un impôt double. Un cabriolet, un impôt quadruple. Deux voitures payeront le quadruple d'une seule de même espèce, trois voitures l'octuple, etc. Cette partie de législation, qui a trait aux finances, demande des détails infinis, et dans un plan de Constitution, on ne peut indiquer que des rapports généraux.

La perception des impôts doit se faire de la manière la plus simple, la moins dispendieuse. Les receveurs généraux seront nommés par les états provinciaux, les receveurs particuliers par les districts : le choix ne tombera que sur des citoyens aisés et intacts, ayant bons répondants; leurs honoraires seront très modiques : mais une marque d'honneur particulière qui leur sera accordée au bout d'un certain temps deviendra la récompense de leurs services.

La dette publique une fois éteinte, les impôts seront réduits, et la masse en sera fixée sur les vrais besoins de l'État : car on ne doit lever sur le peuple que ce qui est réellement nécessaire à la chose publique.

Crainte que de prétendus besoins de l'État ne fournissent au ministère le prétexte de dissiper les deniers publics, on accordera annuellement au monarque une somme fixe pour l'entretien de sa maison, de sa famille, et le soutien de la majesté du trône.

La garde du trésor public sera confiée à deux trésoriers nommés par l'Assemblée nationale, sous valable cautionnement; ils justifieront des sommes reçues et payées; s'engageront, sous la foi du serment à n'escompter aucun effet, à ne faire aucune spéculation pour leur compte, à ne prendre aucun intérêt dans les affaires pécuniaires; et toute opération de finance faite avec eux, sera déclarée nulle.

Pour accepter cette place, il faut de la vertu : et j'ose espérer qu'il se trouvera des hommes pour la remplir : de brillantes marques d'honneur seront le prix de leurs services.

Les ministres n'auront aucun maniement des deniers publics; et toutes les dépenses du gouvernement seront payées au trésor national sur les bons de chaque ministre, visés dans différents bureaux de leurs départements respectifs. Il en sera de même des autres administrateurs de l'État.

Enfin, pour couper la racine à toutes les spéculations odieuses qui se font sur les domaines de la couronne, et tirer parti de cette branche de richesses nationales, il sera réduit aux châteaux, maisons de plaisance, jardins, parcs royaux et capitaineries de chasse conservées, dont le monarque seul ordonnera l'administration. Tout le reste sera vendu au profit de l'État, et le produit des ventes sera appliqué à l'extinction d'une partie de la dette publique.

Des municipalités

Dans un gouvernement bien ordonné, il faut des magistratures particulières, pour la police intérieure de l'État et l'approvisionnement des villes.

Ces magistratures exigent des connaissances très différentes, elles n'ont même rien de commun : il importe donc de les séparer, et d'en revêtir deux tribunaux, dont l'un sera chargé du soin de faire approvisionner les marchés, de l'inspection des comestibles exposés en vente, de la taxe des choses de première nécessité, de la vérification des poids et mesures; l'autre du soin de s'assurer des infracteurs de la loi et des perturbateurs du repos public, d'apaiser les émeutes, de concilier les petits différends des citoyens, et de veiller à la propreté des rues et des maisons.

De pareilles magistratures ne peuvent être que municipales; c'est donc aux citoyens de nommer ceux d'entre eux qui méritent [1] d'en être revêtus.

1. Il importe aux citoyens d'être très circonspects dans leurs nominations, et de ne faire tomber leur choix que sur des hommes dont les principes soient bien connus, et

Les connaissances qu'elles exigent sont relatives aux lois criminelles, et à l'administration économique. Il est important que les candidats soient qualifiés : mais si leurs connaissances doivent entrer pour beaucoup dans leur choix, la probité seule doit le fixer.

Chacun de ces tribunaux, composé d'un nombre de membres égal à celui des districts de chaque ville, élira son président par voie de suffrages.

Celui de la police siégera une fois chaque huit jours, plus souvent si les circonstances le requièrent; et chacun de ses membres remplira, dans son district, les fonctions de commissaire de quartier, rendant la justice en public.

Celui des subsistances siégera chaque jour; il s'assurera de l'approvisionnement de grains pour l'année; mais il n'arrêtera aucun marché avec les approvisionneurs, sans avoir préalablement provoqué un concours public, et sans en publier les conditions dans un compte qu'il rendra avant de le conclure.

Les fonctions du dernier doivent être annuelles : les fonctions du premier peuvent être à vie.

Dans les bourgs et les villages où les affaires sont peu nombreuses, un seul citoyen élu par la commune, peut exercer à la fois ces doubles fonctions.

Des ministres de la religion

Tous les peuples de la terre ont une religion, lien subtil que leurs chefs ont tissé pour les enchaîner.

C'est du ciel que chaque religion prétend tirer son origine; et sans doute le christianisme a des titres dont aucune autre ne peut se glorifier : mais comme ses apôtres établissent sa vérité sur des preuves qui ne sont point du ressort de la raison, l'homme raisonnable n'est point obligé de s'y rendre : heureux celui qui a reçu la foi, qui s'applique ses douces consolations, et qui a le courage de se dévouer à la misère dans cette vie, pour jouir de la béatitude dans la vie à venir!

La liberté religieuse est de droit civil, et nul citoyen ne doit être recherché que pour avoir troublé un culte établi.

dont le zèle patriotique soit désintéressé. On dit que dans la plupart des comités de districts, les avocats et les procureurs cherchent à s'emparer des suffrages. La cruelle aristocratie que celle dont les membres n'ont d'autre métier que de bavarder éternellement, d'embrouiller les affaires à force de subtilités, et de vivre des artifices de la chicane, des fureurs de la discorde! Combien plus redoutable encore serait l'aristocratie de ces patriotes qui conservent sous les drapeaux de la patrie, les pensions qu'ils tiennent du prince; et celles de ces juges serviles, vendus à la faveur, ou de ces juges superbes, dévorés d'ambition! On aurait dû apprécier leur zèle. Se peut-il qu'on leur ait confié les intérêts du peuple!

La société doit tolérer toutes les religions, excepté celles qui la sapent.

En prêchant l'obéissance aveugle, le christianisme ne tend qu'à faire des esclaves; il attaque le pacte social, et détruit le Corps politique; ses apôtres doivent donc avoir le bon sens de ne jamais toucher à ce point, si même le législateur ne leur en impose l'obligation.

La religion chrétienne n'est point liée au système social : mais ses ministres sont dans la société; ils en sont membres; ils sont très nombreux; et d'autant plus nombreux qu'ils ont trouvé le secret de s'ériger en hiérarchie sacrée, de s'attirer les respects par une vaine pompe, de se faire de la crédulité des peuples un riche patrimoine; de vivre dans l'oisiveté, l'abondance, les plaisirs, et de consommer le bien des pauvres au sein du faste et des délices.

Le voile est déchiré; au flambeau de la raison se sont dissipées les ténèbres mystiques dont ils s'étaient environnés, leur conduite a achevé de détruire l'illusion, et aujourd'hui l'œil profane du vulgaire les voit tels qu'ils sont. A l'approche de leur chute, la prudence leur faisait un devoir de la sainteté : mais au lieu de chercher à regagner la vénération des peuples, par leur assiduité au pied des autels, par une vie édifiante, par des mœurs austères; ils essayent encore de cacher leur tête dans le ciel, et ils n'ont pas honte de *réclamer les dignités de l'Église, comme un état qu'ils ont enbrassé sous la foi du gouvernement, et les revenus immenses de leurs bénéfices comme un moyen de subsister*.

Le moment est enfin venu de faire cesser cet affreux scandale, de rappeler le haut clergé à l'esprit de son institution, d'acquitter sa dette, et de rendre aux pauvres [1] leurs biens, qu'il dissipe si honteusement.

Les prélats, comme les autres prêtres, sont les disciples de Jésus; ils doivent aux fidèles l'exemple des vertus qu'ils leur prêchent, l'exemple de l'amour du travail, de la frugalité, de la pauvreté, du renoncement au monde, de la douceur, de la patience, de la résignation : et, s'il est juste qu'ils vivent de l'autel, ils ne peuvent prétendre qu'au simple nécessaire. Réforme de la hiérarchie ecclésiastique, suppression de toutes [2] les communautés religieuses, et de tous les bénéfices sans service personnel; rappel des prélats, des abbés commendataires, des gros bénéficiers, aux fonctions respectables de curés, abolition totale de la simonie, traitement honnête fait par l'État aux ministres de la

1. Cette heureuse réforme aurait pu s'effectuer sans commotion et en quelques heures, le lendemain de la prise de la Bastille. Le moment était précieux; mais il n'est pas perdu sans retour.

2. Aux officiers près qui disposent des revenus de la communauté, il n'y a pas un religieux qui ne fût enchanté de rentrer dans le monde, si on lui faisait une pension de douze cents livres, même à la charge de se rendre utile à l'État.

religion : voilà ce que la sagesse et la justice commandent impérieusement : voilà ce que la nation attend de ses députés [1].

Les ministres de la religion ne formant pas un ordre séparé dans l'État, mais une classe de citoyens dévoués au service de l'Église, n'ont le droit de former des assemblées particulières que pour régler quelque point de discipline.

C'est aux fidèles et aux fidèles seuls de nommer leurs pasteurs, comme c'est à la nation seule de nommer ses ministres; et qui prétendrait mieux juger et des lumières et de la vertu des aspirants? Sous quelque dénomination que s'annoncent les ministres des autels, qu'ils soient choisis dans chaque paroisse par les suffrages des paroissiens. C'était la pratique constante de la primitive Église, et c'est le vœu de la raison.

Des devoirs du citoyen

Nous venons de parler des droits du citoyen; parlons de ses devoirs.

Dans l'état de nature, l'homme n'a point de devoirs à remplir; uniquement mû par ses besoins, il se livre à ses appétits et s'abandonne à ses penchants.

Dans l'état de société, c'est autre chose. Le pacte social est un engagement réciproque entre tous les membres de l'État : s'il veut que les autres respectent ses droits, il doit respecter les leurs à son tour. Le pacte social est un engagement réciproque entre la société et chacun de ses membres; s'il veut qu'elle lui accorde secours et protection, il doit concourir à maintenir l'ordre qu'elle a établi.

Ainsi tout citoyen doit respect au souverain, obéissance aux lois, révérence au prince et aux magistrats, tribut à l'État, secours aux nécessiteux, aide aux opprimés, bienveillance à ses compatriotes et dévouement à la patrie.

1. J'abhorre la licence, le désordre, les violences, le dérèglement; mais, quand je pense qu'il y a actuellement, dans le royaume, quinze millions d'hommes qui languissent de misère, qui sont prêts à périr de faim; quand je pense qu'après les avoir réduits à ce sort affreux, le gouvernement les abandonne sans pitié, traite en scélérats ceux qui s'attroupent, et les poursuit comme des bêtes féroces; quand je pense que les municipalités ne leur présentent un morceau de pain que dans la crainte d'en être dévorées; quand je pense qu'aucune voix ne s'est élevée en leur faveur, ni dans les cercles, ni dans les districts, ni dans les communes, ni dans l'Assemblée nationale; mon cœur se serre de douleur, et se révolte d'indignation. Je connais tous les dangers auxquels je m'expose en plaidant avec feu la cause de ces infortunés; mais la crainte n'arrêtera pas ma plume : j'ai renoncé plus d'une fois au soin de mes jours, pour servir la patrie, pour venger l'humanité; je verserai, s'il le faut, jusqu'à la dernière goutte de mon sang.

Résumé

J'ai fait connaître les droits de l'homme, l'origine des sociétés, la nature du pacte social; j'ai développé les droits et les devoirs du citoyen; j'ai esquissé le plan d'une Constitution juste et sage; j'ai tracé la seule forme du gouvernement monarchique qui puisse convenir à une grande nation, instruite de ses droits et jalouse de sa liberté.

Cette Constitution exige, sans doute, de grandes réformes dans le gouvernement actuel : réformes inévitables qu'improuveront les créatures de la Cour, les fripons, les intrigants, les ambitieux, les hommes timides ou prévenus. Les derniers seuls méritent d'être éclairés. « Nous n'abandonnerons jamais nos droits, disent-ils [1]; mais nous saurons ne pas les exagérer : nous n'oublierons point que les Français ne sont pas un peuple nouveau, sorti récemment du fond des forêts pour former une association; mais une grande société d'hommes qui veut resserrer les liens qui unissent toutes ses parties, qui veut régénérer le royaume, et pour qui les principes de la véritable monarchie seront toujours sacrés. » Qu'entendent-ils par ces mots vagues, obscurs et captieux? Que les vrais principes de la monarchie consistent à laisser à la couronne les prérogatives dangereuses qu'elle a usurpées, et qui ont fait notre malheur pendant quinze siècles? Mais, tant qu'elle sera en possession, quel espoir de régénérer l'Empire? Leurs tristes discours pouvaient paraître excusables dans la bouche d'un orateur, tremblant à l'aspect des nombreuses légions de meurtriers qui naguère bloquaient la capitale, et des terribles apprêts qui menaçaient ses paisibles habitants. Mais aujourd'hui que nous ne sommes plus sous le joug, aujourd'hui que l'affreux complot de livrer nos maisons au pillage, pour prix de l'obéissance aveugle d'une soldatesque féroce qui devait nous asservir, nous a forcés de rompre nos fers; aujourd'hui que nous avons recouvré nos droits les armes à la main, qui pourrait nous empêcher d'en jouir dans toute leur plénitude? Grâce au ciel, nous ne sommes *plus un peuple nouveau, sorti récemment du fond des forêts pour former une association...* Nous sommes une nation éclairée, puissante, redoutable, qui veut se donner un gouvernement propre à faire à jamais son bonheur. Quel téméraire ou plutôt quel insensé nous en contestera le droit? Essayera-t-on de faire prévaloir un stupide respect pour les établissements de nos pères, pour les usages antiques du royaume? Quoi! nous serions liés par des pratiques barbares. Mais le pouvoir qu'avaient nos aïeux, pour faire certaines lois, nous l'avons pour les annuler; le pouvoir qu'ils avaient pour fonder un

1. Voyez le projet de Constitution du Comité de rédaction, publié par M. Mounier.

gouvernement, nous l'avons pour le perfectionner, le modifier, le refondre. Et pourquoi nous amuserions-nous à ressasser un édifice qui menace de nous écraser de sa chute, et de nous ensevelir sous ses ruines, lorsque nous pouvons le reconstruire à neuf? Ce n'est donc plus aux réformes énoncées dans leurs cahiers, que nos députés doivent borner leur travail; c'est d'après le vœu général de la nation, c'est d'après la position où elle se trouve actuellement.

Lors de la convocation des États généraux, nos lumières étaient bornées; dès lors elles se sont développées, étendues et perfectionnées : aujourd'hui nous connaissons la plénitude de nos droits, et nous voulons en faire usage pour extirper tous les vices du gouvernement, et lui donner la meilleure forme possible. La nation fait que la puissance suprême lui appartient, que le pouvoir législatif qu'elle a confié à ses représentants est borné, qu'elle seule a le droit de réviser leur travail, et de sanctionner les lois qu'ils auront faites, que le monarque n'est que son premier ministre, que les désordres de l'administration, n'ayant d'autre source que la prétendue indépendance du gouvernement, le seul moyen de l'empêcher d'abuser de l'autorité, est de lui donner des barrières insurmontables, de rappeler au prince à chaque instant qu'il dépend des peuples, et de le mettre dans l'heureuse impuissance de jamais rien entreprendre contre ses devoirs. Tel est le vœu actuel de la nation, sa résolution inébranlable. Que les ennemis de la patrie perdent donc l'espoir d'empêcher que la révolution ne soit consommée. Tous les obstacles sont levés, les préjugés se taisent devant les lois de l'éternelle vérité, le torrent débordé de la puissance est rentré dans son lit; le prince renonçant aux prétentions odieuses du pouvoir absolu, s'abandonne à la nation, sent qu'il ne peut rien contre elle, et qu'il n'est rien sans elle; toutes les classes de citoyens se sont réunies, les barrières de l'orgueil se sont abattues, nobles et prélats s'empressent de se montrer citoyens, les ennemis du bien public, eux-mêmes sont forcés de se couvrir du masque du patriotisme. Jamais circonstance plus favorable pour asseoir la liberté publique sur ses vrais fondements, et lui donner une base inébranlable! La nation attend de ses députés, qu'ils la saisiront avec ardeur pour travailler comme ils le doivent à la Constitution; seul moyen de tarir la source de nos misères, de rappeler le crédit public, de ranimer l'industrie, d'encourager les arts, de faire fleurir le commerce, de procurer un prompt soulagement à la classe innombrable des infortunés, et de sauver l'État.

S'ils négligeaient de répondre à ses vœux, de remplir son attente, elle leur demanderait compte de cet abus de confiance, et ne verrait en eux que ses plus cruels ennemis : les générations futures confirmeraient le jugement de la génération présente; et la renommée, les accusant d'ignorance ou de vénalité, flétrirait à jamais leur mémoire, au lieu d'inscrire leurs noms au temple de l'immortalité.

À Paris chez BUISSON, Libraire, rue Hautefeuille
Hôtel de Coetlosquet, N° 20. 1789

Notices

Ces notices sont composées d'un rappel biographique des auteurs des projets et opinions et le cas échéant, de leurs interventions dans les débats de l'Assemblée constituante à propos des droits de l'homme.

Jean-Antoine-Nicolas Caritat, marquis de CONDORCET, né le 17 septembre 1743 à Ribemont (Aisne), mort à Bourg-la-Reine le 9 germinal an II (29 mars 1794).

Pensionnaire chez les jésuites à Reims, entre au collège de Navarre, choisit la profession de géomètre; membre de l'Académie des sciences en 1769, devient secrétaire adjoint en 1773, inspecteur des monnaies en 1775, secrétaire perpétuel de l'Académie des sciences le 7 août 1776, entre à l'Académie française en 1782; en 1788 membre fondateur de la Société des Trente; à l'appel des États généraux, rédige les cahiers de la Noblesse du bailliage de Mantes et de Meulan, n'est pas élu député; en septembre 1789 entre à l'Assemblée municipale de Paris, membre du comité chargé de rédiger le projet de statut municipal, puis président de ce comité, demande en vain la révocation du « décret sur le marc d'argent », qui fixait l'éligibilité à l'Assemblée constituante à la condition de payer une contribution égale à cette valeur. Adhérent de la « Société de 1789 », entre ensuite aux Jacobins. Après Varennes, devient républicain. Élu député à l'Assemblée législative, membre du Comité d'instruction publique, se prononce pour le séquestre des biens des émigrés qui refusent de prêter le serment civique, demande que le serment soit exigé des prêtres; propose des mesures contre le déficit financier et pour la création de caisses d'épargne; vice-président, puis président de l'Assemblée expose son rapport sur l'instruction publique; élu à la Convention nationale pour le département de l'Aisne; au procès du Roi, vote la culpabilité et contre l'appel au peuple; auteur d'un plan de Constitution dite girondine, présenté à la Convention nationale les 15 et 16 février 1793, défend son projet contre l'hostilité des Montagnards; en juillet 1793, décrété d'arrestation, échappe aux poursuites; arrêté le 7 germinal an II, incarcéré à Bourg-la-Reine, est trouvé mort dans sa cellule.

*

La Déclaration des droits de l'homme fut pour Condorcet un thème constant de réflexion. Déjà en 1786, dans son ouvrage *De l'influence de la Révolution d'Amérique sur l'Europe, par un habitant obscur de l'ancien Hémisphère* (qu'il dédia à La Fayette), il donnait l'ébauche d'une Déclaration des droits :

« Les droits de l'homme sont :

1°. La sûreté de sa personne, sûreté qui renferme l'assurance de n'être troublé par aucune violence, ni dans l'intérieur de sa famille, ni dans l'emploi de ses facultés [...]

2°. La sûreté et la jouissance libre de sa propriété,

3°. [...] L'homme a encore le droit de n'être soumis pour tous ces objets qu'à des lois générales, s'étendant à l'universalité des citoyens [...]

4°. Enfin, le droit de contribuer, soit immédiatement, soit par des représentants, à la confection de ces lois et à tous les actes faits au nom de la société. »

Dès l'annonce en 1788 de la convocation des États généraux, il ajouta en toute hâte à son *Essai sur la Constitution et les fonctions des Assemblées provinciales* (1788) un post-scriptum, daté de 1789, dans lequel il précisait : « il faut d'abord s'attacher à bien connaître les droits naturels de l'homme dans toute leur étendue, ceux de la liberté, ceux de la propriété, ceux de l'égalité encore si méconnus chez toutes les nations qui osent se vanter d'être libres ». Il réclamait une Déclaration des droits de l'homme et du citoyen « rédigée par des hommes éclairés ». En 1789 il publia successivement *Idées sur le despotisme* et *Déclaration des droits*, deux ouvrages inséparables, complémentaires dans leur démarche : dans son essai sur le despotisme, il reconnaissait à la Déclaration américaine de Virginie de 1776 son caractère pionnier : « la première Déclaration n'est cependant pas identique à celle que nous présentons, elle est plus longue, plus touffue, avec cependant un plan assez proche qui se divise en 5 sections : les droits naturels se réduisent 1° à la sûreté de la personne, 2° à la liberté de la personne, 3° à la sûreté des biens, 4° à la liberté des biens, 5° à l'égalité naturelle ». Les cahiers de Mantes et de Meulan, dont il fut le rédacteur, opérèrent cette jonction entre philosophie et politique qui faisait de Condorcet le dernier des encyclopédistes et le premier révolutionnaire philosophe. Son échec aux États généraux n'arrêta pas son zèle. A cette époque semble-t-il, il commença un ouvrage sur la question de la Déclaration des droits qui nécessitait une réflexion approfondie. Cet écrit[1] qui est inachevé n'est pas daté. Bien que de portée très générale, on peut penser, d'après quelques allusions à la réunion des trois ordres à l'Assemblée nationale, à la pratique du serment, que Condorcet l'entreprit fin juin, début juillet 1789. La Déclaration des droits que nous publions, mentionnant l'existence d'un ouvrage plus étendu, fut peut-être extraite de ce travail dont il nous reste deux chapitres : le chapitre premier intitulé « De la nécessité d'une Déclaration » et le chapitre 3 : « De la puissance publique ».

Condorcet fut mécontent du travail de la Constituante. Dans un texte intitulé « Réflexions sur ce qui a été fait et sur ce qui reste à faire », il formulait de graves reproches à son encontre : « le premier [...] de renfermer des droits dont les citoyens ne jouiront pas même après l'exécution des décrets de cette Assemblée, tels que la proportion de l'impôt, la liberté de l'industrie et du commerce qui y sont implicitement contenus, le second de renfermer des articles énoncés d'une manière vague, tels sont surtout ceux où l'on emploie les mots d'ordre public, d'utilité ou d'intérêt commun ».

Condorcet plaida en faveur des juifs, victimes de violence, surtout dans l'est de la France, de l'abolition de l'esclavage malgré les pressions des colons, et du droit de cité pour les femmes. Son plan de Constitution, présenté les 15 et le 16 février 1793, comprenait une Déclaration des droits naturels, civils et politiques des hommes en trente-trois articles qui dédoublait les énoncés trop denses et de ce fait imprécis de la Déclaration de 1789, avec cependant quelques innovations telles : « l'instruction élémentaire comme un besoin de tous ».

Sources :

F. Alengry, *Condorcet, guide de la Révolution française, théoricien du droit constitutionnel et précurseur de la science sociale*, 1904, Genève, Slatkine Reprints, 1971.

E. et R. Badinter, *Condorcet, un intellectuel en politique*, Paris, Fayard, 1988.

L. Cahen, *Condorcet et la Révolution française*, 1904, Genève, Slatkine Reprints, 1970.

Condorcet, *Œuvres complètes*, éd. de F. Arago et Mme O'Connor, Paris, F. Didot, 1847-1849, 12 volumes.

Ch. Fauré, « Condorcet et la citoyenne », *Corpus*, revue de philosophie, nº 2, janvier 1986.

1. Bibliothèque de l'Institut sous la cote XII 859.

Joseph-Michel-Antoine SERVAN, né à Romans (Drôme) le 3 novembre 1737, mort à Rousset (Bouches-du-Rhône) le 4 novembre 1807.

Avocat général au Parlement de Grenoble; fin 1766 prononce un discours sur l'administration de la justice criminelle, inspiré de Beccaria, qui lui assure une notoriété et les louanges de Voltaire; en 1767, *Plaidoyer dans la cause d'une femme protestante*, puis en 1769 *Discours sur les mœurs*; désavoué dans un procès par le Parlement, démissionne en 1772; se lie avec Rousseau sans partager ses idées, publie après la mort de celui-ci *Réflexion sur Jean-Jacques*; prend parti pour le magnétisme; député du Tiers État de la sénéchaussée d'Arles et d'Aix, refuse de siéger; publie successivement trois projets de Déclaration; est proposé pour la place de gouverneur de l'héritier présomptif du trône, émigre en Suisse en 1792, revient en France en 1802; nommé en 1803 député des Bouches-du-Rhône, refuse de siéger.

⋆

Servan trouva dans le débat autour de la Déclaration des droits matière à prolonger son intérêt pour la philosophie et s'y engagea par l'intermédiaire de trois écrits puisque sa santé l'empêchait de siéger. Son premier projet, celui que nous publions, fut adressé aux députés des communes. Il comporte trois parties, dont l'une d'elles, considérée comme son deuxième projet, fut présentée en extrait le 31 juillet 1789 à l'Assemblée constituante. Le troisième projet est tardif, publié à Lausanne à la date du 24 août : le manque de rigueur des projets existants a incité l'auteur à mettre l'accent sur le développement logique de sa pensée; les propos démagogiques de certains l'ont incité à faire le point sur cette simplicité à atteindre dans la formulation de la Déclaration : « pour que le dernier homme du peuple la comprenne dans chaque partie et dans tout son ensemble ».

« Il faut avouer d'abord que tous les hommes, quels qu'ils soient, sont également respectables par leur nature et par leurs droits; mais on doit convenir aussi que les hommes, assujettis par la forme de nos sociétés, à un travail journalier et continu, ne sont guère capables de saisir, par la réflexion et de retenir par la mémoire, l'enchaînement des vérités, même les plus simples, de la morale civile et politique. » Le souci majeur de ce texte fut donc de rendre visibles les articulations logiques qui lient les propositions entre elles : énoncé, développement, conséquences, devoirs. Ce projet introduisait un élément nouveau par rapport aux deux autres du même auteur : les droits sont reliés à des devoirs, ces devoirs sont formulés sur le mode d'une négation des habitudes sociales et de l'ordre existant, par exemple : « Devoirs relatifs au second droit du citoyen : tout citoyen qui par séduction ou par violence veut faire reconnaître à ses semblables sa volonté particulière comme une loi, viole le devoir que lui imposent les droits de l'homme et du citoyen. »

Sources :

A. Desjardins, *Servan et l'instruction criminelle*, Paris, 1883.

F. N. Merville, *L'avocat général Servan, sa vie et ses œuvres*, Lyon, Perrin, 1861.

E. Vellay, « Document sur l'émigration de l'avocat général Servan », in *Annales historiques de la Révolution française*, 1939, tome XVI.

Jean-Joseph TERME, né à Marmande le 11 juillet 1739, mort à Virazeil (Lot-et-Garonne) le 19 mai 1813.

Cultivateur et bourgeois de Marmande, député du Tiers État de la sénéchaussée d'Agen aux États généraux, Constituant. Présente un projet de Déclaration des droits de l'homme; quitte la vie publique après la session de la Constituante; en 1812 nommé conseiller général du Lot-et-Garonne.

Jean-Louis SECONDS, né à Rodez le 23 septembre 1743, mort à Paris le 6 décembre 1819.

Nommé le 5 juin 1776 lieutenant particulier des Eaux et Forêts du Rouergue et du Quercy; s'intéresse à des questions scientifiques, publie *La navigation aérienne*. En 1789, délégué de la ville de Rodez à l'Assemblée constituante pour défendre les intérêts de la ville. Publie un *Essai sur les droits des hommes, des citoyens et des nations ou Adresse au Roi sur les États généraux et les principes d'une bonne constitution*; député de l'Aveyron, à la Convention nationale; au procès de Louis XVI, vote la mort du Roi, sans appel au peuple et sans sursis; expose un projet de ballon à direction; nommé, après la session, commissaire du Directoire dans son département, mais démissionne rapidement et vend ses propriétés; habite à Paris où il meurt.

Marie-Joseph-Paul-Roch-Yves-Gilbert Motier, marquis de LA FAYETTE, né le 4 septembre 1757 à Chavagniac (près de Brioude), mort à Paris le 20 mai 1834.

En décembre 1775, affilié à la franc-maçonnerie; part aux États-Unis faire campagne contre les Anglais, s'attire les sympathies de G. Washington; nommé major général de l'armée des États-Unis, affilié à la loge « Union américaine »; participe à une expédition au Canada; rentre en France le 6 février 1779; nommé colonel, en poste au Havre; repart à deux reprises aux États-Unis, rentre en France le 20 janvier 1785; s'intéresse au sort des minorités réformées, demande à Louis XVI de leur accorder l'état civil, se préoccupe de l'esclavage. Député de la Noblesse de Riom aux États généraux, le 11 juillet 1789 présente une Déclaration des droits; vice-président de l'Assemblée le 13 juillet; commandant de la Garde nationale, ordonne de détruire la Bastille; après les journées d'octobre, escorte la famille royale pendant son retour à Paris; fait suspendre *L'Ami du peuple* et décréter Marat d'arrestation; le 14 juillet 1790 est acclamé à la Fête de la Fédération; le 17 juillet 1791 fait cesser le feu lors de la fusillade du Champ-de-Mars; le 8 octobre 1791 démissionne et regagne l'Auvergne. Nommé administrateur de la Haute-Loire; retourne à l'armée, commandant des armées du Centre et du Nord; le 14 août 1792 tente d'entraîner son armée sur Paris. Le 19 août, il est décrété d'arrestation par la Convention; émigre à Liège, interné, passe cinq ans dans les geôles autrichiennes. Libéré après une intervention de G. Washington et sur demande de Bonaparte; est opposé à l'Empire; nommé préfet de la Sarthe; s'oppose au régime de Louis XVIII; en 1824 fait un voyage triomphal aux États-Unis; s'oppose au régime de

Charles X, et à celui de Louis-Philippe après un enthousiasme passager.

★

Le samedi 11 juillet 1789, La Fayette lut à l'Assemblée nationale un projet de Déclaration des droits. Ce projet s'inscrivait dans le plan de travail qu'avait présenté le 9 juillet le comité de Constitution par la voix de Mounier et il répondait à une double utilité : « rappeler les sentiments que la nature a gravés dans le cœur de chaque individu, devenir dans les travaux des représentants de la Nation un guide fidèle qui les ramène toujours à la source du droit naturel et social ».

Pour La Fayette, la Déclaration devait être courte, elle était conçue comme une invitation à la mobilisation des députés sur ce thème : « Je suis bien loin de demander qu'on l'adopte; je demande seulement que l'Assemblée en fasse faire des copies pour être distribuées dans les différents bureaux ».

Avec ses formules bien frappées, le projet de La Fayette fit sensation sur les députés. Ainsi Adrien Duquesnoy écrivait dans son journal : « Le marquis de La Fayette, après un préambule fort court, mais plein de noblesse et de force, dans lequel se trouvait cette phrase remarquable : " Pour que les peuples aiment la liberté, il suffit qu'ils la connaissent, pour qu'ils soient libres, il suffit qu'ils veulent l'être ", a fait sa motion qui a été vivement applaudie [1]. »

Lally-Tollendal fut le premier à manifester quelques réticences à l'égard du droit naturel, attirant l'attention de l'Assemblée sur les différences qui existaient entre « un peuple naissant qui s'annonce à l'univers, un peuple colonial qui rompt les liens d'un gouvernement éloigné » et « un peuple antique qui depuis quatorze cents ans s'est donné une forme de gouvernement ». Cette opposition sera reprise par l'archevêque de Bordeaux, Champion de Cicé dans son rapport sur les premiers travaux de Constitution.

La motion de La Fayette fut envoyée aux bureaux.

Le renvoi de Necker, le 13 juillet, avait suscité à l'Assemblée nationale un émoi qui l'avait détournée de ses préoccupations constitutionnelles. Ce que fit remarquer M. de Castellane, en souhaitant la reprise de la discussion sur la motion de La Fayette. Le 14 juillet au matin, on y revint : « Cette motion longtemps débattue, les uns veulent que la Déclaration soit mise à la tête de la Constitution, pour assurer invariablement les droits de l'homme, avant d'établir ceux de la société, d'autres veulent que cette Déclaration soit mise à la suite de la Constitution, pour en être comme le résultat. Il n'y a rien de décidé à

1. *Journal d'Adrien Duquesnoy, op. cit.*, tome I, p. 189.

cet égard, il est arrêté seulement que la Constitution contiendra une Déclaration des droits de l'homme. »

La discussion de cette motion fut désamorcée par les événements du 13 et du 14 juillet. L'absence du général à l'Assemblée, puisqu'il avait été proclamé commandant de la milice parisienne, contribua certainement à affaiblir l'influence de sa proposition lors de la discussion finale.

Le 19 août, son projet n'obtint, selon Adrien Duquesnoy, que 45 voix. Le député d'André cita sa motion à l'occasion de la rédaction des premiers articles. Mais on ne trouvait pas ensuite d'allusion directe à son projet. Est-ce à dire qu'elle fut oubliée par les constituants? Comme le remarquait Gilbert Chinard dans ses travaux, il y avait trop de points communs entre le contenu de la motion de La Fayette et la rédaction finale de la Déclaration pour que l'on pût conclure au rejet (3ᵉ paragraphe de La Fayette et article IV de la Déclaration, 4ᵉ paragraphe et article X et XI).

La rédaction de son projet avait fait l'objet de la part du général de maintes consultations [1] auprès de ses amis américains, Jefferson, alors ambassadeur des États-Unis en France et Gouverneur Morris [2]. Correspondait-elle aux exigences formelles des députés, légistes nourris à la tradition juridique des parlements?

Son influence se situait plutôt sur le plan de l'inspiration. L'appartenance quasi mythique de La Fayette aux deux mondes avait cristallisé autour de sa personne un courant « pro-américain » dont il était le représentant. C'est ainsi que Mathieu de Montmorency reprenait le 1ᵉʳ août avec passion, après l'intervention de Crénière, ses principaux thèmes : invariance des droits naturels, connaissance et bonheur des nations. Il formulait ce que La Fayette n'avait pas dit directement : « Suivons l'exemple des États-Unis. » L'Assemblée était réceptive au message. Ainsi Adrien Duquesnoy pouvait-il écrire : « Les Droits de l'homme sont bien clairs, ils sont empreints dans tous les cœurs, mais on ne sait que dire quand on a entendu un Mr Crénière avancer hardiment que la Déclaration des droits faite par les Américains est un ouvrage le plus inepte qu'on pût présenter à des hommes. Avec quelle irrévérence parle des dieux ce maraud! »

1. Les traces de ces consultations sont abondantes, elles ont été relevées par G. Chinard : « Correspondance entre les deux hommes ». A ce propos, exemplaire de la Déclaration de La Fayette annotée par Jefferson.

2. *Mémorial de Gouverneur Morris, ministre plénipotentiaire des États-Unis de 1792 à 1794*, trad. de l'anglais, Paris, Renouard, 1842, tome I, p. 231.

Sources :

Archives parlementaires, 1789, tome VIII, *op. cit.*, p. 221-222, 230, 463.

O. Bernier, *La Fayette, hero of two worlds*, New York, Dutton, 1983 ; trad. française : J. Carlier et F. Regnot, *La Fayette*, Paris, Payot, 1988.

Y. Bizardel, *Les Américains à Paris pendant la Révolution*, Paris, Calmann-Lévy, 1972.

E. Charavay, *Le général La Fayette (1757-1834)*, Paris, 1898.

G. Chinard, *La Déclaration des droits de l'homme et du citoyen et ses antécédents historiques*, Washington D.C., Institution française, 1945.

« La Déclaration des droits de l'homme et la Déclaration d'indépendance d'après un document peu connu », *Cahiers d'histoire de la Révolution française*, nº 1, 1946, Paris.

The letters of La Fayette and Jefferson, The Johns Hopkins Press, Les Belles Lettres, 1929.

L. Gottschalk, *La Fayette between the American and the French Revolution (1783-1789)*, Chicago Press, 1950.

Jérôme PÉTION dit de VILLENEUVE, né à Chartres le 3 janvier 1756, mort le 30 prairial an II (18 juin 1794) à Saint-Magne, près de Saint-Émilion (Gironde).

Avocat, député du Tiers État du bailliage de Chartres aux États généraux, Constituant, participe au premier comité de Constitution, présente une Déclaration des droits de l'homme; secrétaire de l'Assemblée, vote l'assemblée unique et s'oppose au veto du roi; en 1790, se prononce pour l'abolition des ordres religieux, pour une réforme judiciaire complète; il demande que le droit de guerre et de paix soit attribué à la Nation. Président de l'Assemblée, président du tribunal criminel de Paris. Après Varennes, un des trois commissaires choisis pour ramener la famille royale à Paris; en novembre 1791, maire de Paris; député pour le département d'Eure-et-Loir à la Convention dont il est le premier président; vote la mort du Roi avec un amendement et demande l'appel au peuple et le sursis. Proscrit par la Montagne, prend la fuite et, traqué, se donne la mort en compagnie de Buzot.

Sources :

Archives parlementaires, tome VIII, *op. cit.*, p. 231, 454, 458, 475.

M. Jusselin, *La mort de Pétion*, Chartres, Imprimerie de la Dépêche d'Eure-et-Loir, 1933.

Robin-Massé, « La mort de Buzot et de Pétion », *La Révolution française*, revue historique, 14 juillet 1897.

C. Tivaroni : *Storia critica de la Revoluzione francese*, Torino, L. Roux, 1889.

Emmanuel-Joseph SIEYÈS, né le 3 mai 1748 à Fréjus, mort le 20 juin 1836 à Paris.

Après des études chez les jésuites de Fréjus, au petit séminaire de Saint-Sulpice à Paris, et enfin au séminaire de Saint-Firmin, ordonné prêtre en 1772; chanoine et vicaire de Chartres en 1787-1788, représente son ordre à l'Assemblée provinciale de l'Orléanais, publie *Qu'est-ce que le Tiers État?* début 1789, se présente à Montfort-l'Amaury pour être député du Clergé aux États généraux, échoue; député du Tiers État de la ville de Paris aux États généraux, Constituant, secrétaire de l'Assemblée, présente le 20 et 21 juillet au comité de Constitution un préliminaire de la Constitution : « Reconnaissance et exposition raisonnée des droits de l'homme et du citoyen », suivi de trente-deux articles; remanie son projet et présente le 12 août une « Déclaration des droits de l'homme en société » en quarante-deux articles; se montre favorable au rachat des dîmes, se prononce pour la chambre unique et contre tout veto; à l'origine de la conception de la division territoriale de la France en départements; participe à la nouvelle organisation administrative, en 1790 présente un projet d'organisation judiciaire président de l'assemblée; député de la Convention, pour la Gironde, la Sarthe et l'Orne, opte pour la Sarthe; secrétaire de la Convention, membre du comité de Constitution, du Comité de division et de celui d'instruction publique, entre au Comité de défense générale, en janvier 1793; rapport sur la réorganisation du ministère de la Guerre qui est rejeté; vote la mort du Roi sans appel au peuple et sans sursis, siège au Comité de l'instruction publique, président de ce Comité, élabore un projet sur l'instruction nationale présenté par Lakanal; renonce aux indemnités d'ancien bénéfice mais refuse d'abdiquer ses fonctions de prêtre; membre du Comité de salut public (section diplomatie), propose en germinal an III la loi de grande police pour protéger les membres de la Convention contre les émeutiers, fait agréer par le Comité de salut public les articles fondamentaux pour négocier avec les Hollandais; président de la Convention, signe le traité avec la Hollande les 27/28 floreal an III (16 et 17 mai 1795). Nommé professeur d'économie politique à l'École centrale de Paris, le 2 thermidor an III (20 juillet 1795), propose le Tribunat et le jury constitutionnaire; élu député au corps législatif pour la Sarthe, sous le Directoire, membre de l'Institut, victime d'un attentat le 22 germinal an V (11 avril 1797); participe à la préparation du coup d'État du 18 fructidor an V (4 septembre 1797); président du Conseil des Cinq-Cents, chargé d'une mission diplomatique à Berlin, président du directoire le 30 prairial an VII (18 juin 1799); le 19 brumaire an VIII (10 novembre 1799), nommé consul provisoire avec Bonaparte et Ducos, président du Sénat par acte constitutionnel, cesse d'être consul, reçoit le domaine de Crosne, élu président du Sénat, se retire, dessaisi de la présidence du Sénat attribuée aux seuls officiers de la Légion d'honneur, nommé comte, grand-croix de l'ordre impérial de la Réunion, signe l'acte de déchéance de Napoléon le 3 avril 1814, en avril 1816 part en exil à Bruxelles, de retour à Paris en 1830.

*

L'abbé Sieyès était un homme taciturne, possédant une voix mal timbrée. Sa participation oratoire aux débats sur les droits de l'homme fut inexistante. Son œuvre était surtout écrite. Il ne fut pas nommé au premier comité de Constitution, peut-être à cause de l'hostilité de Mounier. Il n'en fit partie qu'à la faveur d'une recomposition de ce comité demandée le 14 juillet 1789 par Pétion. Son second projet, écrit selon les normes législatives, fut tardif, son influence limitée. La rédaction finale de la Déclaration des droits garde peu de traces du travail de Sieyès : la seconde partie de l'article VII, « tout citoyen appelé ou saisi en vertu de la loi, doit obéir à l'instant : il se rend coupable par la résistance » (séance du 22 août).

En complément à ce tableau de la place de Sieyès dans le débat de la Déclaration, nous publions un document écrit de sa main en l'an III, révélateur de l'état d'esprit qui l'animait en juillet-août 1789 et des fondements de sa démarche philosophique et politique à cette époque.

Sources :

Archives nationales 284, A P 5.

Archives parlementaires, tome VIII, *op. cit.*, p. 232, 256, 257, 424, 425, 426, 472.

Archives Sieyès aux Archives nationales, Paris, Imprimerie nationale, 1970.

P. Bastid, *Sieyès et sa pensée*, Paris, 1939, Genève, Slatkine Reprints, 1978.

Notice sur la vie de Sieyès écrite à Paris, en messidor 2e année de l'ère républicaine.

Manuscrit inédit de Sieyès
sur les Déclarations des droits de l'homme

Droits de l'homme. A.

La liberté { action / repos } *conciliée* avec celle d'autrui.

Dans la nature, tout ce qui a des besoins (et tout ce qui est animé a des besoins), a le droit d'y satisfaire, et par conséquent des droits aux moyens essentiels pour cela. Toute combinaison animée est un système dévorant [1]. L'un vit aux dépens de l'autre; par cette sorte d'attraction, ou plutôt d'*appropriation,* chaque être se tire d'affaire comme il peut; voilà l'état isolé, à quoi l'on borne mal à propos l'état naturel dont ce n'est que la 1re supposition.

Entre les systèmes qui se dévorent, comme on conçoit les tourbillons de vent se fondre les uns dans les autres, se briser pour offrir des éléments à de nouveaux ou à d'autres tourbillons, entre ces systèmes, dis-je, les uns ont des relations plus particulières que les autres; relations d'*intimité,* si j'ose parler ainsi, parce qu'elles tiennent à leur nature individuelle interne, relations de similitude, relations d'espèce, relations de sexe...

Parmi les systèmes *en* relation d'espèce, je distingue l'homme comme ayant dans la supériorité de sa raison, de sa volonté, etc., un propre interne de conduite. Dès lors s'emparer du propre, ce serait dévorer le système, mais s'adresser au propre, s'entendre, se concilier avec lui, composer par voie d'échange, s'aider dans leurs besoins mutuels, vaut mieux pour tous que de se dévorer. L'*appropriation* par la volonté de l'individu dont on cherche à s'approprier quelque chose, est celle qui remplit le mieux ce qu'on se propose en s'appropriant autrui [2]; donc les besoins humains ne sont pas le droit de s'entre-dévorer, mais de s'aider; donc, la ligne essentielle qui sépare l'homme des autres animaux, c'est l'existence dans chaque individu humain de ce propre interne, de cette volonté avec lesquels on s'entend, et l'on s'engage... Les droits de

1. Dévorant de ce qui est appropriable à sa nature.
2. Il est alors moyen; sans cela, il serait obstacle.

l'homme sur les autres hommes n'ont pas leur analogue complet ou suffisant de la part de l'homme avec les autres espèces. Il reste avec elles dans *l'état de guerre naturel.* Les droits d'homme à homme viennent de la même source, des besoins; ne sont qu'un échange. Ils se réduisent à un seul : ne point forcer autrui, le laisser libre, déterminer sa volonté par l'offre de quelque chose qu'il préfère à ce que vous lui demandez. Donc les droits de l'homme se réduisent à *l'égalité* qui concilie les deux *transigeants* librement. (L'état social garantit cette égalité.)

La liberté d'action ou de repos; constater son vouloir libre, ce qui forme l'engagement : *liberté* et *garantie* dans son engagement. La garantie politique est la caution de toutes les garanties sociales. Prononcer les mots de sûreté, propriété, etc., c'est détailler la liberté pour *arrêter* la garantie sur les détails.

Droits de l'homme. B.

Droits { parfaits / imparfaits } deux garanties.

Vous n'avez, vous n'exercerez d'autres droits sur les autres que d'après ses engagements à votre égard; engagements communs sociaux : ce sont ceux que vous contractez par vos procureurs législatifs; engagements *particuliers.* Il ne s'agit plus de droits naturels dévorants selon ses forces, etc. Il y avait des droits et point de devoirs.

Ici, les *droits* épurés, passés au creuset de la liberté sont conséquents aux devoirs. Vous n'avez en société un droit sur quelqu'un qu'autant qu'il a une dette envers vous. C'est là le droit parfait, connu ou reconnu, et garanti socialement.

Les droits imparfaits tiennent *encore* à l'état naturel, ce sont ceux auxquels il n'y a pas garantie sur engagement; droits de bienfaisance, de secours, de politesse... Toute garantie n'y manque pas, elle est dans les mœurs publiques, et fait partie de la morale. Elle est dans l'opinion publique; elle est en particulier dans les mœurs internes naturelles ou acquises, je veux dire, la partie sentimentale, la compassion, le remord, etc.

Fausses déclarations. 1.

Si l'on consulte l'historique des déclarations des droits, on voit qu'elles n'ont été, sous ce nom, ou sous celui de *chartes,* etc., qu'une *composition* des maîtres avec leurs sujets en insurrection. C'était pour le moment deux puissances qui voulaient bien démarquer leurs droits de part et d'autre, comme si les devoirs de l'autorité pouvaient être des *droits,* des prérogatives.

Quelquefois le despote, simplement embarrassé dans ses finances, ou dans sa position militaire, a fait semblant d'avoir égard aux doléances, aux griefs de ses sujets et leur a reconnu tel droit à telle chose; il a relâché quelques anneaux de la chaîne de la servitude générale. L'histoire est pleine de *concessions* de cette espèce. Elles sont communes surtout de la part des rois envers leur noblesse, envers le clergé, envers les grands corps, les grandes villes, etc.

Telle est l'origine des déclarations des droits, et lors même que les peuples en insurrection pouvaient se donner, et se sont en effet donné une partie de ce qui leur appartenait : restant sur la ligne des habitudes, ils se sont contentés de faire des déclarations des droits, comme on transige par-devant notaire. Le caractère général et commun de toutes les déclarations est toujours la *reconnaissance implicite* d'un seigneur, d'un suzerain, d'un maître envers qui on est naturellement obligé, et de quelques-unes des oppressions dont on ne veut plus supporter la procession à l'avenir. Toutes se réduisent en ces mots : « Vous promettez de ne plus renouer tel anneau de notre chaîne. »

La révolution américaine est la 1re qui ait pris un caractère différent, parce qu'elle a décidément secoué le joug entier du despote. Mais les Américains ont conçu la future autorité qu'ils allaient établir comme on avait conçu jusqu'alors le pouvoir gouverneur, ils ont voulu se prémunir contre l'expression d'autorité. Ils ont déclaré leurs propres droits et il semble qu'alors tranquilles, on peut vaquer en paix à ses propres affaires. Le souvenir des maux qu'on a soufferts, de ceux auxquels on a été le plus sensible, dirige en général la plume des rédacteurs des *déclarations des droits.*

Faites d'après cet esprit, les déclarations seraient différentes, comme les peuples auxquels il serait permis de les rédiger. En Angleterre, on dirait : « Que l'élection soit plus générale », « Que le commerce soit moins chargé d'impôts ». En Espagne : « Nul individu ne sera soumis au tribunal de l'Inquisition pour ses opinions » et peut-être encore ne demanderait-on que d'y être jugé dans les formes ordinaires, etc. En Turquie : « les officiers publics ne seront plus sujets *arbitrairement* au fatal lacet, et les familles à la confiscation des biens », etc.

Fausses déclarations. 2.

On voit que chaque peuple a ses *doléances* particulières à faire. Supposez qu'il puisse faire entendre sa voix, ou même qu'il ose faire une demi-révolution, sa déclaration des droits sera un mouvement des excès particuliers dont il se délivre...

Or, pour un peuple qui rentre dans sa souveraineté complète, il est ridicule de se donner une déclaration des droits dans aucun des sens particuliers dont nous venons de parler. Il ne peut pas dire : l'homme, le citoyen, ne portera pas telle ou telle chaîne. Il doit les rompre toutes. Tout ce qu'il y avait de *différent* dans les déclarations des droits de tous les peuples de la terre, ne peut entrer dans sa déclaration... Il n'y a que ce qui est commun à toutes; c'est cela qui appartient à l'homme, au citoyen. Dans cette supposition, une déclaration des droits doit changer totalement d'esprit et de nature; elle cesse d'être une composition, une transaction, une condition de traité, un contrat, etc., d'autorité à autorité. Il n'y a *qu'un* pouvoir, qu'*une* autorité. C'est un homme qui commet un procureur à ses affaires, il lui donne des *instructions,* il lui fait la déclaration de ses devoirs, à lui procureur; il ne s'amuse pas à lui dire : « et moi je veux conserver intact tel ou tel de mes droits ». Cela serait lâche, misérable, ridicule; et puis je défie qu'il fasse une énumération complète, ou un peu bonne.

J'étais plein de ces idées, quand j'ai composé ma déclaration des droits, et je ne l'ai conçue dans aucun des sens précédents. Je me suis mis à mon aise, en *pleine indépendance.* J'ai voulu faire le péristyle, le *préliminaire* de la meilleure *Constitution* politique, et c'est le titre que je lui ai donné. J'ai fait analytiquement la *reconnaissance* des *fins* et des *moyens* de l'état social, puisés dans la nature de l'homme, dans ses besoins et ses moyens. Certes, on a été loin de m'entendre, et pour me rapprocher de l'opinion publique, j'ai été forcé d'ajouter à la suite de ma déclaration, une quarantaine d'articles dans le goût américain, et dans ce qu'il y a de moins mauvais dans les sortes de déclarations dont nous avons parlé plus haut. J'ai voulu donner pour *instructions* à nos constituants, non pas des *volontés arbitraires,* comme on peut le faire à son procureur, son commissionnaire en affaires particulières, j'ai ouvert les *lois naturelles* de l'état social et j'ai dit : « voilà la *science* où nous avons à puiser pour notre ouvrage ». La 1re page à laquelle on n'a pas fait d'attention, où je reconnais et je déclare la mission que je vais remplir, leur a paru un *protocole ordinaire,* et moi, avant de l'imaginer, je voyais, seul peut-être, la nudité, le vide qu'aurait laissé son absence. En l'imaginant, j'ai cru rendre un grand service, monter à un grand ton de hauteur politique, mes collègues d'abord, et ensuite toute la nation. Mais tout cela a été perdu, non pas en effets réels, c'est ce qui me console, mais pour l'architecture spéciale.

Besoins. 2.

Les progrès de la société transforment { le *concours* / les besoins } *communs* en { représentation / besoins } *réciproques,* la *chasse* commune en échange au *marché,* le *salon* commun en spectacle de l'opéra [1].

Mais comment représenter pour la *production,* si chaque représentant n'a pas la *propriété* du fruit de son travail [2]? La propriété est donc sur la ligne des progrès de la société; avec elle il y a plus de liberté { indépendance / puissance } pour chaque individu.

Vous voyez donc que si les progrès du *concours* amènent la *propriété commune* sociale, la représentation et ses progrès nécessitent la *propriété mobilière.* Les facultés individuelles eussent été en très petite production dans l'état de concours; tout ce qui est faible, tout ce qui est inapte pour *telle fin* du concours, y était presque nul. La représentation en livrant chacun à sa *liberté individuelle* [3], avec les facultés de chacun dans toute leur valeur, la production générale décuple, centuple : c'est une nouvelle création, une nouvelle nature, due à la représentation et à son serviteur, le commerce, qui lui-même devient une branche particulière de la représentation productive ou productible. La marche est la même dans la représentation politique. Dans l'état social le plus simple, il n'y a que le *concours,* c'est le premier degré de représentation; *l'égalité* dans le concours est d'autant plus nécessaire qu'il embrasse tout, c'est le *despotisme en démocratie* [4]. L'ordre politique se perfectionne avec l'ordre social, on veut (se donner) le travail dans le concours; alors on passe au second degré de représentation, fondé sur la *réciprocité* des besoins. Alors, le despotisme cède la place non pas à l'équilibre des pouvoirs, mais au *concours* des pouvoirs. Le concours était entre les associés avec le propre de la réciprocité. A mesure que chacun dans ce concours, s'attachait à tirer un plus grand parti de ses facultés, de ses disposi-

1. Le concours est le premier degré de la représentation.
2. Je parle de propriété non conservable par le producteur, qui par conséquent semble être hors de ses besoins; mais elle est intra [sic], puisqu'il ne produit que pour acquérir une [chose] appropriable. C'est la meilleure manière de s'approprier ce qu'il ne fait pas.
3. Pouvoir et indépendance. Il est clair qu'il y en avait moins dans le concours.
4. Plus la démocratie est brute, plus elle s'approche du despotisme. Elle s'avance vers la liberté en devenant représentation.

La numérotation des notes n'est pas de Sieyès, l'orthographe du texte a été modernisée.

tions naturelles, pour le plus grand produit public, pour le plus grand bien de la société, les *réciprocités* se sont montrées avec plus de distinction; c'est la division du travail dans l'action despotique, il a fallu les reconnaître d'avance, les *commettre* d'avance parce que c'est un besoin public.

La représentation dans le simple concours n'appartient qu'à de *petites* associations. La représentation dans la réciprocité est propre aux *grands* peuples; elle se montre, elle croît avec les besoins de population, etc. Le despotisme était peu à craindre dans le *concours,* il serait désastreux dans l'ordre *réciproque.* L'art du législateur est de le bien organiser.

Sources : 284 AP 5. Dossier 1 (5) Archives nationales. Sur les Déclarations des droits en général, sur celle de 1789 en particulier, sur leurs bases générales. Écrit en l'an III. (Bon à consulter pour 1789.)

Jean-Joseph MOUNIER, né à Grenoble le 12 novembre 1758, mort à Paris le 28 janvier 1806.

Juge royal et avocat au Parlement de Grenoble; secrétaire des États provinciaux du Dauphiné; député du Tiers État du Dauphiné aux États généraux, Constituant, secrétaire de l'Assemblée, participe aux comités chargés de préparer la Constitution, rédige deux Déclarations des droits de l'homme; partisan du bicamérisme et du veto royal; Président de l'Assemblée, démissionne le 8 octobre 1789, se retire en Suisse; revient en France le 18 brumaire an VIII; préfet d'Isle-et-Vilaine, conseiller d'État.

*

A son arrivée aux États généraux, fort de son expérience de secrétaire aux assemblées dauphinoises de 1788, de Vizille et de Romans, il fut naturellement désigné pour participer aux commissions préparatoires des travaux des communes et de l'Assemblée nationale, et il fit notamment parti du comité de Constitution formé le 7 juillet 1789 à partir des bureaux. Le 9 juillet il fut chargé de présenter à l'Assemblée un rapport sur les travaux du comité. Le plan qu'il proposa fut le suivant : Déclaration des droits de l'homme, principes de la monarchie, droits de la Nation, droits du roi, droits des citoyens sous le gouvernement français, organisation et fonctions de l'Assemblée nationale, des assemblées provinciales et municipales, principes, obligations et limites du pouvoir judiciaire, fonctions et devoirs du pouvoir militaire.

Dans ce rapport, il est dit à propos de la Déclaration des droits qu'« elle devrait être courte, simple et précise. C'est donc de la Déclaration des droits, considérée comme préambule de la Constitution, que l'Assemblée doit d'abord s'occuper sans l'arrêter définitivement ». A la suite de la discussion de la motion de La Fayette, un nouveau comité de Constitution fut mis sur pied avec Mounier, Talleyrand-Périgord, évêque d'Autun, Sieyès, le comte de Clermont-Tonnerre, le comte de Lally-Tollendal, Champion de Cicé, archevêque de Bordeaux, Le Chapelier et Bergasse. Mounier s'éleva contre la formation de ce nouveau comité car il préférait que la discussion des articles fût restreinte aux bureaux. Le 28 juillet, à la suite d'une harangue de Champion de Cicé qui exprimait la nécessité de « transplanter l'idée d'une Déclaration conçue dans un autre hémisphère » dans nos traditions, Mounier donna lecture d'un projet au nom du comité de Constitution, divisé en deux chapitres : I. Déclaration des droits de l'homme et du citoyen (23 articles), II. Principes du gouvernement français.

La Déclaration en 16 articles qu'il présenta en son nom au comité de Constitution étant sans date, il est probable qu'elle précéda de peu la Déclaration en 23 articles qui, dans ce cas, correspondrait à une réorganisation formelle de son propos.

Le 31 août enfin, il présenta toujours au nom du comité de Constitution, avec Lally-Tollendal, un rapport dans lequel étaient définis les principes du gouvernement français monarchique et constitutionnel. La position de Mounier à l'égard des droits de l'homme et de la nécessité d'une Déclaration fut ambiguë. Référons-nous à ses propres textes qui analysent rétrospectivement la situation, comme il aimait à le faire, ne cessant de commenter ses propres décisions politiques. « Plusieurs personnes m'ont blâmé d'avoir contribué à la Déclaration des droits, je dois observer qu'instruit du désir de plusieurs députés de proposer à cet égard l'exemple des États américains, je fis tous les efforts possibles pour les détourner de ce projet... ne pouvant les persuader, j'en présentai un où j'eus soin de n'insérer que les principes qui ne me parurent pas dangereux [1]. »

Pensait-il que pour corriger les effets démagogiques d'une Déclaration à l'égard d'un peuple qui aurait pu les prendre au pied de la lettre, il suffisait d'imposer des principes positifs de gouvernement ? Le rapprochement avec Malouet, hostile à la Déclaration, dont Mounier prit l'initiative, semblerait indiquer qu'il avait compris son erreur. « Mais je dirai que c'est pendant la discussion des droits de l'homme et sur mon opposition à la Déclaration de l'abbé Sieyès, que le bon Mounier revint à moi et me confia ses chagrins sur tout ce qu'il apercevait de sinistre dans la folie de plusieurs, dans la méchanceté de quelques-uns et dans l'inconséquence du plus grand nombre [2]. »

1. *Recherches sur les causes qui ont empêché les Français de devenir libres,* Genève, 1792, tome II, p. 23.

2. *Mémoires de Malouet publié par son petit-fils,* Paris, Didier, 1968, p. 338-339.

Simultanément à cette alliance, au début de la discussion sur la Déclaration, il publia en ce sens une brochure, en quelque sorte un manifeste : « Considérations sur les gouvernements et principalement sur celui qui convient à la France ». L'idée dominante de cet ouvrage était la crainte de l'anarchie et contre cette anarchie qu'il entrevoyait il proposait des freins, le veto royal, la création de deux chambres. L'Assemblée resta insensible à sa stratégie et sa Déclaration ne recueillit que peu de suffrages, si l'on en croit le journal d'Adrien Duquesnoy [1]. Lors de l'élaboration du texte final de la Déclaration, du 20 août au 26 août, ses interventions furent brèves. On lui doit cependant la rédaction finale des trois premiers articles. Il ne reprit la parole que lorsque l'on passa à la discussion sur les principes du gouvernement français.

Dans le contexte d'effervescence populaire du 5 octobre, ce fut Mounier qui vint, fort à contrecœur, selon Madame de Staël, exiger, comme président de l'Assemblée constituante, la sanction royale pure et simple à la Déclaration des droits [2].

Sources :

Archives parlementaires, tome VIII, *op. cit.,* p. 285, 288, 289, 463 et 492.

J. Egret, *La Révolution des Notables, Mounier et les Monarchiens, 1789,* Paris, Armand Colin, 1950.

R. Jay, *Discours prononcé à l'ouverture de la conférence des avocats le 5.12.1881,* Grenoble, Drevet, 1887.

Lally-Tollendal, « Notice historique sur la vie de Mounier », *Biographie universelle,* tome XXX, p. 1821.

Lanzac de Laborie, *Un royaliste libéral en 1789. J.-J. Mounier, sa vie politique et ses écrits,* Paris, Plon, 1887.

C. Puel, *Un constituant, J.-J. Mounier,* Bordeaux, Picquot, 1934.

1. *Journal d'Adrien Duquesnoy, op. cit.,* p. 300.
2. Staël (baronne de), *Considérations sur les principaux événements de la Révolution française,* Paris, 1818, tome I, p. 336.

Guy-Jean-Baptiste TARGET, né à Paris le 6 décembre 1733, mort à Molières (Seine-et-Oise) le 9 septembre 1806.

Avocat au Parlement de Paris, plaide des causes célèbres de son temps; interrompt ses activités sous le parlement Maupeou; membre de l'Académie française, député du Tiers État de Paris hors les murs aux États généraux; Constituant, rédige une Déclaration des droits de l'homme en société; vote le veto suspensif; secrétaire de l'Assemblée, appuie les mesures préliminaires et la suppression des parlements; président de l'Assemblée; juge au tribunal civil de Paris; sollicité par Louis XVI pour le défendre lors de son procès, il refuse; accusé de modérantisme, dut s'éloigner de Paris; en 1793 secrétaire du comité révolutionnaire de la section du Marais; juge au tribunal de cassation en 1797.

*

Bien que Target ne fît pas partie des divers comités chargés d'élaborer les textes préparatoires de la Constitution, son attachement aux droits de l'homme n'était pas douteux. Ses fréquentes contributions dans les débats en témoignent. Son métier d'avocat l'avait amené, notamment avec l'affaire de la marquise d'Anglure (1786), à plaider la reconnaissance du droit naturel au mariage pour les protestants. Il avait également participé, recommandé par Rabaut Saint-Étienne auprès de Malesherbes, à la rédaction de l'édit du 17 novembre 1787 qui allait accorder aux protestants l'établissement de l'état civil. Le 27 juillet 1789, il présenta au comité de Constitution son projet de Déclaration des droits de l'homme en société, en trente et un articles. Le 1er août il intervint longuement sur le thème « Placera-t-on à la tête de la Constitution, la Déclaration des droits de l'homme en société? », la place de la Déclaration étant significative de l'importance qu'on lui accordait. Son intervention s'organisait en trois points :

1. Se préoccuper de la Déclaration des droits, c'est d'abord remplir sa mission de député. « C'est le vœu de mes commettants. »
2. Parvenir au bonheur public : « c'est le bonheur naturel qui n'ôte rien aux autres ».
3. C'est instruire le peuple et faire preuve d'utilité publique. « Je crois donc que les droits des hommes ne sont pas assez connus, qu'il faut les faire connaître, je crois que, loin d'être dangereuse, cette connaissance ne peut qu'être utile. »

L'éloquence de Target n'avait pas l'oreille de l'Assemblée nationale, ni celle des journalistes. *Le Moniteur* ne lui accordait que quelques lignes sans retranscrire l'essentiel de ses prestations. Pourtant il semble que cette fois-là il ait retenu l'attention, si l'on en croit Beaulieu, journaliste, un des premiers membres du club des Feuillants : « M. Target a combattu ce sentiment avec le plus grand avantage; il a repris les deux principales objections des antagonistes de la Déclaration des droits de l'homme, et les a détruites par des arguments qui nous ont paru démonstratifs... Il ne nous a point semblé long cette fois; tout ce qu'il a dit, nous a paru frappant [1]. »

Le 20 août, il appuya le choix de l'Assemblée afin que le projet du sixième bureau fût le support de la discussion générale : « Cette déclaration ne contient pas des principes contestés; elle est courte, simple et exacte, mais elle manque d'énergie et d'expression. » Il proposa ensuite de supprimer les dix premiers articles pour les remplacer par cinq autres, insistant sur la solidarité nécessaire des droits et des devoirs. Mais cette rédaction ne retint pas l'attention de l'Assemblée.

Le 21 août, lors de la discussion de l'article VII de la Déclaration du sixième bureau, il fit à nouveau une proposition malheureuse qui lui attira les sarcasmes de Mounier : « Il ne faut pas compromettre des idées de cette importance par des expressions vagues, on ne peut pas dire que tous les citoyens ont le droit d'être appelés, mais bien qu'ils soient admissibles, sans distinction de naissance, suivant leur talent ou leur capacité. » Le 22 août, lors de la discussion de l'article XVII du projet de Déclaration du sixième bureau, nouvelle proposition de la part de Target : « Article 1. Aucun citoyen ne peut être accusé, arrêté, détenu, puni, qu'au nom de la loi et qu'avec les formes prescrites, et suivant les dispositions précises de la loi; Article 2. Tout ordre arbi-

1. « Criminels de lèse-nation jugés par la Constitution elle-même », Suite des Nouvelles de Versailles du 1er août 1789, publiées le 2, par M. de Beaulieu motion de M. Target relativement aux droits de l'homme).

traire contre la liberté doit être puni. » Duport présente alors une motion sur l'égalité des peines et contre les violences arbitraires.

Les articles de Target furent repris, amendés par Martineau, député du Tiers de Paris et avocat : « Retrancher le mot accusé, et laisser ainsi la phrase : " Nul ne pourra être arrêté ni détenu... ". » Deuxième amendement : « Renvoyer à la Constitution le dernier article de M. Target qui concerne les ordres arbitraires. » Finalement, à partir d'une idée de Malouet qui proposait d'ajouter à la motion de Duport l'article XIX de la Déclaration de Sieyès, Demeunier demandait de conserver le premier article de Target, complété par celui de Sieyès et suivi par les deux articles de Duport sans modification. Ce qui fut adopté.

Le 24 août, lors de la discussion de l'article XIX du sixième bureau, il formula une proposition sur la liberté de penser qui déchaîna les foudres de Barrère de Vieuzac et de Robespierre : « la liberté de presse est une partie inséparable de celle de communiquer ses pensées ». Enfin, le 26 août, bien que sa reprise du thème de la séparation des pouvoirs eût donné lieu à quelques réactions supplémentaires, elle ne fut pas retenue et l'article XXIII du sixième bureau conservé dans son intégralité.

Dans son rapport fait au nom du comité de Constitution, du 29 septembre 1789, la Déclaration des droits de l'homme en société figurait en bonne place dans l'œuvre accomplie par la Constituante.

Sources :

Archives parlementaires, 1789, tome VIII, *op. cit.,* p. 320, 465, 470, 482, 487-488.

P. Boulloche, *Target, un avocat du XVIIIe siècle,* Paris, Alcan Levy, 1893.

J. Hudault, *G.J.B. Target et la contribution à la préparation de l'édit de novembre 1787 sur l'état civil des protestants,* Mémoire, Paris, 1966.

H. Muraire, « Éloge de G.J.B. Target », prononcé à l'audience de la Cour de cassation le 31 août 1807, Paris.

Jean-Baptiste CRÉNIÈRE, né à Vendôme le 10 juin 1744, mort à une date inconnue.

Marchand de fer à Vendôme, député du Tiers État du bailliage de Vendôme aux États généraux, Constituant; le 31 juillet 1789 prononce des « Observations sur la Constitution d'un peuple »; le 18 août propose à nouveau son projet comme Déclaration cette fois, se prononce contre le veto du Roi, escorte à Paris le Roi; élu le 23 vendémiaire an IV (15 octobre 1795) pour le département du Loir-et-Cher au Conseil des Anciens, où il siège jusqu'en l'an VIII.

*

La position de Crénière sur la question des droits de l'homme fut ambiguë, ce qui fit dire à tort à ses commentateurs qu'il s'opposait à une proclamation des droits. En fait Crénière dans son intervention de juillet 1789 sur la Constitution présentait une liste de droits à inclure dans l'acte constitutif; le 18 août il rejetait en termes catégoriques l'idée d'une Déclaration à l'américaine et proposait à nouveau son projet comme Déclaration. Demeunier caractérisa parfaitement sa démarche à la séance du 18 août : « je ne crois pas que l'Assemblée puisse adopter le système de M. Crénière : ce système tend à confondre la Déclaration des droits et les principes fondamentaux de la Constitution; c'est le système de Hobbes, rejeté de l'Europe entière ». Tout en laissant à l'orateur la responsabilité de sa conclusion sur le destin de l'œuvre de Hobbes, nous pouvons dire avec lui que Crénière se refusait à séparer l'idée de Déclaration de celle de Constitution.

Sources :

Archives parlementaires, tome VIII, p. 371, p. 451.
Rochambeau (M. de), *Biographie vendômoise,* Paris, Champion, 1884.

Boniface-Louis-André, comte de CASTELLANE, né le 4 août 1758 à Villandry, mort le 21 février 1837.

Suit la carrière militaire, colonel de cavalerie; député de la Noblesse de Châteauneuf-en-Thimerais (Eure-et-Loir), réclame la vérification des pouvoirs en commun, un des premiers à quitter son ordre pour s'unir au Tiers; le 1er août 1789 affirme la nécessité de placer la Déclaration en tête de la Constitution; le 23 août, s'élève contre la proclamation d'un culte d'État, au nom de la liberté d'opinion, et propose une motion qui deviendra l'article X de la Déclaration finale; vote le veto suspensif, intervient pour l'abolition des prisons d'État et la suppression des détentions arbitraires; secrétaire de l'Assemblée; en 1790 prend la défense des émigrés; après Varennes, prête le serment civique; après la session, promu maréchal de camp le 20 mars 1792, se retire près de Meulan; arrêté pendant la Terreur, incarcéré à deux reprises, échappe à l'échafaud grâce au 9 Thermidor; nommé préfet des Basses-Pyrénées en 1802, entre au Conseil d'État comme maître des requêtes en 1811, nommé en 1815 président du collège électoral des Basses-Pyrénées, élu député ne siège pas; nommé pair de France par Louis XVIII, lieutenant général en 1816, grand officier de la Légion d'honneur en 1823, ne démissionne pas au changement de régime en 1830.

*

Le 27 juillet 1789, le comte de Clermont-Tonnerre faisait au nom du comité de Constitution un résumé des cahiers. Le premier souci de cet exposé était d'estomper les différences qui traversaient l'Assemblée : « Nos commettants sont tous d'accord sur un point : ils veulent la régénération de l'État. » La mise en parallèle des partisans du « rétablissement d'une Constitution existant depuis quatorze siècles » et des adeptes d'une nouvelle Constitution dont le premier chapitre serait la Déclaration répondait à ce désir de consensus. Le 1er août, Castellane mit en doute l'existence de cette ancienne Constitution, de ce pacte social que le Roi aurait contracté avec ses sujets : « la soumission volontaire n'existe pas, elle est le résultat d'une épreuve de force ; les parlements, ces garants traditionnels des libertés, sont restés désarmés devant l'arbitraire croissant des pratiques royales. D'où la nécessité de donner au peuple un moyen de connaître ses droits ». Castellane se démarquait ainsi des préventions couramment exprimées par l'aile monarchiste du comité de Constitution influent à cette date. Le 23 août, sa motion sur la liberté d'opinion religieuse fut acceptée sur l'intervention de l'évêque de Lydda, Mgr Gobel ; elle s'alimentait à cette même haine de l'arbitraire : « empêcher un homme d'offrir le tribut de sa reconnaissance à la divinité, c'est tyranniser les consciences ».

Sources :

Archives parlementaires, tome VIII, *op. cit.*, p. 321, 477.

Castellane (M. de), *Gentilshommes démocrates*. Paris, Plon, 1891.

Beaulaincourt-Marles (ctesse de), *Boniface-Louis-André de Castellane*, Paris, Plon, 1901.

Pierre-Toussaint DURAND de MAILLANE, né à Saint-Rémy-de-Provence le 1er novembre 1729, mort le 15 août 1814 dans la même ville.

Avocat au Parlement d'Aix, spécialiste de droit économique, député du Tiers État pour la sénéchaussée d'Arles, Constituant; le 1er août 1789, prend position en faveur d'une Déclaration des droits de l'homme, propose qu'elle soit « affichée dans les villes, les tribunaux, les églises même »; membre du Comité ecclésiastique, prend une part décisive à la rédaction de la constitution civile du clergé et du décret relatif au mariage civil; secrétaire à l'Assemblée constituante; après Varennes, propose que le Roi soit mis en jugement à la fin de la session; juge au tribunal de district à Tarascon. Élu à la Convention nationale par le département des Bouches-du-Rhône, membre du Comité d'instruction publique; au procès de Louis XVI, se prononce pour la réclusion, le bannissement du Roi après la paix et l'appel au peuple; poursuit de sa haine les Jacobins qui avaient mis sa tête à prix à Marseille, attaque Robespierre le 9 thermidor an II (27 juillet 1794), presse l'Assemblée de dissoudre partout les clubs des Jacobins; en avril 1795, fait réintégrer aux armées le général de Prez-Crassier, parle en faveur de l'impôt en nature, fait étendre à tout rassemblement illégal le décret contre les insurgés de prairial, membre de la commission des Onze chargée de préparer la Constitution de l'an III; envoyé dans le Midi poursuivre des Montagnards, tolère des massacres. Député des Bouches-du-Rhône au Conseil des Anciens, parle en faveur des parents d'émigrés; secrétaire, vote le rétablissement de la contrainte par corps, s'oppose à ce que les électeurs soient soumis au serment républicain; après le 18 fructidor an V (4 septembre 1797), accusé d'intrigues avec les émigrés, arrêté et emprisonné au Temple, libéré après quelques mois. Après le 18 brumaire an VIII (9 novembre 1799), il est nommé président du tribunal civil de Tarascon, juge au tribunal d'appel d'Aix.

Sources :

A. Mathiez, *Quelques lettres de Durand de Maillane. La Révolution française*, 14 octobre 1900, 20e année.

O. Teissier, *Les députés de la Provence à l'Assemblée nationale, de 1789 à 1897, op. cit.*

Jacques-Guillaume THOURET, né à Pont-l'Évêque le 30 avril 1746, mort guillotiné le 3 floréal an II (22 avril 1794) à Paris.

Après des études de droit à Caen, avocat au Parlement de Normandie, exerce pendant le Parlement Maupeou mais reste en fonction après le rétablissement des parlements; procureur-syndic à l'Assemblée provinciale de Haute-Normandie d'août à décembre 1787, député du Tiers État de la ville et du bailliage de Rouen, Constituant; présente le 1er août 1789 deux textes à l'Assemblée : « Analyse des idées principales sur la reconnaissance des droits de l'homme en société et sur les bases de la Constitution », et « Projet de Déclaration des droits de l'homme en société ». Élu le 3 août président de l'Assemblée nationale, démissionne; le 10 septembre, se prononce pour l'assemblée unique, vote le veto suspensif; secrétaire de l'Assemblée, propose la mise à disposition des biens du clergé et de la couronne, participe au remaniement territorial de la France et à l'établissement des nouvelles institutions administratives, réorganise avec Duport le système judiciaire; sera élu à trois autres reprises président de l'Assemblée; après Varennes, tente d'atténuer la responsabilité royale, prône l'adhésion du Roi à la Constitution.

Après la session, nommé magistrat, président de la section de cassation du Tribunal suprême créé le 20 avril 1791; est arrêté le 25 brumaire an II (15 novembre 1793), écroué au Luxembourg, jugé le 3 floréal, condamné à mort et guillotiné le jour même avec d'Eprémesnil, Le Chapelier et Malesherbes.

*

Dans les premiers mois de l'Assemblée constituante, Thouret fut victime d'une cabale. En butte à de violentes attaques, et même menacé de mort, il ne put participer au débat sur les droits de l'homme que par l'intermédiaire de ses écrits. Il fut contraint de démissionner de la présidence de l'Assemblée, le 3 août 1789, alors qu'il l'avait emporté sur Sieyès. A travers le journal qu'il adressait à ses commettants, Gaultier de Biauzat se faisait l'écho de la rumeur publique : « Je vous ai parlé autrefois des talents de ce membre de l'Assemblée, qui parle avec une logique séduisante. Mais je ne lui croyais pas le vice qu'on lui impute, d'aimer l'aristocratie, d'être entré souvent dans l'appartement de Mme de Polignac et d'avoir trempé, au moins par son conseil, dans la conspiration contre la Patrie [...] j'ai vu les esprits s'échauffer [...]. On ne proposait pas moins que de le dénoncer comme coupable de trahison contre la Patrie [1]. »

Sources :

E. Lebègue, *La vie et l'œuvre d'un Constituant, Thouret, 1746-1794*, Paris, Alcan, 1910.

1. Gaultier de Biauzat, *op. cit.*, p. 221.

Adrien-Jean-François DUPORT, né à Paris le 24 février 1759, mort à Gais dans le canton d'Appenzell (Suisse) le 18 messidor an VI (6 juillet 1798).

Avocat et conseiller au Parlement de Paris, admis en 1784 à la société mesmérienne de l'Harmonie universelle, franc-maçon, membre du parti patriote; chez lui se réunit la Société des Trente; député de la noblesse de Paris-ville aux États généraux, Constituant, présente début août 1789 un projet de Déclaration des droits et se sépare des monarchiens du parti patriote, rejette le bicamérisme, vote le veto suspensif, plaide l'inviolabilité des lettres, se déclare en faveur des juifs et des protestants, dénie au clergé la propriété des biens ecclésiastiques. En novembre 1789, adhère à la Société des Amis de la Constitution installée au couvent des Jacobins; secrétaire, présente à l'Assemblée un rapport sur l'organisation de la police et de la justice, fait créer les justices de paix, les tribunaux criminels avec institution de jurés, le tribunal de Cassation, s'élève contre la peine de mort; président du tribunal du premier arrondissement, président de l'Assemblée nationale; après Varennes, défend le Roi; après la fusillade du Champ-de-Mars, quitte le club des Jacobins pour celui des Feuillants, fonde deux journaux, *Le Logographe* en 1791 et *L'Indicateur* en 1792. Arrêté à Bazoches, libéré sur l'intervention de Danton, gagne l'Angleterre puis la Suisse; retourne en France en 1794, émigre à nouveau en Suisse en 1797.

*

Un imprimé paru au moment des élections pour les États généraux, le 21 avril 1789, faisait mention, à propos du choix des électeurs de Paris, de décisions prises dans une assemblée de citoyens : les députés se devaient de proposer une Déclaration des droits. Le contenu de cette Déclaration était précisé en onze articles. Cet imprimé émanait selon Chassin [1], de la Société des Trente réunie chez Duport. Le cahier des citoyens nobles de la ville de Paris du 10 mai 1789, signé notamment par Duport, exprimait la même demande sur un mode impératif : « Avant tout, qu'il soit fait une Déclaration explicite des droits qui appartiennent à tous les hommes et qu'elle constate leur liberté, leur propriété, leur sûreté [2]. »

Ces deux faits éclairent le contexte dans lequel se jouait pour Duport le rôle primordial de la Déclaration. Lui qui ne fit partie d'aucun des comités de Constitution chargés de préparer le travail, fut l'un des principaux rédacteurs de la Déclaration, en étant à l'origine de trois articles sur dix-sept et de nombreux amendements. Il présenta son projet personnel de Déclaration des droits, certainement au début du mois d'août 1789, à l'époque où l'on discutait l'emplacement du texte de la Déclaration par rapport à la Constitution. Le projet dépassait largement les arrêtés pris par la Société des Trente et les vœux des cahiers.

La Déclaration pour Duport était indissociable de l'idée d'un changement. Il fallait définir de nouveaux droits puisque les droits iniques établis par la tradition étaient abolis : « l'on ne peut se dispenser de faire des déclarations, parce que la société change. Si elle n'était pas sujette à des révolutions, il suffirait de dire que l'on est soumis à des lois », disait-il à la séance du 18 août, lors de la discussion du projet présenté par Mirabeau. La Déclaration et la Constitution répondaient à des exigences différentes : « l'objet d'une Déclaration est donc de comprendre tous les droits quelconques, qu'importe qu'ils soient contraires à la Constitution! La Déclaration est pour les établir, la Constitution est pour les modifier et les circonscrire ». Son indignation fut vive lorsque Mirabeau voulut repousser la Déclaration après la Constitution. Pendant la rédaction finale, il fut très actif. A la séance du 22 août, il développa ses vues sur le droit criminel, critiquant la cruauté inutile des pratiques judiciaires et l'irrégularité des procédures. Il reprenait les idées de Beccaria, le publiciste et économiste milanais qui s'était élevé dans son traité *Des délits et des peines* (1764) contre la confusion dangereuse entre l'inculpé et le coupable. L'égalité et la « douceur des peines », selon la formule de Beccaria, furent les principes qui inspirèrent à Duport deux articles en remplacement de l'article XIV du projet du sixième bureau. Ces articles furent retenus

1. Ch. L. Chassin, *Les élections et les cahiers de Paris en 1789*, tome I, « La convocation de Paris aux derniers États généraux ». Paris, Jouaust et Sigaux, 1888, p. 472.

2. *Archives parlementaires*, tome V. États généraux, cahiers de sénéchaussées et de bailliages, Paris, 1879.

sans modification et devinrent l'article VIII et IX de la Déclaration finale.

A la séance du 26 août, il proposa deux amendements qui furent adoptés pour modifier l'article XXII du projet du sixième bureau. Par ces amendements, il précisait la nature du contrôle de la contribution publique, exercé par le citoyen, « par lui-même ou par ses représentants » et supprimait l'idée qui tendait à présenter le paiement des impôts comme un échange de services. Le dernier article qu'il proposa fut l'article XVII de la Déclaration finale. La question du remboursement des droits féodaux depuis leur abolition était une affaire qui soulevait l'inquiétude : il fallait rassurer les propriétaires sur leur avenir, en consacrant à la propriété un article tout entier qui viendrait compléter la simple reconnaissance de la propriété comme droit (art. II).

Le 26 août, sa proposition d'articles réunit sur-le-champ beaucoup de suffrages sans que l'on sache aujourd'hui le contenu des amendements qui la modifièrent. Reste que l'on peut dire avec certitude que le style de Duport, élégant et concis, jouissait d'une grande réputation dans ce milieu de légistes chevronnés.

Sources :

Archives parlementaires, tome VIII, *op. cit.*, p. 356, 451, 471, 487, 489.

A. de Lameth : *Histoire de l'Assemblée constituante*, Paris, Moutardier, 1828.

G. Lefebvre, *La Révolution française*, Paris, P.U.F., 1951.

G. Michon, *Essai sur l'histoire du parti feuillant, Adrien Duport*, Paris, Payot, 1924.

D. Mornet, *Les origines intellectuelles de la Révolution française*, Paris, Armand Colin, 1933.

R. Robiquet, *Le personnel municipal de Paris pendant la Révolution. Période constitutionnelle*, Paris, Jouaust, 1890.

Pierre-Victor MALOUET, né à Riom le 11 février 1740, mort à Paris le 7 septembre 1814.

Après des études de droit, entre dans l'administration au département de la Marine et des Colonies; à partir de 1769 et pendant cinq ans, commissaire à Saint-Domingue, envoyé en mission à Cayenne, nommé en 1780 intendant de la Marine à Toulon. Député par acclamation de la sénéchaussée de Riom, son élection sans scrutin est mal accueillie lors de la vérification des pouvoirs aux États généraux; partisan de la réunion des ordres, Constituant; le 2 août 1789, s'oppose à la Déclaration des droits; après les 5 et 6 août, demande en vain une loi contre les écrits séditieux; partisan du bicamérisme et de la sanction royale, fonde en 1790 le club des Impartiaux, appelé ensuite club Monarchique; prend position sur le droit de guerre et de paix exercé par le Roi, fait partie de son conseil privé; après le 10 août 1792 se réfugie en Angleterre; en novembre 1792 demande l'autorisation de venir défendre le Roi, ce qui a pour résultat de le faire inscrire sur la liste des émigrés; revient en France en 1801, nommé en 1803 commissaire général de la Marine dans le port d'Anvers, nommé conseiller d'État, baron d'Empire le 31 janvier 1810; en 1812 suspect de royalisme, il est éloigné de Paris; nommé en 1814 commissaire au département de la Marine puis ministre du même département.

*

Malouet fut l'adversaire le plus résolu de la Déclaration des droits; monarchiste intransigeant, il partageait cette conviction avec l'évêque de Langres, Mgr de la Luzerne. On trouve dans son journal l'écho de cette irritation profonde que lui causait « la métaphysique aussi ridicule que dangereuse qui occupait l'Assemblée », œuvre des zélateurs de

Jean-Jacques et des admirateurs de l'Amérique. Dans la séance du 8 août 1791, il relevait les contradictions existant entre les affirmations universalistes de la Déclaration et la Constitution plus restrictive : « je vois donc les hommes simples et grossiers dangereusement égarés par cette Déclaration à laquelle vous dérogez immédiatement par notre Constitution ». Ce qui le confortait dans son rejet.

Sources :

F. G. de La Rochefoucauld-Liancourt, *Mémoires de Condorcet sur le règne de Louis XVI et la Révolution, extrait de sa correspondance et de celle de ses amis*, Paris, Morris, 1862.

Mémoires de Malouet, publiés par son petit-fils le baron Malouet, Paris, Didier, 1868.

Jean-Gabriel GALLOT, né le 3 septembre 1744, mort le 16 prairial an II (4 juin 1794) à La Rochelle.

Protestant, docteur en médecine le 13 août 1767; en août 1776, nommé secrétaire de la commission royale de médecine; en 1787 représentant du Tiers État à l'Assemblée provinciale du Bas-Poitou; en 1788 sollicite l'attention de Necker pour une extension de l'édit de novembre 1787, accordant l'état civil aux protestants. Député du Tiers État de la sénéchaussée de Poitou aux États généraux, Constituant, publie le 3 août 1789 *Vues sur les bases de la Constitution et la Déclaration des droits de l'homme et du citoyen*; s'affilie à la Société des Amis de la Constitution, secrétaire du comité de salubrité créé sur proposition de Guillotin; après la fin de la session, le 31 octobre 1791, quitte Paris et retourne en Vendée, élu administrateur de son département; en 1793, accusé de modérantisme pendant la guerre de Vendée, perd son poste d'administrateur, quitte Fontenay-le-Comte pour La Rochelle en 1794 où il succombe à une épidémie de typhoïde.

★

Gallot écrivit un *Journal relatif aux États généraux de 1789*. Ce journal se présente en quatorze cahiers de deux cent quatre-vingt-cinq pages en tout; seules quatre ou cinq de ces pages sont consacrées aux droits de l'homme. Son style, généralement laconique, est parfois émaillé de remarques cinglantes sur les préjugés de caste des différents ordres : à propos du choix du projet du sixième bureau pour servir de canevas aux débats de l'Assemblée, il écrivait : « La Déclaration des droits du sixième bureau a été prise pour base parce que le clergé a vu qu'on y parlait de religion, et la noblesse d'inégalité. » Il se contenta de reproduire les articles votés de la Déclaration des droits. Seul l'article X sur la liberté du culte retint son attention. Il fit état, notamment, d'une grande tension de l'Assemblée qui faillit à cette occasion se séparer. « M. de Clermont-Tonnerre qui remplit avec toute la satisfaction de l'Assemblée la place de président, était si fatigué et si furieux de voir passer cet article qu'il a prié l'Assemblée d'accepter sa démission, ce qu'elle a refusé. » Ce médecin qui avait établi pour sa région une carte des maladies « populaires » concevait, dans la lignée philanthropique, le soulagement des pauvres comme un « devoir de l'homme et du citoyen ». Il fut à l'origine de diverses propositions : création d'hospices accessoires des hôpitaux, souscription volontaire pour des travaux d'utilité générale...

Sources :

Ch. Dugast-Matifeux, Collection, papiers Gallot, liasse 44, « Députés et représentants du peuple », Bibliothèque municipale de Nantes.

Notice sur Gallot, médecin philanthrope, député du Poitou, par Mercier du Rocher, ancien administrateur du département de la Vendée. *Annales de la Vendée*, 2e série, VIII, 1878.

L. Merle, *La vie et les œuvres du docteur Jean Gabriel Gallot (1744-1794)*, Mémoires de la Société des antiquaires de l'Ouest, Poitiers, 1961, tome IV.

Emmanuel-Louis-Henri de Launay, comte d'ANTRAIGUES, né à Montpellier le 24 décembre 1753, mort assassiné à Barnes, près de Londres, le 22 juillet 1812.

Fils d'officier, entre à quatorze ans dans les gardes du corps, devient capitaine au régiment de Piémont-Cavalerie, quitte le service, voyage au Caire, en Grèce, en Pologne, à Vienne; de retour en France en 1779, partage sa vie entre Paris et sa province; en 1788, rédige un *Mémoire sur les États généraux, leurs droits et la manière de les convoquer* dans lequel il se déclare républicain; chargé de la rédaction des cahiers de la Noblesse du Vivarais, y présente un programme modéré; député de la Noblesse de la sénéchaussée de Villeneuve-de-Berg aux États généraux, Constituant, affirme des attitudes contradictoires à ses prises de position antérieures [1], défend la séparation des ordres, le vote par ordre, s'affirme partisan d'une Déclaration des droits pour retrouver une certaine popularité, s'abstient de paraître le 4 août 1789, défend la sanction royale, cesse de siéger en 1790, se rend en Suisse, sera successivement chargé et rétribué pour des missions secrètes par le comte de Provence, les Cours de Russie et d'Autriche; arrêté par le gouvernement français à Trieste en mai 1797, interrogé par Bonaparte, réussit à s'enfuir, voyage en Allemagne en 1803, nommé par l'empereur de Russie conseiller à la légation russe auprès du

1. « Le Comte d'Antraigues, si connu jadis par son attachement pour le Tiers, est aujourd'hui un de ses plus grands ennemis. On lui a écrit de Nantes et de Paris des lettres anonymes dans lesquelles on lui reproche ce changement et où on lui dit que la mort plane sur sa tête. Cette menace apporte dans ses opinions une si grande différence qu'on distingue le d'Antraigues du jour et celui de la veille, et que plusieurs opinants disaient samedi dernier: "je suis de l'avis de M. d'Antraigues d'hier". » A. Duquesnoy, p. 95.

roi de Saxe à Dresde, part pour Londres où il poursuit son activité d'agent secret; trouvé assassiné avec sa femme, au côté d'un domestique italien congédié la veille.

Sources :

Journal d'Adrien Duquesnoy, op. cit., tome I, p. 89, 95, 117, 262, 482; tome II, p. 358, 462.

L. Pingaud, *Un agent secret sous la Révolution et l'Empire, le comte d'Antraigues*, Paris, Plon, 1894.

André-Louis-Esprit, comte de SINETY, né à Marseille le 4 juin 1740, mort dans cette ville le 15 janvier 1811.

Fait une carrière militaire jusqu'en 1779; député de la Noblesse de la sénéchaussée de Marseille aux États généraux, Constituant, présente le 4 août 1789 « une exposition des motifs qui paraissent devoir déterminer à réunir à la Déclaration des droits de l'homme, celle des devoirs du citoyen », le 1er avril 1790 vote la suppression du privilège de la Compagnie des Indes, présente en mai 1790 un projet accordant au Roi seul le droit de guerre et de paix; nommé commissaire en 1791 pour faire prêter le serment civique aux troupes; après la Constituante, se retire de la vie politique; président et secrétaire perpétuel de l'Académie de Marseille, membre du conseil d'agriculture et de la chambre de commerce de Marseille.

Charles-Alexis-Pierre Brulart, comte de Genlis, marquis de SILLERY, né à Paris le 20 janvier 1737, mort guillotiné le 10 brumaire an II (31 octobre 1793) à Paris.

Orphelin en bas âge, élevé par son oncle le marquis de Puysieux, qui avait été ministre des Affaires étrangères sous Louis XV; lieutenant puis capitaine de vaisseau, blessé, prisonnier des Anglais, libéré sur intervention de son oncle, retourne en France où il est fait capitaine des gardes du duc de Chartres, puis maréchal de camp; député de la Noblesse du bailliage de Reims aux États généraux, siège avec la minorité de son ordre près du duc d'Orléans, se montre favorable à une Déclaration des droits, se prononce pour la chambre unique et le veto suspensif; secrétaire de l'Assemblée constituante en 1791, prête le serment le 22 juin 1791; adjoint au comité chargé de réorganiser la Marine; souhaite qu'on ne reconnaisse au Roi le droit de déclarer la guerre qu'en cas d'agression; élu par le département de la Somme, membre de la Convention, vote la culpabilité du Roi, l'appel au peuple et le sursis; devenu suspect pour ses attaches au duc d'Orléans, arrêté dans les proscriptions de juin 1793, condamné à mort, guillotiné le lendemain avec vingt et un de ses collègues.

Sources :

Archives parlementaires, tome VIII, *op. cit.*, p. 340.

Madame de Genlis, *Mémoires inédits sur le XVIIIe siècle et la Révolution française*, Paris, Ladvocat, 1825.

Henri-Baptiste GRÉGOIRE, né le 4 décembre 1750 à Veho (Meurthe-et-Moselle), mort à Paris le 28 mars 1831.

Après des études chez les jésuites, suit des cours de philosophie et de théologie à Nancy; ordonné prêtre le 1er avril 1775, curé d'Embermesnil en 1782; en 1788, primé par la Société royale des sciences et des arts de Metz pour un *Essai sur la régénération physique, morale et politique des juifs*; le 22 janvier 1789, adresse une lettre aux curés lorrains affirmant leurs droits; député du Clergé du bailliage de Nancy aux États généraux, Constituant, soutient le vote par tête et la réunion du bas clergé au Tiers État; fréquente le club Breton; secrétaire de l'Assemblée constituante, le 1er août fait le tableau des cruautés inouïes exercées contre les juifs d'Alsace et réclame l'intervention de l'Assemblée; le 4 août souhaite une Déclaration des droits et des devoirs; propose de substituer aux dîmes ecclésiastiques des fonds territoriaux attachés aux bénéfices des prêtres; se montre favorable à la suppression des privilèges, de la gabelle et des annates, se prononce pour le veto suspensif; membre actif de la Société des Amis des Noirs, propose l'admission des hommes de sang mêlé dans la représentation politique, nommé président de cette société, plaide la cause de l'abolition de l'esclavage, correspond avec Haïti; en février 1790, s'élève contre la suppression des ordres monastiques, participe à la rédaction de la Constitution civile du clergé; premier ecclésiastique à prêter le serment constitutionnel; nommé évêque constitutionnel du Loir-et-Cher; président de l'Assemblée; est à l'initiative avec Danton du décret abolissant la royauté et proclamant la république; absent de Paris au moment du procès du Roi, approuve par lettre sa condamnation mais il est contre la peine de mort; présente un long rapport sur l'incorporation de la Savoie à la France, travaille au Comité d'instruction publique; refuse de résilier ses fonctions sacerdotales; le 19 vendémiaire an III (10 octobre 1794), fait créer le Conservatoire des arts et métiers, et le 7 messidor an III (25 juin 1795) le Bureau des longitudes; coopère à la fondation de l'Institut de France. Membre du Conseil des Cinq-Cents, membre du corps législatif, s'oppose au Consulat et à l'établissement de l'Empire; refuse en 1808 le rétablissement des titres nobiliaires; devient comte et commandeur de la Légion d'honneur, avec l'ensemble des sénateurs; vote la déchéance de l'Empereur, s'oppose aux Bourbons, applaudit aux Trois Glorieuses en 1830, refuse jusqu'à sa mort de se réconcilier avec le pape et de réviser son serment de 1790.

★

Le 4 août 1789, en établissant la corrélation nécessaire des droits et des devoirs, il annonçait la motion du janséniste Camus : « Fera-t-on ou ne fera-t-on pas une Déclaration des droits et des devoirs de l'homme et du citoyen ? »

On a beaucoup épilogué sur les affinités jansénistes du curé d'Embermesnil, ses lectures de Pascal, l'éducation rigoriste qu'il reçut de sa mère. Toujours est-il que son intervention mit à jour une tendance bientôt refoulée par l'Assemblée de 1789, qui allait faire son chemin en profondeur pour réapparaître dans la Déclaration des droits et des devoirs de l'homme et du citoyen du 5 fructidor an III (22 août 1795).

Le 18 août 1789, il proposa que le nom de Dieu soit mis en tête de la Déclaration, soulignant le caractère ontologique des débats touchant à l'ordre du discours.

Sources :

Archives parlementaires, tome VIII, *op. cit.*, p. 340, 452.

Ch. Dugast-Matifeux, *Histoire patriotique des arbres de la liberté. Essai sur la vie et les ouvrages de Grégoire*, Paris, 1833.

H.B. Grégoire, *Mémoires*, Paris, Dupont, 1837. Notice biographique sur Grégoire par H. Carnot.

J. Lavaud, *Notice sur Henri Grégoire,* Paris, Correard, 1819.

L. Maggiolo, *La vie et les œuvres de l'abbé Grégoire de 1750 à 1789*, Nancy, 1873-1884.

Charles-François BOUCHE, né le 17 mars 1737 à Allemagne (Basses-Alpes), mort à Paris le 2 fructidor an III (19 août 1795).

Avocat au Parlement d'Aix, député du Tiers État de la sénéchaussée d'Aix aux États généraux, Constituant, secrétaire de l'Assemblée, membre du premier comité de Constitution, présente « Une charte contenant la Constitution française dans ses objets fondamentaux »; soutient à la tribune de nombreuses interventions : suppression des pensions supérieures à trois cents livres, élection des juges, constitution civile du clergé, abolition du costume ecclésiastique, lutte contre les prêtres réfractaires, suppression des emblèmes; partisan de la restitution d'Avignon et du Comtat Venaissin à la France; secrétaire de l'Assemblée; maire d'Aix en 1790, président des Feuillants à Paris en 1791; demande avec Robespierre l'interdiction aux députés d'accéder aux ministères pendant quatre ans; membre du tribunal de Cassation.

★

Bouche fut nommé au premier comité de Constitution pour le dix-huitième bureau et à ce titre présenta son projet de charte. Pourtant l'un des grands bavards de la Constituante, puisqu'il ne fit pas moins de cent seize interventions pendant la session, il ne sembla guère inspiré par les débats sur la Déclaration. Il se montra même plutôt soucieux de les expédier, en demandant de limiter les discours à cinq minutes à l'aide d'un sablier. Il intervint deux fois, le 23 août 1789 lors de la discussion sur le statut de la religion, et le 26 août sur la nature des relations à établir entre administration publique et particuliers. Le 27 août, ce fut lui qui demanda d'arrêter la Déclaration à dix-sept articles.

Sources :

Archives parlementaires, tome VIII, *op. cit.*, p. 332, 475, 488, 492.

J. Corriol, *Les députés bas-alpins de la période révolutionnaire*, Forcalquier, 1935.

O. Teissier, *Les députés de la Provence à l'Assemblée nationale de 1789*, Draguignan, 1897.

Arnaud GOUGES-CARTOU, né à Moissac en 1738, mort à une date inconnue.

Négociant, député du Tiers État pour la sénéchaussée du Quercy aux États généraux, Constituant, membre du comité des subsistances, et du Comité des finances, présente un projet de Déclaration le 12 août 1789; obtient un congé de l'Assemblée le 5 avril 1790; annonce son retour le 15 novembre 1790. A la fin de la session, part en Amérique.

Le sixième bureau

L'Assemblée des communes ou Tiers État, pour prévenir les phénomènes de faction liés à des particularismes provinciaux et rectifier un déséquilibre patent entre Paris et les provinces, décida le 7 juin 1789 de former vingt bureaux de trente membres chacun. L'Assemblée nationale, à la suite de la réunion des ordres, à la séance du 1er juillet, souscrivit à la proposition du comité des règlements par la voix de Rabaut Saint-Étienne en divisant sur le même principe l'Assemblée en bureaux. Ainsi pouvait-elle échapper aux désordres qui n'allaient pas manquer de surgir du fait des antagonismes d'hier et trouver une certaine cohésion : « l'Assemblée arrête que ces bureaux seront formés sans délai, au nombre de trente, composés de quarante membres chacun, complets ou non complets [1]; qu'ils seront formés en suivant la liste imprimée des bailliages par ordre alphabétique, sans distinction entre les députés [...] que ces bureaux auront uniquement pour objet de s'instruire et de consulter sur les matières qui leur seront présentées et qui seront portées ensuite à l'Assemblée nationale pour y être discutées et décidées; que les bureaux seront changés et refondus tous les mois ». Ce premier geste d'organisation du travail parlementaire allait être décisif pour la maîtrise des débats. La composition de ces bureaux au mois de juillet 1789 peut être rétablie grâce à des listes fournies par les procès-verbaux de l'Assemblée nationale (listes des présidents et secrétaires des bureaux, « du comité chargé de la distribution des matières sur l'objet de la Constitution », du comité des rapports) et à des documents existant sur le premier et le trentième bureau. A partir de ces documents, Ph. Dawson s'employa à recons-

1. Nombre des députés : 1223; suppléants : 581; nombre des députés et des suppléants qui ont siégé à l'Assemblée constituante : 1318. Cf. A. Brette, *Les constituants, listes des députés et des suppléants élus à l'Assemblée constituante de 1789*, Paris, 1897, Genève, Megariotis Reprints.

tituer la composition de ce sixième bureau qui seul rédigea un projet de Déclaration. Michel René Maupetit, député du Tiers État de la sénéchaussée du Maine, procureur du roi à Mayenne et membre de ce sixième bureau, écrivait à ses commettants le 31 juillet : « Nous avons entamé l'ouvrage, cette semaine dans les bureaux et dans le mien nous avons arrêté une Déclaration des droits de l'homme et du citoyen mais nombre de bureaux n'ont rien fait. »

Cette singularité rejoignait-elle une particularité d'ordre socio-professionnel des membres de ce bureau ? Maupetit signalait le 2 juillet que le sixième bureau se composait « de neuf ecclésiastiques dont un évêque, treize nobles et dix-huit des communes ». Le Tiers État, avec 45 % des places, y était la minorité, la noblesse occupait non le quart mais 32,5 % des places; le clergé 22,5 % remarquait Dawson, qui concluait que le « mode dominant dans le sixième bureau était la conciliation entre les ordres, le libéralisme modéré et prudent », ce qui rendait possible l'élaboration d'un projet commun.

Sources :

Archives parlementaires, tome VIII, *op. cit.*, p. 78, 181.

Ph. Dawson, « Le 6e bureau de l'Assemblée nationale et son projet de Déclaration des droits de l'homme », in *Annales historiques de la Révolution française*, avril-juin 1978.

O. Frederiksen, « The bureau of the french constituant Assembly of 1789. An early experiment in the group conference method », in *Political Science quarterly*, N.Y. 1936.

G. Lefebvre, « Les bureaux de l'Assemblée nationale en 1789 », *Annales historiques de la Révolution française*, 1950.

– liste des membres du Comité des rapports (Arch. Nat. C 28. Pl. 221);

– liste des membres qui composent le 30e bureau (B.N. L e 26 10);

– procès-verbal du 1er bureau du 2 juillet contenant les noms des 27 membres présents (Arch. Nat. C 83 Pl. 818);

– procès-verbaux de l'Assemblée nationale du 7 juillet 1789, Paris, Versailles, Baudouin.

E. Queruau-Lamerie, « Lettres de Michel René Maupetit, député à l'Assemblée nationale constituante, 1789-1791 », in *Bulletin de la commission historique et archéologique de la Mayenne*, 1901-1907.

Alexis-François PISON du GALLAND, né à Grenoble le 23 janvier 1747, mort dans cette ville le 31 janvier 1826.

Avocat, juge épiscopal, député du Tiers État du Dauphiné aux États généraux, Constituant, secrétaire de l'Assemblée, présente une Déclaration des droits de l'homme et du citoyen; propose, le 12 août 1789, la formation d'un comité pour la liquidation des droits féodaux et des rentes foncières; en décembre, défend les intérêts des provinces contre une prépondérance de Paris, demande l'uniformité de l'instruction, présente en août 1791 un projet de décret sur l'organisation de l'administration forestière, qui est adopté. Après l'Assemblée constituante, retourne à Grenoble, nommé président du tribunal de district en 1792; député de l'Isère sous le Directoire, est nommé au Conseil des Cinq-Cents dont il sera successivement secrétaire et président; réélu au corps législatif sous le Consulat, renonce à ses fonctions et retourne à Grenoble; nommé en 1802 juge au tribunal d'appel de Grenoble, puis conseiller à la Cour impériale en 1811 et enfin conseiller à la Cour royale en 1816.

Sources :

Archives parlementaires, tome VIII, *op. cit.*, p. 400, 465, 484; tome XXIX, p. 579 à 593.

M. Lecouvey-Braille, *Alexis-François Pison du Galland (1747-1826)*, Vienne, imprimerie Dauphinoise-Outteryck, 1982.

André-Daniel LAFFON de LADEBAT, né à Bordeaux le 30 novembre 1746, mort à Paris le 14 octobre 1829.

D'une famille protestante d'armateurs, termine ses études en Hollande; de retour à Bordeaux, tout en gérant ses affaires, devient membre de l'Académie des sciences et des arts de Bordeaux. Élu en 1789 par la minorité de l'Assemblée de la Noblesse de Guyenne, ses pouvoirs ne sont pas reconnus par les États généraux. Le 13 août dédie à l'Assemblée nationale un discours « sur la nécessité et les moyens de détruire l'esclavage dans les colonies » et une « Déclaration des droits de l'homme »; retourne à Bordeaux après les journées des 5 et 6 octobre; en 1790, nommé membre du Directoire exécutif du département de la Gironde; en août 1791, député de l'Assemblée législative, se montre partisan d'une monarchie tempérée, prend la défense du Roi; président de l'Assemblée législative, en butte aux attaques des Jacobins, s'acquitte de ses fonctions jusqu'à la veille du 10 août. Rendu à la vie civile par la dissolution de l'Assemblée législative, arrêté puis relâché, dirige la Caisse d'escompte puis opère sa liquidation. Élu au Conseil des Anciens par deux départements, la Seine et la Gironde, président de ce conseil. Arrêté le 18 fructidor an V (4 septembre 1797) et déporté en Guyane, transféré à l'île d'Oléron, gracié par le Premier Consul, tenu à l'écart pendant l'Empire et la Restauration. En 1818, fondateur de la société biblique protestante, président en 1825 de la Société protestante de prévoyance et de secours mutuels.

Sources :

Journal de ma déportation à la Guyane française, publié par F. Masson. Avant-propos de J.A. Laffon de Ladébat, *Vie d'André-Daniel Laffon de Ladébat par son fils*, Paris, Ollendorff, 1912.

Jean-Nicolas DEMEUNIER, né à Nozeray (Jura) le 15 mars 1751, mort à Paris le 7 février 1814.

Après de brillantes études et un passage au séminaire de Besançon, vient à Paris; est reçu avocat mais fait une carrière d'homme de lettres; secrétaire du comte de Provence et censeur royal; député du Tiers État de la ville de Paris aux États généraux, Constituant, participe au premier comité de Constitution, se prononce le 3 août 1789 pour une Déclaration des droits, fait partie du comité des Cinq chargé de présenter une Déclaration; secrétaire et président de l'Assemblée, organisateur des institutions municipales; fixe l'assiette et la répartition des contributions dans le département de Paris; demande la limitation de l'émission des assignats à huit cents millions, réglemente l'institution du jury et du tribunal de Cassation; présente un rapport sur la responsabilité ministérielle; élu en 1791 administrateur de la ville de Paris, démissionne, devenu suspect, s'exile en Suisse, en Angleterre et aux États-Unis; rentre en France en 1796; acquis à Bonaparte, nommé membre du Tribunat en 1799, secrétaire puis président en 1800; membre du Sénat conservateur en 1802, comte de l'Empire, titulaire de la sénatorerie de Toulouse, officier puis commandeur de la Légion d'honneur.

*

Jean-Nicolas Demeunier était un spécialiste du monde anglo-saxon. On lui doit de nombreuses traductions d'auteurs anglais, mais aussi en 1786 une encyclopédie méthodique (économie, politique et diplomatique) qui traite, dans un article « États-Unis » très abondant, les derniers événements que connurent les colonies anglaises de l'Amérique septentrionale. Demeunier ne connaissait l'Amérique que par ouï-dire, aussi Jefferson demanda-t-il à La Fayette [1] de l'aider dans son travail. Ses publications ultérieures sur les États-Unis dérivèrent de ce premier essai.

Nommé le 7 juillet 1789 au comité de Constitution par le premier bureau, le 3 août il se prononça en faveur d'une Déclaration des droits, placée en tête de la Constitution :

« L'Assemblée nationale, considérant qu'il est nécessaire, pour former l'esprit public, de faire à l'avance une Déclaration des droits qui précédera la Constitution française, c'est-à-dire une Déclaration applicable à toutes les formes de gouvernement :

1° sur l'émanation des principes dans toute société,

2° sur la liberté de chaque individu dans les rapports de la société,

3° sur la propriété,

4° sur les lois qui ne doivent être que l'expression du sentiment général,

5° sur l'établissement des formes de procédure,

6° sur les barrières qui doivent séparer les trois pouvoirs, législatif, exécutif et judiciaire,

7° quelle est l'étendue de la puissance militaire envers les citoyens,

8° enfin tous les autres principes que l'Assemblée nationale croirait devoir y insérer. »

Cette intervention reçut l'assentiment général. *Le Point du jour* [2] du 4 août écrivait : « Après avoir très bien défini ce qu'il faut entendre par Déclaration des droits, il en a donné un projet qui contient des maximes très sages. » Pourtant, contrairement à ce que l'on a pu dire [3], Demeunier ne présenta pas à l'Assemblée ou aux bureaux un projet rédigé. Ce fut à sa demande que le comité des Cinq se réunit, et la condition expresse pour y participer étant de n'avoir pas déjà rédigé de projet. Pendant la rédaction finale de la Déclaration, il tenta parfois de relancer les débats mais ne proposa aucun article.

Sources :

Archives parlementaires, tome VIII, *op. cit.*, p. 200, 334, 399, 462, 472.

Séances publiques de l'Académie des sciences, belles-lettres et arts de Besançon des 25 août 1817 et 28 janvier 1818.

1. L. Gottschalk, *La Fayette between the american and the french Revolution*, *op. cit.*, p. 129-130.
2. *Le Point du jour*, Paris, n° XLII, tome II, p. 14.
3. E. Walch, *La Déclaration des droits de l'homme et du citoyen et l'Assemblée constituante, travaux préparatoires*, *op. cit.* (introduction).

Honoré-Gabriel Riqueti, comte de MIRABEAU, né le 9 mars 1749, mort le 2 avril 1791.

Simple soldat puis officier; en 1769 participe à la campagne française de Corse; condamné pour adultère, s'exile en Hollande; incarcéré à Vincennes de 1778 à 1780. En 1780 entame une série de procès qui le laissent sans ressources, brouillé avec sa famille et ses amis, vit de ses pamphlets, voyage en Angleterre et en Allemagne, rejeté par son ordre, la noblesse, il est député du Tiers État d'Aix-en-Provence aux États généraux, Constituant; le 4 août absent de l'Assemblée, membre et rapporteur du comité des Cinq, chargé de rédiger un projet de Déclaration des droits, partisan du veto royal, mais s'abstient de voter, président de l'Assemblée deux mois avant sa mort.

*

Dès 1788, dans son *Adresse aux Bataves*, Mirabeau rédigea un projet de Déclaration des droits en vingt-quatre articles; neuf de ces articles sont d'une inspiration très proche de celle qui animera la Déclaration finale. Peut-être est-ce pour cette raison qu'il n'éprouva pas le besoin de rédiger pour l'Assemblée un projet personnel?

Dans les grandes discussions sur la nécessité d'une Déclaration des droits, du mois de juillet et du début août 1789, il n'intervint pas. A la demande de Demeunier, puisque l'Assemblée nationale apparaissait désemparée devant l'afflux des projets et la nécessité de les fondre en un seul, un comité de cinq personnes fut créé afin d'exécuter ce travail. Furent désignés pour faire partie de ce comité : Demeunier, bien sûr, La Luzerne, évêque de Langres, qui avait clairement exprimé son opposition à toute Déclaration des droits, Mirabeau, Redon et Tronchet. Pour garantir l'impartialité du comité, les membres qui avaient déjà proposé des projets de Déclaration en étaient exclus. On sait peu de chose du travail réel de ce comité si ce n'est, aux dires de Mirabeau, qu'il fallut « composer une Déclaration en trois jours, d'après vingt projets, dignes d'estime chacun en leur genre, mais conçus sur des plans divers ». Si l'on en croit Étienne Dumont, de Genève, collaborateur de Mirabeau qui manifeste dans ses souvenirs une ironie cinglante à l'égard de ce « préliminaire indispensable » aux travaux de la Constitution, c'est lui-même qui écrivit la Déclaration pour le compte de Mirabeau, aidé de Du Roverai et de Clavière. « Rédigeant, discutant, ajoutant un mot, en effaçant quatre, nous épuisant sur cette tâche ridicule, et produisant enfin notre pièce de marqueterie, notre mosaïque de prétendus droits éternels qui n'avaient jamais existé [1]. »

Le résultat ne fut guère concluant. Le projet fut présenté le 17 août par Mirabeau. On devait le discuter le lendemain. Adrien Duquesnoy dans son journal résume ainsi l'accueil que lui réserva l'Assemblée : « Toutes les discussions prouvent que la Déclaration lue par M. de Mirabeau a été mal accueillie; on l'a trouvée la plus mauvaise de toutes celles qui ont été présentées à l'Assemblée et, soit qu'il n'ait pu se livrer à son génie, parce qu'il était gêné par ses collègues, soit qu'il ne l'ait pas osé parce qu'il craignait l'Assemblée, il est certain qu'il est infiniment au-dessous de lui dans ce travail [2]. »

Mirabeau, certainement peu convaincu des qualités de ce texte, défendit pourtant le projet vivement critiqué par Duport, l'abbé Grégoire, le baron de Jesse. Désespérant de convaincre ses contradicteurs, il finit par proposer de renvoyer la rédaction définitive de la Déclaration après celle de la Constitution. Cette volte-face provoqua l'indignation de Duport, de Le Chapelier et de Rewbell, le député de Colmar, qui en profita pour souligner les inconséquences de Mirabeau.

Comment interpréter l'attitude de Mirabeau? A travers son journal *Le Courrier de Provence* [3], on voit que ce projet l'embarrassait. Il ne le fit pas imprimer, mais avertit ses lecteurs que l'impression existante était rendue inintelligible par le nombre des fautes et des omissions. Ses arguments dans la discussion du 18 août faisaient état des difficultés à maîtriser les remous que soulevait l'idée de Déclaration et la mauvaise foi de certaines objections face à tout projet quel qu'il fût. Il soulignait

1. Étienne Dumont, *Souvenirs sur Mirabeau et sur les deux premières assemblées législatives*, Paris, P.U.F., 1951, p. 97.
2. *Journal d'Adrien Duquesnoy, op. cit.*, tome I, p. 296.
3. *Le Courrier de Provence.* Pour servir de suite aux lettres du comte de Mirabeau à ses commettants », nº XXVIII du 17 au 18 août, p. 7.

les contraintes d'une rédaction collective, en prenant pour exemple un thème qui lui était cher et qui l'avait rendu populaire, l'armement du peuple, et qui en fin de compte n'avait pas trouvé grâce aux yeux des autres membres. Le 19 août, le projet du comité des Cinq fut rejeté, celui du sixième bureau choisi pour guider la discussion. Cependant, le préambule de la Déclaration présentée par Mirabeau fut finalement retenu par l'Assemblée. Demeunier y fit des corrections d'après les observations faites dans la discussion. Ces corrections furent les suivantes : le mot « rétablir » a été remplacé par « exposer ». A la phrase : « afin que les actes du pouvoir législatif et exécutif », on ajouta après le mot législatif : « et ceux du pouvoir exécutif » pour marquer davantage l'autonomie des pouvoirs l'un par rapport à l'autre. Et enfin, sur une proposition qu'avait faite Lally-Tollendal le 19 août à partir du projet de Déclaration de Pison du Galland, on rajouta : « En présence et sous les auspices de l'Être suprême ». Dans le courant de la discussion de la Déclaration des droits, on peut retenir une intervention essentielle de Mirabeau : Le 23 août à propos de l'article XVIII du projet du sixième bureau, il prononça un discours vigoureux sur la liberté religieuse, qui faisait suite à ses propos du 22 août, appuyant de son éloquence la motion de M. de Castellane : « Nul homme ne doit être inquiété pour ses opinions religieuses, ni troublé dans l'exercice de son culte. » S'adressant à ceux qui, par des biais divers, voulaient ménager au catholicisme une influence sur la vie civile, il demanda « s'ils parlaient comme catholiques ou comme législateurs ? [...] Veiller à ce qu'aucun culte, pas même le vôtre, ne trouble l'ordre public, voilà votre devoir; mais vous ne pouvez pas aller plus loin [...]. Une opinion qui serait celle du plus grand nombre n'a pas le droit de dominer ». Suite aux déboires que connut son projet, il se garda bien de proposer de nouvelles rédactions d'articles : cet art fait de concision et de souplesse n'était pas son fort. Il parlait volontiers « à côté » pour sensibiliser l'Assemblée à ses idées. Par exemple le 22 août, son intervention sur les lettres de cachet, sujet qui le touchait personnellement, apparut comme déplacée, n'ayant aucun rapport avec la discussion. Le texte définitif de la Déclaration des droits, pour ces raisons, n'eut pas le bonheur de le satisfaire; dans *Le Courrier de Provence* [1], il déclarait y trouver trop de restrictions, « de précautions minutieuses, de conditions laborieusement appliquées ».

1. *Le Courrier de Provence*, 22 et 23 août, n° XXXI.

Sources :

M. Albrecht, *Mirabeau et la Déclaration des droits de l'homme*, Cassel, 1911.

Archives parlementaires, 1789, tome VIII, *op. cit.*, p. 399, 439, 453, et 454, 463, 475, 483.

L. Barthou, *Mirabeau*, Paris, Hachette, 1913.

G. Chaussinand-Nogaret, *Mirabeau*, Paris, Seuil, 1982.

F. Decrue, *Étude sur les idées politiques de Mirabeau*, Paris, 1883.

E. Dumont, *Souvenirs sur Mirabeau et sur les deux premières assemblées législatives*, Paris, P.U.F., 1951.

M. Lhéritier, « Mirabeau et nos libertés », *Annales de la Faculté des lettres d'Aix*, tome XXV, 1951.

Lucas de Montigny, *Mémoires de Mirabeau écrits par lui-même, par son père, son oncle et son fils adoptif*, Paris, Delaunay, 1834-1835.

Mirabeau, *Discours*, édition établie par F. Furet, Paris, Gallimard, coll. Folio, 1973.

Mirabeau peint par lui-même ou recueil des discours qu'il a prononcés, des motions qu'il a faites, tant dans le sein des communes qu'à l'Assemblée nationale constituante, Paris, F. Buisson, 1791.

« Les Mirabeau et leur temps », actes du colloque d'Aix-en-Provence, 17 et 18 déc. 1966, Paris, Clavreuil, 1968.

Staël-Holstein (Mme la baronne de), *Considérations sur les principaux événements de la Révolution française*, Paris, 1818, tome I.

O. Welch, *Mirabeau, a study of a democratic monarchist*, London, 1951.

César-Guillaume de LA LUZERNE, né à Paris le 7 juillet 1738, mort à Paris le 21 juin 1821.

Petit-fils du chancelier Lamoignon, ordonné prêtre en 1762, nommé évêque au siège ducal de Langres le 24 juin 1770; participe en 1787-1788 à l'Assemblée des notables; député du Clergé du bailliage de Langres aux États généraux, commissaire conciliateur pour la vérification des pouvoirs en commun, Constituant; le 1er août 1789 s'oppose à toute Déclaration des droits; le 10 août demande que les dîmes ecclésiastiques soient déclarées rachetables; fait partie du comité des Cinq chargé de la rédaction d'un projet de Déclaration; président de l'Assemblée constituante, résolument monarchiste, partisan de deux chambres et du veto du Roi; quitte l'Assemblée, s'arrête à l'Abbaye de Clairvaux d'où il envoie sa démission le 2 décembre 1789; refuse la constitution civile du clergé et la prestation du serment constitutionnel; quitte la France pour la Suisse en mars 1791, ne revient en France qu'avec les Bourbons; successivement nommé pair de France, commandeur du Saint-Esprit, cardinal en 1817 nommé à l'évêché de Langres.

Sources :

Archives parlementaires, tome VIII, *op. cit.*, p. 322, 385.

Charonnot, *Mgr de La Luzerne et les serments pendant la Révolution*, Paris, Picard, 1918.

Claude REDON, né à Ennezat (Puy-de-Dôme) le 5 octobre 1738, mort à Riom le 7 août 1820.

Échevin, avocat au Parlement de Riom; député du Tiers État de la sénéchaussée de Riom aux États généraux, Constituant, fait partie du comité des Cinq chargé de rédiger une Déclaration des droits; monarchiste avant tout, se prononce pour les deux chambres et le veto absolu du Roi; un des fondateurs avec Malouet du club des Impartiaux; parvient à échapper aux proscriptions pendant la Terreur, bien qu'il se soit montré un adversaire résolu de la Convention; après l'échec de l'insurrection royaliste du 13 vendémiaire an IV (5 octobre 1795), retourne dans son pays. Nommé après le 18 brumaire an VIII (9 novembre 1799) président du tribunal d'appel de Riom et en 1811 président de la Cour impériale.

François-Denis TRONCHET, né à Paris le 23 mars 1726, mort dans cette ville le 10 mars 1806.

Avocat au Parlement de Paris en 1745, ne plaide pas, exerce la consultation juridique; pendant le Parlement Maupeou, cesse de paraître au palais, mais continue son activité de jurisconsulte; bâtonnier de l'ordre des avocats, député du Tiers État de la ville de Paris aux États généraux, proteste contre la proclamation des États généraux en Assemblée nationale, Constituant; approuve avec des réserves les événements du 4 août 1789, membre du comité des Cinq chargé de rédiger un projet de Déclaration, partisan du bicamérisme et du veto absolu du roi, intervient en faveur du rachat des droits seigneuriaux, pour l'institution du jury en matière criminelle; partisan de tribunaux permanents et sédentaires, s'oppose au jury en matière civile; président de l'Assemblée, chargé de recevoir la Déclaration du Roi au retour de Varennes. Après la session, nommé haut-juré de la Seine, défenseur de Louis XVI à son procès avec Malesherbes et Deveze; après le verdict, élève une protestation contre l'irrégularité du vote; suspect après les journées parisiennes et l'arrestation des Girondins, se retire à la campagne, ne revient à Paris qu'après la chute de Robespierre. Élu au Conseil des Anciens pour la Seine-et-Oise, président; président de la commission de rédaction du Code civil, juge au tribunal de Cassation le 2 germinal an VIII (23 mars 1800), président le 1er floréal an VIII (21 avril 1800), membre du Sénat conservateur le 8 ventôse an IX (27 février 1801), puis président.

Sources :

G. Coqueret, *Essai sur Tronchet*, Caen, Impr. de Goussiaume, 1867.
G. G. Delamalle, *Éloge de Tronchet*, Paris, Delance, 1806.
Ch. D. Parades, *Éloge de Tronchet*, Agen, Noubel, 1856.

Jean-Paul RABAUT SAINT-ÉTIENNE, né le 14 novembre 1743 à Nîmes, mort guillotiné le 15 frimaire an II (5 décembre 1793) à Paris.

Protestant, fait ses études en Suisse, pasteur et avocat à Nîmes; en 1785 nommé représentant officieux des églises protestantes à Paris, suscite l'édit de novembre 1787 accordant l'état civil aux protestants; député du Tiers État de la sénéchaussée de Nîmes et Beaucaire aux États généraux; Constituant, membre du premier comité de Constitution, il présente à ce titre trois textes : « Idées sur les bases de toute Constitution », « Principes de toute Constitution », « Projet du préliminaire de la Constitution française »; secrétaire de l'Assemblée, se prononce pour la chambre unique, vote le veto suspensif; président de l'Assemblée; s'occupe de l'organisation des gardes nationales, participe à la création des assignats; crée avec Cerutti *La Feuille villageoise*; rédacteur du bulletin de l'Assemblée nationale dans *Le Moniteur*. Député à la Convention pour le département de l'Aube; s'oppose au jugement du Roi, en déclarant l'incompétence de l'Assemblée, puis vote la culpabilité mais demande l'appel au peuple et le sursis. Membre de la commission des Douze qui fait arrêter Hébert; décrété d'arrestation le 2 juin 1793 après les journées parisiennes, s'échappe et se cache, mais dénoncé, est arrêté; traduit devant le tribunal révolutionnaire et exécuté le jour même.

*

La Déclaration des droits de l'homme fut l'occasion pour les protestants d'accéder à la condition de citoyen à part entière. L'édit de novembre 1787 avait tenté de résoudre la situation absurde, engendrée à la fois par la révocation de l'édit de Nantes et la législation du 14 mai 1724, qui niait toute existence aux protestants. Il leur accordait l'état civil pour les naissances, les mariages et les morts, mais la liberté de culte et l'accès aux fonctions publiques leur restaient interdits. Le pasteur Rabaut, qui avait éprouvé dans sa propre enfance la rude condition des proscrits – la tête de son père avait été mise à prix et sa mère menacée de la tour de Constance –, s'employa dès 1785 à plaider la cause de ses coreligionnaires auprès du gouvernement.

L'avènement de l'Assemblée constituante ranima son espoir d'aboutir dans sa mission; et c'est avec indignation qu'il repoussa la proposition expéditive de Bouche qui voulait restreindre le temps des discours sur un objet aussi important. Rabaut quant à lui ne fut pas économe de son temps. Il écrivit trois brochures sur le thème des fondements de la Déclaration et de la Constitution et prononça quelques discours éloquents. Membre du premier comité de Constitution pour le septième bureau, c'est à ce titre qu'il proposa à l'attention de l'Assemblée ses trois textes. La chronologie de leur publication ne fut pas clairement établie : Boissy d'Anglas, son collègue et biographe, nous donne la date du 14 juillet 1789, les archives parlementaires mentionnent le 12 août pour les deux premiers textes. Le troisième texte, que nous publions, retrace le cheminement de la pensée de Rabaut dans son intégralité et rejoint par son contenu le discours qu'il prononça le 8 août, à la suite de l'échec du projet présenté par Mirabeau.

C'est la similitude des termes employés qui nous porte à dater ce texte du 18 août [1]. Lors de la rédaction finale de la Déclaration, au cours du débat concernant les articles XVI, XVII et XVIII du sixième bureau, il prit naturellement la parole pour demander la liberté de culte au nom de la liberté et de l'égalité entre tous les Français. Les formules directes qu'il employa sont d'une grande modernité : « Je ne vois donc aucune raison pour qu'une partie des citoyens dise à l'autre : je serai libre, mais vous ne le serez pas. » La Constitution de 1791 proclama la liberté des cultes. Cependant pour mieux caractériser les réticences, sans parler des oppositions, auxquelles il devait faire face au sein de l'Assemblée, citons Gaultier de Biauzat, résumant ainsi pour ses commettants le discours de Rabaut : « M. Rabaut de Saint-Étienne, pasteur des protestants de Nîmes, prononça un très beau discours tendant à obtenir la publicité de toute espèce de culte. Il aurait peut-être mieux réussi s'il eût moins demandé [2]. »

1. *Le Point du jour*, nº LVII du 19 août 1789.
2. *Gaultier de Biauzat*, par F. Mege, *op. cit.*, p. 255.

Sources :

Archives parlementaires, tome VIII, *op. cit.,* p. 200, 332, 405 à 407, 452 à 453, 478 à 480.

Boissy d'Anglas, Notice : *Discours et opinions de Rabaut Saint-Étienne,* Paris, H. Servier, 1827.

L. Bresson, *Rabaut Saint-Étienne, sa vie et ses œuvres,* Strasbourg, 1865.

Collin de Plancy, Notice sur Rabaut Saint-Étienne pour *Œuvres de Rabaut Saint-Étienne,* Paris, Laisné frères, 1826.

J. A. Dartigue, *Rabaut Saint-Étienne à l'Assemblée constituante de 1789,* Nantes, 1903, impr. de Salières.

R. Mirabaud, *Un président de la Constituante et de la Convention, Rabaut Saint-Étienne,* Paris, Fischbacher, 1930.

François-Louis Legrand de BOISLANDRY, né à Paris le 6 mai 1750, mort à Champ-Guesnier (Seine-et-Marne) le 28 octobre 1834.

Négociant à Versailles; député du Tiers État de Paris (hors les murs) pour la prévôté et la vicomté de Paris aux États généraux; Constituant, fait partie du Comité ecclésiastique et d'une commission des finances; le 21 août 1789, propose « divers articles pour entrer dans la Déclaration des droits »; soutient la nécessité de l'instruction publique; le 22 décembre fait des propositions pour assurer la subsistance des villes; fait un rapport le 6 juillet 1790 sur la division du royaume en arrondissements métropolitains et sur la fixation du siège des évêchés; approuve l'acte par lequel le clergé met ses biens à la disposition de l'État; participe en 1790 à des débats financiers sur des projets de tarif pour le Comité d'agriculture et de commerce, sur la liquidation de la dette publique et des assignats-monnaie; avec Dupont de Nemours et Bouche, soutient la suppression des droits d'octroi à l'entrée des villes, revient à la charge sur le discrédit des assignats en 1792, émigre, rentre rapidement en France. En 1794, 1795, habite Bordeaux avec sa famille.

Sources :

E. B. Dubern, *Annales historiques de la Révolution française,* juillet-août 1938, nº 88.

Jean-Paul MARAT, né le 24 mai 1743 à Boudry (Suisse), mort assassiné le 13 juillet 1793 à Paris.

De famille calviniste, devient précepteur à Bordeaux chez un négociant; étudie la médecine à Paris, gagne l'Angleterre en 1765 où il exerce la médecine; franc-maçon, obtient le diplôme de docteur à l'Université de Saint-Andrew en Écosse; de retour à Paris, nommé médecin des gardes du corps du comte d'Artois, poursuit ses recherches sur l'électricité et la lumière; en 1784, obtient le prix de l'Académie de Rouen pour son mémoire sur l'électricité médicale; prépare les États généraux en 1789, publie « Offrande à la Patrie », le 11 août dans *Le Moniteur patriote,* et le 23 août « Un projet de Déclaration des droits de l'homme et du citoyen suivi d'un plan de Constitution », lance un quotidien, *Le Publiciste parisien,* qui devient *L'Ami du peuple,* s'oppose aux modérés de la municipalité parisienne, polémique contre Necker; contraint à la clandestinité, parvient à faire reparaître *L'Ami du peuple*; soutenu par les Cordeliers, préconise une fédération populaire, s'oppose à La Fayette, aux partisans de Brissot en faveur de la guerre, justifie les massacres de septembre 1792; élu député de Paris à la Convention le 9 septembre 1792, dénonce la Gironde, attaque Dumouriez, appelle à un verdict sans pitié pour Louis XVI; élu président des Jacobins; en avril 1793 est décrété d'arrestation, libéré sous la pression des sans-culottes, prend une part active à la proscription de la Gironde; à partir de juin 1793, malade, ne réapparaît plus à la Convention; est assassiné en juillet par Charlotte Corday.

★

Dès les États généraux, Marat voulut prendre une part active aux événements en s'adressant au Tiers État. Ce fut le sens de son

« Offrande à la Patrie », discours allégorique dans lequel il conseillait au peuple la vigilance face aux manœuvres dont ce dernier serait immanquablement l'objet. Il voyait dans la mise en œuvre de la séparation des pouvoirs le premier travail à entreprendre par l'Assemblée. *Le Moniteur patriote* se présentait comme un commentaire désabusé des premières propositions de la Constituante sur les droits de l'homme, et notamment de l'exposé de Mounier, au nom du comité de Constitution. Dans cet unique numéro, il s'en prit à Target, à Mounier, mais aussi à Sieyès, avec plus de ménagements cependant. Il relevait les contradictions existant entre les principes d'ouverture faite « aux citoyens de toutes les classes », et le recours en dernière instance à l'autorité royale. La prérogative royale, fruit d'une usurpation de longue date, était la cible principale des attaques de Marat. Pour remédier à ces injustices, il fallait produire un nouveau projet : Marat le publia le 23 août 1789, retardé dans sa tâche par les tracasseries de l'imprimeur. Dans ce projet il fit l'apologie conjointe de Montesquieu et de Rousseau, ce dont on put s'étonner. Cette apologie de Montesquieu pourtant s'inscrivait clairement dans son exigence de lutte contre le despotisme, sinon dans son adhésion au principe de la séparation des pouvoirs. Partisan du suffrage universel, il ne l'étendait pas aux femmes et aux jeunes. La révolution populaire à laquelle il aspirait avait encore ses exclus.

Sources :

J. C. Bonnet, *La Mort de Marat,* Paris, Flammarion, 1986.
J. Massin, *Marat,* Paris, Le Club français du Livre, 1960.
G. Walter, *Marat,* Genève, Famot, 1977.

Constitution du 24 juin 1793

DÉCLARATION DES DROITS DE L'HOMME ET DU CITOYEN

Le peuple français, convaincu que l'oubli et le mépris des droits naturels de l'homme sont les seules causes des malheurs du monde, a résolu d'exposer, dans une déclaration solennelle, ces droits sacrés et inaliénables, afin que tous les citoyens pouvant comparer sans cesse les actes du gouvernement avec le but de toute institution sociale, ne se laissent jamais opprimer, avilir par la tyrannie; afin que le peuple ait toujours devant les yeux les bases de sa liberté et de son bonheur; le magistrat la règle de ses devoirs; le législateur l'objet de sa mission.

En conséquence, il proclame, en présence de l'Être suprême, la Déclaration suivante des droits de l'homme et du citoyen.

ARTICLE PREMIER. – Le but de la société est le bonheur commun.

Le gouvernement est institué pour garantir à l'homme la jouissance de ses droits naturels et imprescriptibles.

ART. II. – Ces droits sont l'égalité, la liberté, la sûreté, la propriété.

ART. III. – Tous les hommes sont égaux par la nature et devant la loi.

ART. IV. – La loi est l'expression libre et solennelle de la volonté générale; elle est la même pour tous, soit qu'elle protège, soit qu'elle punisse; elle ne peut ordonner que ce qui est juste et utile à la société; elle ne peut défendre que ce qui lui est nuisible.

ART. V. – Tous les citoyens sont également admissibles aux emplois publics. Les peuples libres ne connaissent d'autres motifs de préférence, dans leurs élections, que les vertus et les talents.

ART. VI. – La liberté est le pouvoir qui appartient à l'homme de faire tout ce qui ne nuit pas aux droits d'autrui : elle a pour principe la nature; pour règle la justice; pour sauvegarde la loi; sa limite morale est dans cette maxime : *Ne fais pas à un autre ce que tu ne veux pas qu'il te soit fait.*

ART. VII. – Le droit de manifester sa pensée et ses opinions, soit par la voie de la presse, soit de toute autre manière, le droit de s'assembler paisiblement, le libre exercice des cultes, ne peuvent être interdits.

La nécessité d'énoncer ces droits suppose ou la présence ou le souvenir récent du despotisme.

ART. VIII. – La sûreté consiste dans la protection accordée par la société à chacun de ses membres pour la conservation de sa personne, de ses droits et de ses propriétés.

ART. IX. – La loi doit protéger la liberté publique et individuelle contre l'oppression de ceux qui gouvernent.

ART. X. – Nul ne doit être accusé, arrêté ni détenu, que dans les cas déterminés par la loi et selon les formes qu'elle a prescrites. Tout citoyen, appelé ou saisi par l'autorité de la loi, doit obéir à l'instant; il se rend coupable par la résistance.

ART. XI. – Tout acte exercé contre un homme hors des cas et sans les formes que la loi détermine, est arbitraire et tyrannique; celui contre lequel on voudrait l'exécuter par la violence a le droit de le repousser par la force.

ART. XII. – Ceux qui solliciteraient, expédieraient, signeraient, exécuteraient ou feraient exécuter des actes arbitraires, sont coupables, et doivent être punis.

ART. XIII. – Tout homme étant présumé innocent jusqu'à ce qu'il ait été déclaré coupable, s'il est jugé indispensable de l'arrêter, toute rigueur qui ne serait pas nécessaire pour s'assurer de sa personne doit être sévèrement réprimée par la loi.

ART. XIV. – Nul ne doit être jugé et puni qu'après avoir été entendu ou légalement appelé, et qu'en vertu d'une loi promulguée antérieurement au délit. La loi qui punirait des délits commis avant qu'elle existât serait une tyrannie; l'effet rétroactif donné à la loi serait un crime.

ART. XV. – La loi ne doit décerner que des peines strictement et évidemment nécessaires : les peines doivent être proportionnées au délit et utiles à la société.

ART. XVI. – Le droit de propriété est celui qui appartient à tout citoyen de jouir et de disposer à son gré de ses biens, de ses revenus, du fruit de son travail et de son industrie.

ART. XVII. – Nul genre de travail, de culture, de commerce, ne peut être interdit à l'industrie des citoyens.

ART. XVIII. – Tout homme peut engager ses services, son temps; mais il ne peut se vendre, ni être vendu; sa personne n'est pas une propriété aliénable. La loi ne reconnaît point de domesticité; il ne peut exister qu'un engagement de soins et de reconnaissance, entre l'homme qui travaille et celui qui l'emploie.

ART. XIX. – Nul ne peut être privé de la moindre portion de sa propriété sans son consentement, si ce n'est lorsque la nécessité publique légalement constatée l'exige, et sous la condition d'une juste et préalable indemnité.

ART. XX. – Nulle contribution ne peut être établie que pour l'utilité générale. Tous les citoyens ont le droit de concourir à l'établissement des contributions, d'en surveiller l'emploi, et de s'en faire rendre compte.

ART. XXI. – Les secours publics sont une dette sacrée. La société doit la subsistance aux citoyens malheureux, soit en leur procurant du travail, soit en assurant les moyens d'exister à ceux qui sont hors d'état de travailler.

ART. XXII. – L'instruction est le besoin de tous. La société doit favoriser de tout son pouvoir les progrès de la raison publique, et mettre l'instruction à la portée de tous les citoyens.

ART. XXIII. – La garantie sociale consiste dans l'action de tous, pour assurer à chacun la jouissance et la conservation de ses droits; cette garantie repose sur la souveraineté nationale.

ART. XXIV. – Elle ne peut exister, si les limites des fonctions publiques ne sont pas clairement déterminées par la loi, et si la responsabilité de tous les fonctionnaires n'est pas assurée.

ART. XXV. – La souveraineté réside dans le peuple; elle est une et indivisible, imprescriptible et inaliénable.

ART. XXVI. – Aucune portion du peuple ne peut exercer la puissance du peuple entier; mais chaque section du souverain assemblée doit jouir du droit d'exprimer sa volonté avec une entière liberté.

ART. XXVII. – Que tout individu qui usurperait la souveraineté soit à l'instant mis à mort par les hommes libres.

ART. XXVIII. – Un peuple a toujours le droit de revoir, de réformer et de changer sa Constitution. Une génération ne peut assujettir à ses lois les générations futures.

ART. XXIX. – Chaque citoyen a un droit égal de concourir à la formation de la loi et à la nomination de ses mandataires ou de ses agents.

ART. XXX. – Les fonctions publiques sont essentiellement temporaires; elles ne peuvent être considérées comme des distinctions ni comme des récompenses, mais comme des devoirs.

ART. XXXI. – Les délits des mandataires du peuple et de ses agents ne doivent jamais être impunis. Nul n'a le droit de se prétendre plus inviolable que les autres citoyens.

ART. XXXII. – Le droit de présenter des pétitions aux dépositaires de l'autorité publique ne peut, en aucun cas, être interdit, suspendu ni limité.

ART. XXXIII. – La résistance à l'oppression est la conséquence des autres droits de l'homme.

ART. XXXIV. – Il y a oppression contre le corps social, lorsqu'un seul de ses membres est opprimé. Il y a oppression contre chaque membre lorsque le corps social est opprimé.

ART. XXXV. – Quand le gouvernement viole les droits du peuple, l'insurrection est, pour le peuple et pour chaque portion du peuple, le plus sacré des droits et le plus indispensable des devoirs.

Signé, Collot d'Herbois, président; Durand de Maillane, Ducos, Méaulle, Ch. Delacroix, Gossuin, P.A. Laloy, secrétaires.

Constitution du 5 fructidor an III (22 août 1795)

DÉCLARATION DES DROITS ET DES DEVOIRS DE L'HOMME ET DU CITOYEN

Le peuple français proclame, en présence de l'Être suprême, la déclaration suivante des Droits et des Devoirs de l'Homme et du Citoyen.

Droits

ARTICLE PREMIER. – Les Droits de l'Homme en société sont la liberté, l'égalité, la sûreté, la propriété.

ART. II. – La liberté consiste à pouvoir faire ce qui ne nuit pas aux droits d'autrui.

ART. III. – L'égalité consiste en ce que la loi est la même pour tous, soit qu'elle protège, soit qu'elle punisse.

L'égalité n'admet aucune distinction de naissance, aucune hérédité de pouvoirs.

ART. IV. – La sûreté résulte du concours de tous pour assurer les droits de chacun.

ART. V. – La propriété est le droit de jouir et de disposer de ses biens, de ses revenus, du fruit de son travail et de son industrie.

ART. VI. – La loi est la volonté générale, exprimée par la majorité ou des citoyens ou de leurs représentants.

ART. VII. – Ce qui n'est pas défendu par la loi ne peut être empêché.

Nul ne peut être contraint à faire ce qu'elle n'ordonne pas.

ART. VIII. – Nul ne peut être appelé en justice, accusé, arrêté ni détenu, que dans les cas déterminés par la loi, et selon les formes qu'elle a prescrites.

ART. IX. – Ceux qui sollicitent, expédient, signent, exécutent ou font exécuter des actes arbitraires, sont coupables et doivent être punis.

ART. X. – Toute rigueur qui ne serait pas nécessaire pour s'assurer de la personne d'un prévenu doit être sévèrement réprimée par la loi.

Art. XI. – Nul ne peut être jugé qu'après avoir été entendu ou légalement appelé.

Art. XII. – La loi ne doit décerner que des peines strictement nécessaires et proportionnées au délit.

Art. XIII. – Tout traitement qui aggrave la peine déterminée par la loi est un crime.

Art. XIV. – Aucune loi, ni criminelle, ni civile, ne peut avoir d'effet rétroactif.

Art. XV. – Tout homme peut engager son temps et ses services; mais il ne peut se vendre ni être vendu; sa personne n'est pas une propriété aliénable.

Art. XVI. – Toute contribution est établie pour l'utilité générale; elle doit être répartie entre les contribuables, en raison de leurs facultés.

Art. XVII. – La souveraineté réside essentiellement dans l'universalité des citoyens.

Art. XVIII. – Nul individu, nulle réunion partielle de citoyens ne peut s'attribuer la souveraineté.

Art. XIX. – Nul ne peut, sans une délégation légale, exercer aucune autorité, ni remplir aucune fonction publique.

Art. XX. – Chaque citoyen a un droit égal de concourir, immédiatement ou médiatement, à la formation de la loi, à la nomination des représentants du peuple et des fonctionnaires publics.

Art. XXI. – Les fonctions publiques ne peuvent devenir la propriété de ceux qui les exercent.

Art. XXII. – La garantie sociale ne peut exister si la division des pouvoirs n'est pas établie, si leurs limites ne sont pas fixées, et si la responsabilité des fonctionnaires publics n'est pas assurée.

Devoirs

Article Premier. – La Déclaration des droits contient les obligations des législateurs : le maintien de la société demande que ceux qui la composent connaissent et remplissent également leurs devoirs.

Art. II. – Tous les devoirs de l'homme et du citoyen dérivent de ces deux principes, gravés par la nature dans tous les cœurs :

Ne faites pas à autrui ce que vous ne voudriez pas qu'on vous fît.

Faites constamment aux autres le bien que vous voudriez en recevoir.

ART. III. – Les obligations de chacun envers la société consistent à la défendre, à la servir, à vivre soumis aux lois, et à respecter ceux qui en sont les organes.

ART. IV. – Nul n'est bon citoyen, s'il n'est bon fils, bon père, bon frère, bon ami, bon époux.

ART. V. – Nul n'est homme de bien, s'il n'est franchement et religieusement observateur des lois.

ART. VI. – Celui qui viole ouvertement les lois se déclare en état de guerre avec la société.

ART. VII. – Celui qui, sans enfreindre ouvertement les lois, les élude par ruse ou par adresse, blesse les intérêts de tous : il se rend indigne de leur bienveillance et de leur estime.

ART. VIII. – C'est sur le maintien des propriétés que reposent la culture des terres, toutes les productions, tout moyen de travail, et tout l'ordre social.

ART. IX. – Tout citoyen doit ses services à la patrie et au maintien de la liberté, de l'égalité et de la propriété, toutes les fois que la loi l'appelle à les défendre.

INDEX

TABLE DES MATIÈRES

Notices sur les auteurs des projets et opinions (par Christine Fauré) :

Cet ouvrage a été réalisé sur
Système Cameron
par la SOCIÉTÉ NOUVELLE FIRMIN-DIDOT
Mesnil-sur-l'Estrée
pour le compte des Éditions Payot
le 1er septembre 1988

ISBN 2-228-88007-8
Dépôt légal : septembre 1988
N° d'impression : 9574
Imprimé en France